绿色交通发展丛书

橡胶沥青及其混合料的研究与应用

黄卫东　李彦伟　杜群乐　王书斌　编著

内 容 提 要

本书阐述了橡胶沥青的概况、国内外技术应用和现状、橡胶沥青混合料的配合比设计、橡胶沥青混合料的高温性能、疲劳性能，以及橡胶沥青混合料的设计施工方法。对橡胶沥青混合料的设计和施工具有借鉴意义。

本书可作为高等院校道路工程方向本科和研究生的参考用书，也可供工程设计、施工人员和科研人员参考使用。

图书在版编目(CIP)数据

橡胶沥青及其混合料的研究与应用/黄卫东等编著.
—北京：人民交通出版社，2013.10
(绿色交通发展丛书)
ISBN 978-7-114-10469-5

Ⅰ.①橡… Ⅱ.①黄… Ⅲ.①橡胶沥青—沥青路面—研究 Ⅳ.①U414②U416.217

中国版本图书馆 CIP 数据核字(2013)第 059769 号

绿色交通发展丛书

书　　名：橡胶沥青及其混合料的研究与应用
著 作 者：黄卫东　李彦伟　杜群乐　王书斌
责任编辑：李　喆
出版发行：人民交通出版社
地　　址：(100011)北京市朝阳区安定门外外馆斜街 3 号
网　　址：http://www.ccpress.com.cn
销售电话：(010)59757973
总 经 销：人民交通出版社发行部
经　　销：各地新华书店
印　　刷：北京交通印务实业公司
开　　本：787×1092　1/16
印　　张：23.5
字　　数：560 千
版　　次：2013 年 10 月　第 1 版
印　　次：2013 年 10 月　第 1 次印刷
书　　号：ISBN 978-7-114-10469-5
定　　价：57.00 元

前　　言

橡胶沥青起源于20世纪50年代的美国，它性能优异，生产过程中可将废旧胶粉变废为宝，能有效降低改性沥青成本，并已在实践中证明是可以有效防治我国沥青面层大量存在的反射裂缝等问题。截至目前，橡胶沥青已经在美国约40个州及近30个国家得到评价与应用。橡胶沥青引入中国，从某种程度上有效改善了路面抗疲劳性能、丰富了路面和混合料设计方法、降低了改性沥青成本、解决了部分废旧轮胎的黑色污染问题，积极响应了交通运输部"材料节约和循环利用专项行动"和"进一步加强交通行业节能减排工作的意见"等专项计划。

橡胶粉在沥青中的应用主要有三条不同的技术路线：湿法（Wet Process，即橡胶沥青）、干法（Dry Process）和Terminal Blend法（书中译为沥青库法或无搅拌湿法）。本书针对的对象主要为橡胶沥青，并且主要以美国亚利桑那州规范与思想为主。橡胶沥青最大的特点在于可以在很高的沥青用量下不出现高温析漏问题，而较高的沥青用量可以带来疲劳性能的显著提高，使橡胶沥青可以用于水泥路面加罩。目前国内橡胶沥青的种类很多，但大多数橡胶沥青与最初定义已经有较大不同，本书一方面希望向读者介绍橡胶沥青在美国，尤其在亚利桑那州、加利福尼亚州的使用经验与规范；另一方面通过介绍笔者近些年来的研究，使读者对橡胶沥青有更深入的理解，并探讨如何使其在中国得到更好的应用。

本书主要包括两大部分内容。第一部分是对美国亚利桑那州、加利福尼亚州为主的橡胶沥青技术进行介绍，这一部分大量参考了亚利桑那州、加利福尼亚州及国际橡胶沥青协会的很多研究报告与规范，读者在这部分里可以看到橡胶沥青的源头和开创的初衷。第二部分是我们针对橡胶沥青技术进行的一些补充性研究，橡胶沥青在美国是一个以工程经验为主的技术，实验室研究并不多，要在中国得到成功推广应用，必需根据中国的实际情况，进行各方面的研究。由于橡胶粉改性沥青的机理复杂，可用的技术方案多种多样，因此还有很多技术问题有待于实践的检验，书中的一些观点难免存在偏颇或错误，欢迎同行们批评指正。

本书的主体内容是同济大学与河北省公路管理部门在多个科研项目基础上形成的，书中所述成果由橡胶沥青研究应用的科研人员、工程技术人员和管理人员共同编写完成，主要参与人员有：黄卫东、李彦伟、杜群乐、王书斌、黄明、王庆凯、李本亮、王伟、高川、郑茂等，黄文元博士也提供了相当多的资料，在此表示感谢。

编　者

2013年9月

目　　录

术语…… 1

第一章　概述…… 5

第一节　橡胶沥青的起源…… 5

第二节　橡胶沥青的定义及胶粉分类…… 7

第三节　常见橡胶沥青生产工艺…… 8

第四节　橡胶沥青相关问题介绍…… 9

本章参考文献…… 12

第二章　美国各州橡胶沥青技术应用与研究现状综述…… 13

第一节　总体情况…… 13

第二节　材料选择与设计…… 16

第三节　橡胶沥青质量控制指标选择…… 24

第四节　结构设计…… 28

第五节　应用…… 30

第六节　性能…… 37

第七节　相关问题…… 42

第八节　废弃橡胶轮胎的其他应用…… 47

本章参考文献…… 49

第三章　亚利桑那州橡胶沥青规范体系及路面使用情况调查…… 53

第一节　亚利桑那州橡胶沥青技术要求与规范…… 54

第二节　刚性路面上的加铺层应用现状…… 67

第三节　柔性路面上的 AR-ACFC 罩面…… 74

第四节　柔性路面上的 AR-AC 罩面…… 76

第五节　亚利桑那州使用现状小结…… 84

本章参考文献…… 85

第四章　加利福尼亚州橡胶沥青设计和施工指南…… 87

第一节　橡胶沥青使用情况概述…… 87

第二节　橡胶沥青路面结构设计…… 88

第三节　橡胶沥青材料设计…… 92

第四节　橡胶沥青结合料和混合料的生产…… 98

第五节　热拌橡胶沥青混合料的施工要求…… 100

第六节　橡胶沥青碎石封层施工要求…… 104

第七节　开工前会议……………………………………………………………………… 107
本章参考文献………………………………………………………………………………… 108
第五章　橡胶沥青混合料配合比设计研究………………………………………………… 112
第一节　橡胶沥青混合料配合比研究现状和研究意义…………………………………… 112
第二节　AR-AC-13 橡胶沥青混合料设计研究 ……………………………………………… 121
第三节　SAC 级配橡胶沥青混合料设计研究 ……………………………………………… 132
第四节　9.5mmRAC-G 级配橡胶沥青混合料设计研究 …………………………………… 147
第五节　应用于应力吸收层的 AC-10 级配橡胶沥青混合料设计研究 …………………… 152
第六节　矿粉对橡胶沥青混合料的性能影响情况………………………………………… 156
本章参考文献………………………………………………………………………………… 159
第六章　橡胶沥青混合料高温性能研究…………………………………………………… 162
第一节　概述………………………………………………………………………………… 162
第二节　橡胶沥青混合料高温性能的试验方法…………………………………………… 164
第三节　沥青结合料的影响………………………………………………………………… 174
第四节　集料的影响………………………………………………………………………… 184
第五节　其他因素的影响…………………………………………………………………… 189
本章参考文献………………………………………………………………………………… 191
第七章　橡胶沥青混合料疲劳性能研究…………………………………………………… 207
第一节　概述………………………………………………………………………………… 207
第二节　橡胶沥青指标与性能研究………………………………………………………… 208
第三节　橡胶沥青混合料疲劳性能试验方法的选择……………………………………… 217
第四节　橡胶沥青混合料疲劳性能分析…………………………………………………… 224
本章参考文献………………………………………………………………………………… 242
第八章　橡胶沥青应力吸收层防治反射裂缝效果试验研究……………………………… 244
第一节　概述………………………………………………………………………………… 244
第二节　应力吸收层级配的选择…………………………………………………………… 248
第三节　疲劳试验方法的选择和评价……………………………………………………… 255
第四节　橡胶沥青应力吸收层研究………………………………………………………… 265
第五节　橡胶沥青应力吸收层和常用混合料比较………………………………………… 284
本章参考文献………………………………………………………………………………… 288
第九章　温拌橡胶沥青混合料技术研究…………………………………………………… 291
第一节　概述………………………………………………………………………………… 291
第二节　混合料设计………………………………………………………………………… 291
第三节　AR-AC-13 型温拌橡胶沥青混合料试验路 ……………………………………… 293
第四节　环境影响评价……………………………………………………………………… 299
第五节　温拌橡胶沥青应力吸收层应用…………………………………………………… 303

本章参考文献…………………………………………………………………………………… 310
第十章　适用于我国的 AR-AC-13 设计与施工方法介绍 ………………………………………… 311
第一节　适用于我国的 AR-AC-13 施工指南 …………………………………………………… 311
第二节　一个常规 AR-AC-13 试验路工程情况总结 ……………………………………………… 321
第三节　一个基于既定油石比的 AR-AC-13 设计新法 …………………………………………… 325
第四节　一个 AR-AC-13 作应力吸收层尝试性的应用试验段工程情况总结 ………………… 330
第五节　一个 AR-AC-16 橡胶沥青混合料的工程实际应用 ……………………………………… 334
第十一章　橡胶沥青 SAMI 施工操作规程 ………………………………………………………… 344
第一节　项目准备及协调工作………………………………………………………………… 344
第二节　材料进销存管理和质量控制………………………………………………………… 346
第三节　质量保证体系(质检流程)…………………………………………………………… 349
第四节　橡胶沥青生产………………………………………………………………………… 351
第五节　SAMI 施工 …………………………………………………………………………… 352
第六节　安全保证工作………………………………………………………………………… 355
附表　美国四个州橡胶沥青使用情况调查 ……………………………………………………… 357

术　语

为了描述橡胶改性沥青材料和产品，本书引入了多种术语，对于特定的术语，不同文献可能会提出各自的理解，为了保证阅读的一致性，使读者更加清晰地理解相关概念，避免造成混淆，在整本书前给出术语。

橡胶沥青：橡胶沥青是一种由沥青混合料、再生橡胶和某些添加剂组成的混合物，其中橡胶成分质量占总质量的至少15%，橡胶颗粒在热沥青混合料中充分反应产生膨胀。

汽车轮胎：用于小汽车、小型载货汽车和轻型货车的外径小于660mm的轮胎。

橡胶粉改性剂(CRM)：将废旧轮胎橡胶粉碎制成用于沥青路面材料中的改性剂的总称，由于工艺流程和设备的不同，有以下几种类型：

(1)回收橡胶粉改性剂：形状不规则，有巨大表面积的破碎橡胶颗粒，主要通过裂解磨碎机制造。

(2)富含天然橡胶的橡胶粉：按照加利福尼亚州交通运输部的要求，包含40%～48%天然橡胶或异戊二烯，并包含至少50%的橡胶烃。富含天然橡胶的橡胶粉来源包括一些类型的重型货车的废旧轮胎，但不局限于废旧轮胎。其他则来自于废旧的网球和橡胶垫。

抛光废弃物：高质量的废旧轮胎橡胶，是在准备翻新时轮胎实体处理过程中产生的副产品。胶末基本上不含金属和纤维。

胎面橡胶：废旧轮胎橡胶，主要由胎侧橡胶含量不足5%的胎面橡胶组成。

胎面剥离：部分废旧轮胎橡胶，如果没有包含任何轮胎帘布的话，同样也是轮胎翻新处理中产生的副产品。

整体轮胎橡胶：废旧轮胎橡胶，包括胎面和胎侧，其比例接近各自在普通轮胎中的质量。

常温粉碎：废旧轮胎在不低于正常室温的条件下磨碎处理的方法。通常要求通过周围处理过程得到形状不规则、表面积比较大的细粒，用以促进和路面沥青的相互作用。

低温粉碎：利用液态氮冷冻废旧轮胎橡胶直至变脆，然后用锤磨机将冷冻的橡胶粉碎成具有表面积相对小的细粒的处理过程。这种方法可用于橡胶在环境温度下磨碎之前减小其颗粒尺寸。

粒化：生成统一的立方体外观，切割得到的表面积橡胶粉颗粒。

粉碎：在粒化和常温粉碎之前将废旧轮胎粉碎为面积小于0.023m^2的碎片的过程。

裂解磨碎机：通过旋转波纹钢鼓将废旧轮胎粉碎成粒径4.25～4.75μm细粒的常温粉碎设备。

粉碎机：切碎废旧轮胎橡胶的设备。通过严格容限的回转钢盘切割橡胶，使其变成粒径2～9.5mm的立方体颗粒。

微型磨碎机：进一步将橡胶粉细粒磨细，使其粒径达到4.25μm以下。

密级配集料:指级配连续的集料混合物,通常与普通沥青或改性沥青一同用于制备热拌沥青混合料。

PCCP:波特兰水泥混凝土路面。

AC:一种指沥青混凝土,另一种指美国沥青黏度分级牌号。具体可根据文意理解。

RUMAC:干法橡胶粉改性沥青混凝土。

PlusRide:专有的干法废胶粉改性方法,但效果不甚良好,目前已经被普通方法取代。

DGAC:美国加利福尼亚州设计的密级配沥青混合料罩面的简称。

RAC-G:美国加利福尼亚州设计的间断级配热拌橡胶沥青混合料。

SAMI-R:采用橡胶处理的应力吸收夹层。

SAMI-F:采用纤维处理的应力吸收夹层。

PCI:美国 AASHTO 路面设计方法中的路面情况参数。

PMS:路面管理系统。

脱硫橡胶:在磨细改变再生原料的理化性能后,经过高温、高压或加入软化剂处理的橡胶。

稀释剂:一种轻质石油制品(通常是煤油或者具有溶解性质的相似制品)。在结合料喷洒到面层表面用于破损密封之前,添加到橡胶沥青结合料中。

干法:与沥青结合料拌和之前,将干燥橡胶粉改性剂与集料混合的方法。在铺面混合料中橡胶粉改性剂作为一种橡胶集料。这个方法仅用于热拌沥青混合料的制备。

填充油:用于促进沥青结合料和橡胶粉改性剂反应的芳烃油。

磨耗层:为延长路面寿命而摊铺在路面表面的稀乳化沥青,可用于预防碎石封层中的碎石脱落或沥青混合料的松散。

间断级配:集料非连续级配,通常缺失或缺乏一或两个细粒组,可提高沥青混合料中粗集料之间的嵌锁作用。这种级配类型多用于制备间断级配橡胶沥青混合料。

轻质集料:密实度很低的多孔集料,如人造膨胀页岩。它用于在碎石封层中降低风化破坏。

开级配:排水性好,主要由两种或三种基本不含细集料、0.075mm 筛分通过率为 0～4%的集料组成的级配类型。开级配用于热拌过程中,为较薄的面层或磨耗层提供良好的摩擦特性,可迅速排除表面水、减少路面滑胎和溅水。

反应:描述高温条件下沥青结合料和橡胶粉改性剂拌和时相互作用的常用术语。这个反应被更适当地定义为多聚物膨胀。它不是化学反应,而是沥青结合料中的橡胶粉吸收芳烃油和轻质组分(易挥发或不稳定的小分子)的物理反应,以及橡胶生产过程中加入的一些相似的油分加入到了沥青结合料中。

再生轮胎橡胶:通过处理用过的小汽车、载货汽车或公共汽车轮胎过程中获得的橡胶。加利福尼亚州运输部对废旧轮胎橡胶提出化学要求是为了排除不合适的轮胎来源,如实心轮胎、铲车轮胎、飞机轮胎和掘土机轮胎以及其他不能为橡胶沥青反应提供合适原料的非汽车轮胎。非轮胎橡胶源可能仅用于提供高天然橡胶,补充再生橡胶轮胎。

橡胶处理的沥青:用橡胶粉改性剂改性的沥青结合料。

橡胶处理的沥青混合料(RAC):将具有一定级配的集料与橡胶沥青或橡胶处理的沥青结合料混合而获得的材料,用于热拌混合料的生产。它可以是密级配、间断级配或者开级配。

应力吸收层(SAM):一种碎石封层。热橡胶沥青结合料喷洒在现有路面后立即摊铺一层单一粒径的封层集料,然后碾压使其嵌入沥青层。应力吸收层的厚度通常为 9～12mm,取决于封层集料的粒径。应力吸收层是一种表面处治,主要用于恢复路面表面的抗滑性,密封裂缝并形成一层隔水层,降低表面水对路面结构的侵蚀。应力吸收层用于路面保养、维护和局部维修。橡胶沥青应力吸收层减少了下层开裂的沥青路面和刚性路面产生的反射裂缝,并能有利于保持待修复或重建路面的路用性能。

橡胶沥青应力吸收夹层(SAMI-R):橡胶沥青应力吸收夹层是一种橡胶沥青应力吸收层,其上摊铺沥青混合料或者橡胶沥青混合料。橡胶沥青应力吸收夹层延缓裂缝在新面层中的延伸(反射裂缝)。

应力吸收夹层(SAMI):最初指橡胶沥青应力吸收夹层。但是,应力吸收夹层现在还包括橡胶沥青碎石封层(SMAI-R)、土工织物(SAMI-F)或无胶结细集料。

湿法:将沥青和沥青路面材料混合之前,将橡胶粉改性剂和沥青混合料混合的方法。

沥青库混合法:湿法的一种。橡胶粉改性剂在炼油厂或沥青库与热沥青混合料混合,然后运到沥青混合料拌和站或施工现场使用。

湿法高黏度沥青:与沥青库法相对,是湿法的另一种方式,即现场加工的橡胶沥青,胶粉含量高达 18%以上,狭义上称这种湿法高黏度沥青为橡胶沥青。

载货汽车轮胎:用于商用载货汽车和公共汽车的轮胎,外径在 660～1 520mm。

黏度:流体或半流体阻滞流动(剪力)的性质。像橡胶沥青一样的高度黏稠液体具有高黏度。黏度作为衡量橡胶沥青结合料生产以及在橡胶沥青混合料中使用的现场质量控制指标。

硫化橡胶:经过化学、热或高压处理的天然橡胶或人造橡胶。其强度、稳定性、耐久性有所提高。轮胎橡胶是经过硫化的。

常温粉碎橡胶:废橡胶轮胎在室温下或高于室温的环境下进行粉碎处理后,生产的橡胶粉。

ARCO-ARM-R-SHIELD(亚利桑那精炼法):1975 年形成的橡胶沥青混合法。混合料含有约 20%的橡胶(其中含 40%的脱硫橡胶和 60%的硫化废橡胶)和 80%的 4 000/8 000 沥青橡胶(含 2%～4%的 Witco 填充油)。橡胶颗粒的级配是:16 号筛通过率为 98%,100 号筛通过率为 8%。

橡胶沥青:废轮胎橡胶(通常是通过 16～25 号筛的废胶粉)和沥青结合料的混合物,用作各种路面施工的结合料。橡胶沥青通常含有占混合料总质量 18%～22%的废轮胎橡胶粉。混合料在高温下按配方混合,以促进两组分的物理和化学结合。多种石油馏分和填充油加入混合料中以降低黏度,提高可喷洒性和施工和易性。

橡胶沥青混合料:将橡胶沥青(结合料)与密级配集料热拌产生的混合料。

热拌橡胶沥青混合料:将橡胶沥青(结合料)与密级配、间断级配或开级配集料热拌产生的混合料。

橡胶沥青磨耗层:将橡胶沥青(结合料)与开级配集料热拌产生的混合料。

废抛光料:从处理用于胎面翻新轮胎过程中得到的副产品,是高质量的废轮胎橡胶粉。

犄角封层:铺筑橡胶沥青碎石封层后封浆,使路面非常平坦。

粉碎机:将废轮胎橡胶通过带波纹的钢鼓撕裂,把橡胶变成颗粒状[一般为 4.75mm～

425μm(4～40 号筛)]。

废胶粉改性剂：通常指减小尺寸并被用作沥青铺面材料改性剂的废轮胎橡胶。

低温粉碎橡胶：先冷冻废轮胎橡胶，然后粉碎至磨细前要求的颗粒尺寸。

脱硫橡胶：橡胶粉碎后经过加温、加压或者掺加软化剂处理，改变回收橡胶的性质。

稀释剂：轻质石油产品(典型的如煤油)，在橡胶沥青喷洒之前加入其中。

填充油：用于促进结合料和废胶粉改性剂反应的芳烃油。

磨耗层：将乳化沥青喷在新建道路表面，用来防止碎石封层中碎石脱落或热拌沥青混合料松散。

粒化废胶粉改性剂：形状不规则的立方体，废胶粉颗粒表面积较小，通常由制粒机制成。

制粒机：用于粉碎废轮胎橡胶的设备，用间距很近的旋转钢盘组切割橡胶，使橡胶颗粒减小到 2.0～9.5mm。

磨细废胶粉改性剂：形状不规则、表面积较大的粉碎废橡胶颗粒，通常由粉碎机制成。

精细研磨：进一步研磨细废胶粉使其粒径小于 425μm(40 号筛)。

PlusRide：一种橡胶改性沥青混合料专利品，1960 年在瑞典发明，并以 PlusRide 为名在美国申请了专利，以 Rubit 为名在瑞士申请了专利。该产品用粗橡胶颗粒(粒径为 0.6～6mm)作为橡胶填充集料，一般占混合料质量的 3%。橡胶直接添加到间断级配集料中，以使集料和橡胶形成密级配。

回收轮胎橡胶：通过处理旧汽车、载货汽车或公共汽车轮胎得到的橡胶(注意：禁止用实心轮胎、叉车轮胎、飞行器轮胎、挖掘机轮胎、其他非机动车轮胎、非轮胎橡胶)。

橡胶集料：用干法添加到热拌沥青混合料中的废胶粉改性剂，保持了橡胶的物理形状和硬度。

橡胶改性沥青混合料：使用橡胶改性沥青的密级配热拌沥青混合料。

橡胶化沥青：与湿法含义相同或含有废胶粉改性剂的改性沥青结合料。

SAM：一种表面处治，应力吸收膜的缩写。SAM 主要用于减轻已开裂沥青或刚性路面的反射裂缝。橡胶沥青混合料喷洒到现有路面上，再立即撒布一层粒径单一的集料，再进行碾压，将集料嵌入沥青层。层厚通常在 9～12mm。在南加利福尼亚州，称之为橡胶沥青集料膜(ARAM)。

SAMI：应力吸收膜夹层的缩写。该夹层可以是橡胶沥青碎石封层、织物、无胶结细集料或开级配沥青层。SAMI 是用在沥青罩面层(混合料中可能含有橡胶)下的 SAM，主要用于抵抗拉压应力造成的反射裂缝，延缓反射裂缝透过新的罩面层。

粉碎：将废轮胎处理到 0.15m^2 的碎块或更小碎块的过程。

三层体系(TLS)：亚利桑那州开发的结构，用于恢复严重破裂、翘曲或有问题的波特兰水泥路面的通行能力。该方法同样适用于沥青路面。三层体系通常采用两层薄(12.5～19mm)的普通开级配磨耗层，中间夹一层低模量的 SAMI(大约 9mm 厚)，底部的开级配磨耗层直接置于现有路面上，部分起到了调平层的作用。

胎面胶：主要由胎壁胶约少于 5%的胎面胶组成。

货车轮胎：用于商用载货汽车和公共汽车上的外径大于 660mm 而小于 1520mm 的轮胎。

全轮胎橡胶：包括普通轮胎中的胎面胶和胎壁胶，两者各自的质量大约成比例。

第一章 概　　述

内容提要： 本章主要介绍橡胶沥青的起源、定义和相关分类，并简单介绍橡胶沥青使用的相关问题。

第一节　橡胶沥青的起源

随着世界经济的稳步发展，汽车工业欣欣向荣。汽车增长带来的副作用就是废弃轮胎的大量堆积。现在，许多国家废旧橡胶轮胎的闲置已经造成巨大的环境污染和资源浪费。据统计，目前全世界每年产生15亿条报废轮胎。2002年，我国的废旧轮胎已达到0.8亿条，2010年达到2亿条。废旧轮胎属于工业有害固体废弃物，它是恶化自然环境、破坏植被生长、影响人类健康、危及生态环境的有害垃圾之一，所以废旧轮胎被称为“黑色污染”。轮胎橡胶本身具有不降解、不分裂的化学特性，因而不能作常规的填埋处理；如果燃烧，会产生大量的一氧化碳等有害气体，带来严重的二次污染；大量的废旧轮胎垃圾堆积不仅占用土地资源，而且容易发生火灾、滋生蚊虫等。因此，解决日益突出的废旧轮胎污染问题，已经引起了世界各国的高度重视。把废旧轮胎作为资源回收利用，开发新的应用领域势在必行。

将废旧轮胎磨细成橡胶粉应用于道路工程建设已得到广泛关注，因为沥青和胶粉通常在高温下反应，必要时添加芳烃油（填充油），这成为大量处理废旧轮胎的有效途径之一。由于橡胶和沥青同属于高分子有机材料，具备一定程度的天然亲和性，所以橡胶改性沥青是一个很好的发展方向。现在由于技术水平的提高，常温下超精细橡胶粉的加工已经实现了工业化。如果能通过系统的研究全面论证橡胶粉改性沥青及其混合料的路用性能，解决橡胶粉加入沥青混合料的工程技术问题，将产生环境保护、废物利用和延长道路使用寿命的多赢效果，形成巨大的社会效益和经济效益。

相比以SBS为代表的高聚物改性沥青混合料和以SMA混合料为代表的纤维质材料稳定混合料，橡胶沥青混合料有相近的效果，且成本低廉，生产每吨橡胶沥青可比SBS改性沥青节约800～1 000元。同时，橡胶粉中含有的外加剂对混合料黏结性能的改善也有潜在的好处。

橡胶沥青起源于美国，20世纪60年代初美国就有机构将橡胶沥青用于沥青混合料。这种方法由Charles H. McDonald在20世纪60年代中期首先使用，他和Atlos橡胶公司、亚利桑那州运输部、撒哈拉石油和沥青公司共同开展的试验工作，形成了一套商用沥青系统。

路用橡胶沥青材料如接缝填料、补丁和薄膜的发展始于20世纪30年代。在20世纪50

年代，美国公路局的刘易斯和威尔伯恩实施了一个大型试验室研究项目，评估各种橡胶对石油沥青性能的影响。

他们用了 14 种橡胶粉末和 3 种沥青，包括"一种轻质、低硫、低沥青质的加利福尼亚州沥青"。研究成果和公路局的雷克斯与帕克合作进行的"橡胶沥青路面材料的试验研究"成果在 1954 年 10 月美国出版的《公路》上一同发表。

1960 年 3 月，沥青研究所在芝加哥举办了第一届橡胶沥青研讨会，有 5 篇论文和相关讨论。

1975 年，加利福尼亚州运输部开始在试验室进行针对橡胶沥青封层的试验，小型试验段摊铺在 03-Yol-84-PM 16＋和 03-Sac-99-PM 20＋，取得了普遍理想的试验效果。1978 年，加利福尼亚州第一条干法橡胶改性沥青混合料路面在迈耶福莱 SR50 公路上建成。

20 世纪 70 年代中期，亚利桑那州炼油厂（ARCO）也开发了一套橡胶沥青系统，这些早期的系统便是现在使用的产品的基础。

20 世纪 70 年代中期到 80 年代早期，亚利桑那州运输部组织了全面的研究工作，以加深对橡胶沥青的基本认识。通过研究发现，引起橡胶沥青混合料性质变化的因素有：橡胶类型、橡胶粒度、橡胶含量、沥青类型、沥青质含量、填充油的类型和浓度、反应时间和温度。这些变量对于橡胶沥青性质的影响在 Epps（1994 年）文献中有更详细的讨论。

1980 年，加利福尼亚州第一条橡胶化沥青混合料公路（采用早期湿法生产，将橡胶沥青与密级配集料拌和）在斯托贝城（SR 50）和汤尼萨米（I-80）建成。

1983 年建设的瑞文多城项目（02-Las-395）显著改变了加利福尼亚州运输部对橡胶沥青的用法。

1987 年，薄橡胶沥青混合料路面出现，其比更厚的普通密级配沥青混合料性能明显要好。

1992 年 3 月，加利福尼亚州运输部在这些研究和工程的基础上发表了《橡胶沥青热拌间断级配混合料（ARHM-GG）设计指南》。

1992 年，橡胶沥青应用的联邦法案开始生效，联邦公路局设立一些课题以帮助各州公路部门实施这项法案，包括：

第一阶段研究：由佛罗里达大学牵头，总结现阶段经验，确定第二阶段的研究需求。

第二阶段研究：由俄勒冈大学牵头，开发混合料厚度设计指南、施工和现场质量控制指南，确定含有废胶粉改性剂的混合料的长期性能，评价含有废胶粉改性剂的混合料的可再生性能。

美国西部研究院也进行了相关研究，包括橡胶沥青结合料的基本评价以及沥青组成、反应时间和温度的影响评价。

美国国家联合公路研究计划（HCHRP）综合项目（Epps，1994 年）通过工程实践总结了各种废胶粉改性剂的应用方法。

在上述研究结束之前，应用橡胶沥青的法令取消，橡胶沥青专利期满。这样，就有一些新的橡胶沥青生产者参与进来，尤其是在亚利桑那州和加利福尼亚州参与者更多。

1995 年，加利福尼亚州就有 100 多个橡胶沥青工程竣工，加利福尼亚州已经建成了超过 400 条橡胶沥青项目，包括橡胶沥青碎石封层项目。但是出现了一些问题，包括一些早期破坏的案例。加利福尼亚州运输部的工程师们对项目中橡胶沥青的性能进行了回顾，挑选了本州城乡项目和41个亚利桑那州运输部(ADOT)项目。

2001年,加利福尼亚州运输部修建210多个橡胶沥青工程。各市县也继续使用性能普遍良好的橡胶沥青进行热拌和表面处治。

加利福尼亚州运输部在20世纪70年代开始评价橡胶沥青的喷洒应用,80年代评价了其在热拌混合料中的应用。这些早期的研究工作发展成为现在的橡胶沥青混合料的厚度设计指南,与普通混合料相比厚度减薄比例为2∶1(Van Kirk,1992年,1997年)。这一时期亚利桑那州、得克萨斯州等其他公路部门继续使用橡胶沥青喷洒和热拌混合料。

加利福尼亚州早期应用的橡胶沥青效果良好,20世纪90年代进行了推广应用。因此,这一时期内建设了很多橡胶沥青项目,其中有些出现了早期损坏,部分原因是使用地点不当、施工不当或者是橡胶沥青不合规范(Van Kirk,Hildebrand,1995年)。橡胶沥青项目中出现的早期损害促使加利福尼亚州运输部开始研究有关的性能规范(PRS)来减少损坏(Reese,1994年,1995年),同时也促使其与产业界合作,开发出更好的配方规范以降低施工问题的影响。

我国幅员辽阔,气候和自然环境十分复杂,加上近年来超载运输现象十分严重,这对公路路面,特别是沥青面层提出了更高的技术要求。在大规模的高速公路建设中,许多刚建成通车的道路出现了早期损坏问题,其主要形式包括半刚性基层沥青路面出现反射裂缝、沥青面层水稳定性损坏(松散、坑槽等)以及高温稳定性病害(车辙)。这些损坏不仅造成了巨大的经济损失,严重影响了路面的使用寿命和服务质量,并且影响到交通行业的社会形象和可持续发展。由于交通量猛增,在全国各地普遍出现超载现象,加之近年来气候有变暖趋势,对路面材料、尤其是直接承受荷载的沥青混凝土面层材料提出了更高的要求。近年建成通车的高等级公路上出现了较大面积的路面早期损坏,其中高温稳定性和水稳定性类病害占多数,提高沥青混合料的高温和水稳定性能,是当前路面材料研究的重点。

第二节 橡胶沥青的定义及胶粉分类

对于橡胶沥青,ASTM还有更明确的定义(ASTM2001年标准年鉴4.03卷ASTM D8,“公路和铺面材料标准术语”),橡胶沥青是“沥青、回收轮胎橡胶和某些添加剂混合而成的胶结料,橡胶成分最少占到总量的15%,并且与热沥青充分反应,橡胶颗粒产生溶胀”。ASTM将橡胶沥青(AR)定义为一种至少含有15%再生轮胎橡胶的材料。加利福尼亚州依据自己的规范,要求含有占结合料总质量20%±2%的废橡胶改性剂(包括75%的废橡胶改性剂和25%的高天然橡胶含量胶粉)。同时,对橡胶颗粒类型、粒径及生产方法也有规定。

按照ASTM D5603标准,胶粉可以分6类:全轮胎胶粉(Whole Tire Rubber),有客车或货车整条轮胎制成的胶粉;胎面胶粉(Tread or Peer Rubber),只有客车或货车轮胎胎面制成的胶粉;胎面、胎侧磨屑(Buffing Rubber),轮胎再生时抛光工序产生的碎屑;全胎磨屑胶粉(Whole Tire Buffering),当轮胎再生时抛光工艺涉及胎面、胎肩和胎侧时的碎屑;非路用轮胎胶粉(Off Road Tire Rubber),包括大型设备轮胎、农用机械轮胎、工程机械轮胎、叉车轮胎等;非轮胎胶粉(None-tire Rubber)。上述分类主要考虑的是废胶粉工业生产的手段和轮胎的来源部位,这些因素都会影响橡胶沥青的性能。对于路用轮胎胶粉的分类,我国工程界还没有明确的标准,这方面还有很多研究工作可做。

第三节　常见橡胶沥青生产工艺

废橡胶粉应用于沥青路面的技术主要分为湿法(Wet Process)和干法(Dry Process)两大类。根据美国加利福尼亚州运输部橡胶沥青使用指南的定义,湿法是指废旧胶粉(Crumb Rubber Modifier,简称 CRM)先与沥青拌和,制成一种称为橡胶沥青(Asphalt Rubber)的改性沥青胶结料,然后再与集料拌和。干法是指将 CRM 作为一部分细集料先与石料干拌,然后喷入沥青拌制成废橡胶粉(或颗粒)改性沥青混合料(Rubber Modified Asphalt Concrete,简称 RUMAC)。具体解释如下。

无搅拌湿法:无搅拌湿法沥青是用来描述不需要持续搅拌就能使橡胶颗粒均匀分布于高温沥青中的橡胶改性沥青。然而,这种沥青也可以在现场或拌和厂生产,称其为沥青库拌和物容易产生歧义,有失严密。更好的描述是称其为无搅拌湿法工艺。该工艺生产的沥青主要由可通过 300μm 筛孔的 CRM 颗粒改性,因为这些颗粒可以较快地分解、溶合,正常环境下在储油罐中无需专门搅拌即可保持均匀分散,同时也可以加入聚合物或其他添加物。过去,橡胶含量在质量上不大于沥青或总沥青质量的 10%,但是加利福尼亚州有的产品这一比例达到 15%或更高。尽管这些沥青的橡胶改性效果明显,但 177℃或 190℃旋转黏度很少达到最小值 1.5Pa·s,因此应该在不发生过分析漏的情况下大幅提高沥青含量,使其高于普通沥青混合料。这种产品现已在亚利桑那州、得克萨斯州和佛罗里达州推广应用。

高黏度湿法:反应过程中 177℃或 190℃旋转黏度值保持或高于最小值 1.5Pa·s 的 CRM 改性沥青称作湿法高黏度沥青。其在物理性质方面区别湿法无搅拌材料。这些材料需要搅拌才能维持 CRM 颗粒的均匀分布,可以在固定的大型容器中或移动的混合仓中制造。湿法高黏度沥青所需的沥青必须达到 ASTM D6114 的标准,通常至少需要 15%的废胶粉才能达到所需的黏度。加利福尼亚州运输部的规范规定了 CRM 的最低含量、废旧轮胎的相对比例,富含天然橡胶的 CRM 中废橡胶不高于 15%。符合加利福尼亚州规范的 CRM 改性沥青通常具有足够的黏度,属于湿法高黏度沥青,应当进行搅拌。这种方法改性的沥青即橡胶沥青(Aspahlt Rubber)。

干法:此法是用 CRM 替代了沥青混合料集料的 1%～3%,而不是作为沥青的改性剂。在混合料的设计过程中,由于 CRM 相对于集料的密度较低,必须做出适当的调整以满足空隙率的要求。目前已经确定了几种将 CRM 输入拌和站的方法,采用螺旋加料器、片式给料机和鼓风加料。采用了多种级配的 CRM,有粗粒橡胶(2.36～6mm),也有细粒橡胶(通过 39μm 筛孔)。加利福尼亚州运输部还对 RUMAC 做出了专门的补充,包括一个 CRM 的中间级配规范。在沥青混合料拌和站里的混合、筒仓储存、运输、摊铺和压实过程中 CRM 与沥青的相互作用有限,干法中的沥青没有改性。

湿法的效果普遍优于干法,使用较为广泛。湿法工艺有以下要求:必须将 CRM 在高温沥青中拌和均匀(176～226℃),将拌好的混合物在高温(150～218℃)下放置规定的时间(通常是 45～60min),这样可以使橡胶粉和沥青充分混合。根据所依照的规范,可能还有其他工序。相互作用(也称作反应)包括橡胶颗粒的膨胀和沥青与 CRM 混合物特定的物理性质的改变(达到一定的指标)。这些规范指标包括一定范围内的旋转黏度、软化点最小值、弹性恢复以及针入度(在低温或室温下的针或锥)。各种指标,如组成比例、CRM 加入沥青和其混合物反应的最低温度、反应时间以及最终混合后的物理性质等,在采用此流程的各个代理机构之间有所差别(如亚利桑那州、加利福尼亚州及得克萨斯州的运输部),这些差别都在报告中被提了出来。

一些机构,如加利福尼亚州运输部,要求使用填充油(Extender Oils)。对于添加的 CRM,则要求其具有较高天然橡胶含量,而不是来自汽车轮胎的普通 CRM。符合此要求的 CRM 可以用废弃的网球、橡胶类坐垫或重型货车轮胎(参见加利福尼亚州标准规范,1999 年)。其他代理机构,如得克萨斯州运输部没有上述要求,允许使用多种改性剂(填充油用于沥青混合料,喷洒混合料采用稀释剂)。对于喷洒混合料,佛罗里达州允许但是不规定使用填充油和稀释剂,但均不得用于 AC 混合料。亚利桑那州运输部则不允许向橡胶沥青中加入填充油或稀释剂(参见《MACTEC 材料调查问卷》,2004 年)。

湿法可以生产多种 CRM 改性沥青,扩大具备其物理性质的范围。不同混合物之间最重要的区别看起来与高温条件下 CRM 沥青的旋转黏度有关(极限为 1.5Pa·s;试验温度因不同规范而异:ASTM 美国材料试验协会、ADOT 亚利桑那州运输部、TXDOT 得克萨斯州运输部规定为 177℃,加利福尼亚州运输部规定为 190℃)。同时,还与混合物是否需要连续搅拌(其目的是为了使橡胶粉的分布相对均匀)有关。黏度与两个因素密切相关:一是废旧轮胎橡胶粉颗粒的大小,二是 CRM 改性混合料中轮胎橡胶的相对含量。如果 CRM 改性沥青在 177℃或 190℃时的黏度高于 1.5Pa·s,则需搅拌。

第四节 橡胶沥青相关问题介绍

一、橡胶沥青如何使用

橡胶沥青既可用于热拌混合料,也可喷洒使用(如碎石封层、SAM、SAMIs),尤其适用于为控制级配和改变现有平均层厚而减小层厚的情况。橡胶沥青已经用于密级配、间断级配和开级配混合料。目前,在加利福尼亚州用于间断级配和开级配混合料最为普遍,有时也喷洒使用。最常见的喷洒使用是碎石封层,喷洒大量橡胶沥青后在其上铺撒碎石。

1. 热拌混合料

热拌橡胶沥青混合料可摊铺于现有路面上,以减少因天气、行车和氧化而造成的路面性能退化,也可提供具有良好表面抗滑性能和路用性能的磨耗层。热拌橡胶沥青混合料也能用于波特兰水泥混凝土路面或桥面铺装。这些情况下,该混合料用于减少反射裂缝、提高路面抗滑性能及降噪。与其他混合料一样,热拌橡胶沥青混合料并不能解决所有的路面问题。如果摊铺时温度过低,则不能充分压实,可能出现早期松散。由于改善了抗裂性能,与普通沥青混合料相比,热拌橡胶沥青混合料层可以减薄厚度。当考虑全部设计因素时,橡胶沥青的成本效益更高。橡胶沥青混合料用于如交叉口等停车区时易产生泛油。环境(或路面)温度低于 13℃或雨天时,不宜摊铺橡胶沥青热拌混合料。重要的是,低温天气到来之前橡胶沥青的施工就应完成。橡胶沥青混合料必须在温度较高时压实以获得良好的性能,同时由于摊铺后路面的黏着性,开放交通前其上应铺砂。

2. 碎石封层

橡胶沥青碎石封层可用作现有路面的表面封层，或作为夹层铺筑于薄橡胶沥青混合料调平层之上。橡胶沥青碎石封层具有良好的抗滑性能，并能提高路面耐久性。碎石封层不能增加结构强度，也不能解决纵向粗糙问题，但在防止反射裂缝方面与 50mm 的 HMA 作用相当。环境（或路面）温度低于 13℃或雨天时，不应摊铺橡胶沥青碎石封层。橡胶沥青混合料应摊铺在干净的干燥表面上。施工时的环境温度不应超过 40℃。

3. 夹层

橡胶沥青碎石封层也用两层或三层结构的夹层作为应力吸收层，以减缓反射裂缝的发展。

二、橡胶沥青用在何处

热拌橡胶沥青可以用于任何使用普通混合料的地方。橡胶沥青碎石封层能用于任何使用普通碎石封层的地方，它具有更好的抗碎石剥落、抗反射裂缝性能和更长的路面寿命。同时，橡胶沥青碎石封层可以与橡胶沥青罩面结合构成应力吸收膜夹层（SAMI），用于新建路面中。

三、橡胶沥青及其路面的优点

沥青含量更高，改善了路面的初始抗裂性能，延长了路面寿命，并提高了抗氧化性能，改善了抗疲劳和抗反射裂缝性能；黏度和软化点更高，提高了抗车辙性能；路面和标线的对比，增加了夜间的可视性；加厚的沥青膜和开放式纹理结构，减小了轮胎噪声；开放式纹理结构，减少了雨雪天气下喷溅的发生；更少的摊铺材料，缩短了施工时间；改善了路面性能，降低了养护成本；厚的沥青膜能更好地黏结碎石；提高了性能，降低了使用周期内的成本；废物再利用，节省能源和自然资源。

橡胶沥青路面有以下优点：

耐久性：橡胶沥青路面在抗裂缝和抗老化方面有优异的性能。

可施工性：橡胶沥青路面有机械摊铺，并可立即开放交通，不需等待路面固化。

经济性：橡胶沥青路面具有很高的成本效益。它的建设成本，以及长使用寿命（当合理设计和建造时）是重要的特性。另外，与其他路面材料相比，养护和改建时间短，可减少使用者的延误。

可循环性：橡胶沥青路面的一个主要特性就是可以完全再利用。不仅集料可再利用，橡胶结合料也保持了较强的胶结性能，可以重新用于混合料中。但是，仍然要考虑空气质量是否达标。

多功能性：橡胶沥青的多功能性在加利福尼亚州和美国的其他地方都是显而易见的。加利福尼亚州的许多道路采用了橡胶沥青路面，反映了其良好的成本效益、可施工性和养护的简易性。

安全性：橡胶沥青路面具有良好的抗滑性能，路面安全性高。开级配（或间断级配）混合料还有其他优点，如它能减少雨天时的喷溅。

养护量少：当合理设计和施工时，橡胶沥青路面的养护工作量减少。

降噪：使用橡胶沥青路面时，轮胎噪声减小（如 3～5dB）。

节能:使用橡胶沥青可以减小层厚,从而节约能源和自然资源。另外,橡胶沥青混合料更耐久,不需经常罩面。

四、橡胶沥青及其路面的不足

橡胶沥青混合料单位造价较高,但可以通过减小厚度来抵消,使得使用周期内成本较低。同时,橡胶沥青主要用于表面层。过去,不良的施工方法或在恶劣天气下施工等原因使得橡胶沥青性能不稳定。这些不足已由修订的规范纠正了,橡胶沥青材料必须合理选择、设计、生产和摊铺,使路面性能得到所期望的提高。路面结构和排水也必须满足要求。但是仍会存在一些不可避免的问题,橡胶沥青使用方面的不足包括以下几个方面:

(1)橡胶沥青生产设备的进出场费用。对于大型工程,该费用能均摊到足够的工作量,使增加的单位价格可被增加的使用寿命、更低的维护费用和减薄的铺面厚度抵消。对于小型工程,进出场费用是一样的,造成单位价格大大增加,而且不能被充分抵消。

(2)橡胶沥青不是最适宜在密级配沥青混合料中使用的。集料级配不允许增加足够的沥青用量来提高密级配混合料的性能及橡胶沥青的额外费用。

(3)施工可能更具有挑战性,因为温度要求更加严格。橡胶在高温下提高了沥青的稠度,间断级配橡胶沥青混合料和开级配橡胶沥青混合料压实必须在比密级配橡胶混合料压实更高的温度下进行。同时,间断级配混合料集料较粗,由于集料结构的嵌挤作用,抗压实能力更强。

(4)潜在的气味和空气质量问题。

(5)由于沥青较稠、级配较粗,橡胶沥青材料通常难以进行人工施工。

(6)如果橡胶沥青拌和后摊铺延误时间超过 48h,部分混合料就不能使用。原因是橡胶粉改性剂的溶解程度太大,即使按规定限度加入更多的橡胶粉改性剂,但要达到规范要求的最小黏度还是不可能的。

(7)对于偏远地区的碎石封层来说,热拌或者预裹集料可能无法得到,因为在距施工现场合理范围内,可能没有拌和站。

(8)橡胶沥青混合料更适合于铺在已有路面上。

五、不宜使用橡胶沥青的情况

橡胶沥青已经成功地应用于美国和我国的多数地理和气候区域,已出现的问题基本上都与低温天气摊铺或晚季节施工有关。

温度是一个主要的影响因素。温度也影响普通混合料的摊铺和压实,在对通过改性提高高温硬度(如橡胶沥青和聚合物改性沥青),并且摊铺薄上面层的材料进行施工的时候,温度显得至关重要。橡胶沥青路面材料不应在以下条件下摊铺:

(1)雨季。

(2)环境或表面温度小于 13℃的寒冷季节。

(3)路面有超过 12.5mm 的严重裂缝,无交通和弯沉数据(注意:交通和弯沉数据是加利福尼亚州运输部路面结构设计和改建的基本要求)。在一些案例中,为了提供合适的路面结构,在橡胶沥青罩面之前,可能需要添加密级配沥青混合料或橡胶应力吸收层。

(4)人工作业量大的地区。

(5)沥青混合料拌和站和施工现场行程距离过长,不能保证摊铺和压实要求的拌和温度的地方。

六、成本与环境效益

热拌橡胶沥青混合料和碎石封层的初始单位成本明显高于普通材料。热拌橡胶沥青混合料层厚较小,橡胶沥青碎石封层的寿命比普通碎石封层更长,分析近三四十年以来的使用历史,橡胶沥青的成本效益普遍超过了 80%。在环境效益方面,橡胶沥青含有一种废料,它赋予了普通沥青更高的性能。在加利福尼亚州,层厚 50mm 的道路每车道公里用 880(2 型)~1 250(1 型)条废轮胎。目前,无搅拌湿法使用的橡胶量是上述的 1/3~1/2。

本章参考文献

[1] 王旭东,李美江,路凯冀. 橡胶沥青及混凝土应用成套技术[M]. 北京:人民交通出版社,2008.

[2] Arizona department of transportation standard specifications for road and bridge construction[S]. Phoenix, AZ, 2000.

[3] 吕伟民,孙大权. 沥青混合料设计手册[M]. 北京:人民交通出版社,2007.

[4] 王伟. 橡胶沥青混合料高温性能研究[D]. 上海:同济大学,2008.

[5] 黄文元,张隐西. 道路路面用橡胶沥青的性能特点与指标体系[J]. 中南公路工程,2007,02.

[6] 曹荣吉,陈荣生. 橡胶沥青工艺参数对其性能影响的试验研究[J]. 东南大学学报(自然科学版),2008,02.

[7] ASTM D6144-97, Standard specification for asphat-rubber binder[Z]. 1998.

[8] Qi X, Shenoy A, Al-Khateeb G, Arnold T, et al. Laboratory characterization and full-scale accelerated performance testing of crumb. Rubber Asphalts and Other Modified Asphalt Systems. Proceedings of the Asphalt-Rubber 2006 Conference, Palm springs, USA, 2006:39-68.

[9] 黄文元. 轮胎橡胶粉改性沥青路用性能及应用研究[D]. 上海:同济大学,2004.

[10] Caltrans/CIWMB Partnered Research. Use of scrap tire rubber-state of the technology and best practices, 2005,2.

[11] Airey G, Rahman M, Collop A. The influence of crude source and penetration grade on the interaction of crumb rubber and bitumen[C]// Asphalt Rubber 2003 Conference. Brasilia,Brazil,2003:375-398.

第二章 美国各州橡胶沥青技术应用与研究现状综述

内容提要：本章主要从混合料设计、结构设计、性能检测、成本、环境等方面综合介绍美国各州橡胶沥青研究和使用现状。

自20世纪70年代的碎石封层和80年代的橡胶处理的沥青混合料应用开始，美国加利福尼亚州运输部就逐步将废旧橡胶轮胎（称作橡胶粉改性剂）用于沥青路面。当时只有4个州（亚利桑那州、加利福尼亚州、佛罗里达州、得克萨斯州）使用了大量的废旧轮胎，并且几乎都采用湿法废橡胶改性技术。干法、湿法在早期都有广泛使用，大部分工程在20世纪90年代竣工，近10年以来，人们则基本采用了湿法废像胶改性技术。其工程改善效果较为明显。与此同时，其他的部门，主要是亚利桑那州、佛罗里达州和得克萨斯州的运输部也已将废旧轮胎成功用于沥青路面中。本章将介绍橡胶沥青混合料在美国各州的研究与应用情况，并对路面建设和养护的技术进行调查和分析。为了确定和评估整个美国过去和当前对其进行的研究，研究人员对主要的4个使用地区（亚利桑那州、加利福尼亚州、佛罗里达州、得克萨斯州）的详细材料进行了分析和阐述，论述了他们基于各自的策略和方法成功使用废胶粉改性方法的最佳实践方案。本章主要参考自State of California Department of Transportation于2005年2月出版的《Use of Scrap Tire Rubber-State of the Technology and Best Practices》。

第一节 总体情况

1991年，美国颁布了综合地面运输效率法案，促使很多州展开了废旧胶粉（废胶粉）在沥青路面材料中应用的试验和现场试验。法案强调，截至1994年，所有州必须在至少5%的沥青路面中使用废旧轮胎橡胶，到1997年必须提高到20%。得益于综合地面运输效率法案的要求，20世纪90年代关于在路面材料中使用废胶粉的研究得到了广泛开展，很多调研报告直接以综合地面运输效率法案为理由，分别进行研究，比如加拿大安大略省的研究。不过也有例外，加利福尼亚州和亚利桑那州早期的成功试验，走在其他各州的前列，引起了广泛的兴趣和相关研究。此外，华盛顿州和佛罗里达州分别在1981年和1988年颁布了调控废旧橡胶轮胎使用的州法案。

废胶粉改性技术应用是一项相对较新的技术，但在一开始没有得到广泛的认可和推广。废胶粉改性材料的成本相对传统的热拌沥青混合料明显偏高，关于路用的数据有限且复杂。这个时期，仅加利福尼亚州和亚利桑那州积累了大部分使用性能的数据，导致人们误认为废胶粉改性材料仅仅适用于气候温暖地区。很多机构对废胶粉材料的试验没有兴趣，因而造成了长期监测性能方面的财力不足。因此，综合地面运输效率法案成为一个巨大的争论焦点，它在 AASHTO 引起了广泛的反对，导致了废胶粉使用规范的暂停，并最终被其他法案取代。

综合地面运输效率法案对于在沥青路面材料中使用废旧轮胎橡胶的要求促使了对其大规模的研究和试验，同时也引起了极大的反对，险些扼杀橡胶沥青工业的发展。关于美国范围内现场试验的报告显示，由于各个机构都在用自己的方法应用废胶粉改性材料，方法非常混乱，对于如何合理使用这些材料才能提供预期的性能和达到服务指标也很迷茫。试验段通常相对较短，热拌沥青混合料拌和厂很难提供性能稳定的产品，导致了材料的较大差异。少量的橡胶沥青长途运输价格昂贵又导致了改性材料的成本过高。

一部分州运输部做过废胶粉改性的尝试，并且部分州希望使这种胶粉改性的结果符合现有规范，但仍有许多州并不希望将改性材料用于工程实际中去。承建单位并不熟悉有关材料，他们也不会去改变对于材料的处理方式和建设实践中关于使用材料的最佳方式。因此，大多数机构都没有达成关于改性材料较高性能的共识，也就不可能证明改性材料值得相关机构花更多的钱去使用。

由多个州和加拿大安大略省进行的关于含有废胶粉的沥青路面材料的性能试验得出了不同的结论(Epps，1993 年；Baker，Connolly，1995 年，新泽西州；Emery，1995 年，安大略省；Van Bramer，1997 年，纽约州；Volle，2000 年，伊利诺伊州；Fager，2001 年，堪萨斯州；Hunt，2002 年，俄勒冈州；Sebaaly，Bazi，Vivekanathan，2003 年，内华达州)。混合料表现出来的性能受规范、设计(包括材料的选择)、现有施工质量等因素的综合影响(Epps 1993 年)。也有许多问题与施工方如何处理废胶粉改性路面材料的相关经验有关，如材料运输、施工工序和施工方法等。

除了改变性能，大量的研究也决定了有关废胶粉在沥青材料的使用上将花费更多资金(Emery，1995 年；Trepanier，1995 年；Albritton，Barstis and Gatlin，1999 年)。成本增加的范围也很大，从仅仅增加 10%到增加 360%(Huang，2002 年)。费用高主要是由于以下两方面的原因：一方面是需要长途调集设备和人员，另一方面是在 20 世纪 90 年代初，必须要使用的材料基本是拥有专利权的专有供应商所提供的，购买价格较高。这些供应商均设立在加利福尼亚州、亚利桑那州、罗得岛州，后来在佛罗里达州、得克萨斯州及密西西比州也有设立。许多现场试验和研究，即使材料使用量很小，并且采用分期支付的方式，因为需要从上述的定点供应商处采购废胶粉改性路面材料，也导致了高额的花费。

其他州的运输部，包括亚利桑那州、加利福尼亚州、佛罗里达州、得克萨斯州，获得了更多关于废胶粉改性沥青材料使用方面的成功。它们更为广泛地使用和评估了废胶粉材料(Page，Ruth，West，1992 年；Flintsch，Scofield，Zaniewski，1994 年；Hicks，1995 年；Rebala Estakhri，1995 年；Choubane，1999 年；Way，2000 年；Herritt，2001 年；Tahmoressi，2001 年)。得益于这些成功的研究结果，这些地区更为广泛地在公路网路面中使用废胶粉改性材料。例如，亚利桑那州运输部(ADOT)已经用湿法工艺摊铺了超过 2 000km 的橡胶沥青混合料路面；加利福尼亚州也完成了包括橡胶沥青碎石封层在内的超过 400 条橡胶沥青项目。表 2-1 为加利福尼亚州应用橡胶沥青的市县。

加利福尼亚州应用橡胶沥青的市县举例　　表 2-1

县	康特拉科斯塔，洛杉矶，橙县，河滨，萨克拉门托，圣迭戈，圣·芭芭拉，圣·克拉拉
城市	阿卡迪亚、伯班克、卡马里奥、卡森、康普顿，克莱蒙特，科斯塔梅萨，戴纳波恩特，狄克逊，埃斯孔迪多，菲尔莫尔，丰塔纳，富勒顿，加登格罗夫，格伦代尔，城市霍桑，赫米特奈辛，高原，英格伍德，森林湖，翠湖，丽奈杰尔丽，米真维埃和，莫德斯托，奥克兰，海边，安大略省，奥克斯纳德，棕榈泉，帕姆代尔，罗斯维尔，圣克莱门特，圣迪马斯，圣何塞，圣路易斯奥比斯波，圣巴巴拉，圣塔克拉里塔，索斯盖特，千奥克斯，托伦斯，文图拉，维克多维尔

这些工程之所以成功应用是因为废旧胶粉和橡胶改性沥青的供应商均位于亚利桑那州、加利福尼亚州和得克萨斯州，成本较低，费用使用情况自然更为合理，而供应商生产高黏度沥青的湿法工艺更是对促进这些材料的使用起了至关重要的作用。同时，还能提供相关的技术支持。以上各点均提高了在某些地区进行常规性使用的可能性。在限制了对废胶粉材料的使用之后，一些废胶粉用量较大的工程项目的单位成本有了显著的减小。

然而，佛罗里达州存在着一个不同的状况。1988 年，在综合地面运输效率法案之前出台的佛罗里达州法律条令，对之前无统一要求的废轮胎橡胶做了统一规定。佛罗里达州选择在密级配或开级配沥青里加入较低含量的废胶粉，而不是靠增加废胶粉用量来提高利润。其目的就是尽量减少特殊处理和存储的需要并且无需搅拌，减轻了对普通混合料生产和摊铺的影响。

湿法工艺废胶粉沥青已经被用作填缝料并喷洒于碎石封层和应力吸收膜夹层以及热拌沥青混合料。研究也显示，湿法生产的废胶粉改性沥青的性质是基于各种参数的(Epps，1993 年)，主要包括(但不限于)规范通常规定的以下因素：

(1)橡胶的来源和处理方法(常压或低温)。

(2)废胶粉的粒度。

(3)废胶粉的浓度。

(4)沥青混合料的来源和级配。

(5)沥青添加剂类型和浓度。

(6)反应温度。

(7)反应时间。

湿法通过将废胶粉与热拌沥青混合料拌和反应，生产改性沥青。作为湿法的两个主要产品，高黏度和无搅拌沥青在前面已经有描述。所规定的废胶粉和沥青的反应温度范围因各个机构的不同而有所不同，但是这个范围的下限一般都是 150℃。如上所述，在干法工艺中，废胶粉通常作为沥青混合料中矿质集料的一部分。

美国许多州的运输部都在近些年独立进行了许多小型试验研究。但研究在许多方面都存在着明显差异，如试验设计、被测试的材料范围、测试方法、混合料设计类型、废胶粉和分析方法等。例如，一些研究试图把废胶粉加入现有的混合料设计中去，而另一些研究则在试验混合料设计中进行广泛的试验测试，修改已有混合料设计方法，以适应废胶粉的引入。此外，湿法和干法两种工艺过程代表着两种迥然不同的体系，它们使用不同的方法、不同的仪器。这些研究方法上的不同使得各种文献资料及其结论很难进行相互比较。

这里报道的一些试验研究彼此之间相互矛盾，或对于进行了废胶粉改性的路面材料性能的认识与目前的经验也不尽相符。一些研究表明,试验室结果有时并不能反映路面材料的真实路用性能。但是,这些研究却能显示废胶粉改性路面材料应用和发展的巨大前景。

为收集大量关于废旧轮胎橡胶用于沥青铺面材料的文献,本文划分为许多特定的篇章,阐述并验证一些关于废胶粉应用的基本结论。

每个主题都包括干法和湿法两种工艺的废胶粉改性路面材料的研究结果。

研究中均涉及下列范畴中的至少一个:

(1)材料的选择和设计。

(2)结构设计。

(3)应用、工程实际。

(4)性能。

(5)回收。

(6)费用。

(7)环境问题。

(8)其他用途。

(9)规范。

第二节　材料选择与设计

由于废胶粉铺面材料中选用材料的多样性,产生了很多与选择和设计有关的问题。改性沥青的物理与工程性质在很大程度上由组成材料,即沥青与废胶粉间的相互作用决定。这些相互作用主要由沥青和废胶粉各自的化学物理性质决定,此外还包括废胶的粉粒径和级配、反应温度与时间等因素。有些高质量的沥青和废胶粉,即使它们都达到了规范的要求,因其相容性差,也很难生产出令人满意的橡胶沥青。芳香填充油(Aromatic Extender Oils)和天然橡胶含量高的废胶粉可以解决相容性的问题。然而,填充油不但价格高,而且在高温时芳香化合物和易挥发化合物的排放明显增多。

废胶粉材料通常分为常温处理和低温处理。常温处理是指在室温下碾磨橡胶粉。低温处理是指用液态氮将其冷却至脆化温度以下(玻璃化),用锤片式粉碎机击碎(Witczak,1991年)。这种方法生产出的橡胶粉颗粒表面光滑、比表面积小,减小了与沥青反应的面积。大多数的研究致力于常温处理废胶粉在湿法沥青中的应用,因为研究证明常温研磨可以使颗粒产生不规则形状,从而使其具有相对较大的比表面积,促进了橡胶粉与沥青的接触与反应(Hicks,1995年;Baker,1993年)。为了降低加工成本,废胶粉规范通常允许采用低温处理进行初步粉碎,但要求在常温下完成研磨。

安大略省在低温处理废胶粉方面居于领先水平。安大略省的经验表明,在低温处理废胶粉与常温处理废胶粉之间不存在太大的差别。但是安大略省的大多数路段采用的是干法混合料。采用湿法材料中,无搅拌沥青与相对较少的废胶粉混合,低温处理的影响是最小的。关于研磨过程对沥青物理性质和路用性能的影响,这些示范工程提供的数据不足以得出确定的结论。

与处理废胶粉的方法一样,橡胶的来源也对材料的性质有明显的影响。专门研究表明,不同来源的橡胶材料含有不同的化学成分，这样采用湿法将其与沥青混合时，会产生不同的性质。废胶粉的主要来源是客车和重型货车的废旧橡胶轮胎，这些轮胎的合成橡胶和天然橡胶的成分含量各有不同。另外，随着轮胎技术的进步，对客车和货车来讲，胎面橡胶的成分与胎壁橡胶不同，同时客车和货车轮胎及其组成也在不断变化。大多数废胶粉包括多种橡胶和其他混合物。

加利福尼亚州橡胶沥青标准特别条款中对于废旧轮胎橡胶粉的化学规范给出了整个橡胶轮胎化学成分的典型范围，即同时考虑了胎面与胎壁材料。当时这些规范还处于发展阶段，其目的是促进废旧轮胎的使用。

废旧网球橡胶是早期的材料来源，但并不符合目前高天然橡胶粉的化学要求。应加利福尼亚州运输部的要求，载货汽车轮胎随后取代了废旧网球和橡胶垫成为高天然橡胶材料的主要来源。天然橡胶解聚较快，增加了废胶粉沥青中沥青相的厚度，有助于促进其与废旧轮胎废胶粉中其他橡胶化合物的反应。此外，天然橡胶能够加强碎石封层中集料的黏附效果。

由于废胶粉和沥青的化学性质复杂，不可能开发出一种纯化学方法来设计橡胶沥青路面材料。废胶粉沥青的设计必须使用推荐的废胶粉和沥青，以达到其相容性和物理性质指标。所以，加利福尼亚州、佛罗里达州和得克萨斯州的运输部并没有提出增加湿法高黏度沥青中高天然橡胶含量的要求。

废胶粉的级配与浓度对生产出的沥青的性质影响也非常大。粗糙的橡胶颗粒可提高黏度，增加橡胶含量也会提高黏度。细的橡胶颗粒，尤其是通过 30μm 筛孔的橡胶颗粒会很快被吸收。尽管高含量的细废胶粉颗粒起初会大大提高沥青的黏度，但是在高温下继续反应则会促进废胶粉的吸收，从而降低沥青的黏度。

Abdelrahman 和 Carpenter 的研究就是橡胶成分作用的例子，这也支持了先前采用不同方法的研究结果。这项研究采用 Superpave 性能分级沥青试验方法，而不是采用传统方法，如弹性恢复、软化点和针入度等测定其性质。其中变量是废胶粉的组成和粒径，4 种不同的废胶粉材料按 10%递增（占沥青质量）的用量，通过用于 AC-10 的沥青（湿法无搅拌）来评价其性能。4 种被测试的废胶粉包括了 3 种常温处理产品：BLEND、SBR 和 NR，其中 BLEND 含有天然橡胶和合成橡胶；SBR 的主要成分是合成橡胶（苯乙烯—丁二烯）；NR 则主要是天然橡胶。第 4 种评价的产品 CRYOG 是低温处理的废胶粉。每一种废胶粉都包含两种粒径：细级配废胶粉粒径（80～250μm）；粗级配废胶粉粒径（425～600μm）。

研究结果表明，反应过程影响沥青的剪切模量 G^* 和相位角 δ。研究中同样值得关注的是橡胶颗粒的膨胀减小了颗粒之间的距离（增加了浓度），同时吸收了使沥青硬化的轻质组分。对于该研究中的废胶粉，在较高的测试温度下产生了解聚作用，这一过程使得橡胶组分变为液体状态。解聚作用造成了剪切模量的降低，并最终使沥青的相位角随着增加的弹性部分消失恢复到原值。

就颗粒型号而言，研究表明，细橡胶颗粒比粗橡胶颗粒膨胀、解聚得更快，尤其是在高温条件下，会使硬度较大的沥青中弹性成分增加（相位角减小），一直维持到解聚作用完成。在中温和高温条件下，橡胶来源和级配对沥青性能的影响非常明显。即使在同样的反应条件下，不同橡胶来源和级配也会导致不同的反应结果。例如，就反应速率和性质的改变程度而言，BLEND 和 SBR 比 NR 和 CRYOG 的活性更强。该研究的结果强调了废胶粉组成、粒径以及反应时间和温度对改性沥青性质的重要性。

得克萨斯州运输部和佛罗里达州运输部认为，当前提供的废胶粉材料的级配控制和一致性存在明显的问题。在佛罗里达州，废胶粉级配问题影响着废胶粉沥青的稳定与质量。由于废胶粉级配没有统一要求佛罗里达州在州际公路上用聚合物改性沥青替代废胶粉沥青。加利福尼亚州运输部也同样面临废胶粉级配一致的问题，这也是加利福尼亚州运输部和工业部废胶粉级配委员会从2001年到2003年几次会议的主题。研究者认为，取样和试验可能是级配试验中产生差异的根源，与此同时提出了改进取样方法的建议。

依据4个州运输部高黏度沥青规范的旋转黏度、弹性恢复和软化点测试结果，当前的研究更多地列出了Superpave PG类型测试结果(可能与高黏度沥青并不相符)。由于缺少基础数据，而难以确定在具体的研究中废胶粉沥青的应用是否适当。将很难评估上述研究的价值，基本性质信息的遗漏显示，过去的研究者并不清楚废胶粉沥青的性质对于生产出的废胶粉沥青混合料、稀浆封层和夹层性能的重要影响。

沥青和废胶粉的物理和化学性质对于湿法废胶粉改性沥青的性质具有显著的影响。因为这些性质十分复杂，确定某种废胶粉和沥青材料是否可以反应，从而生产出一种合适的改性沥青的唯一方法，是在试验室里将它们混合并发生反应，经过24h得到符合规范性质的测试样品。沥青和废胶粉全部的反应过程包括两个主要的影响生成沥青的机理：颗粒的膨胀和降解。当沥青处于不同的反应时间和温度时，这些机理都会发生改变。当废胶粉颗粒膨胀时，颗粒的周边发展成一种胶凝体。在废胶粉改性沥青的生产过程中，温度的升高将提高膨胀速率，同时伴随着膨胀范围的缩小。同样，废胶粉改性剂的粒径可以控制膨胀机理并影响沥青构造。实际上，膨胀所要求的时间是颗粒半径的二次方。化学反应使得化学键断裂，解聚和脱硫作用的发生会减小橡胶分子量。

在湿法高黏度改性方法发展的早期，两种方法均申请了专利。其中一个专利是在1975年，专利号为3891585的“弹性路面损坏修复材料成分及制备方法”，组成成分包括路用沥青和经过再生处理或未处理的橡胶末；另一个类似的专利是专利号为4069182的“弹性路面修复材料成分”，同样是由Charles MacDonald在1978年申请的。这种改性方法后来被指定为“1型”。此外，1978年加利福尼亚州一家石油公司申请了专利号为4068023的“橡胶沥青铺面材料成分和使用”，其中除了路用沥青和再生轮胎橡胶，还有高天然橡胶和高芳香矿物油溶剂(填充油)，这种改性方法后来被指定为“2型”。

在20世纪90年代初，加利福尼亚州运输部将1型和2型废胶粉沥青作为投标的替代产品，并允许将其用作湿法高黏度沥青。加利福尼亚州运输部橡胶沥青混合料设计指南包含了关于1型和2型沥青的规范。根据1996年由Hildebrand和Van Kirk负责的工程审查，加利福尼亚州运输部决定停止使用1型沥青。佛罗里达州和得克萨斯州的运输部允许但并不要求使用2型沥青，报告指出它们仅采用了1型沥青。而亚利桑那州运输部只指定了1型沥青。

一个废胶粉生产商开发了另一种湿法改性方法，该方法通过连续搅拌橡胶粉(粒径小于180μm)和路用沥青，降低了反应温度，并缩短了反应时间。反应温度被降到135～149℃的范围内。由此生产的产品属于湿法无搅拌橡胶粉改性沥青。

湿法沥青是废胶粉颗粒分散于沥青相的两相体系，沥青中的轻质组分同时也被废胶粉相吸收而改性。高天然橡胶含量的废胶粉比大多数废旧轮胎橡胶废胶粉在高温时解聚得更快，更进一步地对沥青进行改性，并增加了沥青相的厚度。通常，废胶粉在被加热到大约121℃以上时，便开始释放类似于填充油的化合物油分(大约是其组成的25%)，这表明存在轻质组分的交换。加利福尼亚州运输部要求使用的芳香填充油包含另外的轻质组分，它能够加强废胶粉与沥青的反应，并减少相容性问题。

关于橡胶粉改性技术有两种观点。

第一种观点认为，改性技术应该提供一种无需搅拌就能保持匀质的存储系统。这种方法要求废胶粉解聚后被完全吸收到沥青的液态相中。解聚作用通常要求温度随时间提高，从而消耗大量能源。最初的解聚使沥青黏度和弹性显著降低，这被设计者认为是其最大的优点。这些性质决定了废胶粉在热拌沥青混合料和碎石封层中的广泛使用。解聚作用将导致剪切模量和相位角减小到其被改性前的值，这意味着，改性的有益作用随着解聚而丧失。

湿法无搅拌橡胶粉改性沥青通常采用低含量(不超过沥青质量的10%)的细废胶粉颗粒(粒径小于300μm)，如此小的颗粒能够悬浮于存储罐中。橡胶颗粒并不一定需要解聚，对于是否必须完全解聚并没有明确要求。4个州运输部采用了不同的湿法无搅拌废胶粉改性沥青。佛罗里达州运输部将其应用于密级配和开级配沥青混合料，但并未应用于应力吸收层。得克萨斯州运输部将其运用到封层和密级配混合料，也未用于应力吸收层。亚利桑那州运输部允许在一些间断级配混合料中采用无搅拌沥青作为高黏度沥青的替代品，但并不等同于高黏度沥青。废胶粉级配要求汇总表格和各种湿法无搅拌橡胶粉改性沥青的规范在这个报告中规范部分都有提及。2004年10月15日，加利福尼亚州和佛罗里达州运输部的代表向加利福尼亚州橡胶沥青混合料任务组(RACTG)做了关于这种沥青的口头报告，报告指出，并非所有的细废胶粉颗粒都被溶解，一些仍然清晰可见。不过，得克萨斯州运输部代表在报告中指出，表面封层的AC-20-5TR中的废胶粉被完全溶解了。

加利福尼亚州运输部在20世纪90年代初期修订了改性沥青规范。该规范规定废胶粉粒径小于600μm，但并没有规定最小废胶粉含量，同时也不要求采用高天然废胶粉。基于对橡胶沥青样品的流变测量和有限的路用性能评估，加利福尼亚州运输部的研究人员为详细说明橡胶处理沥青，利用压力老化试验中压力老化残留物提出了两个新参数：与弹性性质有关的相位角的剪切敏感度SSD，与刚度有关的剪切黏度敏感度SSV。

为了评估达到改性沥青(MB)标准材料的性能，在1997年12月至1999年11月间建设了10个试验项目。这些试验段主要集中在加利福尼亚州的沿海地区，包括各结构试验段的密级配和开级配混合料。加利福尼亚州运输部和工业部人员组成的小组对这些项目进行了审查：8个被定为“优”；1个被定为“良”；1个由于基层破坏，被定为“差”。虽然加利福尼亚州运输部已经为这些改性沥青试验工程准备了一份报告，但到目前为止的发现还很有限，另外的研究还在进行中。为了提供更进一步的数据，加利福尼亚州大学伯克利分校目前开展了一项重交通模拟(HVS)试验。2004年，在新的试验段上采用了密级配和开级配改性沥青混合料，将其作为大规模现场试验的一部分。加利福尼亚州运输部和加利福尼亚州大学伯克利分校已经进行了抽样并对这些改性沥青路面的性能进行实时监测。

第二种观点认为，分散于废胶粉沥青中的橡胶颗粒可以提高黏度(190℃黏度不小于1.5Pa·s)和弹性(弹性恢复，减小相位角)，同时可以通过改变空隙结构而影响混合料的性能。目前，4个州运输部已经根据第二种观点编写了湿法高黏度沥青的规范，即通过限制反应时间和规定最低黏度值，从而限制沥青中废胶粉的解聚。

Abdelrahman 和 Carpenter(1999 年)的研究表明，在颗粒膨胀阶段橡胶改性沥青的剪切模量有明显的增加。相反，在解聚完成之前，脱硫和解聚作用减小了沥青的相位角并最终恢复到基质沥青的相位角值。这个反应机理看似与改变橡胶改性沥青弹性性质的机理有所不同。

为了评价沥青中废胶粉的作用，威斯康星州运输部开展了采用 PG 沥青分级测试和高性能路面改性沥青方法的其他研究。大量的室内试验表明，废胶粉的确影响沥青的性质，其作用与所添加的废胶粉的级配和含量有关，而且随着废胶粉粒径的减小和含量的增加，沥青的黏度也会有所提高。废胶粉沥青中其他性质的改变明显依赖于应力状态。所有的研究表明：为了保证适合的物理性质使其达到规范要求，对每种改性沥青进行测试是必要的。

通常认为，试验室设计的湿法高黏度沥青应该保证在 24h 内按一定时间间隔测其性能并做出性能设计曲线，从而评价其相互作用的稳定性。不同类型的废胶粉改性沥青都会生成各自特定的物理性质随时间变化的独特设计曲线，它可以作为改性沥青生产过程中质量控制和质量保证的参考，通过实时调整实际值与设计值曲线的偏差，生产出理想的产品。

废胶粉材料的选择和生产的沥青的性质是设计出合适橡胶沥青混合料的关键。威斯康星州运输部进行的研究不仅描述了废胶粉沥青的性质，还通过混合料试验对其进行了补充。结果表明，废胶粉的加入影响了混合料的空隙率和摩阻力，这与材料的性质和密实程度有关。废胶粉级配对空隙结构和空隙率的影响已经得到几个机构的大量试验室和现场经验的验证，包括亚利桑那州(Way，2000 年)、堪萨斯州(Fager，2000 年)、佛罗里达州(Ruth，1989 年)和罗得岛州(Madapati，1996 年)等。粗糙、大粒径的废胶粉级配(粒径小于 2.34mm 且大于 600μm)会增大空隙率，使其可能比沥青混合料采用粗糙、大粒径集料时的空隙率还要大。更细的废胶粉(粒径小于 600μm)更容易填充空隙而降低空隙率，但对于空隙大小的影响相对较小。

罗得岛州运输部(RIDOT)调查了在密级配、密级配磨耗层(表层混合料能提供所需的摩擦性质)和间断级配混合料中废胶粉的使用情况。该研究有两个目的：

①比较 Marshall 和 Superpave 法最佳沥青用量和有无废胶粉时混合料的性质；

②预测混合料有无废胶粉时的性能。罗得岛州运输部试验室研究中的集料来自 4 个施工方，设计了 4 种密级配混合料和 4 种密级配磨耗层混合料，其中的废胶粉沥青采用湿法生产，此外还将两种集料用于设计干法间断级配混合料。Marshall 性质表明，所有的废胶粉沥青混合料比相应的对照混合料具有更高的最佳沥青用量。密级配混合料与相应的对照组沥青混合料具有相同的稳定度，密级配磨耗层的稳定度低于 4 个对照混合料中的 3 个。密级配混合料和密级配磨耗层抗拉强度评价也类似于上述结果。密级配混合料和密级配磨耗层的弹性模量值与相应的对照路段接近。密级配混合料、密级配磨耗层和开级配混合料也采用高性能路面(Superpave)混合料设计方法进行设计。结果表明，Superpave 混合料的设计沥青用量比相应的 Marshall 设计值要小一点(Madapati 等，1996 年)。研究还建议通过试验段来验证推荐的混合料设计方案(Madapati 等，1996 年)是否合乎要求。

1992 年，对于采用湿法高黏度沥青的废胶粉改性沥青混合料，得克萨斯州运输部(TxDOT)采用普通的 D 型(最大粒径 1.27cm)和 C 型(最大粒径 1.58cm，用于单个项目)密级配沥青混合料规范进行设计和施工，混合料采用得克萨斯州旋转压实仪进行旋转压实，用维姆稳定度仪测试压实的试件。Lubbock 地区 84 号公路上的 C 型废胶粉改性沥青混合料经过铣刨后加铺了封层。据报道，所有D型废胶粉改性沥青混合料路面都出现了早期破坏，包括圣安东尼奥的IH-10上的罩面层。根据IH-10上废胶粉改性沥青混合料在施工时性能的优劣，TxDOT基于玛蹄脂碎石理念提出了开级配废胶粉沥青混合料设计方法，称为"粗骨架高沥青用量法"(以下称CMHB)。采用湿法高黏度沥青的CMHB路面总体上性能较好，虽然由于基层结构破坏，也出现了两个例外，不过这与废胶粉改性CMHB路面无关(Tahmoressi，2001年)。CMHB级配(TxDOT2004标准规范改为SMA)也采用湿法无搅拌橡胶粉改性沥青和普通PG沥青，但是根据TxDOT代表报告，其最佳沥青用量比普通的高黏度沥青小。

1994年，得克萨斯州交通运输研究所(以下称TTI)对TxDOT新开发的橡胶改性CMHB混合料设计方法进行了大规模的试验室评估，评估工作包括采用TxDOT标准体积方法将废胶粉DGAC混合料和未改性的DGAC混合料进行比较。不过，制作用于该研究的试件采用的是加利福尼亚州揉压机，而不是得克萨斯州的旋转压实机。测试维姆稳定度通常是TxDOT方法的一部分，在报告中却未被提到(Rebala，Estakhri，1995年)。湿法和干法混合料分别采用了细粒废胶粉(粒径小于180μm)和粗粒废胶粉(粒径大于2.0mm)，然后对其进行评估。各种参评的混合料见表2-2。报告中没有湿法沥青的物理性质。但是含有18%废胶粉的沥青有足够的废胶粉，可以认为达到了高黏度沥青的要求，而含有10%废胶粉的沥青可能没有达到最小黏度的规定值1.5Pa·s。其中，粗粒废胶粉沥青(粒径大于2.0mm)需要搅拌均匀。

TTI研究所用的废胶粉改性沥青和混合料如表2-2所示。对压实混合料试件所进行的检测包括：5℃、25℃、40℃的回弹模量和间接抗拉强度、间接拉伸蠕变量、抗压强度、静压蠕变、40℃单轴动压蠕变(重复加载)。这些检测反映了混合料的强度和刚度以及在荷载作用下的回弹变形和永久变形。根据NCHRP报告338——沥青混合料分析系统(下称AAMAS)对其进行了评估。

得克萨斯州运输部交通运输研究所废胶粉改性混合料测试表　　表2-2

混合料类型	废胶粉改性方法	废胶粉含量	废胶粉级配(通过筛孔型号)
密级配对照	无	0	—
密级配	干法工艺	占集料质量的0.5%	细粒(180μm，80号筛)
密级配	干法工艺	占集料质量的0.5%	粗粒(2.0mm，10号筛)
开级配	干法工艺	占沥青质量的18%	细粒(180μm，80号筛)
开级配	干法工艺	占沥青质量的18%	粗粒(2.0mm，10号筛)
开级配	湿法工艺	占沥青质量的10%	细粒(180μm，80号筛)
开级配	湿法工艺	占沥青质量的10%	—
开级配	湿法工艺	占沥青质量的18%	细粒(180μm，80号筛)

回弹模量测试结果表明，废胶粉改性可以降低混合料的温度敏感性，降低低温和中温时的刚度，提高高温时的刚度。与普通的得克萨斯州运输部D型密级配对照混合料相比，所有的废胶粉密级配混合料(包括湿法和干法)其间接抗拉强度接近或有所提高。除了含有18%细粒废胶粉的湿法混合料，与密级配对照混合料相比，间断级配混合料抗拉强度有所降低外，与其他混合料相比，这种混合料具有高得多的破坏应力和应变，其改性效果明显。

蠕变测试表明，与对照组相比，其性能没有明显的不同。Rebala、Estakhri 在 1995 年的研究中阐述道，测试环境的细微差别可能会影响间断级配混合料的试验结果。由于单轴蠕变试验没有侧限压力，所以比较密级配与间断级配的无侧限蠕变是不恰当的。他们还提出，间断级配的实际路用性能可能比试验室试验结果要好，因为路面只有外侧边缘是无侧限的。

无侧限蠕变可能也影响了本研究对抗车辙性能的评估，因为 AAMAS 是通过评价试样的蠕变模量和加载时间来评价抗车辙性能的。这种方法表明，包括 D 型密级配对照组在内的所有混合料只有较低或中等的抗剪能力。细粒废胶粉干法混合料具有最强的抗车辙性能，粗粒废胶粉含量为 18%的开级配湿法混合料抗剪性能最差(Rebala，Estakhri，1995 年)。

AAMAS 评估抗疲劳能力是通过破坏时的拉应力与总回弹模量的对数曲线及其与标准 FHWA 疲劳曲线的关系来表示的。根据这种方法，湿法混合料表现出更好的抗疲劳能力，其中细粒废胶粉含量为 18%的混合料抗疲劳能力最强。

与对照组相比，废胶粉沥青混合料的回弹模量更低。根据 AASHTO 路面结构设计方法，与 DGAC 相比设计一条新的橡胶沥青路面或罩面时，其厚度更大。这可能是室内试验不能准确反映实际路用性能的表现。加利福尼亚州运输部的经验表明，当厚度是普通 DGAC 厚度的一半时，RAC-G 在抗反射裂缝方面的表现良好。此外，得克萨斯州运输部和亚利桑那州运输部都给湿法高黏度间断级配混合料规定了相同的结构系数，正如其对 DGAC 所做的规定，这在实际应用中没有出现明显的问题。

加利福尼亚州运输部和亚利桑那州运输部的研究共同发现，废胶粉间断级配(湿法高黏度)混合料的弹性模量通常比普通 DGAC 低。1999 年，标准规范规定对 A 型和 B 型 DGAC 规定的最小稳定度值是 37 和 35，对普通的 9.5mm 和 4.75mm 混合料为 30，加利福尼亚州运输部对 RAC-G 规定了一个更低的维姆稳定度最小值 23。亚利桑那州运输部没有对间断级配橡胶沥青混合料规定最小马歇尔稳定度值(亚利桑那州 2000 年标准规范)。以高废胶粉沥青含量为特点的这类混合料降低了刚度，但是提高了抗疲劳和抗反射裂缝的能力。

为了提出一种准确确定关键混合料设计性质的方法，得克萨斯州运输部对其 CMHB 混合料设计方法进行了深入的评估。研究重点是如何解决在试验室中处理混合料，从而使其与现场生产的混合料相近。该研究将对提出的试验方法进行评估，判断其是否能很好地反映并预测 CMHB(现在称作 SMAR)混合料的性能(得克萨斯州运输部，2003 年)。

2001 年，得克萨斯州运输部建设了 5 个开级配排水磨耗层(PFC)工程，它们采用湿法高黏度沥青，并表现了良好的路况性能。其中一个工程作为对照路段没有使用废胶粉，与采用废胶粉改性的 PFC 表现出很大的差异，后者没有明显的反射裂缝，而前者则产生了大量裂缝(Tahmoressi，2001 年)。得克萨斯州运输部将废胶粉改性的 PFC 路面指定为“专用路面”，并拟将其用于反射裂缝严重的地方，包括水泥路面封层。得克萨斯州运输部报告中提出这些橡胶沥青 PFC 层性能很好，并准备进一步推广使用。混合料设计采用 Superpave 旋转压实机旋压 50 次，使最小空隙率降至 18%。集料主要是公称粒径为 1.27cm 的碎石。橡胶沥青 PFC 厚度为 2.54～3.8cm。高黏度沥青含量(占混合料重)为 8.5%～9.5%，实践证明在抗剥落和抗反射裂缝方面都非常有效。

加利福尼亚州运输部自从 20 世纪 70 年代就开始在路面工程中使用废胶粉材料。相比其他橡胶沥青路面材料，加利福尼亚州运输部目前更广泛地采用湿法高黏度沥青的间断级配橡胶沥青混合料(RAC-G)。开级配橡胶沥青混合料(RAC-O)也有一些成功的应用，其橡胶沥青含量比用AR-4000的混合料提高了1.2倍。RAC-O高油量混合料的沥青用量是AR-4000混合料的1.6倍(与亚利桑那州AR ACRC接近)但其应用非常有限。对于用湿法无搅拌橡胶粉改性沥青拌和间断级配和D型混合料，加利福尼亚州运输部也制订了相关的标准特别规定(SSP)。这些材料目前只用于试验工程，应用之前必须通过加利福尼亚州大学的重车模拟检测和摊铺路面的实际路用性能评估。加利福尼亚州运输部尚未使用干法废胶粉改性方法。但是在Firebaugh项目上重新评估了这种方法，该项目分别采用高黏度和无搅拌废胶粉改性沥青生产湿法混合料。

Firebaugh项目在2004年6月建于Firebaugh镇附近的33号公路上，其目的是为下列各种混合料的性能评估提供邻近的试验段:间断级配橡胶沥青混合料、间断级配改性沥青、D型改性沥青、RUMAC(间断级配，干法废胶粉改性混合料)以及一条DGAC对照路段。该项目并没有使用开级配混合料，每种类型的混合料有两种摊铺厚度，即45mm和90mm。加利福尼亚州运输部采集了用于评估的组成材料和混合料的样品。混合料试验可能包括小梁疲劳试验和剪切试验。2004年的Firebaugh项目靠近采用间断级配RAC的Warranty项目试验段，后者在2003年8月用于33号公路罩面。另一个RAC的Warranty项目在2004年建于Lassen县二区，采用了间断级配改型沥青混合料。可以预见的是，这些补充的现场研究对于橡胶沥青路面的设计和施工规范的改进会很有帮助，而且将会有助于更好地指导材料选择和使用。

对RAC混合料各种研究的探讨表明，多种废胶粉级配和用量的组合、改性类型(湿法和干法)、沥青等级、集料级配(密级配、间断级配、开级配)都已进行了评估。使用和试验的材料由赞助研究的机构决定，所尝试的多种方法都取得了成功。

目前，主要应用废胶粉改性方法的有亚利桑那州、加利福尼亚州、佛罗里达州和得克萨斯州。各州运输部有成功使用废胶粉的相同经验，但也有一些有根本差别的方法和实践。

(1)相同经验

4个州运输部都主要采用湿法废胶粉改性技术，很少采用干法工艺。

每个部门都有关于湿法高黏度沥青和湿法无搅拌橡胶粉改性沥青的规范。亚利桑那州、佛罗里达州和得克萨斯州认为无搅拌沥青与高黏度沥青(或聚合物改性沥青)有很大差异，应有区别地使用这两种湿法沥青。

粗粒废胶粉级配(粒径小于2.0mm)在用于高黏度沥青比无搅拌沥青中更为有效，而通常认为全部废胶粉颗粒粒径必须小于600μm。

在间断级配和开级配混合料中，高黏度湿法沥青更适用，可以使其产生最佳性能。因为它们的高黏度和相应的抗沥青下渗性能允许沥青用量比密级配混合料的合理沥青用量高出2%，而高的沥青用量能够提高耐久性、抗疲劳和反射裂缝性能。加利福尼亚州运输部、亚利桑那州运输部和得克萨斯州运输部在间断级配和开级配混合料中使用这些沥青，而且主要用于路面顶部5.1～7.62cm的位置，但并不用于密级配混合料中。佛罗里达州仅将高黏度湿法混合料用于应力吸收层中，而不用于热拌混合料，因为高黏度沥青通常不适合用于密级配混合料中。

无搅拌废胶粉沥青适用于密级配混合料，得克萨斯州运输部允许这类沥青用作SHRP性能分级沥青沥青。佛罗里达州运输部经常使用这类沥青。对于D型改性沥青，加利福尼亚州运输部有一个正在评后中的专门规范。

无搅拌废胶粉沥青可以用于间断级配或开级配混合料中，但是必须注意防止沥青下渗。这类沥青没有足够的黏度，不能在非改性沥青最佳用量基础上继续增加用量。佛罗里达州运输部经常将这类沥青用于开级配混合料中，他们规定当无搅拌沥青用于PFC(开级配)时，要添加纤维和石灰以减少离析。亚利桑那州运输部认为在小型工程或废胶粉改性路面的修补工程中，可以用无搅拌沥青替代间断级配混合料中的高黏度沥青；但是对不同混合料要区别对待，还需要对其沥青下渗情况进行评估。此外，亚利桑那州运输部不允许在开级配混合料中使用无搅拌沥青。

(2)不同之处

只有加利福尼亚州运输部规定在路面混合料高黏度湿法沥青中使用填充油和高天然橡胶含量的废胶粉。

改性沥青规范依据的是它们截然不同的物理性质，而不是亚利桑那州、佛罗里达州和得克萨斯州使用的无搅拌废胶粉沥青类别，这些物理性质的差异使它们之间无法直接进行比较。

第三节　橡胶沥青质量控制指标选择

橡胶粉改性沥青在我国的应用时间较短，目前还处于试验研究阶段，没有制订出专门的规范标准。本节参考国外相关规范的要求，对橡胶沥青质量控制指标进行分析，从而选择出适合我国使用的标准。

一、常用技术标准分析

橡胶沥青在美国使用较为成熟，加利福尼亚州与亚利桑那州目前是沥青橡胶的两个最大使用者，除此以外，得克萨斯州，佛罗里达州也有广泛应用。表2-3～表2-6分别列出了美国ASTM、亚利桑那州、得克萨斯州、加利福尼亚州、佛罗里达州橡胶沥青技术标准，对其进行比较分析以作为参考。

美国ASTM州橡胶沥青技术标准(D6114-97)　　表2-3

项　目		1　型	2　型	3　型
黏度(Pa·s)(175℃) D2196方法A	最小值	1.5	1.5	1.5
	最大值	5.0	5.0	5.0
25℃针入度(0.1mm)(100g,5s)	范围	25～75	25～75	50～100
4℃针入度(0.1mm)(200g,60s)	最小值	10	15	25
软化点(℃)	最小值	57.2	54.4	51.7
弹性恢复(%),(25℃)	最小值	25	20	10
闪点(℃)	最小值	232.2	232.2	232.2
TFOT后针入度比,(4℃)	最小值	75	75	75

美国亚利桑那州橡胶沥青技术标准　　表 2-4

项　目	A　型	B　型	C　型
基质沥青等级	PG64-16	PG58-22	PG52-28
旋转黏度(Pa・s)(177℃)	1.5～4.0	1.5～4.0	1.5～4.0
4℃针入度(0.1mm)(200g,60s)	10	15	25
软化点(ASTM D36)	57	54	52
弹性恢复(25℃)(ASTM D5329)	30	25	15

美国得克萨斯州、加利福尼亚州橡胶沥青技术标准　　表 2-5

项　目	得克萨斯州		加利福尼亚州	
	技术要求	试验方法	技术要求	试验方法
黏度(Pa・s),Haake	1.5～4.5,177℃	—	1.5～4.0,191℃,现场	—
锥入度(25℃,150g,5s)(0.1mm)	>20	ASTM D1191	25～70	ASTM D217
软化点(℃)	>57	Tex-505-C	52～74	ASTM D36
弹性恢复(%)(25℃)	>15	ASTM D3407	18	ASTM D3407

美国佛罗里达州橡胶沥青技术标准　　表 2-6

橡胶沥青类型	ARB5	ARB12	ARB20
胶粉类型	TYPE A 或 B	TYPE B 或 A	TYPE C 或 B 或 A
胶粉最小用量(占沥青质量的百分比)	5%	12%	20%
基质沥青	AC30	AC30	AC20
最低温度	150	150	170
最高温度	170	175	190
最小反应时间(min)	10	15	30
密度(15℃)	8.6 1.03kg/L	8.6 1.04kg/L	8.8 1.05kg/L
黏度(旋转),≥	0.4Pa・s(150℃)	1.0Pa・s(150℃)	1.5Pa・s(175℃)

可以看到,ASTM 和亚利桑那州按照不同气候区制订了不同的指标,将橡胶沥青分为 3 档,分别适用于热区、温区和寒区。其中,ASTM 标准是以针入度为标准分级,而亚利桑那州是根据基质沥青黏度进行分级的,加利福尼亚州和得克萨斯州两州没有进行分级;佛罗里达州则按胶粉掺量进行分类,对应于 5%、12%、20%的掺量分别是 ARB5、ARB12、ARB20,并对不同掺量胶粉的生产工艺进行了规定。

在各规范中,虽然规定有所差异,但其核心指标都是:针入度(锥入度)、软化点、弹性恢复及黏度。

从 ASTM 标准可以看到,25℃针入度指标是 25～75(0.1mm)以及 50～100(0.1mm),这

是由于胶粉颗粒的存在，尤其是采用相对粗颗粒胶粉时，橡胶沥青针入度受胶粉颗粒的影响存在很大的离散性，同时不同品种胶粉制成的橡胶沥青之间针入度差异也很大。加利福尼亚州、得克萨斯州用25℃的锥入度代替针入度。同针入度试验相比，锥入度试验能够明显区分不同胶粉掺量的胶粉改性沥青胶浆的剪切性能。ASTM、亚利桑那州虽仍采用针入度，但其中亚利桑那州采用4℃度针入度，其标准质量与加载时间有所变动，而ASTM则两者均有，由此可见，标准的25℃针入度已不适用于橡胶沥青。

对于软化点指标，ASTM、亚利桑那州根据气候区不同，分别规定了要高于57℃、54℃和52℃；得克萨斯州规定了要高于54℃；加利福尼亚州则给出了52～74℃的范围。

黏度在各橡胶沥青标准中都有，是各橡胶沥青指标中最为关键的一个。黏度一般采用的是旋转黏度，各标准中的黏度范围在1.5～5.0Pa・s。一般的黏度测量温度范围在175～180℃，而加利福尼亚州给出的是现场采用Haake黏度计测量的黏度标准，其测量温度在190℃。另外，加利福尼亚州对于黏度的要求相对高些，这与加利福尼亚州使用高天然胶含量胶粉及较高胶粉剂量有关。当橡胶沥青的黏度不能满足要求时，应采取增加胶粉掺量、降低反应温度、增加反应时间等措施。

对于延度指标，在各标准中都没有提及。这是因为橡胶沥青的延度拉伸破坏形式与一般沥青不同，由于胶粉颗粒的存在，形成应力集中，拉断的断口粗糙而宽，测得的橡胶沥青延度普遍偏低，反映不了橡胶沥青的真实性能。此外，各州均提出了弹性恢复的指标要求，以评价橡胶沥青加载后的变形恢复能力。

有关老化指标，仅有ASTM的标准提出，可见沥青橡胶在老化方面应该不存在太大问题。

二、本节推荐的技术指标

本节参考国外标准要求，结合我国的实际情况，推荐以下指标作为橡胶沥青的基本性能评价指标，见表2-7。

橡胶沥青评价指标推荐 表2-7

推荐指标	范围要求	测试方法
25℃针入度(0.1mm)(100g/5s)	25～60	T 0604—2000
软化点(R&B)(℃)	>54	T 0606—2000
旋转黏度(Pa・s)(177℃)	1.5～4.0	T 0625—2000
弹性恢复(25℃)(%)	>60	T 0662—2000

注：旋转黏度测试推荐采用27号转子，其转速为20r/min。

下面对选择各指标和范围的原因进行简单的分析。

1.针入度

从前文可以看到，传统的25℃针入度并不十分适用于橡胶沥青，国外推荐使用锥入度来测试橡胶沥青的抗剪切性能。但考虑到针入度试验简单方便，在我国使用广泛，并且在判断存储稳定性以及橡胶粉反应效果上有一定的参考价值，所以予以保留。本节推荐的控制范围参考美国标准制订为25～60(0.1mm)，范围比较宽，以便设计人员根据应用需要灵活选择不同胶粉、掺量以及不同的基质沥青。

2. 软化点

软化点是一个等黏温度的概念，与沥青黏度有一定相关性，能够反映沥青的高温性能。对于橡胶沥青来说，尽管其黏度明显高于普通 SBS 改性沥青，但是软化点指标一般低于 SBS 改性沥青。从软化点试验中可以看到，橡胶沥青从开始下坠至坠落到底的间隔时间要明显比 SBS 改性沥青短，说明橡胶颗粒之间没有形成类似 SBS 改性沥青中的空间网络结构。橡胶颗粒对于抵抗小球下落作用较小，主要是橡胶颗粒间的自由沥青起作用。软化点指标测试的是自由沥青的软化点，一般来说软化点随着橡胶粉掺量的增加而增大，且能够反映橡胶粉和沥青的相互作用程度。

总的来说，软化点是一个有效的常规指标，本节参考国外规范给出了大于 57℃的基本范围。

3. 黏度

沥青是一种流变性液体，黏度大的沥青在荷载作用下产生较小的剪切变形，这与沥青混合料的高温稳定性有一定的相关性。同时，随着橡胶沥青的黏度增大，混合料的施工和易性变差，施工的难度增大，因此为了控制施工性能，对沥青的黏度的上限也有一定要求，黏度指标常作为普通沥青和改性沥青分级的一个重要指标。对于橡胶沥青也是如此，橡胶沥青的黏度指标是其最重要的质量控制标准。

黏度根据表达的意义以及测试方法不同分为动力黏度、运动黏度和条件黏度。沥青是一种非牛顿液体，采用表观黏度来描述黏度大小。表观黏度是剪切应力与剪切速率的函数。本节根据我国规范要求，采用标准的布洛克菲尔德黏度计测试旋转黏度，黏度值与转子型号、转速、测试方法等有关。选择转子时，转子过小、过大或转速过快对橡胶沥青的测试都是不利的。转子过大会加速橡胶沥青在测试过程中的离析；过小则会使测试结果失去代表性。根据交通运输部公路科学研究所研究表明，27 号转子以及 20r/min 的转速对于橡胶沥青的黏度测量比较适合。相比一般高聚物改性沥青，橡胶沥青的黏度较大，采用 135℃作为黏度控制温度并不适合，同时为了便于与国外资料对比，选择 177℃作为测试温度。

本节参考国外标准以及国内的部分实践研究成果，推荐采用布洛克菲尔德旋转黏度计，选择 27 号转子和 20r/min 的转速进行测试，将橡胶沥青 177℃黏度控制在 1.5～4.0Pa·s。这样可以有效控制反应程度和胶粉掺量，获得施工和易性与高温稳定性能较好的沥青混合料。

4. 弹性恢复

橡胶粉本身是一种良好的弹性材料，加入沥青中有助于沥青弹性恢复能力的提高。弹性恢复能力的提高可以减小荷载作用后的残余变形，减少路面损伤。弹性恢复指标作为评价改性沥青性能的新指标已被广泛使用。对于橡胶沥青来说，弹性恢复与胶粉掺量也有着一定的相关性，能够反映出橡胶沥青的性能。

本节推荐弹性恢复指标控制范围为大于 60%，这对于 15%以上胶粉掺量的橡胶沥青较为适合。

5. 老化指标

老化指标是普通沥青以及一般 SBS 改性沥青性能好坏的重要判断标准，需要加以严格控制。而对于橡胶沥青来说，国外标准中大部分没有提出老化指标，这从另一方面说明了橡胶沥青的抗老化性能很好，不需要再加以控制。目前主要的老化方式分为薄膜烘箱试验（TFOT）、旋转薄膜烘箱试验（RTFOT）以及压力老化试验（PAV）3 种。TFOT 与 PAV 试验中使用的是圆盘盛样，由于橡胶沥青黏度太大，流动性不好，在盘子中很难形成均匀薄层，会影响老化均匀性；RTFOT 试验中橡胶沥青在瓶中也很难形成均匀薄膜，同时试验后老化沥青也很难取出；在 TFOT 与 RTFOT 试验中，由于温度较高，橡胶颗粒在老化过程中会将吸收的轻质油分析出，沥青与胶粉发生离析，试验结果的均匀性也会受到影响。总的来说，3 种老化方式都不太适用于橡胶沥青，目前可以将 TFOT、PAV 试验作为参考性指标。

对比来看，橡胶沥青的指标体系比一般高聚物改性沥青要简单得多，少了一部分指标，这是因为以下几点：

（1）蜡含量、闪点等指标已经包含在基质沥青质量控制中，从原材料方面已经得到了有效控制。

（2）延度、溶解度等指标完全不适合于橡胶沥青这种大颗粒复合材料的测试。

（3）橡胶沥青一般采用现场改性，所以不再考虑离析等存储稳定性指标。

（4）表 2-7 中指标体系已经完全能够控制住橡胶沥青的质量：黏度指标能够很好地控制住橡胶沥青的高温与施工性能；针入度能够体现橡胶粉与沥青的反应效果；软化点同弹性恢复与橡胶粉掺量之间有着很好的相关性，可对胶粉选择和掺量加以控制。

第四节　结 构 设 计

在长寿命路面性能方面，除了材料，如废胶粉与普通路面材料，适当的结构设计至关重要。有限的结构设计研究主要是在传统的经验法或力学—经验法的应用方面。现将美国部分州的理论方法和具体做法简述如下。

为了减少反射裂缝，亚利桑那州运输部开发了罩面设计的力学—经验法。根据有限元模型、试验室试验和路面实际路用性能监测，研究开发了一个数据表工具，设计者输入一个用户定义的可接受的开裂水平、路面层厚和相应的弹性模量，数据表工具就可计算出罩面的厚度（普通密级配沥青路面或间断级配橡胶沥青路面）。

这种设计工具经过校验只适用于上述两种路面类型，并且其前提是采用湿法高黏度沥青，废胶粉最低为沥青质量的 20%（总沥青中的 17%）。尽管只校验了亚利桑那州运输部，Chen、DiVito 和 Morris 认为这一方法同样适用于加利福尼亚州南部地区和得克萨斯州西部地区，这些地区具有相似的环境和材料。设计阶段选择的反射裂缝和既有路面上观测到的裂缝具有很好的相关性。

就加利福尼亚州的结构设计问题而言，路面的罩面主要存在两种方案：密级配沥青混合料罩面（DGAC）和间断级配热拌橡胶沥青混合料（RAC-G）。如果需要额外的结构，则在 DGAC 层上加铺 RAC-G。为了设计 DGAC 罩面的厚度，加利福尼亚州运输部在路表弯沉和现有路面厚度之间建立了一种经验关系，罩面的厚度起着减缓疲劳开裂的作用。同时，设计过程利用经验关系来确定减缓反射裂缝的罩面厚度。罩面的设计年限一般为 10 年。

到目前为止，弯沉设计法是否为 RAC-G 材料罩面设计的有效方法还有待考证，但是很多工作已经着手进行了。加利福尼亚州运输部使用 8m 试验段和重载车辆模拟器（HVS）评

估了 DGAC 和 RAC-G 的性能，结果表明 DGAC 比 RAC-G 罩面积累了更多的车辙。同样，根据多深度弯沉仪的数据反算出的模量可看出，DGAC 罩面比 RAC-G 罩面具有更高的模量。从数字裂缝图可以看到，RAC 罩面厚度为 DGAC 罩面的一半，但性能几乎与其相同。采用加利福尼亚州运输部规定的开裂破坏标准（2.5m/m^2），两种类型罩面性能相差不大。因此，采用减半厚度的 RAC 罩面应是处理路面反射裂缝的合理方法（Harvey，Bejarano，2001 年）。

另一个疲劳性能研究评估了加利福尼亚州运输部的 DGAC 和 RAC-间断级配混合料。现场提取的弯曲梁样本的试验室试验结果表明：RAC-G 路面的“残余寿命”比 DGAC 路面更长。残余疲劳寿命的差别与层厚和下卧层成正比，与初始疲劳开裂程度成反比。

从疲劳分析可以看出，每种混合料的等效厚度是根据假定的基层和路基的模量确定的。分析得出 RAC-G 的厚度比 DGAC 厚度的一半还小，而且，RAC-G 厚度的缩减对下部支承很敏感。研究人员认为，对于基层模量较大的路段来说，RAC-G 材料是一种非常有效的罩面方法。这在 2001 年加利福尼亚州运输部弹性路面改建手册中也有类似的说明。

加利福尼亚州运输部采用两种类型的应力吸收层：SAMI-R 采用橡胶处理的应力吸收夹层；SAMI-F 采用纤维处理的应力吸收夹层。依据设计目的和下层路面结构，SAMI-R 可能具有增强结构强度的作用，类似 15mm 的 RAC-G，此外，它还可用于延缓反射裂缝。

路易斯安那州加速加载设备（ALF）试验也被用于开发橡胶沥青路面结构设计中的结构层系数，修建了 3 个足尺试验段用以比较废胶粉表面层和基层与传统材料的差别。

回弹模量和间接拉伸强度试验数据表明，普通混合料和废胶粉改性沥青混合料并无区别。间接拉伸蠕变试验显示，废胶粉改性沥青混合料基层比普通基层抗车辙性能更强。然而，废胶粉改性沥青表面层混合料和普通表面层混合料的抗车辙性能，在统计上没有明显的区别。试验段观测到的车辙与试验室试验结果一致。另外，废胶粉沥青混合料和普通混合料在动态剪切模量、剪切相位角和固定高度重复剪切等方面也没有明显的差别。虽然两种表面层混合料性能表现类似，但废胶粉改性沥青基层混合料比普通基层混合料性能更好。

室内试验研究表明，向表面层混合料中添加粒径小于 300μm 的废胶粉后，虽然混合料性能，如模量和马歇尔稳定度值将有所降低，但实际路用性能比这些测试数据预测的性能要好。

对于废胶粉沥青混合料的结构设计，不同的部门有不同的方法。得克萨斯州运输部用废胶粉改性间断级配沥青混合料替代普通 DGAC 用于新建工程。亚利桑那州运输部的废胶粉间断级配混合料结构设计方法与普通密级配混合料一致。目前没有哪个部门的研究表明开级配混合料或应力吸收层结构具有可靠性。

各州为确定 RAC 混合料的结构设计参数尝试了多种方法，包括：亚利桑那州运输部基于有限元模型、室内试验和实际路用性能数据的力学—经验法；加利福尼亚州运输部根据表面弯沉、交通量指数和现有路面结构的降低厚度法。几个部门都采用了根据结构层特征的 AASHTO 结构层参数法。

目前各部门对废胶粉材料设计方法并没有达成共识。亚利桑那州、佛罗里达州和得克萨斯州运输部没有给 DGAC 指定任何结构值，加利福尼亚州运输部则认为在路面改建设计中 SAMI 起到了结构方面的作用。但 4 个主要部门的经验都表明，给废胶粉热拌沥青混合料指定一个参数使其等同于密级配沥青混合料是合理的。

第五节 应　　用

许多机构尝试将各种废胶粉应用在路面材料中。废胶粉已经用于许多不同的混合料和膜层，这些应用和材料的施工都在这一节中有更详细的讨论。

一、热拌混合料的应用

就级配而言，用湿法和干法两种工艺制备的废胶粉改性路面材料已经被用于密级配、断级配和开级配等沥青混合料。

美国部分州、市应用橡胶沥青的一些实际工程及其研究成果如下。

新泽西州运输部(以下称 NJDOT)于 1991～1994 年在 7 个现场试验工程中，对废胶粉的干法和湿法过程进行了评价。一个项目用湿法无搅拌橡胶粉改性沥青[含 10%通过 180μm(80 号)筛孔的废胶粉]混合，加入一个 NJDOT 标准的 DGAC 面层混合料。另一个项目包括了湿法高黏度沥青(即橡胶沥青，为了区别湿法无搅拌橡胶粉改性沥青和干法胶粉改性沥青，本章以下内容仍称其湿法高黏度沥青)与 16%的废胶粉[通过 425μm(40 号)筛孔]和填充油，用于标准的 NJDOT 面层和基层混合料。总的来说，采用湿法工艺的 DGAC 混合料路面性能类似于 DGAC 对照路段。这些结果表明，NJDOT 规范没有进行重大修改(Baker，Connolly，1995 年)，就成功地将两种类型的废胶粉改性沥青纳入配合比设计过程中。

新泽西州的研究还包括用两种不同的湿法沥青摊铺开级配抗滑磨耗层(OGFC)：分别是 15%通过 180μm(80 号)筛孔的废胶粉和 15%通过 425μm(40 号)筛孔的废胶粉。试验结果表明，这些废胶粉配方可以有效地消除 OGFC 混合料在运输期间的析漏。湿法沥青能更牢固地固结，也就是有更高的黏度，可保证集料被沥青更好地裹附。

各种通用和专有干法工艺(干法的一种，以下称 PlusRide)用于生产间断级配混合料以及诸多项目的面层和基层，性能表现参差不齐。PlusRide 表面层混合料发生了松散，但是相应的基层却没有。一批先前失败的 PlusRide 混合料通过回收再生，以集料质量的 20%用于普通 DGAC 路面没有出现明显的问题，性能表现都比较好。

俄勒冈州运输部(以下称 ODOT)于 1985～1994 年在整个州范围内共建成了 17 条试验段。用干法和湿法生产的密级配混合料，其性能经过视觉条件评级(基于 ODOT 的改良 SHRP 方法)，均不及 ODOT 的对照路段。此外，同一路段在南达科塔型平整度仪的测量下，试验段的平整度也明显不及 ODOT 的对照路段(Hunt，2002 年)。

ODOT 还对废胶粉在开级配混合料中的应用进行了评价。该试验段摊铺是采用 PBA-6GR 沥青[ODOT 指定的废胶粉在 180μm(80 号)筛孔通过率为 10%～12%的沥青，以满足高性能改性沥青规范(PBA-6)]。该试验段性能表现同 ODOT 对照路段相当，甚至更好。但是用湿法高黏度沥青和湿法无搅拌橡胶粉改性沥青[废胶粉的 180μm(80 号)筛孔通过率为 15%，填充油含量为 6%，PBA-2]生产的开级配沥青混合料，摊铺的路面比 ODOT 对照路段表现更差(Hunt，2002 年)。这两个研究说明了不同的开级配混合料类型的性能表现。

该 ODOT 研究还对干法 PlusRide 间断级配混合料进行了检测。混合料间断级配特点为废胶粉提供了空间。这种混合料在处理和施工过程中，并没有遇到大的问题，但是在施工结束后不久就发生了松散。在所有被评价的混合料中，干法混合料性能表现最差。不过俄勒冈州的几个县，包括Jackson、Linn、Benton都对干法和湿法生产有丰富的经验(Hunt，2002年)。至于ODOT评价的其他密级配和开级配混合料，在俄勒冈州并没有大的施工问题。研究的现场施工中主要区别是湿法生产的混合料，其卸车和摊铺应该采用更高的温度，因为相对普通沥青而言，更高的温度是使用湿法高黏度沥青时所必需的。

其他许多州包括华盛顿州试验了不同类型的干法和湿法废胶粉改性沥青混合料，结果也是多种多样的。湿法高黏度沥青路面的性能不尽相同，有的路段表现得格外优异(在重交通情况下有着15年的使用寿命)，也有的道路通车四年后即出现车辙现象(Hunt，2002年)。一些投入使用的湿法废胶粉改性沥青是橡胶沥青，一些是无搅拌式的，这个因素并不会引起路面性能的差异。在华盛顿州，干法PlusRide混合料无论是密级配，还是间断级配，性能都非常优良。部分废胶粉改性沥青路段的性能比普通沥青混合料对照路段更好。但是，在1982～1986年华盛顿州完成的7个PlusRide项目中，有4个项目的路面发生不同程度的损坏，从泛油、车辙到开裂松散，并出现了两个早期损坏(Swearington，1992年)。施工问题是造成这些性能差异的重要原因。

在阿拉斯加，PlusRide混合料表现出了很好的抗低温开裂和疲劳开裂性能，并大大改善了其抗冰冻能力和抗滑能力(Raad，Saboundjian，1998年；Esch，1984年)。但是在一些情况下干法优势不大，干法混合料和对照混合料的路用性能几乎没有差别。

佛罗里达州运输部(以下称FDOT)就废胶粉的使用进行了广泛的研究和现场试验。FDOT在1989年进行了两个示范项目。这两个项目都采用湿法无搅拌法，在拌和站用不同百分比的废胶粉与沥青沥青预拌，优质的密级配和开级配面层混合料生产选用洁净的材料。其目的是评价生产出的材料的可施工性和短期路用性能。第三个示范性项目建于1990年，目的是评价这些材料对于普通生产项目的通用性。

佛罗里达州运输部的第一个示范性项目包括3个试验段和1个对照路段，重点是生产一种优质的密级配面层混合料。混合料设计采用FDOT的马歇尔配合比设计法，湿法无搅拌橡胶粉改性沥青中，废胶粉占沥青总质量的3%，5%或10%。在混合料的生产和摊铺过程中遇到了一些问题，包括混合料被压路机粘起。在废胶粉含量10%的路段，交通作用下的混合料软弱，路表出现车辙。试验室对拌和站生产样本的试验结果显示，除了废胶粉含量10%的路段，其余路段的马歇尔稳定度值都是满足设计要求的。含10%的废胶粉的路段中混合料马歇尔稳定度只有设计要求的一半。这在理论上说，其稳定度减少可能是由于用油量高或细料太少，也就是说通过200号筛孔的细料含量太少。

第二个示范项目着眼于生产一种开级配面层混合料。包括5个试验段和1个对照段，混合料设计中FDOT采用美国联邦公路局(以下称FHWA)建议的改性方法，沥青中的废胶粉占沥青用量的5%、10%、15%和17%，最佳含量采用5%。

实际施工中占沥青总质量10%的废胶粉沥青是最可能用于混合料设计和施工的。虽然试验室试验表明，随着废胶粉含量的提高，混合料路用性能将会进一步提高，但是FDOT选择将更多的精力放在保持现有普通混合料规范和施工和易性上，并没有更多地考虑优化废胶粉改性沥青和混合料的性质。

最后一个示范项目包括4段试验路，其目的是想确定是否有设备可以用来使废胶粉与沥青不断溶合和反应。混合料试验表明，这些采用10%废胶粉含量的混合料性能已经接近设计指标。此外还得出一个结论，即现有设备是适用于废胶粉改性沥青混合料的生产的（Page，1992年）。密级配混合料相对开级配混合料，其对废胶粉颗粒大小及沥青用量的变化更为敏感，这是由不同类型混合料的空隙大小造成的。根据试验结果，FDOT草拟了一个规范以专门针对废胶粉应用于面层（磨耗层）混合料的情况，该规范得到了认可并沿用至今。对于密级配磨耗（表面）层来说，要求通过300μm（50号）筛孔的废胶粉占沥青总质量的5%。对于开级配面层，建议通过600μm（30号）筛孔率的废胶粉占沥青沥青总质量的12%。

加拿大安大略省的环境部、能源部和交通部在1990～1992年出资建立了11个废胶粉改性沥青示范项目，并在1993年又增加了12个项目。早期的11个项目的研究更为细致，其中8个采用干法（以下称RUMAC）的项目，废胶粉的粒度、含量和处理（低温和常温）都有所不同。2个项目是在普通路面就地冷再生处理中加入废胶粉；还有1个项目采用湿法无搅拌连续混合生产废胶粉改性沥青。1990年兴建的一个RUMAC项目失败，1991年对其进行了拌和站回收。截至1994年，再生RUMAC路面的性能差异较大，从"有点差到非常好"（Emery，1994年）便可有所体现。加入废胶粉的就地冷再生混合料在开放交通后不久就产生了大范围车辙和松散现象。两者都是使用乳化沥青进行再生处理，并加铺普通DGAC表面层（Emery，1994年）。许多项目并没有对照路段，这使得分析变得更加困难。

最后，关于安大略工程的报道（Emery，1997年）指出，干法生产的混合料含有大量（占集料总质量的2%或者更多）粗粒废胶粉[不能通过4.75mm（4号）筛]，性能不及普通DGAC，并存在很多早期脱落和松散，沿施工缝开裂的问题。干法混合料加入低含量（占集料总质量的1%～1.5%）细粒废胶粉[通过2mm（10号）筛孔]，性能与普通DGAC相当。湿法混合料很少被评估但这些被列出的混合料的性能在1997年中与普通DGAC相当或略胜一筹。整体而言，通用的干法工艺是可行的，但是还需要对混合料设计和施工工序进行进一步改善，以达到设计要求。此外，研究表明，湿法无搅拌橡胶粉改性沥青混合料的工程性能可能与普通DGAC相当甚至更优。

尽管州内气候类型众多（Flagstaff，Grand Canyon）从低海拔高温沙漠带（Yuma，Bullhead City）变化到高海拔低温带。亚利桑那州交通部（以下称ADOT）已经在该州范围内非常成功地应用了湿法高黏度废胶粉改性材料，ADOT通常在现有或新建路面上加铺开级配橡胶沥青混合料磨耗薄层（AR-ACFC或ARFC，名义上是1.3～1.9cm的厚度），这能提供良好的抗滑性能及保护下面层不受环境的影响。AR-ACFC混合料橡胶沥青含量高达混合料总质量的9%～9.5%。据ADOT工程师称，在不发生过度析漏的情况下用油量可再提高约2%。用油量如此高的混合料被证实具有很强的抗反射裂缝和疲劳开裂性能（Way 2000）。在Superstition高速公路（US 60）上，由于重交通影响，AR-ACFC的厚度增加到了2.54cm，其性能至今都很好。此外，这种城市道路还能有效降低噪声，这也是当初整个凤凰城市民对AR-ACFC罩面的一个要求。ADOT用间断级配橡胶沥青混合料（GG ARAC）作为结构加铺层，这些混合料一般含有7.5%～8%的橡胶沥青，比不发生过分析漏的性能等级（PG）沥青用量高2%。且ARAC路面表面层通常是1.3cm的AR-ACFC。ADOT不使用干法工艺。

ADOT现在允许将湿法无搅拌橡胶粉改性沥青用在一些间断级配混合料中，这些沥青要求大于9%的废胶粉含量，并对最大相位角和弹性回复性能有要求，因此有必要在其中增加

1%～2%的弹性聚合物。这样的沥青主要是用量相对较小的工程项目施工单位要求使用的，或者应用于现场修补 ARAC 或 AR-ACFC 路面。在这些情况下，如果采用湿法高黏度沥青（即橡胶沥青），显然是不经济的。出于经济的考虑，当只是需要小批量的废胶粉改性沥青混合料时，ADOT 可能会允许选择使用 PG 76-22 TR＋材料来替代湿法高黏度沥青，但不会把两者同等看待。在无过分析漏的情况下，PG-22 TR＋明显较低的黏度限制了沥青用量，比 PG 沥青高 0.5%～1%，这也比高黏度废胶粉改性沥青用量低了至少 1%。但 ADOT 不会将 PG76-22 TR＋材料用于开级配混合料。

1978 年，加利福尼亚州运输部第一条采用干法废胶粉改性热拌沥青混合料路面正式在 Meyers Flat 的 SR 50 上摊铺完成。在集料与沥青混合料拌和之前，在集料中加入集料质量 1%的废胶粉，能得到优异的产品性能。1980 年，加利福利亚州运输部采用了湿法高黏度废胶粉改性密级配沥青混合料在 Strawberry（SR 50）和 Donner Summit（I-80）摊铺路面。Strawberry 工程是对严重损坏路面的一次紧急维修。该维修包括采用路面加固织物，60mm 厚的 DGAC 层用来恢复结构承载力，并在其上加铺一个薄 RAC 磨耗层（30mm）。前三个项目全部设在“冰雪王国”的高海拔地区，冬天在这些地区车辆要使用轮胎防滑链。据报道，RAC 路面抵抗轮胎防滑链磨损和反射裂缝的性能良好（Hildebrand，Van Kirk，1996 年）。

Ravendale 项目（02-Las-395）始建于 1983 年，该项目大幅修改了加利福尼亚州运输部对高黏度废胶粉改性沥青的使用方法。加铺 DGAC 层的重建方案的费用令人却步，于是考虑成本较低的替代方案，其中就包括某些路段加铺较薄的 RAC 层。该项目设计分为 13 个试验段，其中湿法（密级配）和干法（间断级配）RAC 层分别采用两种不同层厚：四个采用湿法高黏度沥青混合料摊铺应力吸收膜夹层（SAMI）的试验段，两个分别采取干法和湿法摊铺 46mmRAC 层并且无 SAMI 层的试验段，四个采用 46～152mm DGAC 层的运输部对照路段，还有两个采用双层橡胶沥青碎石封层的试验段，一个采用单层橡胶沥青碎石封层的试验段（Doty，1988 年）。试验段进行了长时间检测，其整体性能被加利福尼亚州运输部评定为优秀（DeLaubenfels，1985 年）。干法试验段截至 2002 年被加铺罩面时已经使用了超过 19 年，但是其他地方此类路面的性能存在差异（Van Kirk，1992 年）。

1987 年，加利福尼亚州运输部建设了一到两个 RAC 工程项目。密级配或开级配 RAC 混合料用于表面层，其压实厚度由开级配的 24mm 到密级配的 76mm 不等。一些项目还包括路面加固织物或调平层，其他工程在 RAC 层下面还加铺了 SAMI 层。到 1987 年，薄的 RAC 路面较厚的普通 DGAC 路面的优势已经非常明显。加利福尼亚州运输部开展了更多的 RAC 项目，并且继续研究已建造的较 DGAC 层更薄的 RAC 层的性能。

1992 年 3 月，加利福尼亚州运输部根据它们的研究和工程总结，出版了《间断级配热拌橡胶沥青混合料设计指南》。该指南认为：DGAC 和间断级配 RAC（RAC-G）在延缓结构裂缝和反射裂缝方面作用相当。这些等价作用在加利福尼亚州运输部《柔性路面改建手册》（2001 年 6 月）第六章中得到了论证，RAC-G 可以以 DGAC 厚度的一半代替 DGAC。

截至 1995 年，加利福尼亚州运输部建设了 100 多个 RAC 项目。加利福尼亚州各市县建设了超过 400 个橡胶沥青工程项目，包括橡胶沥青碎石封层。然而，这些项目也出现了一些问题，包括早期破坏现象。加利福尼亚州运输部的工程师回顾了加利福尼亚州工程中 RAC 的性能，选择了加利福尼亚州市县工程和 41 项亚利桑那州运输部的工程。一些出现问题的工程显然有所联系，很多和这些工程有关的施工方在橡胶沥青混合料方面的工作经验微乎其微。

加利福尼亚州运输部的审查结果表明，经过合理设计和施工的废胶粉材料性能很好，也说明加利福尼亚州运输部应该继续使用和研究高黏度湿法沥青。另外还有一个重要的发现，RAC 路面损坏的速度通常比与结构类似的 DGAC 路面慢很多。多数情况的橡胶沥青混合料路面早期损坏（尤其是开裂），达到其足够路面使用寿命需要的养护相对较少，因为它的后期的损坏发展较慢。1/3 的翻浆在 RAC 路面建成 15 年后依然可用，不仅减少了用于养护的费用和时间，使用年限也比该地区其他路面长（其他橡胶沥青混合料路段除外）。

到 2001 年中期加利福尼亚州运输部已经在加利福尼亚州范围内建设了超过 210 个 RAC 工程。各市县也继续使用橡胶沥青生产热拌混合料和进行表面处治，性能普遍良好。但是一些诸如产品选择、设计和施工等老问题仍继续出现。其中，7 区和 8 区出现了数起较大的 RAC 工程失败事件。

洛杉矶公共工程处规定在其路面重铺和养护工程中使用橡胶沥青混合料已经有 15 年了。RAC 于 1985 年首次使用，并于 1992 年广泛推广。洛杉矶认为自己在应用 RAC 方面在诸市县中领先，自 2001 年洛杉矶摊铺的沥青混合料总量中有接近一半是 RAC。

洛杉矶在橡胶沥青混合料生产过程中使用了湿法高黏度沥青和湿法无搅拌橡胶粉改性沥青，同时也采用了干法。公共工程部在公共工程建设中完全依照 Greenbook 的标准规范，没有做任何修改。据报道称，尽管在材料生产过程中偶尔出现一些不合规范和工艺的问题，湿法或干法 RAC 混合料并没有出现系统性或内在问题。

公共工程处在有设计厚度（根据弯沉试验或碎石等效法）和无设计厚度的路面中都铺设了 RAC。其规定 RAC 的最小厚度为 3.8cm，将加利福尼亚州运输部降低厚度的设计标准仅应用于采用湿法高黏度沥青的热拌橡胶沥青混合料（ARHM）。很多市县的工程都包括路面重铺和改建路段，并指定将 RAC 用于表面层。由于在表面层改建工程中不允许减小厚度，多用的 RAC 提高了造价，表面层均匀一致，达到了整个工程的要求。

尽管很多 RAC 工程使用 10 年但性能依然良好。有人已经提议对洛杉矶县铺设 RAC 表面层的街道的数量和质量进行详细研究。鉴于总体有效经验，洛杉矶计划继续推广使用 RAC。

对本文参考的研究分析表明，无论是各州之间，还是同一个州内，废胶粉铺面材料之间的性能差异都很大。然而，许多组织和研究者对各种类型的混合料（密级配、间断级配和开级配）和各种废胶粉改性方法（采用不同级配废胶粉的高黏度湿法、无搅拌湿法和干法）进行了现场和室内试验。对结果的评估表明，湿法混合料的性能比干法混合料更好、更稳定。此外多数使用干法的公路部门已经发现间断级配和开级配废胶粉改性混合料的性能优于 DGAC 混合料，一些采用细粒废胶粉（粒径小于 300μm）的密级配干法混合料也具有令人满意的性能。

许多研究表明，湿法混合料之所以性能更加稳定，原因之一是当废胶粉用作集料而不是结合料成分时，沥青结合料与废胶粉之间的相互作用水平有限。在干法中，大部分反应在废胶粉改性沥青与集料混合前已经完成了，如果沥青加热的时间不足以使废胶粉完全解聚，后续的反应通常不明显。废胶粉具有吸收沥青结合料中轻质组分的性质，如果不进行任何预处理就通过干法使用，对轻质组分的吸收有可能一直持续，甚至在混合料摊铺时还在进行。松散是干法混合料的主要损坏形式之一，反映出沥青用量不当，这可能是混合料的设计或生产问题造成

的。混合料设计必须提供足够的沥青用量来抵消废胶粉的吸收，生产出的混合料可能稍微泛油，这样可以避免松散，提高耐久性。维姆混合料设计法要求对散开的混合料进行长时间烘箱老化试验(15～18h)，这个试验实质上是测定废胶粉对沥青结合料的吸收情况。马歇尔法不要求进行这样的老化试验，但是经验丰富的设计人员仍然对可能出现高吸收量(被集料或废胶粉吸收)的混合料做长达4h的老化试验。

总的来说，无论采用干法，还是采用湿法生产，间断级配废胶粉沥青混合料的性能都优于密级配废胶粉沥青混合料，且更稳定。粒径小于2mm的间断级配废胶粉颗粒提供了足够的空隙，特别是使用湿法高黏度材料的时候。更高的沥青含量通常可以提高热拌沥青混合料(废胶粉或普通)的耐久性、抗反射裂缝和抗疲劳开裂的性能。

当沥青用量适当、不发生析漏和松散时，开级配废胶粉沥青混合料的性能良好。开级配混合料具有足够的空隙容纳粗粒废胶粉(粒径大于4.75mm)，但是对干法混合料的研究发现，与采用细粒废胶粉(粒径小于2.0mm)的混合料相比，粗粒废胶粉的应用加剧了松散、剥落和裂缝(尤其是沿施工缝)的发生和严重程度。热拌混合料所用的干法沥青采用粒径小于2.0mm或更细的废胶粉。高黏度沥青降低了析漏，允许沥青用量提高到混合料质量的9.5%～10%，从而使得路面具有非常好的性能和耐久性。

二、罩面或夹层的应用

废胶粉不仅用于各种热拌沥青混合料，也用于薄面层或夹层(摊铺在路面结构层之间作为应力吸收层)，或摊铺在面层上的碎石封层。碎石封层主要用于路面维护，恢复路面摩阻力以及密封损坏的路面，避免表面水进一步下渗。

碎石封层施工相对简单，但是它对许多因素非常敏感，特别是现场条件，如气温和覆盖集料的情况。这种敏感性解释了废胶粉碎石封层的性能差异。施工中需要选择适宜的废胶粉沥青(通常是湿法高黏度沥青)和均匀的喷洒速度。同时，富含天然橡胶的废胶粉可以增强碎石的黏附性。为了应对预期的轴载反复作用下集料与沥青的剥离，集料碎石必须足够大。单一粒径的集料更好，但并不是所有的规范都这样规定。使用级配碎石可能会妨碍其中粒径较大集料的黏附和嵌入。碎石表面必须干净，因为任何裹附的灰尘都会妨碍碎石黏附沥青膜。在理想情况下，碎石应该用铺面沥青进行热预裹，去除灰尘，促进碎石的嵌入和黏附。温度对碎石的嵌入和黏附的影响十分明显，其次是碎石用量，可根据施工具体过程作具体调整。碎石用量过少，使有些地方只有沥青，这样会产生泛油，轮胎会粘起沥青；碎石用量过多，容易使嵌入的碎石移位，导致的损坏与碎石用量过少时效果一样。

碎石可以很好地黏附在夹层，因为热拌沥青混合料罩面(改性或普通)可以将碎石固定。

预防性养护处理，如表面处治，可以使路面寿命延长5～6年，但同时提高了公路造价。罗得岛运输部(下称RIDOT)通过橡胶沥青修补技术和其他“薄”表处的应用降低维修和劳动力成本。已经有能力延长现有路面的寿命，在检测路面损坏的恶化时，RIDOT在条件良好的大型重铺路面工程中应用了诸如橡胶沥青碎石封层或应力吸收层等处治措施。这些处治措施施工迅速(降低了劳动力成本)、用料少，所以经济效益好、节约材料。

亚利桑那州凤凰城从1969年开始采用湿法高黏度沥青摊铺橡胶沥青碎石封层。这种方法解决了最初的碎石飞散问题，并且碎石封层的总体性能非常好，因而凤凰城推广了这种养护方法。橡胶沥青碎石封层首先摊铺在发生严重损坏和疲劳破坏的待改建沥青路面上，在获得改建资金之前维持其路用性能。其中一些路面是高交通量的主干道：一条临街高速公路上的橡胶沥青碎石封层在改建前使用了17年，另一条主干道上的碎石封层使用了将近15年。报告反映碎石封层使用8～10年才会出现疲劳开裂，碎石封层使用寿命内的养护费用明显降低。报告也表明这种表面封层明显减少了渗入下部路面结构的表面水。通过使用橡胶沥青碎石封层，凤凰城的路面寿命明显延长，通常可以达到8～10年，有些延长了将近一倍(16～20年)。橡胶沥青碎石封层也用于一些居住区内的新建路面。由于交通量增大，导向车已不再有能力控制交通，主干道上的碎石封层效果不好。这种情况迫使凤凰城开发替代处治措施，从而逐步形成了间断级配橡胶沥青热拌混合料薄层。

亚利桑那州运输部(ADOT)在路面新建和改建中推广使用橡胶沥青材料已有25年了。除了将湿法高黏度废胶粉改性沥青用于间断级配和开级配沥青混合料，ADOT也将高黏度沥青用于碎石封层，用作路网中重要路段的应力吸收层(SAMs)和应力吸收夹层(SAMIs)。ADOT摊铺的三层体系包括沥青混合料层(通常是普通DGAC)、橡胶沥青SAMI和普通或废胶粉热拌沥青混合料面层。但是由于设计规范的变化，ADOT减少了对SAMI的使用。

ADOT在1989年的研究表明SAM用于州际公路、州级公路和联邦公路的平均寿命分别是5.3年、10.0年、8.2年。从1994年的一项研究开始，研究者采用路面管理系统(PMS)中的数据评估各种橡胶沥青路面的服务寿命、平整度和开裂特征。研究中获得的服务寿命数据与1989年的相比有所提高或水平相当。例如，用于州际公路、州级公路和联邦公路时，SAM平均服务寿命分别为6.4年、10.3年和8.9年；SAMI分别为10.7年、9.5年和10.7年。同时，该研究项目也对SAM和SAMI应用于各等级公路时的平整度和开裂变化情况进行了分析。关于三层体系结构路面的数据更加有限，只能从1994年获得的数据中得出大致的结论。

1975年，加利福尼亚州运输部开始在试验室对橡胶沥青碎石封层进行试验，在约拉和萨克拉门多县摊铺了小型试验段取得了很好的效果。1983年，SAMI在Ravendale项目中使用。这个项目是一个包括13条试验段的试验项目，试验结果使加利福尼亚州运输部明显改变了对橡胶沥青的应用方法。试验段包括采用两种不同厚度、每一种厚度分别采用湿法密级配和干法间断级配沥青混合料以及有或无SAMI的试验段，四条不同厚度的DGAC对照段，分别采用单层或双层橡胶沥青碎石封层的试验段。根据这个项目和后续研究的成果，加利福尼亚州运输部开发了间断级配橡胶沥青混合料(RAC-G)与DGAC之间，以及有无SAMI-R之间延缓结构和反射裂缝的等效关系。加利福尼亚州运输部《柔性路面改建手册》(2001年)中表3表明，当所需的RAC-G结构层厚度最少为46mm时，SAMI-R可代替15mm的RAC-G。该手册的表4说明了15mm SAMI-R在延缓罩面中反射裂缝的等效作用。

加利福尼亚州运输部要求在废胶粉改性碎石封层中使用填充油和富含天然橡胶的废胶粉，其中富含天然橡胶的废胶粉可以增强对碎石的黏附性，但填充油的作用并不明显。废胶粉改性碎石封层偶尔会出现松散和泛油，特别是在加利福尼亚州南部，这种情况可能是在高温地区使用填充油造成的。为了获得黏度更大的废胶粉改性碎石封层沥青，加利福尼亚州运输部8区正在考虑用AR-8000(黏度等级，单位cP)代替AR-4000作为基质沥青结合料。

洛杉矶公共设施处的报告中提到，在过去的4年里橡胶沥青集料层(ARAM)已用于洛杉矶的路面改建和维护方案中。ARAM在重铺面工程中，作为双层或三层结构体系的一部分越来越多地用作夹层，延缓反射裂缝。一些乡村道路和城市主干道的重铺面已经设计采用双层结构体系。现有 PCC 路面的重铺面设计几乎全部采用三层结构体系。ARAM 目前也被用作角封层(废胶粉改性碎石封层上的稀浆封层)，并取得了良好的效果。

FDOT 几乎与 ADOT 同时开始了对用于夹层的废胶粉和封层沥青的研究。根据 1980 年报道的一个示范工程的成果，FDOT 允许在所选项目的表面处治和夹层中使用废胶粉。佛罗里达州的 I-10 有很长的一段罩面下摊铺有废胶粉夹层。FDOT 的 SAMI 沥青中废胶粉掺量为沥青质量的 20%(粒径小于 1.18mm)，以获得高黏度沥青。

作为得克萨斯州运输部附加维护有效性研究项目的一部分，TxDOT 对他们常用的一些维护方法进行了研究。对橡胶沥青碎石封层的检测也在评估工作之列。对各试验场的状况信息进行的统计分析表明，湿法高黏度沥青(橡胶沥青)碎石封层能有效减少反射裂缝，特别是在表面处治之前开裂严重的路段。但是，橡胶沥青碎石封层不能延长泛油路段的寿命，在一些情况下又由于加入了沥青，甚至加剧了泛油。研究注意到多数情况下橡胶沥青封层的应用提高了性能头部指数(PCI)，有利于延缓路况的恶化。总的来说，在合适的条件下(没有泛油或现有下部路面的不稳定)，应用橡胶沥青碎石封层是一种良好的处治手段。

在 TxDOT 的一些地区，橡胶沥青碎石封层是一种常用的改建方案。TxDOT 代表的报告称，现在多数碎石封层使用湿法无搅拌橡胶粉改性沥青。原因是高黏度废胶粉沥青通常用量较高，为 0.5～0.6 加仑/m^2，因此需要粒径合适(最大 1.6cm)、不会被沥青膜完全裹附的碎石，以防泛油。但是，许多地区使用这种粗粒碎石后，路面噪声过大，因此高黏度沥青主要用于乡村地区的 SAMI。但不管是用于面层，还是夹层，高黏度沥青抗反射裂缝和抗碎石剥落的性能都非常好。2001 年的文献研究中并没有指出富含天然橡胶的废胶粉的碎石封层的数量。

废胶粉碎石封层采用湿法沥青，其中高黏度沥青的用量可以比无搅拌沥青更高，但是集料碎石需要根据防止泛油的要求来确定粒径(公称最大粒径为 1.27～1.58cm)。碎石封层施工对许多因素都很敏感。增加用油量可以提高碎石封层的耐久性，提高其服务寿命。但是这样的封层不应使路面出现泛油。使用高度改性材料时，如果想获得好的产品，需更多的经验支持。

亚利桑那州和佛罗里达州摊铺的薄层总体性能都很好，但是其他州(包括加利福尼亚州)的薄层性能有所差异。1994 年以来的工程实践并未得出明确结论。报告的差异中有多少是由材料或施工问题造成的，在目前还还不得而知。

SAMI 已在佛罗里达州推广，其性能良好。废胶粉改性 SAMI 作为裂缝阻断层，有效地降低了反射裂缝的产生和发展。根据现场性能数据，加利福尼亚州运输部指定了一个较小的结构和反射裂缝等效关系，SAMI 相当于 15mm 的 RAC-G。

第六节 性　　能

对于任何新材料的使用，主要考虑的是其预期的性能。很多州都有记录橡胶粉改性沥青试验段性能的文献，但是一些州并没有长期性能监测资料。各个部门之间检测的材料及其性能变化很大。研究的废胶粉改性材料性能的差异有诸多原因，已知的包括以下几点：

(1)规范的不同。

(2)所用橡胶改性工艺的不同。

(3)沥青和混合料设计方法的不同。

(4)应用的适应性不同。

(5)与原始设计使用材料上的变化。

(6)施工方和施工人员在改性路面材料方面的经验不同。

(7)在改性生产、处理和建设过程中适应改性材料的积极性不同。

(8)材料生产过程中的质量控制水平(改性沥青和混合料)不同。

(9)路面材料在摊铺和压实过程中的温度控制不同。

(10)施工质量,包括摊铺、压实设备和方法的不同。

本节对各个州关于性能的记录做了概括。其中的几个记录废胶粉沥青混合料性能的工程包括材料室内试验。

马里兰州开展的研究涉及13种不同废胶粉沥青混合料和一组对照混合料(普通DGAC沥青混合料),现场钻芯进行试验室评估。这些混合料铺设在两个不同公路的试验段上。13种混合料中的6种采用湿法工艺,在现场热拌沥青混合料拌和站中拌和,采用了湿法高黏度和湿法无搅拌两种方法。2种湿法无搅拌混合料分别采用Neste SAR 10/10和Bitumar(Ecoflex)沥青。在现场拌和的湿法混合料中,废胶粉和填充油在两种沥青混合料中各按三种含量加入。填充油含量随废胶粉含量变化,占沥青的质量比例为:1%的轻质油配10%的废胶粉;3%的填充油配15%的废胶粉;7%的填充油配20%的废胶粉。5种混合料采用干法,它们采用了PlusRide(2种混合料采用占集料质量3%的废胶粉,3种干法混合料废胶粉含量分别占集料质量的0.75%、1.5%和2.25%)。除了SAR 10/10、Ecoflex和一条对照路段,其余混合料也按两种不同厚度(3.8cm和7.62cm)摊铺。

试验采用5种不同的方法,确定了所有14种混合料的回弹模量。测试结果表明只有少部分例外,对照混合料具有所有测试路段中最高的回弹模量值,也就是最硬的混合料。其他混合料的回弹模量与对照路段的比值为0.8~0.9。对于湿法混合料,废胶粉在混合料中的用量不是根据回弹模量的变化趋势确定的。然而,AC-20混合料的回弹模量值比AC-10混合料稍高(这里的AC指的是美国沥青黏度分级)。对于干法,回弹模量随着废胶粉在混合料中含量的增加而降低。回弹模量结果表明:废胶粉沥青混合料的温度敏感性较低。事实证明,废胶粉沥青混合料的回弹模量值与对照路段相比,在最低试验温度4.4℃下较低(比值低),在21.2℃和37.8℃下则较高。这意味着与DGAC对照混合料相比,废胶粉沥青混合料在低温下具有较低模量,在高温下模量则较高(Ayres,Witczak,1995年)。

1995年开展的这些试验段的路用性能评估包括表观调查,根据美国并将这些数据公共设施协会(APWA)和美国陆军工程部的PAVER方法进行。对这些数据进行了分析,转换为由0(损坏)~100(完好)组成的路面情况参数(PCI)表。建成两年后,每个路段的PCI均大于或等于95,这表明路面初期性能很好。观测到的损坏类型包括轻微的局部泛油、松散、横向裂缝和集料磨耗。每条路段上都出现了不到5mm的车辙,在普通DGAC对照路段上稍微严重一些。初步评估表明:提高废胶粉用量可以降低车辙,但要确认还需要对其进行长期的评估。

其他的研究综合了材料的试验室试验和现场试验。例如,在明尼苏达州的Babbitt进行

的一项研究，比较了废胶粉和对照路段混合料的性质，并评估了施工过程。该研究项目一共铺筑了7条完整的测试路段，其中5条是废胶粉改性沥青路段，2条是对照路段；对于不同的结构层，用湿法添加了1%的废胶粉；在一些情况下，还向废胶粉中添加了占橡胶质量10%的轻质汽油，其余的则没有对废胶粉进行处理。

用马歇尔设计方法来确定最佳沥青用量，双面击实20次制作试验试件。击实次数较少提高了空隙率，从而使其接近预期的现场水平6%～8%。对照组混合料由20%的粗集料和80%的细集料组成，最佳沥青用量为5%。采用"35%的粗集料＋65%的细集料"和"50%的粗集料＋50%的细集料"这两种级配来制备废胶粉沥青混合料。对于经过预处理橡胶和未处理的橡胶，最佳沥青用量分别为集料干质量的6.5%和6%。

试验室混合料和摊铺混合料的回弹模量在处理和未处理的废胶粉沥青混合料之间区别很小。废胶粉沥青混合料的低温间接拉伸试验显示其破坏应变由35%提高到42%，说明其具有更高的抗低温开裂能力。蠕变测试结果表明，对照路段混合料模量最高。湿度敏感性试验表明废胶粉沥青混合料易产生剥落。现有路段的FWD试验结果显示其模量和试验室观测值相近(Stroup-Gardiner，Chadbourn，Newcomb，1996年)。

路易斯安那州运输和发展部开展的研究评估了8个沥青路段的混合料性质和实际路用性能，方法是将湿法和干法废胶粉与普通DGAC对照混合料作对比(Huang，2002年)。研究包括两种沥青(AC-30和一种聚合物改性沥青)、三种集料(石灰岩、砂岩和碎石)以及五种废胶粉材料。废胶粉包括以下几种：粒径小于2.36mm的PlusRide，粒径小于2.00mm的PlusRide，粒径小于300μm的PlusRide，粒径小于850μm的PlusRide，还一种粒径小于6.3mm的PlusRide。包括带有SAMI的三层废胶粉结构在内的。密级配、间断级配和开级配废胶粉沥青混合料都参与了评估，此外，还评估了混合料的间接拉伸强度、回弹模量以及马歇尔稳定度和流值。

通过马歇尔设计方法确定了8条废胶粉改性沥青路段的最佳沥青用量。各组混合料设计方案表明：废胶粉改性混合料比DGAC对照组的沥青用量要高。马歇尔稳定度和流值试验结果表明：普通混合料比废胶粉沥青混合料具有更高或相同的马歇尔稳定度值和更低的流值，且密级配废胶粉沥青混合料比间断级配混合料具有更高的马歇尔稳定度值。

大多数的废胶粉改性沥青路段比普通磨耗层混合料具有更高的应变值(由间接拉伸法测得)，这表明废胶粉沥青混合料延展性好，抗疲劳开裂能力强。回弹模量试验表明：大多数对照路段的回弹模量值比废胶粉沥青混合料明显要高。实际路用性能并没有反映出湿法混合料的马歇尔稳定度和回弹模量值较低，只是在试验室试验中较低。

现场试验结果表明：服务5～7年后，大多数废胶粉改性沥青路段与对照路段相比，IRI值和车辙深度相当或更低。一条间断级配混合料路段的车辙比对照路段更深。就开裂而言，废胶粉改性沥青路段比对照路段开裂少。

伊利诺伊州运输部采用干法(RUMAC)铺筑了6条示范试验段。每吨热拌混合料中加0.5b[1]、1b、1.5b、2b或20b的废胶粉，相当于0.025%～1.0%的废胶粉(占沥青的0.5%～20%)，项目对此进行了评估。伊利诺伊州运输部采用了两个术语来定义加入HMA的各种废

[1] 1b=0.453 592 37kg。

胶粉的数量：可变比率和固定比率。可变比率指加入到每吨 HMA 中的废胶粉不超过 5b (0.25%)，固定比率是指加入到每吨 HMA 中的废胶粉不少于 20b(1.0%)。与对照路段相比，废胶粉含量为每吨混合料 2b 或更低的路段并未表现出明显的不同。核子密度仪和核子沥青含量剂的测试结果表明低掺量的废胶粉并未影响其精确性。事实上，在如此低掺量比的情况下，无需专门的混合料设计、摊铺工序和设备。同样，较低的废胶粉掺量也不能影响混合料的性质(马歇尔空隙率、稳定度、流值和劈裂强度)。

每吨热拌混合料废胶粉含量为 20b 的路段问题更多(主要是混合料压实困难)。摊铺后，可用核子密度仪进行评估。然而，测量干法混合料沥青含量存在问题，因为废胶粉中的氢被看作沥青的一部分，而非集料的一部分。而当采用湿法时，就不存在这类问题。

废胶粉含量为 1.0%的混合料存在的问题表明了各种试验存在的主要问题，如没有掌握如何更好地将废胶粉通过干法或湿法混合到沥青混合料中。密级配混合料没有足够的空隙容纳大体积的橡胶颗粒，因此有必要对集料级配作调整，从而提供合适的混合料体积参数。在试验室中不能压实的混合料，在施工现场也不能压实，所以其性能不会很好。

伊利诺伊州从 1991 年到 1995 年一共建设了 11 条废胶粉改性项目，其中一条评价了湿法废胶粉沥青混合料的应用。根据 1999 年从 11 个项目中取得的表观调查数据，湿法固定比率混合料性能最好，干法固定比率混合料性能最差(Volle，2000 年)。干法可变比率和固定比率混合料的总体性能没有对照路段好。所有橡胶沥青项目的磨损量和车辙深度都在可接受的范围，与 DGAC 对照路段的差别很小。1999 年，湿法固定比率混合料在抗反射裂缝方面比对照路段表现好，但比普通 DGAC 的成本要高出 200%。

因为干法混合料性能不及标准的 DGAC，而成本却比其高出 17%，由此伊利诺伊州运输部认为干法改性不可行。考虑到经济可行性，伊利诺伊州运输部的结论是橡胶粉改性方法能够大量生产并且材料性能比 DGAC 要好。

科罗拉多州运输部开展了一项关于在干法沥青混合料中加入最少量的橡胶粉研究，评估了 PlusRide 和普通干法。三个 PlusRide 项目产生早期松散，仅有一个性能良好。该研究与伊利诺伊州运输部的研究相似。选择一条低交通量的道路后，科罗拉多州运输部分别以三种比例，即每吨加入 1b、3b、20b 的废胶粉。其中每吨加入 1b 废胶粉的混合料不要求改变集料的级配。然而，当每吨混合料加入 5b 或更多的废胶粉时，则需要对集料的级配进行调整。这个结果与伊利诺伊州的研究结果是一致的。除了废胶粉掺量为 20b 的混合料产量有所减少外，试验段的修建过程中没有出现问题。5 年后，性能数据表明：对照路段和试验段的性能相当。然而，即使添加少量的废胶粉，也会使成本增加 21%，这对于科罗拉多州运输部来讲并不经济(Harmelink，1999 年)。

佛罗里达州运输部修建的三条废胶粉改性沥青的路用性能在建成 10 年后进行了评估。三个项目包括湿法和干法的试验段。每一路段的性能都通过行车性能、车辙、开裂、坑洞和抗滑等指标进行评估。性能测试结果表明：湿法混合料明显比对照路段和干法废胶粉改性沥青路段好。开裂累计曲线表明：废胶粉含量为 10%～15%的湿法试验段基本没有开裂的产生，这也说明 10%～15%是可能的最佳沥青用量范围。橡胶含量达到 15%的湿法路段具有更好的行车质量。干法混合料车辙深度最大，行车质量最差，而对于各种路段的抗滑性能，没有观测到明显的区别(Choubane，1999 年)。

俄勒冈州运输部(以下简称 ODOT)早期做了关于使用添加剂以增强沥青层的寿命的研究,评估了 9 种混合料,其中两种加入了废胶粉。1985 年,研究人员将干法和湿法应用于密级配和开级配混合料,并修建了对照路段,之后进行了 10 年的监测。结果显示湿法在抵抗疲劳开裂、网裂和松散方面效果最好,干法则效果最差(Edgar,1995 年)。

1985~1994 年,俄勒冈州在 13 个项目中共摊铺了 17 条废胶粉试验段,包括湿法和干法以及开级配和密级配混合料,还摊铺了与试验段相对应的对照路段,从表观上的变形、车辙深度和抗滑性能等方面对试验段和对照路段做了评价。

对现场钻芯样本进行评估,测定其最佳空隙率和剥落情况。评估表明采用最佳空隙率的密级配废胶粉改性沥青路段比空隙率较高的路段更接近设计方案,且损坏更少。开级配废胶粉沥青混合料符合工后空隙率标准,且参与评估的所有混合料都没有出现剥落问题(Hunt,2002 年)。调查显示密级配对照路段的表观情况比密级配废胶粉改性沥青混合料路段更好。开级配试验段的表现变化较大,有些开级配废胶粉改性沥青混合料可达到甚至超过对照路段水平,而有些却没有达到。

一份摩阻力试验研究报告表明:废胶粉改性沥青试验段和对照路段的摩阻力测量方法是一样的。平顺值则显示开级配废胶粉沥青混合料的不平整度要大于对照路段,但开级配混合料的数据没有显示其不平整度具有一个变化趋势。

2002 年,Hunt 在 ODOT 报告中,对比了 ODOT 与 WSDOT(华盛顿州运输部)的试验。6 年内 WSDOT 研究了两条橡胶沥青路面的车辙,这两条路面采用的是湿法高黏度废胶粉沥青。ODOT 的湿法高黏度沥青路段没有出现此类问题,这表明抗车辙性能的差异可能是由 ODOT 修建的路段交通量较低造成的。此外,ODOT 和 WSDOT 都建有采用不同橡胶沥青的项目,并且与对照路面性能相当。对于干法项目(包括 PlusRide),WSDOT 修改的总体上性能良好,ODOT 则不然。华盛顿州的干法项目性能良好也可能是由于交通量较低。此外,试验段的对比结果也不尽相同,这可能是由于在这些互相独立的小规模研究之间缺乏比较的基础。

在加利福尼亚州,除了大量的现场性能试验,其他一些研究项目还修建了大规模的试验段,以评估废胶粉沥青混合料的性能。虽然间断级配混合料不满足 Caltrans 的 Hveen 稳定度要求,但路用性能的数据显示其抗车辙性能足够。为了用 HVS 测试车辙性能,加利福尼亚州摊铺了大量的密级配和间断级配试验段。试验结果显示,大体上 62mm 断级配橡胶沥青混合料与 50~75mm 密级配罩面性能相近(Harvey,Popeacu,2000 年)。

研究提到间断级配沥青混合料摊铺后凝固速度很快,在施工时的细节需要特别注意。研究者还强调如果间断级配混合料的压实度不够,则会产生较大的剪切流变(Harvey,Popeacu,2000 年)。

现场试验研究总结如下:

各州摊铺的废胶粉沥青路面的路用性能多种多样。伊利诺伊州、科罗拉多州、堪萨斯州运输部的研究都表明废胶粉改性只是在一定情况下可行,不过与未改性沥青混合料相比没有明显的改观,投资效益不高。很多其他部门受此经验的影响,不愿采用废胶粉作为沥青改性剂。但是,废胶粉在亚利桑那州、加利福利亚州、佛罗里达州还有得克萨斯州的良好表现还是使其成为众多方案的首选。路面抵抗破坏能力的提高使路面的整体耐久性得到了提高,亚利桑那州和德克萨斯州发表的相关报告中表示,废胶粉改性沥青路面的养护和维修消耗有所减少。

大部分研究都阐述了现场与试验室的试验路段的行为，这些研究也都为相关部门采用废胶粉作为改性材料起到了积极的影响。但是材料种类、试验方法及试验结果是多种多样的，很难进行对比，从而难以形成一个判断的标准。

虽然一些干法混合料在很多环境下性能优异，但其总体性能相对湿法来说上变化太大、不稳定。

采用相对较细（粒径小于 2.0mm）或者极细（粒径小于 300μm）的废胶粉可以有效地提高干法混合料的路用性能，因为较粗的废胶粉会使干法混合料更容易松散、开裂和拥包。

间断级配和开级配废胶粉沥青混合料，无论是湿法还是干法，性能均尚可。虽然试验室试验表明湿法混合料的强度没有普通 DGAC 大（模量和稳定度较低），但这些混合料（设计合理）表现出了更好的抗车辙和抗开裂性能，这是由于废胶粉改性产生了较高的可恢复应变。

相对于无搅拌沥青或是普通 DGAC 路面，高黏度废胶粉沥青拌和的混合料含有高黏度沥青，因而具有较好的抗车辙、抗松散、抗疲劳和抗反射裂缝性能。较高含量的高黏度沥青在混合料中的使用也使路用性能得到了加强，但高黏度沥青不完全适用于密级配混合料。

许多部门为了进一步评价和提高橡胶沥青路面的性能做了大量的研究。与干法一样，为了提高沥青路面的性能、提供关于湿法高黏度和湿法无搅拌橡胶粉改性沥青对性能影响的最新数据，加利福尼亚州运输部摊铺了试验段，并对 HVS 做了研究。ADOT 针对间断级配沥青混合料，正在赞助一项改进马歇尔混合料设计方法的研究。加利福尼亚州公路部也摊铺了废胶粉沥青罩面，评估了试验段的成本和性能，并与附近普通试验段进行了对比（加利福尼亚州公路部，2003 年）。

总体而言，废胶粉沥青混合料的路用性能，尤其是干法混合料的路用性能，变化很大。这些州和地方部门具有丰富的经验，已经继续开发利用这些产品了。那些认为废胶粉沥青混合料效果不好或是成本过高的州或部门，则选取了其他改性剂来提高沥青和 HMA 的性能。

第七节　相关问题

一、成本

加利福尼亚州运输部（下称 Caltrans）每年都出版《承包项目造价》（《Contract Item Cost Data》）。根据 2003 年的造价，在公路建设上，Caltrans 用了大约 180 万吨普通 HMA（包括多种级配的 A 型和 B 型以及 OGFC）和将近 25 万吨的 RAC（包括 RAC-G 和 RAC-O）。普通 DGAC 混合料每吨 52.43 美元，RAC 混合料每吨 60.8 美元。数据显示 RAC 混合料的平均成本比普通混合料高出 16%。

初始成本也取决于项目的规模，也就是废胶粉材料的用量。对于大型的工程，设备进出厂费用可以平摊到材料用量上，增加的使用年限、低成本维护、减小的层厚能将其抵消。但湿法高黏材料生产设备的进出厂费用对于大、小工程都是一样的，大工程只需摊到单位造价上，而小工程则可能入不敷出。

初始成本通常用于比较和选择改建方案或新建路面类型。但仅仅用初始成本对不同方案进行比较显然不足以解决问题。比如，一个设计方案造价高但寿命长，另外一个设计方案造价低但路用性能不好。没有统一的标准衡量待选方案，就很难从经济性上评价方案的优劣。

使用寿命周期费用不仅包括初始成本，还包括其使用年限内的所有费用。使用寿命周期费用中，成本开销出现在不同时期(如服务年限内的日常养护和修补、改建和重建)，在特定的分析期内用作方案比较的统一根据，这样不同的方案在不同时期产生的费用就可以在一个等价的基础上相互比较了。

在亚利桑那州运输部所有项目中橡胶沥青都有着很好的经济效益，加利福尼亚州大部分项目的经济效益超过了预期的70%(除了复合橡胶沥青碎石封层不划算)，但得克萨斯州运输部的研究结果各异。

总的说来，加拿大安大略省、美国华盛顿州、伊利诺伊州、路易斯安那州、内华达州、密西西比州以及加利福利亚州费用评估的研究和数据都显示：废胶粉沥青混合料的初始成本比普通沥青路面要高。其中一项主要费用是长距离的设备进出厂费用以及技术和设备的引进费用。

二、再生

一份单独的报告《橡胶沥青路面的可再生性》研究了关于再生技术的文献。从废胶粉首次应用开始，废胶粉改性路面材料的再生就成为人们感兴趣的一个话题。一些部门已经在小规模的再生试验或示范工程中使用了废胶粉材料，包括亚利桑那州、得克萨斯州、佛罗里达州的运输部以及加拿大安大略省。新泽西州、密歇根州、密西西比州、堪萨斯州也已经在一些示范或试验工程中进行了废胶粉改性沥青路面的再生。相应的研究包括各种湿法沥青和用作集料的不同粒径废胶粉(干法)。基于相关规范，这些试验中的部分相同特点大体上是成功的：

(1)回收的RAC可以用于生产再生AC。

(2)回收的RAC可用于生产再生HMA，使用普通设备摊铺和压实。

(3)再生路面的性能一般至少与普通混合料路面相当，包括普通RAP路面。

(4)挥发物试验结果与普通沥青和RAP混合料持平，基本符合美国环保局(EPA)的标准。

结果表明：大部分废胶粉改性沥青路面材料可以成功回收和再生。考虑到废胶粉材料再生过程中的挥发物排放，很多关于废胶粉材料再生的研究都对挥发物进行了评估。挥发物评估的大体结果反映，废胶粉材料再生过程中的挥发物排放水平与普通AC混合料生产几乎相同。

三、环境问题

美国各地进行了大量研究以评估废胶粉的应用对环境的影响。使用废轮胎橡胶生产路面材料的环保效益是显而易见的，但对橡胶沥青混合料生产过程中挥发物的排放还是有所顾虑，其次就是地下水被橡胶沥青路面渗出物污染的问题。

在工程上应用回收的废旧轮胎有很多好处，大致有以下几点。

(1)减少废轮胎的库存

其最大的好处在于把新产生的废轮胎二次利用，而不是堆积如山。Caltrans于2003年向立法机构和加利福尼亚州综合废物管理委员会(CIWMB)递交了年度报告，称加利福尼亚州已有超过3 000万条废轮胎，每年又有超过300万条流入加利福尼亚州，而只有大约19万条能够被回收。

(2)提高路面耐久性

抗车辙、抗开裂和抗疲劳性能的提高，增强了沥青路面的整体性能和耐久性。耐久性能的提高降低了维护和修补工作的频率和强度，使寿命周期内的费用和维修时造成的交通延误减少。

(3)降低路面噪声

橡胶沥青路面的另一个优势就在于降低噪声。一些国家(比利时、法国、德国、奥地利、荷兰以及加拿大)，美国的亚利桑那州、加利福尼亚州(奥林其、萨克拉门托、洛杉矶)已经证实降低交通噪声(主要是轮胎发出的噪声)是橡胶沥青材料另一个重要的优点。不论是开级配还是间断级配的 RAC 都能有效降低 40%～88%的交通噪声。关于降噪效果能维持多久的问题一直是萨克拉门托环境研究与评估部的研究热点。关于间断级配 RAC 路面，一个专门从事噪声控制的咨询机构进行了一项长达 6 年的研究。该研究于 1999 年结束，研究结果与类似的降噪研究一致。萨克拉门托的研究显示，间断级配 RAC 降噪效果维持了 6 年，但普通 DGAC 的噪声水平不到 4 年就回到了摊铺前的水平。

亚利桑那州运输部研究了在水泥路面(PCCP)高速公路上摊铺开级配橡胶沥青混合料磨耗层(AR-ACFC)罩面后的降噪效果。用两种不同技术的对两种不同的路面进行了噪声检测，目的在于比较噪声产生的频谱(Henderson，Kalevela，1996 年)。数据显示：AR-ACFC 面层噪声等级低于 PCCP，频率也较低。频率可以显著影响人们对噪声的感知，有些频率的噪声让人很不舒服，而 AR-ACFC 混合料能降低一些令人讨厌的噪声。

ADOT 与 Caltrans 最近参与了一项长达 10 年的研究。该研究和 FHWA 合作进行，评估橡胶改性路面的降噪潜力。FHWA 的计算方法考虑了路面面层，根据它设计隔声墙的高度。Caltrans 和 ADOT 的研究表明，普通开级配混合料与 RAC 混合料路面相对于密级配混合料和标准水泥路面，持续降噪性能更好(Larry Scofield，ADOT，2004 年)。

根据 ADOT 的研究结果，FHWA 已经确认了 ADOT 在其安静路面试验工程的具体项目中使噪声降低了 4dB，监测工作还将持续 5 年。研究计划将实地监控 AR-ACFC 路面的降噪效果，测定 4-dBA[1] 降噪效果的持久性。正在进行的 ADOT 研究包括对开级配、间断级配橡胶沥青旧路面长达 12 年的检测，以评价长期的降噪效果。目前的研究成果表明其降噪能力持久，噪声大小通常为 94～98dBA(Scofield，Donovan，2003 年)，但也有个别例外。随后，ADOT 不仅研究了废胶粉面层的噪声，还研究了不同级配(开级配、间断配、密级配)面层结构和厚度的刚性和柔性路面的噪声。

橡胶沥青路面也存在不够环保的问题，主要体现在对空气质量的影响和对地下水质的影响上。

废胶粉改性沥青路面对于空气质量的影响也备受关注，尤其是热拌过程的挥发物与施工人员的安全和健康问题。废胶粉包含了多种橡胶和碳氢化合物、炭黑、填充油以及一些惰性填料。废胶粉内大部分化合物会出现在沥青里，含量可能不一样。废胶粉不包含其他有害物质。尽管美国做了大量的有关排放物与工人施工环境的研究，均表明与废胶粉相关的排放物危险

[1] 4-dBA 相当于 2.438 4m 高的隔声墙。

性没有提高，但人们仍然不放心。

1993年6月，FHWA与美国环境保护局（EPA）发表了一篇名为《再生路面材料应用研究——向国会报告》的文章，文章中分析了7项研究的结果，对比了普通沥青铺面和废胶粉沥青铺面对人体健康和环境的威胁，讨论了一些影响对比结果的因素。结论表明：评估数据没有明显反映出与废胶粉相关的排放物有增加或减少的趋势。FHWA/USEPA的报告建议对这个问题作进一步研究。虽然后续研究已经开展，但还没有提出足够的证据改变先前的结论。

为了对排放物进行评估，新泽西州（1994年）、密歇根州（1994年）、得克萨斯州（1995年）、加利福尼亚州（1994年，2001年）都进行了AC拌和站的“烟囱试验”。结果发现橡胶沥青HMA生产过种中的排放物与普通AC相当，有毒成分和颗粒含量仍低于规定值。这并不表示废胶粉材料生产与普通DGAC生产的原始排放物数据一样，许多情况下它们一样。但是普通沥青混合料和废胶粉沥青混合料中被检测物质的实际含量通常很低，它们之间的差别不足以说明任何不利影响。

新泽西州运输部开展了一项关于州内大型项目中的湿法和干法废胶粉改性AC混合料的研究。这项研究评估了6种废胶粉沥青混合料的排放物，旨在减少州内堆积如山的废旧轮胎。研究涉及路段的面层材料包括橡胶RAP。在沥青拌和站中进行的排放物试验表明：碳氢化合物与颗粒的含量没有超过RAP面层混合料的排放物标准，混合料的一氧化碳含量也没有超标。评估的5种混合料中有4种某些排放指标（一氧化碳、碳氢化合物总量、颗粒排放物、气味、烟）超标。总之，废胶粉沥青混合料的排放物高于无废胶粉的混合料。

2001年，Caltrans在旧金山湾区（简称湾区）调查了两个拌和站。2000年11月，在一个拌和站产生的大量的蓝烟就是使用废胶粉所致，因此就在湾区进行了研究。湾区空气质量管理区（BA AQMD）、Caltrans、施工单位建立了合作关系，它们合作开展了一项计划，于2001年夏对生产RAC的拌和站进行检测。具体包括以下检测项目：

（1）Cal ARB方法429——测定聚乙烯类芳香族碳氢化合物（PAH）。

（2）Cal ARB改性方法5——颗粒测定（BTEX）。

（3）在两个热拌和站对普通DGAC与RAC生产各进行三次检测。

（4）检测正常生产流程。

对于这项研究，萨克拉曼多县公共设施处在两个生产现场进行了排放物检测：一个是位于Richmond的间歇式拌和站，另一个是位于Sonol的滚筒式拌和站，以比较RAC和DGAC生产过程中的排放物。这些橡胶沥青符合加利福尼亚州运输部湿法高黏度沥青RAC规范。尽管间歇式拌和站的检测结果受拖车排出的苯的影响（评估时其他可能的影响来源都被排除了），对于两种混合料和两种拌和站，所检测到的颗粒排放物和有毒污染物都比EPA AP-42低。公共设施处发布了《橡胶沥青和普通沥青混合料排放物的检测结果报告》（2002年2月5号），结论如下：

（1）RAC生产过程中的排放物与普通DGAC的没有明显区别。

（2）橡胶沥青是众多沥青的一种，它在生产过程中的排放物与普通沥青的没有太大区别，因此，湾区获准生产DGAC的拌和站也可以生产RAC。

（3）在RAC生产过程中，蒸汽中的颗粒物明显增多，是由于采用的软沥青中通常含有填充油，加利福尼亚州运输部规范要求添加2.5%～6.0%的轻质油，其中至少含有55%的碳氢化合物，这可能导致排放物增加。然而，湾区的研究结果表明情况不一定是这样。

废胶粉改性沥青路面材料排放的烟中含有有害物质，研究人员对施工人员的健康进行了大量研究。尽管评估了混合料，这些研究中的术语和方法可能大相径庭，但很多做法是相似的。与普通AC混合料相比，废胶粉在高温下排放的烟中有害成分浓度较高，但是这些化合物极少超标。

美国国家职业安全与健康研究所(以下称NIOSH)与FHWA合作对废胶粉与普通HMA在职业接触与潜在健康影响方面的不同进行了评价。1994～1997年，NIOSH对位于密歇根州、印第安纳州、佛罗里达州、亚利桑那州、马萨诸塞州和加利福尼亚州的7个项目进行了健康危害评估。这些研究的目的在于评估各个工程的实地信息，汇总结果，并比较废胶粉与普通材料的接触影响。评估工作包括：检测采集到的空气样本，确定沥青烟的性质；检测个人呼吸区域的空气样本，评估施工人员的接触影响；体检，包括问卷调查和肺功能检查。

NIOSH在印第安纳州的研究发现，虽然调查期间的沥青烟的排放量有所变化，但是在废胶粉沥青混合料摊铺过程中一直比较高。印第安纳州的研究通过对比废胶粉摊铺与普通材料摊铺，表明工人不适症状比例与烟雾浓度有关系。NIOSH对圣地亚哥和加利福尼亚州的铺面工作进行评估，得出了与密歇根州兰辛、加利福尼亚州首府萨卡拉曼多和佛罗里达州Yeehaw Junction的研究相同的结论。然而，亚利桑那州的研究表明，在废胶粉和普通路面施工期间，施工人员出现不适症状的比例差别不大(Burr，Miller，1996年)。

NIOSH利用多种检测方法对普通DGAC和废胶粉沥青铺面的排放物进行评估，研究结果表明排放物都低于NIOSH的推荐值。根据个别研究的结果，关于废胶粉沥青与普通沥青对健康潜在影响的比较，NIOSH没有得出任何明确的结论。这些报告指出，拌和站排放物的增加与温度升高有关，而不是废胶粉的作用。

NIOSH公布了个别项目的初步信息，一份关于密歇根州研究的报告也在其交通运输研究委员会上发表。然而，2000年12月NIOSH关于“职业接触沥青对健康的影响”(1001-110)的报告参考了1994～1997年间对废胶粉的7次评估，特别说明没有任何关于废胶粉沥青的发现。

为了评估橡胶沥青排放物对铺路工人健康的影响，加利福尼亚州南部开展了一项为期两年半的研究。研究开始于1989年，结果于1991年公布(Rinck，Napier，Null)，那时摊铺设备上还没有安装通风装置。研究对大量在热拌沥青混合料摊铺和喷撒操作中直接接触沥青烟的施工人员进行了监测。研究发现，橡胶沥青操作中的排放物接触与普通沥青操作中没有统计意义上的不同。根据该研究的结果，没有证据表明橡胶沥青排放物会威胁施工人员的健康。

1994年11月30日～12月1日，在Holtville附近的公路(加利福尼亚州运输部11-172504号合同)的建设期间，研究人员对废胶粉HMA职业接触进行了研究。研究报告称，施工人员的职业接触符合加利福尼亚州职业安全与卫生管理局的要求；排放物的浓度变化与混合料温度并不一致(这与此类研究中通常所强调的不同)。

研究中极少存在排放物超标的情况，其中之一是萨克拉门托的橡胶沥青排放物试验研究。这项研究检测了铺路工人接触的所有颗粒物和其中的可溶性的苯颗粒、聚乙烯烃类(PAHs)、含硫杂环化合物(SH)、挥发性芳香类化合物(VArCs)、苯乙烯、丁二烯和亚硝胺。根据现有的PELs,个人空气样本中的污染物含量比区域空气样本低。然而,对于大多数的研究来说并非如此。区域样本表明沥青排放气体平均浓度为5.54mg/m^3,比Cal-OSHA PEL的5mm/m^3高出11%,其他研究中都没有超过该值的情况。据称这是唯一超过PEL的检测接触值。该研究也评估了热沥青和橡胶沥青储存罐上部的排放物含量,虽然工人不可能出现在这些地方。研究还发现基质沥青的PAH和SH浓度比橡胶沥青要高,而VArCs、丁二烯和亚硝胺的含量则是橡胶沥青中的较高。观察表明,橡胶沥青铺面操作中沥青排放物的浓度要比普通沥青材料高。

水质是应用废胶粉时需关注的另一个问题。罗得岛州运输部的研究集中于橡胶沥青路面渗出物对地下水造成的污染。关于采用废胶粉沥青路面的污染调查,报告提供了广泛的文献背景。

研究经过了三个阶段。第一个阶段涉及废胶粉样本中污染物的鉴定。大量的检测结果显示废胶粉样品中锌含量比其他金属高得多。就出现的金属成分而言,不同的检测方法得出的结论相互矛盾。第二个阶段涉及评价在不同环境条件下废胶粉样本对水质的影响。在酸性最强、温度最高的条件下,金属成分浓度最高。在对照试样、干法废胶粉试样和湿法废胶粉试样的检测中,金属浓度没有明显的区别,苯并噻唑是唯一被沥滤的有机物。第三个阶段涉及在模拟降雨条件下评价废胶粉试样对水质的影响。结果显示铬、镍和铅的含量没有超过水生生物生存和饮用水标准。然而,铜和镉的含量分别超过了最大浓度限值的6.5%和13%。不过,检测条件考虑的是最差的情况,诸如污染物的稀释等因素都没有考虑进去。研究者建议在得到最终结论之前仍应作进一步研究,当时的研究结果没有提出采用废胶粉可能对环境和人体健康造成危害的证据(Wright,1999年)。

西南试验室(Southwestern Laboratories)检测了从得克萨斯州圣安东尼奥的IH－10号公路回收的橡胶沥青路面材料碾碎后的渗出物,从而评估其对地表径流和地下水潜在的污染。研究人员制作了模拟降雨渗出物,用于描述酸雨过滤后的累积作用,同时用于分析痕量金属、挥发性有机物(VOCs)和半挥发性有机化合物。唯一超出分析检测范围的化合物是汞,但它仍低于美国环保局的规定限值(Crockford,1995年)。报告认为检测出的渗出物含量都很低,不足以对环境造成明显危害。

各机构进行了大量的关于施工人员接触橡胶沥青排放物中有害物质的研究。与普通沥青材料相比,高温下的废胶粉改性材料很多有害化合物的浓度将会增大,但是极少会超过规定的限值,也没有任何证据证明橡胶沥青材料对人体健康的危害比普通沥青材料大。

第八节 废弃橡胶轮胎的其他应用

废旧轮胎在交通运输相关项目中的应用不只限于橡胶沥青路面材料。当前的消费者和工业经济对橡胶产品的应用和需求十分普遍,60%的橡胶用于轮胎制造,其他橡胶产品广泛用于航天、电器、医疗设备、交通运输、建筑、电气和电子工业等行业。废旧轮胎的其他增值应用已经通过不同的现场试验和试验室试验进行评估。现简要列举如下。

一、交通运输和土木工程应用

很多土木工程的应用已经被开发出来,包括路堤、轻质填方、围墙和橡胶土。

除了橡胶沥青路面所具有的降噪功能,废胶粉正在被测试用作降噪的声屏障。以前,声屏障主要用水泥建造。尽管水泥混凝土满足声屏障的标准要求(经济效益好、技术成熟、耐久、安装维修方便以及美观),但由于声音反射率较高而吸声效果不佳。因此,为了开发喷涂覆盖层的技术(亚利桑那州运输部,1999 年),美国正在进行一项研究,将其喷在现有或新建水泥声屏障上面,来评价废胶粉用作沥青覆盖层。

加利福尼亚州运输部开发了多种方法,将回收的轮胎产品用于交通土建项目。加利福尼亚州运输部致力于通过对废旧轮胎利用的大胆创新,降低其填埋量。虽然 RAC 是废旧轮胎利用的主要手段,但用于路面的橡胶还是有限的。自 2000 年起,由于公路建设资金的大幅减少及其导致的建设项目骤减,加利福尼亚州运输部在 RAC 项目中使用的废旧轮胎也有所减少。尽管在混凝土路面和沥青路面上的用量有所减少,但根据 2004 年立法机构的年度报告,RAC 的用量还是相对稳定的。因此,加利福尼亚州运输部正在探寻另外可以消耗大量废旧轮胎的途径。

磨碎的废旧轮胎使其可在工程中大量使用。加利福尼亚州运输部与加利福尼亚州综合废物管理委员会(CIWMB)在公路工程中进行合作,促进磨碎废旧轮胎的应用。2001 年,加利福尼亚州运输部在 Santa Clara 县的一个项目中用磨碎的废旧轮胎作为轻质填料修建路堤。同年,加利福尼亚州运输部在将磨碎的废旧轮胎用作 Riverside 县 91 号公路挡土墙后面的轻质填料。在这个试验项目中,加利福尼亚州运输部进行了全尺寸磨细轮胎回填试验,从而预测挡土墙侧向应力的减小值。磨碎轮胎的应用降低了挡土墙所受的土压力,因此未来设计方案中挡土墙的规模可大幅减小,成本也可能有所降低。该挡土墙测试验段长 260ft,将使用大约 75 000条磨碎的轮胎。Riverside 县也对其挡土墙作了类似的设计,将磨碎轮胎用作轻质填料。

在很多试验段,磨碎轮胎用作挡土墙填料的效果很好。特别的是,Maine 的磨碎轮胎填料密度比常用的砂砾填料减小了 50%。这些特点使得磨碎轮胎成为降低滑坡风险的理想轻质填料。低密度和高渗透性等材料性质使磨碎轮胎成为很有竞争力的挡土墙填料。Marine 大学修建了一堵试验墙,试验结果表明磨碎轮胎填料厚度为 4. 3m 时,基部侧向土应力为 36kPa,比普通的砾石填料减少了 50%。较低的土压力可以使挡土墙的厚度减薄,从而可以大幅降低挡土墙和桥墩的造价。

尽管使用磨碎轮胎的潜在效益非常明显,但材料的有些性能有时不可预测。例如,轮胎碎粒聚集发生了放热反应,导致华盛顿州的一个路堤项目质量下降。该路堤在施工时几乎没有问题出现,竣工两个月后问题暴露了——水蒸气从路堤中冒出来,最后油分渗入地下水。研究人员尽管研究了 5 个补救方案,最终还是隔离并挖除了这些淬硬的材料。补救计划要解决的问题涉及社会安全、控制方法、媒体宣传、工人安全和废物处理(Gacke,Lee,Boyd,1997 年)。

研究人员还评估了将废旧轮胎碎粒用作受霜冻影响的砾石路面的隔温层(Humphrey,Eaton,1995 年)。测试路段的试验结果显示:霜冻侵入深度明显下降,橡胶隔离段所承受的冻胀与对照路段中观测到的相当。橡胶隔离段性质的优点使废旧橡胶轮胎通过这种途径得到了现实的应用。

此外，橡胶沥青可以用于铁路道床。目前，铁路噪声引起了广泛的关注，尤其是在大都市。废胶粉沥青混合料的使用可能对控制铁路噪声起到很大的促进作用。实验室试验对比了废胶粉沥青混合料的抗剪刚度和阻尼比与普通沥青混合料以及不饱和地基土的区别。试验结果显示：废胶粉沥青混合料的阻尼比几乎是普通沥青混合料的2倍，是不饱和地基土的3倍。废胶粉沥青混合料的高阻尼比使其在减少铁路道床的衰减振动方面很有竞争力。废胶粉沥青混合料的高剪切模量使它具有适用于铁路轨道结构的刚度特征。

废胶粉还具有清除水中石油的功能。研究表明：很多橡胶聚合物可以吸收多种溶剂，包括芳香族化合物，如汽油中的苯、甲苯、乙苯和二甲苯。在多种补救技术中采用废胶粉已经显示出一定的潜力，但材料的应用和成本分析还有待进一步研究（Pamukcu，Kershaw，1996 年）。

二、交通运输产品

美国交通运输官员的报告称：再生材质的安全锥、交通路障、交通控制设施和停车站性能优良，安装和维护成本较低。美国环保署（以下简称 EPA）每两年都要更新综合采购指南（CPG）。根据该指南，联邦、州或者地方机构的采购清单中必须包含再生产品。EPA 还颁布了非规定性指南——回收材料建议指南（RMAN），建议再生产品比例如表 2-8 所示。

建议再生比例　　表 2-8

安全锥（废旧橡胶）	50%～100%	渠化设施（基座）	100%
停车设施（塑料或橡胶）	100%	路边线轮廓标（橡胶基座）	100%

通过轮胎获取能源，如将轮胎用作水泥窑和热电联产设备的能源，为废旧轮胎开拓了巨大的市场。例如，2002 年，3 400 万条废旧轮胎中有大约 500 万条用于加利福尼亚州多个水泥窑的“轮胎衍生燃料”（以下简称 TDF）。这些窑生产出水泥，然后在各个建设项目中用于生产水泥混凝土。由于大型项目减少，Caltrans 使用的沥青已经减少到前些年的水平。很多州利用废旧轮胎的手段是将其用作 TDF。虽然橡胶作为燃料燃烧掉不能作为一种增值手段，但石油的成本和供给不稳定以及煤在利用方面的问题让这一做法很有竞争力。

三、废胶粉应用在水泥混凝土

亚利桑那州州立大学与亚利桑那州环境质量部评估了废胶粉代替轻质集料用于 PPC 路面材料中的效果。研究人员在试验室对多种橡胶进行了评估，得到了很不错的效果。试验得出使用废胶粉会影响材料的抗压强度，但在低浓度时，影响就很小了。

本章参考文献

[1] Abdelrahman, M. A. and S. H. Carpenter. Mechanism of Interaction of Asphalt Cement withCrumb CRM. Transportation Research Record 1661. Transportation Research Board, WashingtonD. C. 1999.

[2] Albritton, G. E., W. F. Barstis, and G. R. Gatlin. Construction and Testing of Crumb CRM HMAAsphalt Pavement. Report No: FHWA/MS—DOT—RD—99—115. Federal Highway Administration, Washington D. C. 1999.

[3] Almaguer, Daniel, A. K. Miller, K. W. Hanley. NIOSH Health Hazard Evaluation Report 95—0118—2565 Martin Paving Co. Yeehaw Junction Florida. NIOSH Hazard Evaluation and Technical Assistance(HETA) Branch. 1996.

[4] American Association of State Highway and Transportation Officials (AASHTO). Guide forDesign of Pavement Structures. American Association of State Highway and Transportation Officials, Washington, DC. 1993.

[5] American Society of Testing and Materials. D 6114 Standard Specification for Asphalt—RubberBinder in Vol. 4. 03, Road and Paving Materials; Vehicle—Pavement Systems, Annual Book of ASTMStandards 2004, ASTM, West Conshohocken, PA. 2004.

[6] Amirkhanian, S. N. "Utilization of Scrap Tires in Flexible Pavements — Review of ExistingTechnology." In Use of Waste Materials in Hot—Mix Asphalt. American Society for Testing and Materials, STP 1193, 1993, pp 233—250.

[7] Arizona Department of Transportation. An Environmentally Sound Noise Reduction System. Research in Progress as noted on the Transportation Research Board website. 1999.

[8] Arizona Department of Transportation. Standard Specifications for Road and Bridge Construction. Phoenix, AZ. 2000.

[9] Anderson, K. W. and N. C. Jackson. Rubber-Asphalt Pavements in the State of Washington. Washington State Department of Transportation, Olympia, WA. 1992.

[10] Ayres, M. and M. W. Witczak. "Resilient Modulus Properties of Asphalt Rubber Mixes from FieldDemonstration Projects in Maryland." Transportation Research Record 1492. Transportation ResearchBoard, Washington D. C. 1995.

[11] Baker, R. F. and E. Connolly. "Mix Designs and Air Quality Emissions Tests of Crumb RubberModified Asphalt Concrete." Transportation Research Record 1515. Transportation Research Board, Washington D. C. 1995.

[12] Baker, T. Production of Crumb Rubber Modifier (CRM) Material, Session 3, Workshop Notes, FHWA Crumb Rubber Modifier Workshop, Atlanta, GA, February 1993.

[13] Burr, G. A. and A. K. Miller. Health Hazard Evaluation Report HETA 96—0072—2603, StakerConstruction Company, Casa Grande, Arizona. National Institute for Occupational Safety and Health, Cincinnati, OH. 1996.

[14] California Integrated Waste Management Board, California Waste Tire Generation, Markets andDisposal, Staff Report, October 2003. Caltrans, "2003 Contract Cost Data," Division of Engineering Services-Office Engineer, Office ofContract Awards and Services, Caltrans, Sacramento, CA 2003.

[15] Charania, E, J. O. Cano, and R. H. Schnormeier. "Twenty Year Study of Asphalt-Rubber Pavementsin the City of Phoenix, Arizona." Transportation Research Record 1307. Transportation Research Board, Washington D. C. 1991.

[16] Couret, C. Thin Treatments Extend Road Life and Budget. American City and County, Volume115, Issue 5. Intertec, Atlanta, GA. 2000.

[17] Crockford, W. W., D. Makunike, R. R. Davison, T. Scullion and T. C. Billiter. RecyclingCrumb Rubber Modified Pavements. Texas Transportation Institute Research Report 1333-1F. TexasA&M University, College Station, TX. 1995.

[18] DeLaubenfels, L. Effectiveness of Rubberized Asphalt in Stopping Reflection Cracking of AsphaltConcrete (Interim Report). Caltrans Report No. FHWA/CA/TL-85/09, Sacramento, CA. 1985.

[19] Doty, R. N., Flexible Pavement Rehabilitation Using Asphalt—Rubber Combinations: Progress Report, TRR 1196, Transportation Research Board, 1988.

[20] Eaton, R. A., R. J. Roberts, and R. R. Blackburn. Use of Scrap Rubber in Asphalt PavementSurface. Special Report 91-27, U. S. Army Cold Regions Research and Engineering Laboratory, Hanover, NH. 1991.

[21] Edgar, R. Ten Year Performance of Asphalt Additive Test Sections: Lava Butte Road-FreemontHighway Junction Section. Oregon Department of Transportation, Salem, OR. 1998.

[22] Emery, J. Evaluation of Rubber Modified Asphalt Demonstration Projects. Ontario Ministry ofEnvironment and Energy, Ontario, Canada. 1994.

[23] Emery, J. Evaluation of Rubber Modified Asphalt Demonstration Projects. TransportationResearch Record 1515. Transportation Research Board, Washington D. C. 1995.

[24] Emery, J. Final Report-Performance Monitoring of Rubber Modified Asphalt DemonstrationProjects. Ontario Ministry of the Environment, Ontario, Canada. 1997.

[25] Esch, David C. Asphalt Pavements Modified With Coarse Rubber Particles Design, Construction, and Ice Control Observations. Final Report. Alaska Department of Transportation, Juneau, AK. 1984.

[26] Walls, J., Smith M. R.. Life Cycle Cost Analysis in Pavement Design. Report, FHWA-A-SA-98-079, FHWA, September 1998.

[27] Walls, J. and M. R. Smith. Life-Cycle Cost Analysis in Pavement Design-Interim TechnicalBulletin. Federal Highway Administration, Washington, DC. 1998.

[28] Way, G. B. Flagstaff I-40 Asphalt Rubber Overlay Project: Nine Years of Success. 2000.

[29] Transportation Research Record 1723. Transportation Research Board, Washington, D. C.

[30] Witczak, M. W. State of the Art Synthesis Report-Use of CRM in Hot Mix Asphalt. MarylandDepartment of Transportation, Baltimore, MD. 1991.

[31] Witczak, M. W. and Xicheng Qi. Executive Summary Field Performance of Asphalt Rubber TestSections in the State of Maryland. Department of Civil Engineering, University of Maryland, CollegePark, MD. 1995.

[32] Wright, R. M. , K. W. Lee, J. T Quinn, P. Vashisth, and C. Reddy. Assessment of Water Pollutantsfrom Asphalt Pavements Containing Recycled Rubber in Rhode Island. Rhode Island Department ofTransportation, Providence, RI. 1999.

[33] Zhong, X. G. , X. Zeng, and J. G. Rose. Shear Modulus and Damping Ratio of Rubber-ModifiedAsphalt Mixes and Unsaturated Subgrade Soils. Journal of Materialsin Civil Engineering, Volume 14, Issue 6. American Society of Civil Engineers, Reston, VA. 2002.

第三章　亚利桑那州橡胶沥青规范体系及路面使用情况调查

内容提要：本章主要介绍了美国亚利桑那州橡胶沥青规范体系，以及该州 1988～2000 年以来，刚性路面和柔性路面改造中橡胶沥青加铺层的路用情况调查。

美国的橡胶粉作为沥青改性剂的使用最早起源于亚利桑那州，到目前为止亚利桑那州也是应用橡胶沥青最多的州。20 世纪 90 年代，亚利桑那州运输部（以下均称 ADOT）铺筑了超过 4 025km 的橡胶沥青路面。本章完整列出了亚利桑那州的橡胶沥青规范指南并对亚利桑那州橡胶沥青的使用情况进行调查与分析，使读者可以从中了解到橡胶沥青用于防治反射裂缝的优异性能以及橡胶沥青在防治反射裂缝方面可以做到什么程度等。本章主要参考亚利桑那州运输部的《亚利桑那州运输局路桥施工规范》（《Arizona Department of Transportation Standard Specifications for Road & Bridge Construction》）。

在亚利桑那州，根据路面类型、野外条件和气候，橡胶沥青可以设计成两种不同的热拌混合料。一种是设计空隙率至少为 15%的开级配混合料，用作表面层，这种混合料含有大于 9%的胶结料，并且拥有较好的抗滑性能；另一种是设计空隙率约为 5%的密级配混合料，这种混合料的细集料和矿粉显著减少，从而形成一种间断级配，这种混合料和 SMA 很类似，只是矿粉含量很少，它通过弹性橡胶来取代刚性的填料，胶结料的含量一般为 7.5%～8.5%。

图 3-1 对比了间断级配和开级配混合料。ADOT 把这种开级配混合料命名为橡胶沥青混

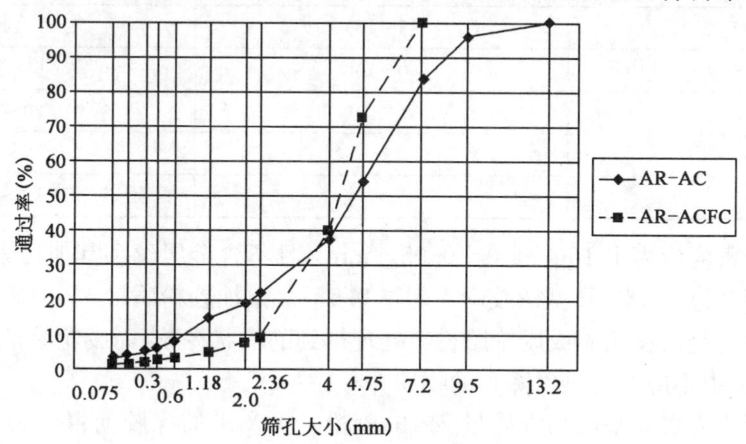

图 3-1　亚利桑那州常用的两种橡胶沥青级配

凝土磨耗层(以下简称 AR-ACFC),间断级配混合料被命名为橡胶沥青混凝土(以下简称 AR-AC)。AR-ACFC 在波特兰水泥混凝土路面(PCCP)和沥青混凝土路面(AC)上都有广泛应用。直接应用于现有水泥混凝土路面上的 AR-ACFC,设计厚度为 2.5cm;用作沥青混凝土路面的黏结层时,AR-ACFC 的厚度为 1.3cm。AR-AC 同样可用于水泥混凝土路面或沥青混凝土路面。在结构需要改善的情况下,它可以和 1.3cm 厚的 AR-ACFC 连接在一起使用,这种混合料厚度一般小于 5cm,在绝大多数情况下,其厚度为 2.5~3.8cm,相当于构造了两个 A-R 应力吸收层。

工程依据覆盖层类型分为 AR-ACFC 和 ARAC,并依据垫层的类型分为刚性(PCCP)和柔性(AC)。其中有一项工程(40 号州际公路加罩工程)是在刚性路面上结合使用 AR-ACFC 和 ARAC,理论上将其划分到刚性路面上的 AR-ACFC。

为了给让读者看到一个全面直观的美国橡胶沥青的代表性的应用体系,本章在第一部分介绍亚利桑那州橡胶沥青技术要求与规范,第二部分介绍在这个规范的指导下的亚利桑那州内的橡胶沥青路面使用状况。

第一节　亚利桑那州橡胶沥青技术要求与规范

一、胶结料材料

本节将讲述生产橡胶沥青所需各组分的设备、混合比例和方法。

1. 原材料

沥青需符合 PG 性能分级,胶粉按照亚利桑那州试验方法(Arizona Test Method,以下简称 ATM)714 试验,符合表 3-1 所示的分级要求。

胶粉分级要求　　表 3-1

筛孔尺寸(mm)	通过百分率(%)	
	A　型	B　型
2.36	100	—
2.00	95~100	100
1.18	0~10	65~100
0.6	—	20~100
0.3	—	0~45
0.075	—	0~5

胶粉的相对密度应为 1.15g/mm^3±0.05g/mm^3,且不含金属丝和其他污染物。A 型橡胶中纤维含量不能超过 0.1%,B 型橡胶中不超过 0.5%。掺加胶粉质量 4%的碳酸钙,以防止颗粒结团。确保胶粉是由废轮胎或废轮胎材料处理得到的粒状橡胶,而废轮胎是取自小汽车、载货汽车,处理过程中不应产生难以降解的物质。

橡胶沥青至少应含有基质沥青质量 2%的胶粉。生产出的橡胶沥青分为三个类型,其各自性质见表 3-2。

橡胶沥青性质 表 3-2

性质	要求		
	类型 1	类型 2	类型 3
基质沥青等级	PG 64-16	PG 58-22	PG 52-28
旋转黏度,177℃,(Pa·s)	1.5～4.0	1.5～4.0	1.5～4.0
针入度(dmm),4℃,200g,60s(ASTM D5),≥	10	15	25
软化点(ASTM D36)(℃),≥	57	54	51.7
回弹率,25℃,(ASTM D5329)(%),≥	30	25	15

注:必须采用与 Rion(Haake)VT-04 型黏度计相关的黏度计,且使用 1 号转子试验。黏度计关闭时,应完全浸入橡胶沥青中,在 177～179℃温度下,保持 60s 以上。平均黏度由三个相独立的连续数得到(±0.5Pa·s),测试时,先调平黏度计,在 30s 内读数,两次读数之间应关闭黏度计。转子连续旋转可能使与转子直接接触的橡胶沥青减薄,从而导致错误的结果。在橡胶沥青使用两周前,施工方应提交在试验室进行的橡胶沥青设计,设计应满足规定要求。

设计书应包含必需的试验数据,以及所用的沥青胶结料和橡胶的比例、等级和来源。

2. 生产运输施工中的注意事项

橡胶沥青生产过程中,施工方应依橡胶沥青设计方法拌制(经工程师认可的其他方法除外)。

(1)橡胶沥青的混合

往沥青胶结料中添加橡胶粉时,沥青胶结料温度应在 190～204℃。混合室中不应有超过 5cm 的结团橡胶颗粒。橡胶粉和沥青胶结料应严格按照设计书的比例混合,并在两者拌和 1h 之前完全混合好。施工方应保证混合比例是正确的,胶粉混合均匀,橡胶颗粒已完全混合,并完全被浸裹。出现泛油或橡胶颗粒结块说明混合不均匀。橡胶沥青混合结束的温度应在 163～190℃,并在使用前保持这个温度 1h。

使用前,施工方或供应商应用旋转黏度测试仪测试橡胶沥青的黏度。

(2)橡胶沥青的输送

一旦橡胶沥青混合好,使用期间就应该保持搅动,以防止橡胶颗粒沉淀。沥青混凝土制备期间,橡胶沥青的温度应维持在 163～190℃。但橡胶沥青不能在不小于 163℃的温度下保持 10h 以上。橡胶沥青储存 10h 以上时,在使用前应降温,再逐步加热到 163～190℃。降温和再加热不应超过一次。此外,橡胶沥青不能在 121℃以上储存超过 4d。

对每次存放的橡胶沥青,施工方应向工程师提供以下文件:

①添加橡胶前沥青胶结料的来源、等级、数量和温度。

②橡胶的来源和占沥青胶结料质量的百分率。

③橡胶添加剂的次数和添加日期以及橡胶沥青黏度测试结果。

④每次存放的橡胶沥青相关的日期、时间和温度记录。

记录从添加橡胶粉的时间开始,至每次存放橡胶沥青用完结束。每次橡胶沥青的温度变化超过一6℃时,应该记下读数,还需记录对成批使用和质量有重大影响的操作。

二、断级配橡胶沥青混凝土(ARAC)规范与要求

橡胶沥青混凝土由集料、矿质外加剂、橡胶沥青组成,按照项目计划和规范要求及工程师指导,经拌和、运输,用于路面层铺筑或其他特定用途。施工方有义务对设备进行调整,以使其

符合橡胶沥青的使用要求。

1.混合料设计标准

混合料设计应符合亚利桑那州试验方法(ATM)815的要求,并针对橡胶沥青混凝土进行必要的修正。混合料设计要符合表3-3的要求。

沥青混凝土混合料设计标准 表3-3

标　准	要　求	标　准	要　求
有效空隙率(%)	5.5±1.0	橡胶沥青吸收率(%)	0～1.0
矿质集料空隙率(%),≥	19.0		

矿物集料的来源没有明确规定。当施工方选择材料时,应该告知工程师。施工方应该确保材料及其混合过程符合规定,以使集料能够组成符合规范的橡胶沥青混凝土。

粗矿料和中档矿料应由碎砾石、碎岩石或其他性质相似的惰性材料或符合规范要求的材料组成。细矿料应取自碎砾石或碎岩石。在进行规范等级的粉碎、筛分和水洗操作前,应除去通过4号筛的矿料。为监督粉碎过程,施工方应该在粉碎集料48h前告知工程师。未经监督的料场材料不允许使用,除非施工方向工程师提供充足的资料证明矿料已经粉碎。任何经监督过的粉碎矿料应与施工方的其他料场矿料分开储存,以待使用。

施工方应该分开存放矿料。未分开存放的矿料在总矿料中的比例应小于3%,依据亚利桑那试验方法(ATM)201试验时,其中通过200号筛(0.075mm)的矿料应超过6%。

用于配合比设计的细矿料在来源上应具有代表性,而且应从料场的材料中取样制备橡胶沥青混凝土样本。混合料设计所使用的矿质集料应满足表3-4的要求。

矿质集料混合料设计级配要求(无矿物外加剂) 表3-4

筛孔尺寸(mm)	通过百分率(%)	筛孔尺寸(mm)	通过百分率(%)
22.8cm	100	4.75	28～42
15cm	80～100	2.36	14～22
11.4cm	65～80	0.075	0～2.5

试验时,矿质集料应符合表3-4的要求。

依据表3-5进行试验,用于混合料设计和级配设计的材料应满足要求(除了磨损性能)。应单独测试各种矿质集料样本的磨损性能,使其磨损性能满足要求。

(1)矿物外加剂

矿物外加剂占矿物集料总质量的1.0%,添加II型普通硅酸盐水泥或熟石灰。外加剂要符合表3-6的要求。

矿 质 集 料 特 性 表3-5

特　性	测 试 法	要　求
相对毛体积密度	ATM 815	2.35～2.85
吸水率	ATM 815	0～2.5%
砂当量	AASHTO T176	≥55
破碎粗集料颗粒	ATM 212	≥85%(加上通过4号筛材料决定双破碎面)
磨损性	AASHTO T96	100r,最大9%;500r,最大40%

矿物外加剂　　表3-6

材　料	要　求	材　料	要　求
II型普通硅酸盐水泥	ASTM C 150	熟石灰	ASTM C 1097

(2)沥青材料

橡胶沥青材料应符合表3-2的要求。橡胶沥青中不能用增量油、煤油或其他溶解剂稀释。任何被以上溶解剂稀释的橡胶沥青不能使用。任何用于清洗设备的煤油或其他溶解剂应在使用该设备前彻底清除。

(3)吸油材料

橡胶沥青混凝土摊铺之后和开放交通前可能需要使用吸油材料。吸油材料应符合表3-5的要求。吸油材料使用量为1.085kg/m^2。工程师如果认为不需要,可以减少或不用吸油材料。

(4)配合比设计

与预期使用率成比例,施工方应提供大约136kg的已混合的矿质集料样本。施工方还需提供以下材料的样本:2.3kg的备用橡胶粉,来自供应商的3.8L沥青胶结料,11.4L的橡胶沥青混合物,3.8L用于橡胶沥青混凝土的罐装矿物外加剂。

除了矿质集料样本,施工方还要提交一份制备矿质集料(包括损耗、清洗、混合、配合等)和规定的详细清单。清单中应列出矿质集料、沥青胶结料和橡胶粉的来源,橡胶沥青供应商、矿质混合料的来源和类型。

(5)混合料设计修订

未经工程师批准,在生产过程中,施工方不得更改混合料设计材料的粉碎、筛选、清洗和存储方法。

橡胶沥青混凝土的制备过程中,如有需要,在基于现场试验结果情况下,施工方可以请求更改已定的混合料设计。收到请求的两个工作日内,工程师将评估施工方的更改请求,并告知其决定。一旦发现使用未经批准的橡胶材料、矿质集料,采用了未经批准的制备方法,或不符设计的配合比,制备工作应停止,直到设计了新的混合料或施工方按照已定的混合料设计进行制备。混合料设计一经确定,施工方可以申请进行新的混合料设计,但费用自己承担。制备过程中,工程师基于现场试验,认为有必要更改混合料设计时,会提出一个修订过的混合料设计。

(6)定料

如因不能满足规范要求或配合比设计发生改变,而导致橡胶沥青混凝土停产,应留样,以便计算恢复生产或改变配合比设计后新的连续试验均值。基于以下试验规定,确定矿质集料级配和沥青含量,工程师有权增加抽样频率和沥青混凝土制备过程的试验。

①矿质集料。集料中不应该含有有害物质、黏土团、黏结膜或其他阻碍沥青包裹集料的物质。

橡胶沥青混凝土制备过程中,工程师应测试矿质集料样本,以决定砂当量和破碎粗集料颗粒。样本来自混合料拌和前或料场。如果样本的试验结果不满足表3-7的要求,制备过程应停止,施工方可以申请设计新的混合料,也可修正料场设计的不足。

按ATM105的要求,每500t沥青混凝土抽取一个矿质集料样本。为更具代表性,应在矿物外加剂和橡胶沥青混合前用取样设备随机抽取。取样设备由施工方提供，并应经工程师批准。如果小于500t，至少要抽样一次。

依据ATM201，测试样本要符合混合料设计等级要求。任意3个连续试验的平均值或单个试验值与以下混合料设计等级不同，则认为矿质集料等级将不在限制之内，橡胶沥青混凝土的制备应立即停止，并且在标准试验显示等级在连续3个试验要求以内时才可以复工。

表3-7中最大筛孔尺寸的通过率为100%。

矿料级配检测样本　　表3-7

筛孔尺寸(mm)	试验数	
	连续3个	1个
≥9.5	±4	±6
4.75	±4	±6
2.36	±3	±5
0.075	±1.0	±1.5

②橡胶沥青。橡胶沥青混凝土的制备过程中，施工方按照ATM421对沥青计量系统进行校准。在工程师的监督下，施工方通过每批至少4次计量确定橡胶沥青含量。施工方技术员进行试验(包括沥青计量)，试验要符合中心试验室提供的检测试验室评价试验员的要求。如果工程师发现橡胶沥青的比例超出了所给的橡胶沥青比例的±0.5%时，橡胶沥青混凝土的制备应立即停止，沥青计量系统应重新校准。

2.施工要求

(1)质量控制

施工方应承担起矿质集料和橡胶沥青混凝土生产质量控制的责任，施工方应做大量试验，以保证矿质集料和橡胶沥青混凝土的生产符合各项规定，工程师有权在生产过程中进行抽样检测。

(2)堆料

矿质集料应分开堆放，可以用分隔物(如挡板、料仓等)来防止集料混合，单一的储存料使用不应该少于总矿质集料的3%。

在矿质集料和橡胶沥青混合前，矿物外加剂应与矿质集料进行机械混合，工程师可以通过喷水的方式来控制矿物外加剂的损失量。

如果使用混合拌鼓室，要添加矿物外加剂，且在混合料转进圆筒烘干机前，应用机械混合设备进行充分混合。矿质添加料在用机械混合设备混合前，应通过称重皮带或可选的称重设备称出总质量。机械混合设备为至少由双驱动轴搅拌叶板组成的搅拌机。这样要求可以让搅拌叶板在接近水平方向搅拌集料和矿物外加剂，以免使用更长的传送带。混合设备不需要带有使集料和矿物外加剂落到传送带或斜道的装置，其额定容积(t/h)不应超过供料的额定容积，混合设备也应用防料泄露装置。混合设备要设在料进入混合拌鼓室前，便于在传送带上检查混合料的地方。混合设备应能有效混合橡胶沥青混凝土制品。

在使用混合设备时，要安装一个正信号系统和一个限位开关。正信号系统安装在计量装置和圆筒烘干机之间。当矿物外加剂没有添加时，使混合过程自动中止。

如果成批拌和，添加橡胶沥青前，矿质添加料应在搅拌机中充分混合。施工方应向工程师提供矿物外加剂已经混合进橡胶沥青混凝土的每日记录文件。

除非工程师在试验的基础上，认为集尘装置收集的细集料能够使用，否则其不能加进混合物中。矿质集料、矿物外加剂和橡胶沥青应以体积、质量或两者结合进行按比例混和。

当矿质集料、矿物外加剂和橡胶沥青以质量进行比例混合时，所有用于记重的箱、斗车、铲车或相似容器以及用于计量材料的天平，都应该避免振动或移动，以使全部拌和的质量误差不超过2%，分批拌和的质量误差不超过1.5%。沥青材料应在已加热的隔温桶上称重，使用无弹性的刻度盘悬停称重装置。

当矿质集料、矿物外加剂和橡胶沥青以体积进行比例混合时，各种料的正确比例混合应由经批准的连续供料器供应。连续供料器将提供正确的矿质集料和沥青材料体积，这样安排可使各种尺寸的料的比例单独调整。连续供料器应使用机械的或电动的。

橡胶沥青的供料应与矿质集料和矿物外加剂一同由自动装置控制。

(3)干燥和加热

为了自动记录橡胶沥青混凝土和矿质记录的温度，在干燥机的卸料斜槽处应安置自记高温计或其他经批准的敏感性不低于5.6℃/min的温度记录工具。每一批进料完成后，应给工程师一份记录副本。

橡胶沥青混凝土的水分含量应不超过0.5%。水分含量依ATM406确定。干燥和加热这样完成是为了排除矿质集料被燃油等裹附。

(4)混合

为显示拌箱中矿质集料的水平状态，应安装正信号系统，且它在正常工作时拌和才允许进行。为防止材料溢漏到相近的拌箱中，每个拌箱应有溢流槽或分隔物。

从混合器中出来的橡胶沥青混凝土温度不应该超过177℃。如果橡胶沥青混凝土从混合器中转至漏斗中，漏斗应符合使橡胶沥青混凝土的离析最小的要求。

(5)摊铺和完工

①总体要求。橡胶沥青混凝土的处理在任何时候都应使其离析最小，已离析了的橡胶沥青混凝土应清除并替换。

摊铺前，应除去摊铺面上的杂物，并按照规定铺上沥青胶结料。表面的清理，沥青胶结料的等级和数量应由工程师指导并批准。

边缘和竖直面上应涂一层薄层沥青胶结料，以防橡胶沥青混凝土摊铺到上面。

沥青混凝土摊铺的基层和底基层应符合摊铺材料的要求，摊铺时应平整牢固，不应摊铺在冰冻或过湿的基层和底基层上。

一旦发现不利的气候条件，工程师可以要求停止施工。混合料摊铺的最低气温和最低路面温度为13℃。当空气和路面温度低于18℃时，间断级配橡胶沥青混合料的摊铺温度规定为143～163℃。当现场温度高于18℃时，间断级配橡胶沥青混合料应在138～163℃摊铺。

橡胶沥青路面材料不应在下雨或即将下雨时摊铺。如果现场条件潮湿、刮风或温度过低，摊铺应推迟进行，否则会影响压实。

橡胶沥青混凝土作为整平层或表层。整平层主要是提高已有路面的高程，或使未摊铺面变平整。表层是面层或作为封层的表层。

整平层或表层的厚度在项目计划中有规定，未经工程师书面批准，不能改变其厚度。

②橡胶沥青混凝土装载到摊铺机。如果橡胶沥青混凝土直接从运输车上卸载到摊铺机里，应注意避免冲击摊铺机。

如果橡胶沥青混凝土卸载到摊铺面上，随后装载到摊铺机里，装载设备应该自供料且不应在摊铺机竖直方向施压。橡胶沥青混凝土应充分装载到摊铺机中。

③自行推进摊铺机摊铺和完工。所用的橡胶沥青混凝土层都应用自行推进摊铺机完成摊铺，经工程师认定的特殊情况除外。

实际施工时，为保证施工的连续性，摊铺机的摊铺速度应与拌和生产的速度一致。如果摊铺机停摊 3min 以上，或运输车之间的中断超过 3min，摊铺机应离开摊铺面，以使压路机能按照规定的温度限制进行压实。施工断面应采用工程师批准的方法进行处理。

拖车应该停在中间，向摊铺机卸料，但应该在刚要接触到摊铺机前面的滚轮时停住。当载货汽车松开制动踏板后，摊铺机向前移动，与载货汽车接触并向前推动载货汽车，而不是载货汽车主动接触摊铺机。这种方法有利于减少整平板的刮痕，减轻其粗糙程度。如果使用了后部卸料和活动底板货车，应稍微提高它们的底板高度，这样混合料向关闭的后挡板滑动，然后打开闸门将混合料一次卸出。这样“涌进”摊铺机料斗，有利于降低混合料离析的可能性。

刮板应设有捣紧和振动控制的滑动装置。捣紧和振动可以有效避免混合料的撕裂、推挤和刨槽，并能提供整个摊铺宽度内质地和密度均匀的摊铺层。

在宽度上不超过 2.5m 截锥部分或不超过 1.2m 加宽部分，可以用工程师批准的方法摊铺完工。

④自动驱动控制系统。所有的橡胶沥青混凝土层都应用装有自动驱动控制系统的自力推进摊铺机进行摊铺完工。

自动驱动控制系统将直接控制一侧的刮板的高度来间接控制另一侧的刮板的高度，或者控制每一侧刮板的高度来控制横断面斜坡。

摊铺机应包括以下控制系统：

a. 宽至少 9.1m 的抹平设备，并贯穿摊铺机的全宽；

b. 短抹平设备；

c. 152m 的线形和路线桩控制设备；

d. 接缝匹配设备；

e. 线性控制应符合工程师认定的线形和坡度；

f. 自动驱动控制系统不能正常工作时，橡胶沥青混凝土的摊铺应停止。

(6)接缝

橡胶沥青混合料接缝按定义分为纵向接缝、横向接缝、冷接缝和热接缝，开级配橡胶沥青混合料也是如此。平接缝最常见，工艺成熟，也可采用楔形接缝和斜接缝。

每层的纵向接缝应与其下一层的纵向接缝至少间隔 0.3m。

施工方应合理安排其摊铺计划，以使摊铺面纵向边缘暴露最少。除非经工程师批准，施工方应控制其摊铺过程，使在临近层摊铺时橡胶沥青混凝土的转移限制在一次以内。施工方这样计划是为了消除摊铺层纵向边缘暴露超过周末或节日。

纵向接缝应设置在车道中心的 0.3m 以内，或两相邻车道中心线的 0.3m 以内。接缝应用

斜坡设备或热搭接装置处理，并热压实。

在已冷却的横断面处摊铺面层时，应从该断面往后在该层全深范围内切割出新的垂直断面。新的沥青混凝土摊铺完工后，接缝的两边都要密实，接缝也应密封。在3.05m或更宽的路肩（作为停车带）上摊铺罩面时，路肩和行车道之间的纵向接缝应设置在停车带的行车道边缘。

(7)压实

①总体要求。橡胶沥青混凝土压实前的温度不应低于135℃。

压路机的碾轮应用水（必要时用肥皂水）润湿，以防止在碾压时橡胶沥青混凝土粘到碾轮上。

②设备。如果层厚大于2.5cm，至少要用一台钢轮压路机和两台振动钢轮压路机，初压时必须用振动压路机。如果层厚小于或等于2.5cm，至少需要3台钢轮压路机。然而，一台压路机终压时，应有足够的压路机在整个摊铺机宽度上进行初压。

压路机质量不应低于8t。

压路机应是自行由驱动轮驱动前行的。如有必要，可使用振动滚筒。对层厚小于或等于2.5cm的摊铺层，振动压路机应使用非振动模式。

③碾压程序。摊铺层层厚大于2.5cm时，应用振动压路机进行初压。钢轮压路机，或振动压路机在静压模式下，用于摊铺层层厚小于或等于2.5cm的初压，初压滚筒应在摊铺机后91.4m以内。初压后应立即进行终压，在橡胶沥青混凝土温度降至104℃之前，要碾压尽可能多的遍数。

对于热料，应用工程师批准的方法压实边缘。

(8)表层要求和容许误差

所有的橡胶沥青混凝土层都应按要求压实、整平，以符合线性、坡度和尺寸的要求。

当3m直尺平行路中心线放置时，直尺下缘至整平层上变化不应大于6.35mm，或至罩面层上变化不应大于3.175mm，或直尺横放在纵向接缝时不超过6.35mm。

(9)验收

当工程师认为橡胶沥青混凝土的摊铺符合要求时，则验收通过。验收未通过的橡胶沥青混凝土摊铺，应该重新摊铺，直至达到工程师的要求。

(10)度量方法

橡胶沥青混凝土、矿质集料、矿物外加剂和橡胶沥青在实际使用中用“t”来度量。橡胶沥青材料的质量应由传送至反应器途中直接称量决定，或由沥青胶结料和橡胶质量决定。

(11)支付方式

经验收的橡胶沥青混凝土将以“合同单价/吨”支付。橡胶沥青、橡胶沥青混凝土、胶粉、矿物外加剂都以“t”为单位进行支付。沥青用量不能用于计算橡胶沥青材料质量支付的基础。

三、开级配橡胶沥青混合料(AR-ACFC)规范及要求

橡胶沥青混凝土磨耗层由集料、矿物外加剂、橡胶沥青组成，按照项目计划和规范要求及工程师指导，经拌和运输，用于路面层铺筑或其他特定用途。施工方有义务对设备进行调整，

使其符合橡胶沥青的使用要求。

1. 混合料设计标准

混合料设计应符合ATM814的要求，并针对橡胶沥青混凝土磨耗层使用要求进行必要的修正。根据ATM815试验时，橡胶沥青吸收率允许范围为0～1。矿物集料来源，没有明确规定，但施工方使用的材料应符合表3-8要求。当施工方选择材料时，应该告知工程师。施工方应该完全确保材料及其混合过程符合规定。

矿质集料应至少分在两个料场堆放。未分开堆放的，集料其使用量应低于总矿质集料的3%；粗矿料和中档矿料应由碎砾石、碎岩石或其他性质相似的惰性材料或符合规定的其他材料组成；细矿料或共混料由天然砂、机制砂或其他经批准的惰性材料或符合规定要求的其他混合物组成。

用于混合料设计的细矿料在来源上应具有代表性，从制备橡胶沥青混凝土的存料中取样。混合料设计应选取符合表3-8级配要求的矿质集料，且表3-8中最大一级筛孔的通过率为100%。

矿质集料混合料设计级配要求(无添加料)　　表3-8

筛孔尺寸(mm)	通过百分率(%)	筛孔尺寸(mm)	通过百分率(%)
22.8	100	2.36	4～8
4.75	30～45	0.075	0～2.5

矿质集料应符合表3-9的要求。依据表3-9测试时，用于混合料设计和级配设计的材料应满足要求(除了磨损性能)。应单独测试各种矿质集料样本的磨损性能，使其磨损性能满足要求。

矿质集料特性　　表3-9

特　性	测试法	要　求
结合料毛体积相对密度	ATM 814	2.35～2.85
结合料吸水性	ATM 814	0～2.5%
砂当量	ATM 242	≥55
破碎粗集料颗粒	ATM 212	≥85%(双破碎面)
片状指数	ATM 233	≤25
集料中碳酸盐含量	ATM 238	≤30%
磨损性	AASHTO T 96	100r，最大9%；500r，最大40%

(1)矿物外加剂

需添加占矿物集料总质量1.0%的矿物外加剂，外加剂为II型普通硅酸盐水泥或熟石灰。矿物外加剂要符合表3-10的要求。

矿物添加料　　表3-10

材　料	要　求	材　料	要　求
II型普通硅酸盐水泥	ASTM C 150	熟石灰	ASTM C 1097

须向工程师提交满足规范要求的证明文件。

(2)沥青材料

橡胶沥青材料应符合规范中要求,橡胶粉等级应为符合要求的B型。

橡胶沥青不能被增量油、煤油或其他溶解剂稀释。任何被以上溶解剂稀释的橡胶沥青不能使用。任何用于清洗设备的煤油或其他溶解剂应在使用该设备前彻底清除。

(3)配合比设计

与预期使用率成比例,施工方应提供大约136kg的已混合矿质集料给工程师,并经工程师证明这些样本具有代表性。

施工方应该提供以下材料的样本:2.3kg的备用橡胶粉,来自供应商的3.8L沥青胶结料,11.4L的橡胶沥青混合物,3.8L用于橡胶沥青混凝土的罐装矿物外加剂。

除了矿质集料样本,施工方还要提交一份制备矿质集料(包括损耗、清洗、混合、配合等)和规定的详细清单。清单中应列出矿质集料、沥青胶结料和橡胶粉的来源、橡胶沥青供应商、矿质混合料的来源和类型。收到所有样本和施工方提供的清单后的10个工作日内,中心试验室将回复施工方混合料中要使用的橡胶沥青比例、各料场矿质集料使用比例、复合矿质集料等级、复合矿质集料和矿质混合料的等级、混合料使用中的规定和限制条件。

中心试验室提供给施工方用作橡胶规格标准的材料,由中心试验室根据施工方提供的橡胶沥青制成。

(4)混合料设计修订

未申请设计新的混合料或未经工程师批准,生产过程中施工方不能更改混合料设计材料的粉碎、筛选、清洗和存储方法。

橡胶沥青混凝土的制备过程中,如有需要,在基于现场试验结果情况下,施工方可以请求更改已定的混合料设计。在收到请求的两个工作日内,工程师将评估施工方的更改请求,并告知其决定。一旦发现使用未经批准的橡胶材料、矿质集料,采用了未经批准的制备方法或不符设计的配合比,应停止制备,直到设计了新的混合料或施工方按照已定的混合料设计进行制备。施工方可以申请重新进行混合料设计,但混合料设计一经确定,新混合料设计的材料试验相关费用应由施工方承担。

制备过程中,工程师基于现场试验,认为有必要更改混合料设计时,会提出一个修订过的混合料设计。更改应反映在施工方的制备过程中。

(5)定料

如因不能满足规范要求配合比设计发生改变,而导致橡胶沥青混凝土停产,以便计算恢复生产或改变配合比设计后,新的连续试验均值。基于试验规定来确定矿质集料级配和沥青含量。工程师有权增加抽样频率和对沥青混凝土制备过程进行试验。

(6)矿质集料

集料中不应含有有害物质、黏土团、黏结膜或其他阻碍沥青材料包裹集料的物质。

橡胶沥青混凝土制备过程中,工程师应测试矿质集料样本测定砂当量和破碎粗集料颗粒数量,样本应来自混合料拌和前或料场。如果样本的试验结果不满足表3-9的要求,制备过程应停止,施工方可以请求新的混合料设计,也可修正料场设计的不足。

按ATM105的要求,每500t沥青混凝土抽取一个矿质集料样本。为更具代表性,应在矿物外加剂和橡胶沥青混合前用取样设备随机抽取。取样设备由施工方提供,并应经工程师批准。如果小于500t,至少要抽样一次。

依据ATM201,测试样本要符合混合料设计等级要求。任意3个连续试验的平均值或单个试验值与以下混合料设计等级不同,则认为矿质集料等级将不在限制之内,橡胶沥青混凝土的制备应立即停止,并且在标准试验显示等级在连续3个试验要求以内时才可以复工。矿质集料混合料设计级配检测要求见表3-11。

矿质集料混合料设计级配检测要求　　表3-11

筛孔尺寸(mm)	试验数	
试验次数	连续3个	1个
4.75	±4	±6
2.36	±3	±4
0.075	±1.0	±1.5

(7)橡胶沥青

橡胶沥青混凝土的制备过程中,施工方依ATM421对沥青计量系统进行校准。在工程师的监督下,施工方通过每批至少4次计量确定橡胶沥青含量。施工方方技术员进行试验(包括沥青计量),试验要符合中心试验室提供的检测试验室评价试验员的要求。如果工程师发现橡胶沥青的比例超出了他所给的橡胶沥青比例的±0.5%时,橡胶沥青混凝土的制备应立即停止,沥青计量系统应重新校准。

2.施工要求

(1)质量控制

施工方应承担起矿质集料和橡胶沥青混凝土生产质量控制的责任。施工方应充分试验,以保证矿质集料和橡胶沥青混凝土的生产符合各项规定。工程师有权在生产过程中进行抽样检测。

(2)堆料

矿质集料应分开堆放,使分隔最小化。需使用分隔物来防止集料混合。

(3)配比

施工方应提供校准图表文件,或其他认可的证明矿质集料、橡胶沥青、矿质混合料依已定混合料设计按比例配合的文件。

除非经工程师批准,单一的堆料使用不应该少于总矿质集料的3%。

未经工程师批准,不允许堆料/热仓料的使用超过了已定混合料设计的5%。

在矿质集料和橡胶沥青混和前,矿质添加料应与矿质集料进行机械混合,工程师可以通过喷水的方式来控制矿物外加剂的损失量。

如果使用混合拌鼓室,要添加矿物外加剂,且在混合料转进圆筒烘干机前,应用机械混合设备进行充分混合。矿物外加剂在用机械混合设备混合前,应通过称重皮带或可选的称重设备称出总质量。搅拌机至少由双驱动轴搅拌叶板组成。这样可以让搅拌叶板在接近水平方向搅拌集料和添加料,以免使用更长的传送带。搅拌机不需要带有使集料和添加料落到传送带或斜道的装置,其额定容积(t/h)不应超过供料额定容积,混合设备也应用防料泄露装置。混合设备要设在料进入混合拌鼓室前便于在传送带上检查混合料的地方。混合设备应能有效混合橡胶沥青混凝土制品。

在使用混合设备时，要安装一个正信号系统和一个限位开关。正信号系统安装在计量装置和圆筒烘干机之间，当添加料没有添加时，使混合过程自动中止。

如果成批拌和，添加橡胶沥青前，矿物外加剂应在搅拌机中充分混合。施工方应向工程师提供矿物外加剂已经混合进橡胶沥青混凝土的每日记录文件。

除非工程师在试验的基础上认为集尘装置收集的细集料能够使用，否则不能将其加进混合物中。矿质集料、矿质添加料和橡胶沥青应以体积、质量或两者结合进行按比例混合。

当矿质集料、矿物外加剂和橡胶沥青以质量进行比例混合时，所有用于记重的箱、载货汽车、铲车或相似容器以及用于计量材料的天平，都应该避免振动或其余设备的移动，以使全部拌和的质量误差不超过2%，分批拌和的质量误差不超过1.5%。沥青材料应在已加热的隔温桶上称重，使用无弹性的刻度盘悬停称重装置。

当矿质集料、矿质添加料和橡胶沥青以体积进行比例混合时，各种料的正确比例混合应由经批准的连续供料器供应。连续供料器将提供正确的矿质集料和沥青材料体积，这样安排可使各种尺寸的料的比例单独调整。连续供料器应为机械的或电动的。

橡胶沥青的供料应与矿质集料和矿物外加剂一同由自动装置控制。

(4)干燥和加热

为了自动记录橡胶沥青混凝土和矿质记录的温度，在干燥机的卸料斜槽处应安置自记高温计或其他经批准的敏感性不低于5.6℃/min的温度记录工具。每一批进料完成后，应给工程师一份记录副本。

橡胶沥青混凝土的水分含量不应超过0.5%。水分含量依ATM406确定。干燥和加热这样完成是为了排除矿质集料被燃油等裹附。

(5)混合

为显示拌箱中矿质集料的水平状态，应安装正信号系统，且在它正常工作时拌和才允许进行。为防止材料溢漏到相近的拌箱中，每个拌箱应有溢流槽或分隔物。

从混合器中出来的橡胶沥青混凝土温度不应该超过177℃。如果橡胶沥青混凝土从混合器中转至漏斗中，漏斗应符合使橡胶沥青混凝土的离析最小的要求。

(6)摊铺和完工

①总体要求。橡胶沥青混凝土的处理任何时候都应使其离析最小，已离析了的橡胶沥青混凝土应清除并替换。

橡胶沥青混凝土摊铺前，应除去摊铺面上的杂物，并按照规定铺上沥青胶结料。表面的清理，沥青胶结料的等级和数量应由工程师指导并批准。

沥青混凝土摊铺的基层和底基层应符合摊铺材料的要求，摊铺时应平整牢固。沥青混凝土不应摊铺在冰冻或过湿的基层和底基层上。

橡胶沥青混凝土的摊铺温度应符合特殊条款的规定，摊铺时摊铺面的温度不应低于29℃，当摊铺面温度小于或等于29℃，工程师可以要求停止施工。

传送到刮板的橡胶沥青混凝土应为自由流动的均质体，没有离析、结壳、金属丝等，否则需停工直至恢复。

用防水油布覆盖运输车，材料直接卸载到摊铺机，热板站移至离运输点最近。

②橡胶沥青混凝土装载到摊铺机。如果橡胶沥青混凝土直接从运输车上卸载到摊铺机里，应注意避免冲击摊铺机。运输车不应给摊铺机施加竖向力。运输车应把料安全地卸载到摊铺机旁。

如果橡胶沥青混凝土卸载到摊铺面上，随后装载到摊铺机里，则卸载的地点距其后的摊铺机不应超过 45.7m。装载设备应该自供料且不应在摊铺机竖直方向施压。橡胶沥青混凝土应充分装载到摊铺机中。

③自行推进摊铺机摊铺和完工。除特殊条件，或工程师认为自行推进摊铺机不适用，所用的橡胶沥青混凝土层都应用自行推进摊铺机完成摊铺。

实际施工时，为了保证施工的连续性，摊铺机的摊铺速度应与拌和生产的速度一致。如果摊铺机停摊 3min 以上，或运输车之间的中断超过 3min，摊铺机应离开摊铺面，以使压路机能按照规定的温度限制进行压实。施工断面应用工程师批准的方法进行处理。

自行推进摊铺机应均匀地摊铺混合料，不造成离析或超越容许范围。摊铺机应有漏斗和螺旋杆，可将混合料均匀地散布到可调整刮板前。

刮板应有捣紧和振动控制的滑动装置。捣实和振动可以有效避免混合料的撕裂、推挤和刨槽，并能保证整个摊铺宽度内质地和密度均匀的摊铺。刮板应能调节高度和顶部，需要时还应装有加热控制装置。

在宽度上不超过 2.44m 截锥部分，或不超过 1.22m 加宽部分，可以用工程师批准的方法摊铺完工。

④自动驱动控制系统。橡胶沥青混凝土层应采用装有自动驱动控制系统的自力推进摊铺机进行摊铺完工。自动驱动控制系统将直接控制一侧的刮板的高度来间接控制另一侧的刮板的高度，或者控制每一侧刮板的高度来控制横面斜坡。

控制系统应能与以下设备共同工作：

a. 宽至少 76cm 的抹平设备，并贯穿摊铺机的全宽；

b. 短抹平设备；

c. 自动驱动控制系统工作异常时，橡胶沥青混凝土的施工应停止。

(7)接缝

如果抬升厚度大于或等于 2.54cm，施工方应合理安排器碾压计划，使纵向暴露边缘最少。施工方应控制其摊铺过程，为了消除摊铺层纵向边缘暴露过长，应在临近层摊铺时将橡胶沥青混凝土的转移次数限制在一次以内。

纵向接缝应设置在两相邻车道中心线的 0.305m 以内。

在已冷却的横断面处摊铺面层时，应从该断面往后在该层全深范围内切割出新的垂直断面。新的沥青混凝土摊铺完工后，接缝的两边都要密实，接缝也应密封。

(8)压实

①总的要求

橡胶沥青混凝土压实前的温度不应低于 135℃。

压路机的碾轮应用水，或在必要时用肥皂水或经工程师认可的材料进行润湿，防止在碾压时橡胶沥青混凝土粘到碾轮上。工程师可改变碾压程序，从而防止橡胶沥青混凝土粘到碾轮上。

②设备

至少需要3台钢轮压路机。交叉排放时，碾压滚筒应充分宽，两台压路机并排碾压时应能涵盖全幅路带。

压路机质量不应低于8t。

压路机应是自行的，由驱动轮驱动前行。振动压路机可以仅采用非振动模式。

③碾压程序

应用两台压路机进行初碾，初次碾压滚筒应在摊铺机后91.4m以内。初碾后应立即进行终压。在橡胶沥青混凝土温度降至104℃之前，要碾压尽可能多的遍数。

(9)表层要求和容许误差

所有的橡胶沥青混凝土层都应按要求压实、整平，以符合线性、坡度和尺寸的要求。

当3m直尺平行路中心线放置时，直尺下缘在罩面层上变化不应大于3.175mm，或直尺横放在纵向接缝时变化不超过6.35mm。

(10)验收

当工程师认为橡胶沥青混凝土的摊铺符合要求时，验收通过。验收未通过的橡胶沥青混凝土摊铺应该重新进行，直至达到工程师的要求，由此产生的费用不由中心试验室承担。

(11)度量方法

橡胶沥青混凝土、矿质集料、矿物外加剂和橡胶沥青在实际使用中以“t”来度量。橡胶沥青材料的质量应由传送至反应器途中直接称量决定，或由沥青胶结料和橡胶质量决定。

(12)支付方式

经验收的橡胶沥青混凝土将以“合同单价/吨”支付。橡胶沥青、橡胶沥青混凝土、橡胶粉、矿物外加剂都以“t”为单位进行支付。沥青用量不能用于计算橡胶沥青材料质量。

第二节 刚性路面上的加铺层应用现状

基于以上规范，橡胶路面协会(下称RPA)与通过与ADOT合作，承担了长期调查实际工程的任务，这些工程都建于1991年以前。审查的工程均为PCCP和AC路面。这些封层受到各种交通荷载，并且位于不同的气候带，覆盖了炎热的沙漠地区(最高气温51℃，年降雨量101.6mm)到严寒地区(最低气温－35℃，冰雪覆盖2540mm以上，年降雨量711.2mm)。其间，RPA除了进行实际路况调查，还对ADOT路面管理系统(以下简称PMS)的数据、照片、图表等进行了复查，数据真实可靠。

一、19号州际公路(Tucson市郊段)(建于1988年)

这项工程是四车道、分幅的高速公路，位于Tucson市郊，海拔788m。气候为温带沙漠，最高气温为44℃，最低气温为－8℃。年交通量为400 000单轴荷载当量(下称ESALs)，从建成至今总交通量为4 800 000ESALs，这是第一次关于热拌橡胶沥青薄层罩面的非试验型足尺工程。它为2.54cm厚的AR-ACFC加铺在23cm厚的PCCP上。这种PCCP宽61cm，并通过中线的钢筋来增加强度。PCCP 建于 1965 年，这层罩面用来改善路面的平整度和抗滑性。这项工程长约 3.2km。ADOT 路面管理系统（下称 PMS）拥有如表 3-12 所示的数据。

19 号州际公路（Tucson 市郊段）性能数据 表 3-12

性能指标	加铺前	加铺 12 年后
平整度（cm/km）	172	70
车辙（mm）	未作调查	2.8
开裂（%）	6	1
养护费[美元/（单车道公里·年）]	532	31

可根据工程使用寿命的平均值来对罩面的养护进行费用评价。

摊铺时，设计用油量为 10%。此开级配混合料中集料的体积占到 55%，结合料体积为 25%，空隙率为 20%。通车 12 个月后，空隙率已下降到 15%。原来的结合料的针入度为 48（0.1mm），软化点为 60℃。12 年后，针入度减少至 22（0.1mm），软化点上升至 71℃。这说明它有良好的抗老化能力。这次检查的结论是这层罩面仍然具有良好的服务能力。既没有明显的车辙，也没有养护的痕迹，仅在下层接缝的位置上产生了数量极少的反射裂缝，裂缝宽度很小，在轮迹带上是完全封闭的。虽然没有进行噪声测量，但路面与毗邻的混凝土路面的噪声水平有明显的差异。这种罩面混合料仍然具有活性，并且拥有良好的弹性回复。图 3-2 为 19 号州际公路施工前后的照片。

a) b) c) d)

图 3-2

e)

f)

图 3-2 19 号州际公路 Tucson South MP 58-60(建于 1988 年)

自上而下和自左向右的前三张照片是 1986 年铺罩面之前的资料照片,裂缝清晰可见。后三张照片拍摄于 2000 年 4 月,展示的是铺装之后罩面层(裂缝的宽度小于 6.35mm)。在大多数情况下,薄层罩面上的裂缝通过使用密封剂已经闭合了。

二、19 号州际公路(建于 1991 年)

1991 年,在 19 号州际公路上又加铺了一段 6.44km 长的同一类型罩面。这个项目与前述项目(Tucson 市郊段)一样,具有相同的交通环境。目前,这条路只有不到 2%的反射裂缝,并且没有做过明显的养护。接缝上出现的反射裂缝并没有经过诸如灌浆或修补等养护措施。这些反射裂缝在轮迹带上已经闭合,并且没有出现剥落和掉料的现象。在细缝的两侧结合料能很好的把混合料黏结在一起。图 3-4 是这个工程中最严重的裂缝。PMS 的数据类似较早和毗邻的项目,见表 3-13。依据 1991 年 1 月 11 日 ADOT 工程材料设计备忘录的记录,在大约 8 块损坏的混凝土板上加铺罩面之前,已经花费了大量的养护费用。

19 号州际公路性能数据 表 3-13

性能指标	加铺前	加铺 9 年后
平整度(cm/km)	330	113
车辙(mm)	未作调查	2.5
开裂(%)	6	2
养护费[美元/(单车道公里·年)]	916	31

这个项目中用罩面厚度为 2.54cm,造价是 4.35 美元/m^2。图 3-3 是此路前后的照片。

图 3-3a)~c)展示的是加铺罩面之前的 PCCP。图 3-4d)展示的是加铺 9 年后的照片。图 3-4e)中的反射裂缝宽度小于 6.35mm。这些裂缝仍然闭合,并且几乎没有剥落现象,保持着良好的岩性。图 3-4f)展示的是裂缝最坏的情况。

三、17 号州际公路(建于 1990 年)

这个项目位于 17 号州际公路凤凰城 Buckeye Road 与 Van Buren 之间,建于 1990 年。这个项目位于凤凰城北部高速公路,加铺前原路面是 3 条建于 1960 年的 3.66m 宽、23cm 厚的 PCCP 车道和一条 3.05m 宽、23cm 厚的 AC 避险车道,加铺层为 2.54cm 厚的 AR-ARFC。经过 30 年保持良好的结构性能,PCCP 达到了它的设计年限。大量翘曲现象发生,路面平整度

图 3-3　19 号州际公路，Irvington Road-I-49 MP 60-64(建于 1991 年)

变得非常粗糙，从而产生了跳车现象。大部分接缝严重破碎，当汽车轮胎从上面压过时，由于路面不平整会产生很大的噪声。在伸缩缝上已经做了大量的修补，大约 40 块地砖充分取代之前的重叠部分，在加铺之前大约已经换了 40 块板。

凤凰城气候比 Tucson 市稍微热点，最高气温为 50℃，当地的海拔是 340m。更重要的是，在过去的 10 年里交通量平均为 2 100 000 ESALs。亚利桑那州市政关于这个项目的统计数据见表 3-14。

17 号州际公路性能数据　　表 3-14

性 能 指 标	加铺前	加铺 10 年后
平整度(cm/km)	283	102
车辙(mm)	未作调查	2.8
开裂(%)	未作调查	无
养护费[美元/(单车道公里・年)]	745	159

2000 年的检测状况如下：

①避险车道和路肩上产生了反射裂缝，在行车道上，这些裂缝已基本闭合。

②随着三个坑洞的发展，一些结构性损坏逐渐出现，这些洞彼此之间呈线形排列。这种损坏模式说明下层纵缝的维护工作要优先于罩面。

③降噪效果很理想。

④驾驶平稳，几乎感觉不到车辙影响。

⑤罩面仍然保持很黑的颜色，与路面标记、条纹及反光设施形成鲜明对比。

图 3-4 展示了最近调查的图片。路面上的一切设施都保持着良好的使用状况，并且罩面在 10 年内一直提供优质的服务。

a)

b)

c)

d)

图 3-4 17 号州际公路 17(建于 1990 年)

图 3-4a)、b)展示的是罩面加铺之前对接缝和损坏的修补措施,图 3-5c)、d)拍摄于 2000 年,经过十年路面几乎没有裂缝。可以看到图 3-5d)的下部有个"坑洞",这是由于修补材料不合格所致。在北向的车道上还有大约 5 个这样的"坑洞"。

四、40 号州际公路(罩面建于 1990 年)

此项目是在亚利桑那州 Flagstaff 市附近 40 号州际公路上一段长 16.1km 的 PCCP 罩面工程。相对于凤凰城和 Tucson 市的项目,这个路面处于寒冷潮湿的环境下。Flagstaff 市海拔 2 135m,属高寒气候。最低气温可能达到−34.4℃,年均降雪量为 2 540mm。最高气温很少超过 32℃,自从工程竣工以后所记录的最高气温为 34.4℃。另外,依据经验,该区的年均降雨量为 711.2mm。该区被长期路面使用性能计划(LTPP)划为"湿冻区",其气候特征与美国东北部相似。40 号州际公路为连接东西部的主要商业要道,交通量很大,总交通量从 1989 年的 1 500 000ESALs 增长到 1998 年的 2 500 000ESALs,其中 35%的交通量为重型载货汽车。

原路面建于 1969 年,是一个 22.8cm 厚的非加筋混凝土路面,典型的四车道划分的州际公路。右边 3.05m 宽的避险车道和左边 1.22m 宽的路肩采用的材料为 AC。文件和讨论 ADOT 的工程师通过调查文件并讨论发现,该路面由于基层材料不合格,在竣工后 5 年,即 1974 年就开始出现损坏。损坏包括宽 12.7mm 以上的角隅断裂、横向断裂以及严重的接缝破碎。到 1980 年,开裂达到 9%,行驶质量从 1 577mm/km 恶化到 2 524mm/km,每车道公里维修费用高达 3 867.70 美元。1988 年,设计和重建仍在考虑中。关于重建的审议表示,其费用估计达到 30 000 000 美元,并且需要 4 年的时间。最后的结论是,由于财政预算将不会允许重建,因此将选用各种罩面维护。

最终确定的设计包括一层 7.6cm 的常规 AC,然后再加铺 5.1cm 厚的 AR-AC 和一层半 1.3cm 厚的 AR-ACFC。通过使用 A-R 罩面,比重建费用降低了 1 800 000 美元,时间从 4 年缩短到了 6 个月。

这种设计取得了很好的效果。1998 年,PMS 数据显示完全没有反射裂缝,国际平整度指数(以下简称 IRI)为 99.4cm/km,车辙深度 2.8mm。1990 年,每公里维修费用为 0,1998 年涨到 529 美元。表 3-15 是关于项目效果的评价。该项目的照片如图 3-5 所示。

40 号州际公路性能数据 表 3-15

性能指标	加铺前	加铺 10 年后
平整度(cm/km)	253	99.4
车辙(mm)	未作调查	2.8
开裂(%)	9%	无
养护费[美元/(单车道公里·年)]	3 867	497

2000 年的调查验证了项目的效果,反射裂缝仍是接近零,行驶非常舒适。养护主要针对路肩和内部的局部区域,下面将对其进行讨论。

另外,值得关注的是,这个加罩项目中还包括公路战略研究计划(SHRP)的 8 个试验段和 LTPP 关于 PCCP 再生路面研究的 10 个美国国家试验路段。试验路段被称为 SPS-6。

经观察,多数试验路段进行了如封缝和修补的养护工作。这篇报告检查的试验路段是破损的PCCP上加铺的10.2～20.3cm厚的罩面。这些试验段的照片见图3-6。

图3-5 40号州际公路(罩面建于1990年)

a) b) c) d)

图3-6 40号州际公路SHRP试验段照片

图3-6a)是国家试验段040660破损的PCCP上加铺的20.3cm厚的常规AC罩面。图3-6b)是SHRP试验段040607断裂的PCCP上加铺的10.2cm厚的AC罩面。图3-6c)是国家试验段040661断裂的PCCP上加铺的5.1cm厚的常规ARAC罩面和5.1cm厚的AC。图3-6d)是SHRP试验段040604封缝的PCCP上加铺的10.2cm厚的AC罩面。

下面是关于2000年的调查的部分结论：

国家试验段040660，受损的PCCP上加铺20.3cm厚的常规AC罩面“在15.25m的间距上有宽12.7～25.4mm的横向裂缝。在中线和轮迹带之间有纵向裂缝。路面不平，估计在两年内将会被替换掉”。

SHRP 试验段 040607，开裂 PCCP 上加铺 10.2cm 厚的罩面“这个路面在中线大约 30.5cm范围内有 25.4mm 宽的裂缝，并且纵向裂缝在中线上。在轮迹带上裂缝已经破碎”。

国家试验段 040661，开裂的 PCCP 上加铺 5.1cm 厚 AC 罩面和 5.1cm 厚的 ARAC“这段路面状况良好，只有一些 3.2mm 左右宽的横向裂缝，在轮迹带之间的纵向裂缝极细，并无破碎。在行车道上几乎没有养护的痕迹，只在路肩上有一些封缝措施”。

SHRP 试验段 40604，10.2cm 厚的 AC 罩面用来填充接缝“接缝的反射裂缝已经贯穿，并且裂开 1.3～5.1cm。虽然已经再次封缝，但接缝处仍有大量剥落。在中线处有连续宽的纵向裂缝，并有明显车辙”。

SHRP 控制段在 1993 年 8 月还采用了 AR-ACFC，尽管在每条接缝处都有裂缝出现，但是仍保持良好性能。

相对来说，整个 40 号州际公路的 16.1km 罩面设计保持着良好的状况，可以看出几乎没有裂缝和养护痕迹。

第三节　柔性路面上的 AR-ACFC 罩面

2000 年研究检测的下一组项目是柔性路面上加铺的 AR-ACFC。这些项目处于各种各样的气候和交通条件下。

一、8 号州际公路(建于 1990 年)

第一个覆盖于老化 AC 上的磨耗层位于 Gila Bend 和 Yuma 之间，非常荒凉，属于极端沙漠气候。这个地区海拔 870m，最高温度为 48.8℃。这里是美国夏季最炎热的地区之一。1990 年，原有的路面严重开裂，平整度为 110cm/km，车辙深度为 9.14mm，每公里单车道的养护费用高达 1 143 美元。对这项工程的再生设计包括一层 10.2cm 厚的 AC 罩面和 1.3cm 厚的 AR-ACFC，见图 3-7。经过 10 年的使用，3%的路面开裂，平整度为 73cm/km，车辙深度为 1.27mm，每公里单车道的养护费用为 78.2 美元、没有泛油现象。数据见表 3-16。

8 号州际公路性能数据　　表 3-16

性能指标	加铺前	加铺 10 年后
平整度(cm/km)	110	73
车辙(mm)	9.14	1.3
开裂(%)	3	3
养护费[美元/(单车道公里·年)]	1 143	78.2

图 3-7a)是加铺前的路况。图 3-7b)是 2000 年的路况。图 3-7c)显示的是路肩的裂缝在 AR-ACFC 消失。

二、国道 68(建于 1991 年)

这是一个典型的例子，即 1991 年在国道 68 一个两车道高速公路上加铺一层薄的(1.3cm)AR-ACFC。最高气温高达 51℃，最低气温为－10℃。另外，这条 12.88km 长的工程

a)

b)

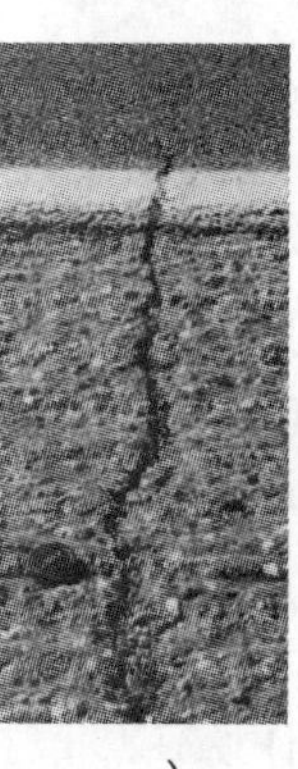

c)

图 3-7 8 号州际公路，Aztec County Line MP 72-82(建于 1990 年)

几乎全部处于陡峭的地形。1991 年，原有的 58.4mm 薄的沥青路面存在 55%开裂，相应的养护费用为每公里单车道 931 美元。平整度水平为 1 814mm/km，车辙深度为 8.9mm。ADOT 的 PMS 报告指出，在加铺过 25.4mmAR-ACFC 的 5 年内没有出现反射裂缝；又过了 3 年，反射裂缝仅为 1%，平整度为 119cm/km，最大车辙深度为 6.9mm。养护费用每公里单车道平均少于 93.1 美元。2000 年的调查显示这条道路的路况仍然十分良好，开裂面积很小。那些出现的反射裂缝极细，并不需要维护。这条道路的交通量较小，为 110 000ESALs。表 3-17 为项目的性能数据。图 3-8 为工程的照片。

国道 68 性能数据 表 3-17

性能指标	加铺前	加铺 9 年后
平整度(cm/km)	182	119
车辙(mm)	8.9	6.9
开裂(%)	55	1
养护费[美元/(单车道公里·年)]	931	93.1

a)

b)

图 3-8 68 号国道(建于 1991 年)

图 3-8a)所示为 1990 年的行车路况。图 3-8b)所示为出现的裂缝情况。

第四节　柔性路面上的 AR-AC 罩面

AR-AC 包含 9 个项目。其中，3 个项目是关于沙漠地区城市主干道的薄层罩面，1 个有类似的交通条件，但是其后相对寒冷。余下的 5 个项目交通量很小，路况良好几乎没有维护，但是氧化严重。

一、Glendale 市第 51 大街（建于 1991 年）

这个项目位于凤凰城西北郊，Glendale 市内，建于 1991 年。尽管这个项目在设计和施工期间由 ADOT 主管，但是它并不属于 ADOT 系统，没有 PMS 数据。这段主干道为 4 车道，长 1.61km，并且这中间有一条连续左转车道。在每端都有交通信号，在 0.8km 的交叉口上还有一个。靠近和驶离信号交叉口的位置上出现了横向裂缝，这些裂缝在南向行驶的车道上，大约距离中心 3.66m。这些裂缝在轮迹带上闭合，并在一些地方变窄，特别是转弯车道上的裂缝仅为 6.35mm 宽。远离交叉口，行车道上的开裂现象变得不明显。这些裂缝都极细，并且在距离交叉口 91.5m 处完全消失。在中间的左转车道上，裂缝一直贯穿于整个工程。在中间车道能看到裂缝的边缘是弯曲的，进一步观察发现行车道上的开裂仅仅出现在南向的车道，北向的车道上则没有。图 3-9 是关于这项工程的图片。

a)

b)　c)　d)

图 3-9　Glendale 市第 51 大街（建于 1991 年）

在1991年建设之前没有照片。图3-10a)～c)展示的横向裂缝的形式，在轮迹带上这些裂缝已经消失了。这些裂缝仅仅出现在交织段附近。显而易见，没有养护痕迹。大部分工程如图3-9d)所示。

图3-10　Glendale市第43至75大街(建于1991年)

交通量对路面性能的影响是显著的。在无交通和小交通量的地区，开裂的数量更多，并且更加严重。由此可知，交通量对这种弹性材料是有益的。有以下两种可能性解释：

(1)交通荷载揉搓路面使裂缝闭合。

(2)动轮载产生的正应力抵消了收缩、翘曲应力，从而降低了这个路段上路面整体的拉伸应力。

通过观察揭示了车辆加速和减速所产生的应力同样对开裂有一定的影响，但是影响相对较小。进凤凰城的车辆行驶在南向车道，因此在早晨时交通量大，此时路面比较寒冷，容易开裂。这是可能是南向车道有开裂，北向车道没有开裂现象的原因。

总而言之，这个路面保持着良好的路况，没有养护的痕迹，路面平整。

二、Glendale 市第 43 至 75 大街(建于 1991 年)

这项工程(长 6.44km)和第 51 大街处于同一地区,拥有类似的交通和气候条件。同样是由 ADOT 负责为 Glendale 市建设的一个项目,也没有 PMS 数据。预期性能将十分相似,见图 3-10。横向裂缝在中间车道上发展了大约 4.58m。这些裂缝有 6.35mm 或者更宽,并且可以看到弯曲。在行车道上的裂缝仅仅分布在制动和启动的区域内,这些裂缝呈网状,彼此间距 76.2~101.6mm,极细。虽然并没有剥落和坑洞,仍需进行维护。

虽然有一些轻微的凹槽,看起来过去路面的一些点曾经受过冲刷,但是路面仍保持良好的状况。

在 1991 年建设之前没有照片。图 3-10a)~c)展示了大部分工程良好的抗裂能力。图 3-10d)描画了局部的破损。图 3-10e)显示了路面在公共设施周围的良好的抵抗裂缝的能力。

三、国道 77(建于 1990 年)

此类中的另一个项目是 Tucson 市中的国道 77 从 Ina Road 到 Canada del Oro。这是一条城市主干道,四车道,长度略微超过 6.44km,建于 1990 年。这个工程使用 AC-10,沥青含量为 8.8%,沥青吸收率高达 0.69%,设计空隙率为 6%,VMA 为 23.4,罩面厚度为 1.3cm。

加铺前,即使开裂率很低(7%),平整度较好(54cm/km),但每公里单车道的路面养护费用仍高达 4 950 美元。经过 10 年,罩面平均每年的养护费用仅为 394 美元。实测性能数据见表 3-18。

国道 77 实测性能数据 表 3-18

性能指标	加铺前	加铺 10 年后
平整度(cm/km)	85	84
车辙(mm)	3.8	4.3
开裂(%)	7	1
养护费[美元/(单车道公里·年)]	4 950	245

图 3-11a)是 1990 年加铺前的照片。图 3-11b)、c)下面的照片展示的是 10 年后的裂缝形式,横向裂缝并不连续,并在轮迹带上消失。

四、国道 260(建于 1991 年)

这项工程海拔 1 952m,最低气温为 −31.6℃。平均年降雪量为 762mm,降雨量为 391mm。这项工程的混合料设计类似于 20.6 的 VMA,5.1%的设计空隙率以及 7.6%的沥青含量。沥青使用 AC-10。这条道路为四车道,有一条连续左转车道或中央车道。在这项工程的西端有一个信号交叉口。从西边开始,路面严重开裂,裂缝中心大约间距 22.875m,宽为 5.1~25.4cm。这些裂缝严重剥落,虽然已经进行了封缝处理,但边缘区域仍然翘曲。当行驶在这个路段时能感受到每条裂缝,其平整度非常差。这个路段的前 457m,有狭小的裂缝。刚开始的裂缝间距为 16.7m;在驶离信号灯区域时,裂缝间距增大到 91.5m。同样,左转车道上

a)

b) c)

图 3-11 国道 77(建于 1990 年)

的裂缝更宽。

在工程的东面,一半的路面上既有纵向裂缝,又有横向裂缝。横向裂缝大约间距 6.1m,在行车道上宽 6.35～1.3cm。这些裂缝已经进行了封缝处理,这些裂缝没有剥落,弯曲或者呈杯状,平整度依然良好。

余下的 0.8km 路面状况和这 0.8km 一样保持着良好的路况。表 3-19 列出了国道 260 性能数据。

国道 260 性能数据 表 3-19

性能指标	加铺前	加铺 10 年后
平整度(cm/km)	126	103
车辙(mm)	6.4	3.0
开裂(%)	2	1
养护费[美元/(单车道公里·年)]	1 552	404

图 3-12a)是建设前的状况。图 3-12b)是 2000 年的路况。图 3-12c)是路东端的横向裂缝，裂缝间距为 6.1m，已经进行了封缝维护。

图 3-12 国道 260(建于 1991 年)

五、国道 160(建于 1988 年)

这个项目从 MP345 一直延伸到 MP372，在已有的路面上铺筑了 38.1mm 厚的 ARAC 面层，已有路面是在 152.4mm 的粒料基层上铺筑了 63.5mm 的 AC。这个项目在海拔 1 525m 的一个沙漠地带，最高气温是 42℃，最低气温为－28℃，平均的降雪量是 127mm，降雨量为 188mm，冰冻指数是 550。

用在这个项目上的沥青是 AC-10，用量为 6.7%，集料有 0.44%的沥青吸收量，在罩面前，路段有 22%的开裂率，7.366mm 的车辙深度，每个车道每公里需要 4 900 美元的费用进行养护维修。1989 年进行了罩面。由于开裂，路面的 IRI 已经增大到 211cm/km。经过 11 年服务期后，路面管理系统显示每公里有 4.06mm 的车辙深度，每一个车道每公里平均每年的养护维修费用为 980 美元。

每年的交通量为 90 000ESALs。西部常规 AC 材料项目存在较长、较宽的横向和纵向裂缝。路面非常不平整,可以感受到每一条横向裂缝。这些横向裂缝大概为 15.25m,边缘部分剥落,向下弯曲延伸。虽然通过罩面可以将这些裂缝封住,但是行车仍然不舒适,不平整可能会增加营运车辆的营运成本。

在此项目中,一些开裂发生在罩面层内。大部分是长 12.2~15.25m 的横向裂缝,在路肩范围是 6.35mm 宽,在行车道区域闭合。没有剥落和翘曲的现象,除了很少的外,不需要养护维修。西行线的西部出现了一些疲劳开裂,这些裂缝在本质上很细,且没有剥落,这些区域需要一些养护维修费用。在这个项目的西部 3km 范围内是横向裂缝区域,3.18~6.35mm 宽,在车轮轮迹带闭合,没有拥包、剥落、松散发生。总之,经过 11 年的服务期,路面仍有很好的路面使用性能。然而,沥青混合料本身好像已经老化。这可能是初始混合料设计性能的结果,将会在明确三个项目的评价后期进行讨论。表 3-20 为 160 号州际公路性能数据。

图 3-13a)为加铺前的路况,22%断裂。图 3-13d)为加铺 11 年后的路况。图 3-13c)为路面的疲劳开裂。图 3-13b)图为间距为 15.25m 的横向裂缝,整个工程只有 6%的开裂。

160 号州际公路性能数据 表 3-20

性能指标	加铺前	加铺 10 年后
平整度(cm/km)	333	202
车辙(mm)	7.4	4.1
开裂(%)	22	6
养护费[美元/(单车道公里·年)]	3 043	608

a) b) c) d)

图 3-13 国道 160(建于 1988 年)

六、国道 264(建于 1989 年)

这个项目是在高温沙漠平原地区,海拔 1 934m,气候非常恶劣,最高气温为 38.8℃,最低气温为−32.7℃,冰冻指数为 800。在已有的路面上进行间断级配 AR-AC 罩面,已有路段有 10.2cm 的粒料基层和 7.6cm 的沥青混凝土,罩面混合料采用 AC-10,6.5%的沥青用量。在罩面之前,路面有 10%的开裂率,IRI 为 241cm/km,每个车道每公里每年的养护维修费用为 2 100美元。9 年后,面层有 7%的开裂率,平整度指数为 167cm/km,每一个车道每公里一年平均的养护费用是 835 美元。

交通量比较小,每年为 30 000ESALs。由 11 年后的评价发现,有 6.35～1.3cm 宽的横向温缩开裂,这些开裂边缘有部分剥落。总之,路面现状非常好。表 3-21 为国道 264 性能数据。

图 3-14a)1989 年加铺前的路况,10%的路段出现开裂。图 3-14b)是 11 年后路况,间距 10.675m 的横向收缩裂缝,7%的路段出现开裂。图 3-14c)为 1998 年工程典型的路况,这些开裂可能是罩面用油量低(6.5%)造成的。

a) b) c)

图 3-14 国道 264(建于 1989 年)

国道 264 性能数据 表 3-21

性能指标	加铺前	加铺 9 年后
平整度(cm/km)	330	114
车辙(mm)	未作调查	2.5
开裂(%)	6	2
养护费[美元/(单车道公里·年)]	916	31

七、国道 191(建于 1991 年)

工程师在已有的旧路面上加铺 38.1mm 的 AR-AC 罩面,已有的路面是由 10.2cm 厚的粒料基层和 7.6cm 的 AC 面层组成。这种路面的混合料设计需要 AC-10 沥青的含量为6.5%,沥青的吸收量为 0.23%,添加 1%的水泥。这项工程在高温沙漠地区,最高气温为41.6℃,最低气温为−32℃。平均降雪为 736.6mm,平均降雨量为 276.8mm。罩面前,路面有 19%的开裂率,2 667mm 的车辙带宽,76.2mm 的车辙深度。每车道每公里的养护费用为5 972美元。8 年后,路面有 1%的开裂率,4.318mm 的车辙深度,8 年总共的养护费用为 205 美元。

2000 年进行了路面调查,项目的终点是在一个地形起伏的山丘。在这些区域,有少量横向裂缝。项目的中心段是在一个很宽的峡谷,相对比较平坦,在这个路段,几乎没有裂缝,仅有极少量宽度小于 3.2mm 的裂缝。这种现象可能的解释为:地势比较平坦的路段在环境和交通荷载的作用下,产生的应力比较小。在施工期间,这些路段可能压实不足,路面可能产生了更多的老化。经过 9 年的恶劣气候条件后,路面仍然有很好的路面使用性能。表 3-22 为国道 191 性能数据。

国道 191 性能数据 表 3-22

性能指标	加铺前	加铺 9 年后
平整度(cm/km)	166	136
车辙(mm)	未作调查	4.3mm
开裂(%)	19	1
养护费[美元/(单车道公里·年)]	3 709	127

图 3-15a)为加铺前的路况,19%开裂。图 3-15b)为加铺 9 年后的路况。图 3-15c)、d)出现间距 6.1m 不同等级的开裂。图 3-15e)所示为轮迹带裂缝闭合,整个工程 1%开裂。

这些工程的混合料设计非常相似。黏结料的含量范围为 6.5%~6.7%,矿料间隙率为 18,最后的空隙率为 3.8%~4.7%,马歇尔击实 9~13 次。所有的沥青吸收量在 0.32%~0.44%,全部采用 AC-10 基质沥青。关于这三个项目的调查显示,路面表面看起来已经被氧化,有一点脆化。在冷的气候分区内,AR-AC 路面会考虑以下几种情况:

(1)较低的沥青等级,比标准 AC 路面建议的至少低一个等级。

(2)增加矿料间隙率到最小值 23。

(3)增加沥青黏结料的含量来填充 3%~4%的空气含量。

这些建议可以防止路面各种类型的开裂,并且能够防止一些车辙。

图 3-15 国道 191(建于 1991 年)

第五节 亚利桑那州使用现状小结

对使用寿命超过 10 年的 18 个橡胶沥青项目进行可视性调查,调查结果显示路面能提供很好的路面使用性能。现行的路面管理系统显示一般有非常低的开裂率和养护维修费用,结论如下:

(1)考虑 PCCP 罩面——AR-ACFC 的性能比任何一种已知的可以替代的措施或罩面材料都要好。

(2)ADOT 采用的橡胶沥青罩面性能表现良好,不论是在冷湿条件下还是在干热条件下。

(3)ADOT 采用的罩面设计在各种交通荷载下(不论是在轻交通量还是重交通量),橡胶沥青性能表现优良。年交通量荷载范围从乡村两车道的 110 000ESALs 到多车道市区州际道路的 210 000ESALs。

(4)AR-ACFC 的沥青粘结料平均含量为 9%,此时抗开裂性能比较低沥青含量的 ARAC 混合料好。沥青含量高的混合料表面氧化较小。当产生裂缝时,不会发生松散或者剥落。

(5)所有的项目都没有产生沥青的剥落,大都采用 AC-10 或 AC-20(沥青的黏度分级)基质沥青作为黏结料。

(6)在所有的项目中,没有发生沥青流动或拥包。

(7)所有的混合料都有很好的抗车辙性能,即使是在高温条件下,采用 10%左右的沥青用量。

(8)调查的反射裂缝基本上全是横向开裂,主要与外力有关系。

在轮迹带上,交通荷载会减小裂缝的量和宽度,如中间转弯带和路肩的裂缝率比行车带上的裂缝率高。

(9)在重交通区域,反射裂缝减少。

(10)机动车的加速力和减速力会产生反射裂缝,交通信号区域的研究明确验证了路面上制动力的关系。

(11)在橡胶沥青混合料罩面上,不会由于疲劳或者荷载作用产生结构损坏。

(12)疲劳开裂或结构损坏区域很少,裂缝的宽度比较小,没有松散或者剥落,不需要大的养护维修。

(13)低交通量的 ARAC 混合料路面上会产生反射裂缝,裂缝很干净,裂缝边缘没有剥落、卷曲或者翘曲,使用性能非常好,不需要封缝。当然,在临近的路面上,情况有所不同。

本章参考文献

[1] Amirkhanian, S. N. Utilization of Scrap Tires in Flexible Pavements — Review of Existing Technology. In Use of Waste Materials in Hot—Mix Asphalt. American Society for Testing and Materials, STP 1193, 1993, pp 233-250.

[2] Arizona Department of Transportation. An Environmentally Sound Noise Reduction System. Research in Progress as noted on the Transportation Research Board website. 1999.

[3] Arizona Department of Transportation. Standard Specifications for Road and Bridge Construction. Phoenix, AZ. 2000.

[4] Charania, E, J. O. Cano, and R. H. Schnormeier. "Twenty Year Study of Asphalt-Rubber Pavementsin the City of Phoenix, Arizona." Transportation Research Record 1307. Transportation Research Board, Washington D. C. 1991.

[5] Chen, N. J. , J. A. DiVito, and G. R. Morris. Finite Element Analysis of Arizona's Three-LayerSyytem of Rigid Pavements to Prevent Reflective Cracking. Arizona Department of Transportation, presented at 1982 AAPT Meeting. 1982.

[6] Flintsch, G. W. , L. A. Scofield, and J. P. Zaniewski. Network-Level Performance Evaluation ofAsphalt-Rubber Pavement Treatments in Arizona. Transportation Research Record 1435. Transportation Research Board, Washington D. C. 1994.

[7] Green, E. L. and W. J. Tolonen. Chemical and Physical Properties of Asphalt-Rubber Mixes FinalReport Part 1 -Basic Material Behavior. Report: ADOT-RS-14 (162) Arizona DOT. 1977.

[8] Henderson, M. P. and S. A. Kalevela. A Comparison of Traffic Noise From Asphalt Rubber ConcreteFriction Courses (ARACFC) and Portland Cement Concrete Pavements (PCCP). Arizona Department ofTransportation, Phoenix, AZ. 1996.

[9] Hicks, R. G. , J. R. Lundy, R. B. Leahy, D. Hanson, and J. Epps. Crumb CRM (CRM) in AsphaltPavements: Summary of Practices in Arizona, California, and Florida. Report FHWA-SA-95-056. Federal Highway Administration, Washington, D. C. 1995.

[10] Pavlovich, R. D, T. S. Shuler & J. C. Rosner. Chemical and Physical Properties of Asphalt-RubberMixes Phase II- Product Specifications and Test Procedures. FHWA/AZ-79/121, Arizona DOT. 1979.

[11] Rosner, J. C. and Chehovits, J. G. Chemical and Physical Properties of Asphalt-Rubber Mixes - PhaseIII. Vols. 1-5, FHWA/AZ-82-159, Arizona DOT, June 1982.

[12] Schnormeier, R. H. Fifteen-Year Pavement Condition History of Asphalt Rubber Membranes inPhoenix, Arizona. Asphalt Rubber Producers Group, Tempe, AZ. 1986.

第四章　加利福尼亚州橡胶沥青设计和施工指南

内容提要：本章主要以加利福尼亚州橡胶沥青规范和使用情况为例，详细介绍了美国常用的橡胶沥青设计方法与施工指南。本章可供从事公路和城市道路沥青路面设计和制订规范的公路部门、设计师、工程师、咨询师使用。

本章概括了橡胶沥青原料、组成和结合料设计以及这些原料的优、缺点，旨在帮助确定混合料类型和结构选择，以便提供耐用平顺的路面。本章内容可供从事包括热拌及表面处治橡胶沥青路面材料摊铺工作的现场人员参考，目的在于提供工程实践信息，关于橡胶沥青产品选择、使用、设计、生产、建设以及橡胶沥青结合料、摊铺材料和喷雾式摊铺的质量控制和保障。美国规范橡胶沥青路面厚度设计方法和加利福尼亚州运输部采用的方法一致，本章期望能够提供一套用于城市道路、乡村道路和美国州际公路的橡胶沥青路面设计的实践准则。本章主要参考加利福尼亚州运输部于 2003 年 1 月颁布的《橡胶沥青使用指南》(《Asphalt Rubber Usage Guide》)和俄勒冈州立大学的 Hicks RG 教授的《橡胶沥青设计与施工指南》《Asphalt Rubber Design and Construction Guidelines》)。

第一节　橡胶沥青使用情况概述

从 20 世纪 70 年代以来，橡胶沥青已经在实际工程中进行了多方面的应用。

在喷洒应用方面，橡胶沥青用于以下方面：

(1)碎石封层——先喷洒橡胶沥青，后紧接着撒布碎石。

(2)夹层——橡胶沥青碎石封层上铺筑热拌混合料罩面。

(3)稀浆封层——橡胶沥青碎石封层上铺设稀浆封层。

热拌混合料方面，橡胶沥青用于下列混合料类型：

(1)密级配混合料——油石比一般为 6%～8%。

(2)间断级配混合料——油石比一般为 7%～9%，集料表面形成较厚的橡胶沥青膜。

(3)开级配混合料——油石比为 6%～8%，用于表面层，可以减少溅水。

(4)高油量开级配混合料——青油石比采用 8%～10%，这种混合料沥青膜厚，耐久性好。

美国常见的橡胶沥青由下列成分组成：沥青结合料、废胶粉改性剂，富含天然橡胶(HNR)填充油(多数情况下添加)。通常废胶粉掺量为 18%～22%，与沥青混合后至少在高温下反应 45min，生成的黏弹性材料称为橡胶沥青。

大部分沥青可以用于生产橡胶沥青，但是与废胶粉反应后表现出的性质不同。无论在什么情况下橡胶沥青结合料设计都必须确保沥青与废胶粉相容。

生产废胶粉通常采用常温粉碎技术，原料通常包括车辆的废旧轮胎、车辆的胎面碎屑、橡胶碎屑以及胎面翻新过程中生成的副产品等。生产出的产品需要测试胶粉的粒度、含水率以及化学性质(包括灰分、炭黑、烃类、天然橡胶)，保证胶粉符合规范要求。

在美国加利福尼亚州，橡胶沥青分为Ⅰ型和Ⅱ型：Ⅰ型橡胶沥青只包含从废轮胎中获取的废胶粉；为提高抗反射裂缝性能，Ⅱ型橡胶沥青用的胶粉包含75%的从废轮胎中获取的废胶粉和25%纯天然橡胶和填充油。加利福尼亚州运输部门推荐采用Ⅱ型橡胶沥青，该州大部分地区采用该沥青，但是目前加利福尼亚州的部分地区和亚利桑那州仍采用的是Ⅰ型橡胶沥青。

第二节　橡胶沥青路面结构设计

一、新建路面设计

从第三章可知，在美国橡胶沥青用于新建工程并不广泛，仅有一些新建工程实例。在这些项目中，有些采用了与普通沥青混合料结构层一样的厚度，有些厚度减薄了25%～50%(最多的减薄了60mm)。

罩面厚度设计：现在加利福尼亚州运输部的修复政策是要设计罩面增加10年的路面使用寿命。罩面厚度设计基于设计年限的交通指数(TI)和以下三点：

(1)满足结构强度。

(2)延缓反射裂缝。

(3)提高行驶质量。

间断级配橡胶沥青罩面厚度的确定过程包括：首先确定密级配沥青混合料罩面厚度，测路面弯沉，再根据密级配沥青混合料和间断级配沥青混合料之间的结构等价关系调整厚度。密级配沥青混合料延缓反射裂缝和恢复通行质量需要的厚度也要评估。选择它们中最厚的作为设计方案；路面厚度的减少作为间断级配橡胶沥青混合料的结构和抗裂性能的备选方案，不考虑行驶质量。加利福尼亚州运输部柔性路面修复手册提到了设计各种罩面方案的细节。

由于橡胶沥青混合料中的沥青含量高而不同，沥青的密度比集料的小得多，所以橡胶沥青混合料比密级配沥青混合料具有较小的密度。

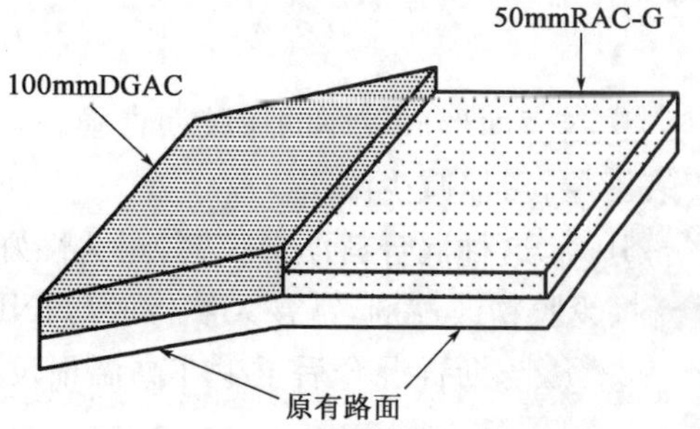

图4-1　典型的间断级配沥青混合料罩面

图4-1为典型的间断级配沥青混合料罩面。

纤维应力吸收层(PRF)不宜摊铺在橡胶沥青混合料下面，因为拌和温度将会损坏纤维。当调平层摊铺在橡胶沥青应力吸收层下方时，就形成了图4-2所示的三层体系。加利福尼亚州运输部于2001年6月公布的柔性路面修复手册中建议，橡胶应力吸收层提供部分有限的结构等价关系，约与15mm密级配沥青混合料等价。

新建路面间断级配橡胶沥青混合料。间断级配橡胶沥青用于新建路面时，应该直接替换面层 25～50mm 的密级配沥青混合料(合理厚度是间断级配沥青混合料中集料最大粒径的 2～3 倍)。

加利福尼亚州运输部设计方法建立在标准的设计方法基础上，拟新建的普通沥青表面层用橡胶沥青混合料代替，允许采用最厚 60mm 的橡胶沥青混合料结构层代替普通沥青混合料结构层。

例如，不用橡胶沥青时，设计为基层上铺筑 180mm 普通密级配沥青混凝土；采用橡胶沥青后，同样的基层上普通密级配沥青混凝土设计厚度为 60mm，上面铺 60mm 厚的橡胶沥青混合料，减薄厚度约 60mm。新建工程在橡胶沥青减薄厚度的情况下，设计者必须确保下层不会发生车辙。

橡胶沥青一般用于表面磨耗层，可以减少从上至下的裂缝，提高耐久性。由于橡胶沥青良好的抗疲劳性能，也可以用在下面层，以减少从下至上的疲劳裂缝。当橡胶沥青混合料铺筑在开裂的路面上时，裂缝一般从下面开始，逐步向表面发展，这种情况下建议采用应力吸收膜夹层(SAMI)。

二、改建设计

当前橡胶沥青主要应用于旧路面的养护和改建，既可以用于旧的水泥路，也可以用于旧沥青路。橡胶沥青减轻了反射裂缝的发展，增强了路面抗裂缝能力，已成功应用于旧水泥路面和沥青路面的改建。橡胶沥青罩面可以摊铺成 2～3 层的罩面体系，如图 4-2、图 4-3 所示。表层采用间断或开级配橡胶沥青混合料。双层体系通常是在橡胶沥青应力吸收层上直接摊铺橡胶沥青混合料。

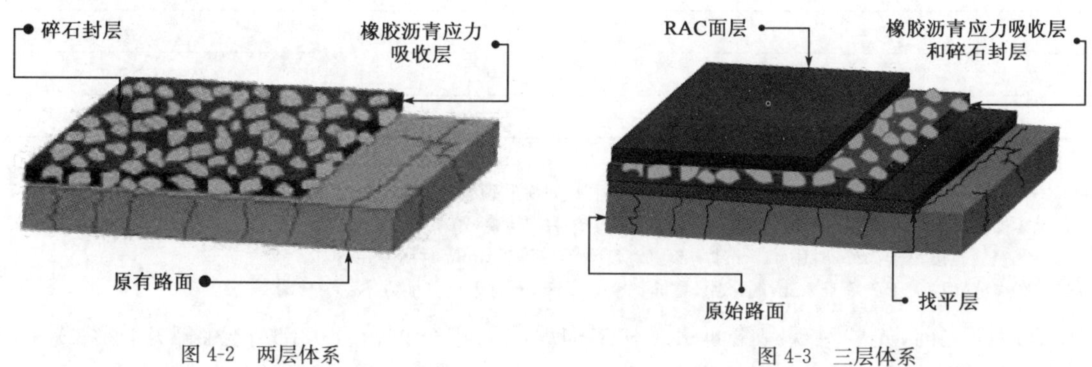

图 4-2 两层体系　　图 4-3 三层体系

加利福尼亚州运输部开发的橡胶沥青罩面的设计方法，建立在一些现场观测和假定基础上，具体如下：

(1)罩面的开裂是由于交通荷载和下层路面的移动共同作用造成的。

(2)橡胶沥青混合料能够比普通沥青混合料承受更大的弯沉变形，而不会开裂。

(3)橡胶沥青混合料延缓反射裂缝的能力比普通沥青混合料强得多。

基于这些现场试验结果，加利福尼亚州运输部开发了一套设计方法。表 4-1 和表 4-2 用于确定橡胶沥青罩面厚度(设置应力吸收层或者不设置)。当结构强度(弯沉)为控制因素时采用表 4-1；当延缓反射裂缝为控制因素时采用表 4-2。

罩面的结构强度等效厚度　　表 4-1

常规沥青混凝土厚度(cm)	间断级配橡胶沥青混合料厚度(cm)	橡胶沥青间断级配＋SAMI(cm)
4.5	3[2]	—
6	3	—
7.5	4.5	3
9	4.5	3
10.5	6	4.5
12	6	4.5
13.5	4.5①	6
15	4.5②	6
16.5	6①	4.53
18	6②	4.54

注：1. 间断级配橡胶沥青热拌混合料的理论允许最大替代比为 2∶1。
2. 间断级配橡胶沥青热拌混合料允许的最小厚度为 3cm。
3. 间断级配橡胶沥青热拌混合料不一定能防止低温引起的横向裂缝。
①下面先铺 4.5cm 新的密级配沥青混凝土。
②下面先铺 6cm 新的密级配沥青混凝土。

延缓反射裂缝的等效厚度　　表 4-2

常规沥青混凝土厚度(cm)	间断级配橡胶沥青混合料厚度(cm)	橡胶沥青间断级配＋SAMI(cm)
4.5	3	—
6	3	—
7.5	4.5	—
9	4.5	—
10.5①	4.5 或 6②	3③

注：1. 间断级配橡胶沥青混合料最薄厚度 3cm。
2. 间断级配橡胶沥青混合料不一定能防止低温引起的横向裂缝。
①加州推荐的延缓反射裂缝的密级配沥青混凝土最大厚度为 10.5cm。
②裂缝宽度小于 3mm 时用 4.5cm 厚，裂缝宽度大于或等于 3mm 时用 6cm 厚。
③裂缝宽度大于或等于 3mm 时采用，裂缝宽度小于 3mm 时采用其他方案。

在改建之前，先要对现有路面状况和结构承载力进行评价。大部分公路部门通常采用下述资料确定路面罩面类型和厚度：

(1)裂缝、车辙和其他病害的类型和数量估计。

(2)设计年限内达到的设计交通量估计。

(3)通常采用落锤式弯沉仪(FWD)或其他弯沉设备进行表面弯沉测量，这些数据用于确定罩面厚度，或者罩面前的处治，以及确定路面结构性能。

总的来说，与普通沥青混合料相比，橡胶沥青混合料允许采用较薄的罩面厚度，一层 SAMI 相当于 4.5cm 普通混合料。

橡胶沥青罩面可以采用间断级配或者开级配混合料，在两层或者三层体系中橡胶沥青应力吸收层上再铺筑热拌橡胶沥青混合料。间断级配混合料也可以用于铣刨重铺，这种情况要保证混合料压实良好、空隙率不能太大。

三、养护

橡胶沥青广泛应用于现有路面的养护，最常用的是碎石封层和热拌混合料薄层罩面（<30mm）。橡胶沥青碎石封层的养护处治在本质上和普通沥青是一样的，只是养护频率略低。

1. 路面养护的类型

当前大部分公路部门用于路面维护的养护类型有：

(1)预防性养护。在出现明显的损坏之前有计划地养护处治，尽可能延缓损坏，保持和改善路面性能。图 4-4 所示为一条典型的衰变曲线，可根据其作出不同的养护处治方式的时间选择。

(2)矫正性养护。即当路面出现抗滑能力不足、车辙、开裂、松散等问题时，实施的养护措施。

橡胶沥青碎石封层和热拌混合料罩面成功地用于各种养护措施中。

2. 设计方案

橡胶沥青碎石封层可用于大部分旧沥青路面，纠正路面缺陷，延长路面寿命。该封层也可以与热拌混合料薄层罩面结合用于开裂较严重的情况。间断级配和开级配橡胶沥青混合料已成功应用于路面养护。

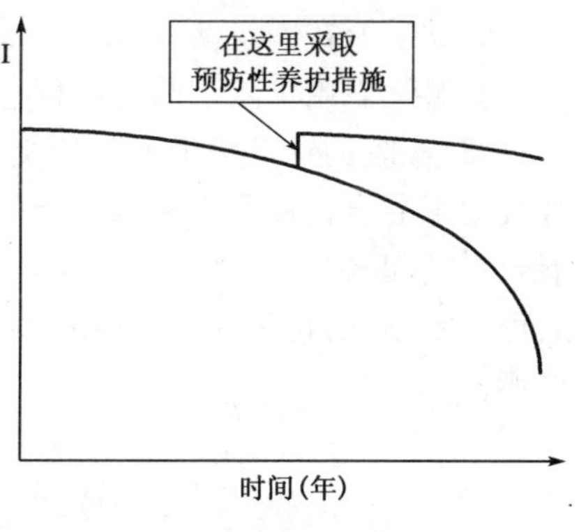

图 4-4 典型的路面衰变曲线

3. 现场性能

建在加利福尼亚州伍德兰的试验段，显示橡胶沥青碎石封层和热拌混合料薄层罩面是极好的养护处治措施。调查数据显示：间断级配和开级配橡胶沥青罩面（<25mm）的性能优于类似的普通混合料，橡胶沥青碎石封层的性能优于普通碎石封层。橡胶沥青应力吸收层（SAMI）能提高混合料延缓反射裂缝的能力。

四、橡胶沥青应用设计注意事项

对于上面所述的每一种应用方式（新建、改建和养护），为保证工程成功，设计过程中要考虑其他注意事项。

(1)最小层厚非常重要，因为沥青混合料层厚太薄，降温过快，会导致压实不充分。其次要考虑可施工性，层厚与最大集料粒径的比值要大于 2∶1～3∶1，保证粗集料不会在路面上出现摊铺划痕，且不会在压实时被碾碎。

(2)交叉口、高速公路上坡段、货车爬坡车道都是重载低速路段，这些区域更容易出现车辙，橡胶沥青黏度较大，可以提高混合料抗车辙能力。一些公路部门采取减少橡胶沥青用量的方法增强稳定度，以降低车辙和泛油的可能。

(3)气候。采用橡胶沥青方案时要考虑的气候因素包括：

①温度。橡胶沥青对温度更敏感，拌和与摊铺温度不能相差太大。混合料在低温下（<

13℃)难于压实,更容易出现早期损坏,除非采取特殊措施。

②潮湿程度。施工过程中下雨或者下卧层过于潮湿,也会引起早期损坏。规范要求橡胶沥青混合料要铺筑在干燥的路面上。

(4)由于橡胶沥青一般用于原有路面的罩面,原路面应进行以下处理:

①裂缝的填封。大于 6mm 的裂缝应在罩面前 6 个月用填缝料填充。

②补坑。应该挖除原路面损坏严重的区域,并用热拌混合料换补。如果采用掺加挥发油的冷拌料,可能会使罩面变软。

③铣刨。如果表面不平整,可以铣刨出良好的工作平面。有时为了避免修整,铣刨深度往往达到整个罩面厚度。

④调平层。如果表面不平整,需要铺调平层,以形成平整的工作面。

⑤黏层。在铺筑新的表面之前,需要喷洒黏层。

⑥磨除。用于除去凸起的标志、热塑性的减速标志、路面图案等。

(5)橡胶沥青可用于大部分交通情况,但是由于材料的特性,应注意其交通控制,即在摊铺橡胶沥青混合料过程中采取适当的交通控制非常重要。如果在热路面上开放交通,就可能将混合料粘起来,形成永久的疤痕,影响路面性能。同时还应注意其黏附性,即在路面压实完成后可以铺砂,防止黏起。在亚利桑那州可以洒些石灰水防止黏起,但加利福尼亚州运输部不允许洒。

第三节　橡胶沥青材料设计

本节给出橡胶沥青材料和结合料设计的概要以及热拌混合料和碎石封层的设计要素。

一、橡胶沥青结合料

橡胶沥青用于热拌混合料和喷洒应用。加利福尼亚州的橡胶沥青有两种——Ⅰ型和Ⅱ型,其中Ⅱ型用于改善热拌混合料防止反射裂缝效果和减少碎石封层的集料松散。

1.规范要求

加利福尼亚州运输部关于橡胶沥青的特别条款要求结合料中含占总质量 20%±2%的橡胶粉改性剂。橡胶粉改性剂必须含 25%±2%的天然橡胶粉和 75%±2%的废轮胎橡胶粉。两种类型的橡胶必须满足特殊的化学和物理要求,包括级配和对织物和金属杂质的限制。废轮胎橡胶粉主要包含 2mm～600μm 粒径颗粒(10 号和 30 号筛孔)。富含天然橡胶的胶粉一般更细一点,大多为 1.18～300μm 粒径。沥青改性剂、高闪点芳烃化合物(填充油),按沥青结合料总质量的 2.5%～6%添加。AR-4000 通常被指定为橡胶沥青中的基质路面沥青。

填充油和富含天然橡胶的胶粉用于增强沥青和橡胶的相互反应。填充油作为沥青和胶粉相互作用的兼容剂,提供轻质成分(芳香族的、微小分子),使胶粉颗粒膨胀,并利于它们在沥青中分散。富含天然橡胶的胶粉在碎石封层中能增强碎石黏结力,即使在橡胶沥青结合料中只占总质量的 3%时也能起作用。使用富含天然橡胶的胶粉提高了集料和橡胶沥青膜之间的黏结力。

值得注意的是,把任意选择的沥青、橡胶粉改性剂和填充油按规定用量混合,不一定会产

生出一种符合规定的结合料。橡胶沥青结合料的特征直接依赖于基质沥青和橡胶粉及添加剂的成分、相容性和相对比例以及相互作用的温度和时间。这也就是为什么结合料设计和检测程序是生产出满意的橡胶沥青的基础。

2. 设计考虑的问题

多数橡胶沥青结合料在生产后马上使用，但是如果因天气或其他因素延误了使用，可能在高温下保存 24h 或更长时间。在与集料混合或喷洒时，橡胶沥青各项指标，特别是现场黏度控制要符合规范要求。这意味着橡胶沥青应保持相对稳定，也有利于橡胶沥青混合料的生产、摊铺和压实。由于这个原因，如果使用的橡胶沥青黏度保持在一个相对小的范围内(如2～3Pa·s)就会更好一些。

已制订的橡胶沥青行业标准试验设计方法通过检测特定时间间隔抽取的橡胶沥青样本，描绘出橡胶沥青 24h 内的黏度变化。

AR-4000 通常用作橡胶沥青结合料中的基质沥青，但是在一些工程实例中应该考虑使用更软的材料，以提供更好的抗低温开裂的长期性能。其原因是在大约 5℃或更低的温度下，基质沥青的物理特性通常决定了橡胶沥青的行为。有两个方法加强橡胶沥青和橡胶沥青混合料的抗低温缩裂性能。例如，用比 AR-4000 更软等级的沥青，如 AR-2000，对于高寒气候可能使用 AR-1000，或增加填充油的含量，软化结合料。

这两种方法在 10～40℃的中温和高于 40℃的温度下都将软化沥青结合料。但由于橡胶粉改性剂在中温和高温下增加了橡胶沥青的硬度和弹性且不损失其低温性能，橡胶粉能够扩展沥青的性能范围。

对于高温地区，建议减少填充油用量。对于低交通量的道路可以增加填充油用量，这些路面如果缺乏填充油将会开裂。

3. 设计程序和标准

加利福尼亚州运输部有关橡胶沥青试验结果见表 4-3。回弹率被证明是橡胶沥青路用性能中抗疲劳和抗反射裂缝方面最好的指标之一。回弹率的提高通常反映了性能的提高。

关于规范的橡胶沥青试验过程的注意事项　　表 4-3

试验项目	反应时间(min)					45min规范范围
	45	90	240	360	1 440	
黏度，190℃(Pa·s)	2.4	2.8	2.8	2.8	2.1	1.5～4
25℃回弹率(%)(ASTM D3407)	27	—	33	—	23	≥18
软化点(℃)(ASTM D36)	59.0	59.5	59.5	60.0	58.5	52～74
针入度，25℃，150g，5s，(1/10mm)(ASTM D217)	39	—	46	—	50	25～70

注：1. 黏度试验应使用手持式 Haake 黏度计或相似设备。

2. ASTM D5329 目前替代了 ASTM D3407，同样包括回弹率试验方法。

3. 取自加利福尼州运输部规范 7/2002。

橡胶沥青生产者在设计过程中必须做的第一步是获得并实测基质沥青(经常为 AR-4000)、橡胶粉改性剂和其他添加剂的样品,填充油和富含天然橡胶的橡胶粉能够在一定程度上弥补基质沥青的不稳定性,但是橡胶粉的来源和等级的变化能对沥青混合料的性能产生巨大的影响,可能需要反复设计。

此外,建议对橡胶沥青结合料样本在不同的反应时间间隔取样并检测。相应提供一条关于橡胶沥青性能随时间变化的曲线,用于指导了解现场生产过程。

4. 材料

用于生产橡胶沥青的材料如下。

(1)胶粉改性剂。废胶粉主要成分为天然橡胶、合成橡胶和炭黑。加工前的原料可以为整轮胎、切割轮胎、碎轮胎或者抛光废料。通过常温研磨或者低温分解然后常温研磨,将原材料粉碎。废胶粉有一些物理化学性质,包括粒度、密度、丙酮提取物、灰分、炭黑、橡胶烃和天然橡胶含量。废胶粉改性剂的粒度会影响橡胶和沥青的反应,粗胶粉反应时间比细胶粉反应时间长。橡胶的化学性质是定义胶粉材料的指标。作为胶粉来源的汽车轮胎满足这些要求。不满足规范对灰分、炭黑、橡胶烃的要求的材料不能使用。

(2)沥青结合料。沥青结合料从多方面影响橡胶沥青,它必须能与胶粉相容。相容性可以通过沥青和废胶粉的化学组成控制,通过橡胶沥青搅拌过程中黏度随时间的变化表现出来。目前生产的大部分胶粉是多种橡胶的均匀混合材料,因此相容性主要取决于沥青性质,而不是胶粉的成分。沥青成分根据原油的不同变化很大。如果原油的芳香分含量低,由于废胶粉不能吸收到足够的芳香分,相容性可能会出现问题。填充油常用于补充需要的芳香分(如Ⅱ型橡胶沥青)。沥青的等级也很重要,沥青等级影响到低温性能和高温性能。基质沥青越软,低温性能越好,橡胶提高了高温黏度。可根据橡胶沥青应用地点的气候,选取沥青等级。

5. 结合料设计

为了能够准确评价橡胶沥青的稳定性,公路部门应要求橡胶沥青供应商提供结合料设计方案,包括废胶粉的来源和质量、填充油(如果采用)以及橡胶沥青黏度随着时间和温度的变化情况。

二、热拌橡胶沥青混合料总体设计

本节给出热拌橡胶沥青混合料设计的一般注意事项,常用热拌间断级配与开级配可参见接下来的两节。由于橡胶沥青物理性质上的差异,其设计过程在标准的混合料设计方法基础上进行了修改。

混合料设计的目的是选择合适的集料级配和符合要求的橡胶沥青,这些材料的相对比例决定了混合料在路面上的性能。通常可采用马歇尔方法或维姆方法来确定配合比。加州常用维姆方法。在通常情况下,混合料设计确定最佳沥青用量。设计主要关注的混合料性质是密度、空隙率、集料间隙率、稳定度和水敏感性。

在拌和和压实橡胶沥青混合料时,重点是控制温度。拌和橡胶沥青混合料采用标准的拌和机,拌和时间为 1～2min,混合料压实采用马歇尔方法或者维姆方法。不同混合料类型的试验室拌和及压实温度见表 4-4。

不同混合料类型的试验室拌和及压实温度　　表 4-4

类　型	拌和温度(℃)^A	压实温度(℃)^B
密级配	149～163	143～149
断级配	149～163	143～149

注:A 为最低集料温度,胶结料最低温度为 190℃。B 为混合料最低温度。

混合料设计得到的结合料含量跟集料类型和级配有关,加利福尼亚州橡胶沥青混合料含油量见表 4-5。

不同混合料类型的结合料含量　　表 4-5

类　型	油 石 比(%)	比一般高出的百分比(%)
密级配	6～8	20
断级配	7～9	40～50
开级配	6～8	50～60
富油开级配	8～10	100

三、热拌间断级配橡胶沥青混合料设计(RAC-G)

加利福尼亚州运输部在热拌混合料中一般将橡胶沥青用于间断级配和开级配。不推荐在密级配混合料中使用橡胶沥青是因为没有足够的空隙容纳沥青结合料,不能显著提高路面的性能。间断级和开级配橡胶沥青混合料主要用于已有沥青路面和水泥路面的养护和改建。橡胶沥青也用于新建路面的面层(磨耗层),主要用于有降噪要求的居民区。结构设计与普通密级配沥青混合料一样,当间断级配沥青混合料面层用密级配沥青混合料替代时,可以减小厚度。

美国目前最常用的橡胶沥青产品是间断级配热拌混合料(RAC-G)。间断级配热拌混合料面层厚度限制在 30～60mm。

1. 用途

间断级配橡胶沥青混合料提供耐久、柔性的路面面层,具有优异的抗反射裂缝、抗车辙和抗氧化的性能,良好的路面摩擦性能以及较小的交通噪声。间断级配橡胶沥青混合料在路面结构中作为一个结构层。

间断级配橡胶沥青混合料能够用于各种交通量和荷载路面的罩面或新建路面。间断级配橡胶沥青混合料也能用于信号交叉口、车道和停车场等车辆时走时停的区域,开级配混合料则不适合。但由于较高的沥青含量,间断级配橡胶沥青混合料在交叉口重交通作用下可能会出现磨光现象。

2. 混合料设计

已有的加利福尼亚州试验方法,包括维姆压实 CT367,经过修改后可以使用,允许较低的维姆稳定性、更大的矿料间隙率(VMA)和更高的沥青含量(集料质量的 7%～9%)。空隙率与密级配沥青混合料相似,最佳沥青含量符合 4%的空隙率。图 4-5 所

图 4-5　建成的间断级配沥青混合料路面

示为一条完工的间断级配橡胶沥青混合料路面。

四、热拌开级配橡胶沥青混合料设计(RAC-O)

面层采用开级配混合料具有良好的抗滑性能。开级配沥青混合料路面可以迅速排水,这减少了在雨中和雨后的喷溅、打滑现象,提高了安全性。普通开级配沥青混合料也能减少交通噪声,尽管这种降噪的长期效果并不稳定。

更厚的橡胶沥青膜提高了开级配路面的耐久性。开级配橡胶沥青混合料耐久性好的原因其一是它们是模量相对低的材料,意味着它们与密级配沥青混合料相比,在相同的应变下产生的应力较小。在相同水平荷载下,挠曲和回弹(松弛、蠕变、回弹等)性能比硬材料好。高橡胶沥青含量致使这些材料回弹性能和抗疲劳破性能非常好,但是不宜用作刚性层,作为薄层摊铺,厚度为24~30mm。因此,开级配橡胶沥青混合料(RAC-O)和高沥青含量开级配橡胶沥青混合料[RAC-O(HB)]不被用作结构层,不用考虑厚度减薄问题。

开级配橡胶沥青混合料主要用于养护、修复罩面,包括恢复表面抗滑性能。

1. 优点与用途

开级配橡胶沥青拥有较厚的橡胶沥青膜,提高了抗松散和抗氧化性能,以及抗反射裂缝能力。这种面层具有较强的排水和抗滑性能,可减少雨天条件下的喷溅和轮胎打滑现象(图4-6),并且提高了抗车辙性能和减小交通噪声。

图4-6 与密级配沥青路面相邻的自由排水开级配沥青路面

开级配橡胶沥青混合料用于交通流流畅、不受信号干扰的路段的表面层(罩面或新建路面),如一些高速公路、乡间道路或二级公路。它用作反射裂缝严重的水泥路面和沥青路面的罩面是非常有效的。轮胎防滑链和扫雪机都是在选择面层材料时应该考虑的因素。但是亚利桑那州运输部报告认为在高山地区使用开级配橡胶沥青路面没有大的问题。

开级配混合料不适用于时走时停或转弯车辆较好的路段,如城市街道或停车区,因为多孔路面容易受车流停顿的破坏。

2. 混合料设计

在加利福尼亚州,混合料设计根据加州试验方法进行,橡胶沥青含量是普通沥青含量的1.2倍,需进行析漏试验。如果要进行长途运输,析漏应该根据预期的运输时间进行检验。如果超标过多,则需要作调整。对于长途运输来说,混合料温度的降低可能不满足最低摊铺温度的要求。

加利福尼亚州运输部正在评估使用更高的橡胶沥青含量,在一些开级配混合料中油石比为8%~10%。这些混合料被称为高沥青含量开级配橡胶混合料[RAC-O(HB)]。其他机构表示橡胶沥青油石比可以提高到10%或更高,而不会产生过量析漏,因为橡胶沥青具有高黏度。这样的开级配混合料通常表现出优异的性能。

五、橡胶沥青碎石封层、应力吸收夹层(SAMI-R)混合料设计

在碎石封层中,将橡胶沥青喷洒在旧路面上,然后撒一层单粒级碎石。橡胶应力吸收层一般用于罩面之下,是一种路面修复措施。下面以碎石封层为例,阐述这类混合料的设计方法。加利福尼亚州橡胶沥青碎石封层用量见表 4-6。

加利福尼亚州橡胶沥青碎石封层用量举例 表 4-6

碎石封层	结合料用量(kg/m²)	碎石用量(kg/m²)
12.5mm	2.5～3.0	15～22
9.5mm	2.5～3.0	15～22

材料包括:

(1)橡胶沥青。与用于热拌混合料的橡胶沥青一样,也可以添加一些富含天然橡胶的胶粉,用于减少碎石松散。

(2)集料。碎石封层采用清洁的单粒级的碎石,尺寸为 9～12.5mm。

碎石封层的用途是提供防水、抗滑、抗氧化和开裂的耐用表面。与其他类型的碎石封层相比,橡胶沥青碎石封层在防止反射裂缝方面性能优异。

为确保材料质量良好,达到预期的性能。需注意影响沥青结合料和碎石用量的几个基本因素,包括:

(1)旧路面的表面纹理。

(2)交通量和季节温度的变化(在低交通量和夏季较冷的地区,沥青结合料用量可稍微增加)。

(3)撒布用的集料尺寸(石料越大,沥青结合料用量越多)。

(4)石料质量(单粒级集料需要更多的沥青结合料)。

另外,较低的气温或路面温度,旧路面缺油或开放式纹理都会导致用油量增加,旧路面光面、泛油、交通量(载质量)较大时用油量需适当减少。

确定沥青撒布量的最常用的方法是采用经验法。除此之外可均匀地铺一层集料,然后称重,来确定合适的集料用量。

合适的洒布量是可以看到 10%～15%的沥青没有完全被碎石遮盖。撒铺的碎石应被沥青充分包裹,以防止被过往车辆带起。开放交通后,路肩上不应留有石料。

橡胶沥青应力吸收层材料非常有柔韧性和弹性,模量低;通过弯曲、蠕变减少应变,消除已有的裂缝。橡胶沥青应力吸收层能够阻止裂缝扩展,在延缓罩面反射裂缝方面已经显示出很好的有效果。级配碎石压实后嵌入罩面,防止沿较厚的橡胶沥青层形成滑移面。橡胶沥青应力吸收层是低模量层(不用于结构上),用于延缓或降低其上摊铺的罩面的反射裂缝,降低表面水对路面结构的渗透。

橡胶沥青应力吸收层上不用雾封层或砂砾,因为这会妨碍罩面的黏合。

应力吸收层可用于任何刚性(PCCP)或柔性路面,它在降低水泥路面反射裂缝方面非常有效。但根据加利福尼亚州运输部养护手册的内容,如果表面弯沉(沥青路面的车辙或水泥路面的错台)超过 12.5mm,那么整平层应在橡胶沥青应力吸收层摊铺前铺设,或消平灌缝。橡胶沥青应力吸收层有着下列优点:

(1)在减少沥青路面和水泥路面罩面的反射裂缝方面非常有效。

(2)当反射裂缝预计成为主要病害且结构承载能力充足时,可减少罩面厚度。纤维应力吸收层则不可以。

(3)加利福尼亚州运输部柔性路面修复手册中规定橡胶沥青应力吸收层可作为结构层,相当于15~30mm的橡胶沥青混合料,其厚度可根据结构强度或反射裂缝主导设计而定。

第四节　橡胶沥青结合料和混合料的生产

本节介绍了橡胶沥青结合料生产工艺以及橡胶沥青的使用如何影响沥青混合料的生产。

一、橡胶沥青结合料生产

橡胶沥青的生产方法对于热拌和喷洒是基本相同的。其主要区别是橡胶沥青和热拌混合料生产之间协调的重要性,为了满足所需的沥青混合料产量,要有足够的橡胶沥青结合料。

图4-7所示是沥青与胶粉混合的过程。图4-8是一个沥青混合料拌和站的橡胶沥青生产实例。

输送和拌和设备可能在不同橡胶沥青类型和生产商之间有所差别,但是流程都是相似的。通过搅拌储罐中的橡胶沥青,保持橡胶粉颗粒充分分散;否则,胶粒易于沉淀至底部或浮在表面附近(图4-9、图4-10)。

橡胶粉改性剂可采用袋装,输送到配比料斗(图4-11)。包装应明确标明,并妥善储藏。

橡胶沥青生产工艺主要取决于温度、搅拌和时间,温度是关键。橡胶沥青生产设备和储罐通常应该具有加热或保温功能。

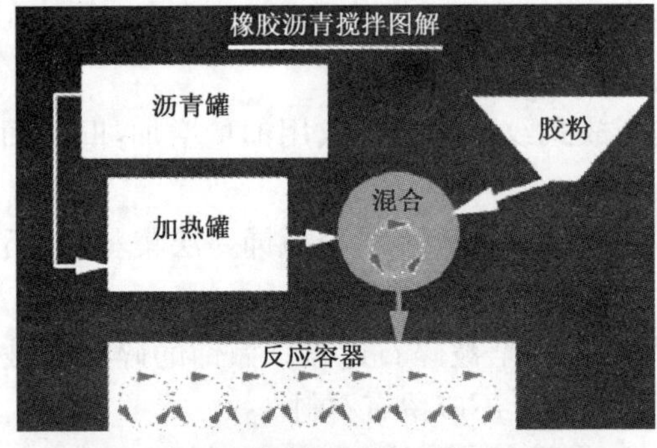

图4-7　橡胶沥青混合示意图

图4-8　安装于沥青混合料拌和站的橡胶沥青生产设备

图4-9　搅动橡胶沥青储罐的螺杆

图4-10　传送带混合

图 4-11 橡胶粉称重料斗混合

橡胶沥青必须在 190～218℃的温度条件下搅拌不少于 45min，使沥青和橡胶达到理想的反应效果。为了使反应温度保持在 190～218℃，沥青在胶粉加入前温度应保持在 204～226℃。这是因为橡胶粉是常温的，加入时会使沥青温度下降 4～10℃。各种成分称量后加入到拌和设备里，将适量橡胶粉改性剂与沥青混合，再充分搅拌。可以在加入橡胶时加入填充油，也可预先在沥青中加入。

较低温度下生产(反应)的橡胶沥青与试验室设计的橡胶沥青在特性有所不同。手持式旋转黏度仪(图 4-12)用于监控橡胶沥青反应过程式中的黏度，进行质量控制。所有橡胶沥青结合料在使用前，必须用规定的黏度仪检测橡胶沥青的黏度是否符合标准。

二、使用延迟和重新加热

加利福尼亚州运输部要求如果橡胶沥青经过 45min 反应时间后 4h 内不使用，应当停止加热。但是如果温度下降至 190℃以下，则需要重新加热。橡胶沥青冷却到重新加热至 190～218℃，称为一个加热周期。加利福尼亚州运输部允许两个加热周期，但是橡胶沥青必须始终满足所有要求，包括最低黏度要求。只要橡胶沥青保持液态，沥青和橡胶的相互作用就在持续进行，这个过程中橡胶不断降解。为了将黏度保持在规范要求的水平，通常需要加入更多的胶粉(结合料总质量的 10%以内)，并在 190～218℃下反应 45min 生成橡胶沥青(图 4-12、图 4-13)。

图 4-12 手持式黏度仪

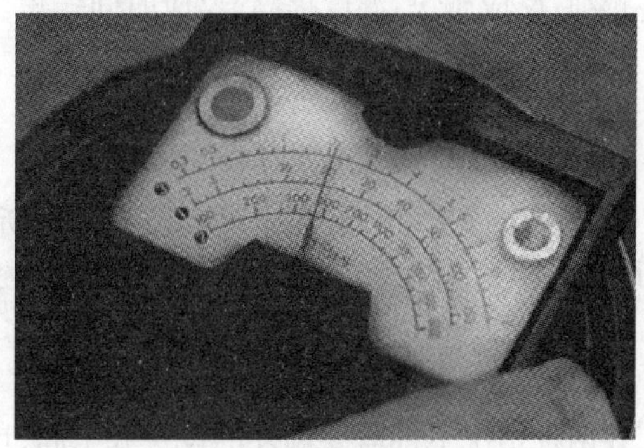

图 4-13 黏度计的读数

在施工前，橡胶沥青生产商应向工程师或检查人员提供橡胶沥青的样本，用于质量保证和检测是否符合规范要求。

三、橡胶沥青混合料生产

无论是间歇式还是连续式沥青混合料拌和站，使用橡胶沥青对热拌操作基本无影响，仅需按规定提高拌和站操作温度。

橡胶沥青生产设备与沥青混合料拌和设施是分开的，但是通常靠近拌和设施，以减小热沥青输送管线长度。

橡胶沥青生产商提供了专门的大型沥青泵，用于输送橡胶沥青。双路或三路阀门安装在沥青输送管线上，使沥青混合料拌和站能够根据不同沥青混合料的要求，在使用橡胶沥青和普通沥青之间转换。对于连续式拌合机，要求橡胶沥青生产商使用流量计，使橡胶沥青输送与集料输送联动。

与生产普通沥青混合料相比，拌和站检查人员增加了黏度检测以及对橡胶沥青及其原料取样等环节。

沥青混合料生产中检查措施包括：

(1)观察集料储存、使用和拌和操作。

(2)基本的取样和检测，检查集料和橡胶沥青混合料的各项性能。

(3)根据相应规范等，验证混合料是否正确生产。

第五节　热拌橡胶沥青混合料的施工要求

本章从总体上介绍了废胶粉处理、与沥青混融、拌和站操作、摊铺、压实等施工过程，其中包括了断级配(RAC-G)和开级配(RAC-O)两种热拌橡胶沥青混合料质量控制和质量保证的相关要点。

一、结合料生产、混合和使用

沥青和废胶粉混合形成均匀的沥青—橡胶体系，然后在高温下反应45min。分散、混合和反应时间取决于多种因素，包括沥青和胶粉的化学成分、橡胶的颗粒大小和结构、反应温度。材料越细，反应越快，温度提高，反应时间缩短。

二、混合料生产

1.设备操作

橡胶沥青施工中拌和设备的操作与普通沥青一样，只是混合料的温度高一些，但是使用橡胶沥青会对生产效率产生影响。橡胶沥青用量大，拌和站拌和速度会相应减慢。同样，橡胶沥青生产能力会限制拌和站生产能力。

2.拌和站的类型和空间要求

在两种情况下都需要额外的设备和空间，增加的设备包括废胶粉储存和处理设备、混合罐和计量系统等。

当采用连续拌和站时，在沥青泵的输出端原有管线上安装两向阀或三向阀。当采用间歇式拌和机时，阀门直接装在供应管线上。为了处理高黏度沥青，防止损坏热拌混合料拌和站的输送泵，橡胶沥青生产商应提供专用泵。由于橡胶沥青比基质沥青黏度大，专用的泵一般比较大，管道也要有足够的直径，使黏稠流体流动。采用45°弯管，以减少管线阻力，需要在管道外附上导热油加热管。橡胶沥青生产需要增加的设备如下：

(1)对于直接设在拌和站的橡胶沥青生产设备，橡胶沥青反应罐要靠近拌和机设置。

(2)混合罐需要安置在反应罐旁边。

(3)附加的罐安置在混合罐旁边。

(4)需要一辆装填充油的小型运输车。

增加的空间与采用的设备有关,但是通常增加15%～20%。

3. 温度因素

橡胶沥青混合料拌和温度比普通沥青混合料的拌和温度要高,应定时检测拌和温度,以确定是否符合规范。检查人员应具备适当的设备检查橡胶沥青储存温度和拌和温度如温度枪和插入式温度计,橡胶沥青储存罐与拌和罐也应安装温度计。拌和过程中冒蓝烟是温度过高的表现,装卸到车上的混合料变硬是温度过低的表现。

4. 空气质量要求

热拌橡胶沥青混合料在温度过高时会产生烟雾,因此需要提出空气质量的要求。通过下列步骤解决空气质量问题:在尽可能低的温度(低于163℃)下拌和混合料;拌和温度较低时可以采取油布覆盖、减少风吹等保温措施;采取较低的生产效率可以减少烟雾,添加除臭剂也可以减轻施工臭味。

三、热拌混合料的运输和摊铺

1. 运到工地

(1)运输卡车

所有运输橡胶沥青混合料的载货汽车应该用油布覆盖,运输途中保温。

(2)材料转运车(MTV)

这种设备是选择使用的。当考虑平整度、离析或混合料运输效率时,经常使用。

尽管普通沥青混合料运输车能被用来运输橡胶沥青混合料,当空气和路面温度接近规范范围的最小值时,不推荐使用卸料车。需要注意的是,橡胶沥青混合料在运输过程中不能低于143℃的最低摊铺温度,可用帆布来保温。混合料运输温度可以在炎热天气、短途运输下的149℃至寒冷天气、长途运输的174℃之间变化;通常最高温度为163℃。隔离剂或柴油不应出现在运输车底板上,因为对橡胶沥青有不利影响。推荐使用皂水(洗碟皂水或洗衣皂水),它有效且便宜;稀释的硅树脂乳液也可以使用。

2. 混合料摊铺

橡胶沥青混合料处理和摊铺过程中应注意减少离析。下卧层温度和气温在合适时才能摊铺。在橡胶沥青生产或喷洒操作前下卧层准备必须完成,如损坏路面的挖补和坑槽维修(补坑)、切边、路面铣刨平整、高程调整、填缝等。在混合料运送之前,下卧层应清理干净,铺设黏结层。

由于橡胶沥青材料黏度比普通热拌沥青混合料黏度大,下卧层温度应高于13℃。在下卧层温度满足要求的情况下,气温会对橡胶沥青混合料摊铺和压实产生不利影响,此时也不能施工。温度低或下卧层温度低会使得加铺层降温太快,压实困难,采用油布覆盖、卸料车、材料转运车有利于混合料保温。向摊铺机里卸的料应均匀、顺畅,不应出现离析、起硬壳、结块、橡胶沥青流淌等现象。为减少热量损失,车辆采用油布覆盖,或者直接卸入摊铺机摊铺。在无风的温暖天气,也可以采用卸料车和转运车。摊铺机的要求:普通机械式摊铺机用于摊铺橡胶沥青混合料。摊铺机应安装振动整平板和加热器,带升降的整平板自动控制装置,应符合所有相关的加利福尼亚州运输部规范要求。

卸料的频率应适合摊铺机连续施工，如果摊铺机停顿，熨平板下的混合料就会冷却结硬，继续摊铺就会留下压实不足（或不平整）的永久性缺陷。纵向接缝一般采用冷接缝。为了保证接缝处的良好结合，在铺筑相邻车道之前，接缝处应抹黏层油，熨平板应稍微搭接在先铺的路面上，厚度应设置准确，保证压实后平整。

3. 耙动混合料

橡胶沥青混合料不适用于耙动和手工作业。粗粒式间断级配和黏度较高的沥青使手工作业成为问题，可能影响接缝外观。应该减少人工作业和橡胶沥青混合料耙动，但是如果需要，应立即在混合料冷却前进行。高沥青含量开级配橡胶沥青混合料使耙动和手工作业稍微容易一些。在接缝处撒布混合料不是好方法，不应采用，撒布混合料易出现小油斑。

橡胶沥青混合料手工摊铺可能使外观不美观，即使手工工艺极好、经验丰富的工人，也是如此。与普通沥青相比，橡胶沥青混合料不容易耙动，只有在很热的时候才行。所以，要采取各种措施减少手工作业，比如除走接缝位置多余的材料；校准熨平板的高度，使压实面与相邻车道平齐。

4. 温度因素

料斗中的橡胶沥青混合料应经常测温。如果混合料温度过低，将难以摊铺和碾压。如果温度过高，可能会出现软弹现象，需要推迟压实直到温度降低。

5. 层厚

如前所述，层厚重要性有多种原因，两个最重要的原因是：混合料的冷却——厚度越薄，降温越快；最大集料粒径——最小层厚应为最大集料粒径的2～3倍。对于12.5mm最大集料粒径，层厚应为25～37.5mm。如果厚度过小，铺面就会出现粗集料划痕，在振动压路机作用下容易将粗集料碾碎。

四、压实和完工

橡胶沥青的黏度和用量会影响混合料的可压实性。橡胶沥青黏度越大，混合料的硬度越大。一般情况下，橡胶沥青比普通沥青硬，因此橡胶沥青混合料必须在高温下压实。压实后空隙率为5%～8%的混合料性能最好。集料级配也会影响橡胶沥青混合料的压实，集料级配的微小变化可能会影响压实。级配曲线应连贯，不应出现隆起或者凹陷。混合料中应含有适量的细集料以利于压实。

1. 设备与工艺

因为胶轮容易粘起混合料，胶轮压路机不适用于压实橡胶沥青混合料。所有橡胶沥青混合料压路机必须是钢轮的，而且必须安装刮板和洒水系统，以防混合料被粘起。有时，需要在洒水系统中添加少许皂液。

间断级配橡胶沥青混合料可能需要比密级配沥青混合料更大的压实度。小型压路机不能提供足够的压实度。

开级配混合料不需要振动。碾压中可能会在混合料温度较高（144℃）时出现松散。终压应在温度达到115℃之前完成。薄层、低温和风会因热量散失而减少可用于压实的时间。因此，通常压实厚层（大于 50mm）比薄层容易。经验法是被压实的厚度应至少是集料最大粒径的两倍或公称最大粒径的三倍。否则，可能会出现由于石料卡在整平层下方而在铺面上拖划，造成压实度不足。当石料堆叠时，它们在摊铺机通过时容易错动或被压碎。

当摊铺橡胶沥青混合料时，初压压路机必须紧跟摊铺机，在混合料温度仍然较高时进行振动初压，获得 95％的压实度。振动作用次数根据摊铺时混合料和现场条件而变化。预期的碾压遍数需要根据温度和风速条件进行调整。建议跟随摊铺机使用两台初压压路机。橡胶沥青混合料的密实度在复压时会有相对较小的增加。

2. 温度因素

层厚、下卧层表面温度、环境温度、风速都影响可用于压实的时间。混合料在合适的温度下压实是工程成功的关键。薄层冷却快，低温下卧层、低气温、风都会使混合料冷却得更快。

3. 完工

新路开放交通可能会导致混合料被粘起。这可以通过撒砂来解决，必要时应扫除多余的砂。对于开级配混合料，压实后洒些水可以解决粘料问题。在车辆转弯的地方，橡胶沥青可能会出现一些粘料现象。

五、质量控制

1. 原材料

如表 4-7 所示，取样频率很高，但是根据情况，不一定都要做试验。橡胶沥青生产商要保证原料是符合要求的。所有原料的质保书必不可少。

橡胶沥青所用原材料的试验项目和试验频率推荐值　　表 4-7

原材料	取样频率	试验项目	试验频率	备注
沥青	每车	黏度	每车	要有合格证
废胶粉改性剂	每批	粒度	每 2t	
		化学成分	每 125t	

2. 橡胶沥青

在行业内，有关取样和试验频率、试验温度存在较大的差异。橡胶沥青应该按照规范规定的温度试验，试验温度的变化应该尽可能符合 ASTM 的推荐值。表 4-8 为橡胶沥青试验的质量控制建议值。

橡胶沥青试验的质量控制指建议值　　表 4-8

指标	取样频率	试验频率	试验温度	备注
Haake 黏度	每批	每批	±2.5℃	仪器要标定
回弹率	每批	一次	ASTM 规定值	有资质试验室
针入度	每批	一次	ASTM 规定值	有资质试验室
软化点	每批	一次	ASTM 规定值	有资质试验室

现场试验可以与开工前设计试验进行对比。推荐设计黏度处于规范的中段，通过调整反应时间和反应温度来保持黏度。经验表明，黏度是一个与其他参数相关性良好的指标。

3. 混合料

橡胶沥青混合料试验同样很重要。表4-9为混合料质量控制建议值。

混合料质量控制指南建议值　　表4-9

指　标	取样频率	试验频率	备　注
集料吸水率	混合设计的部分进行	根据需要	用于混合料设计
集料破碎面			
集料磨耗值			
集料级配	500～4 000t	500～4 000t	从冷料中抽取
集料砂当量			
橡胶沥青结合料含量	500～4 000t	500～4 000t	用燃烧炉
结合料中胶粉含量	500～4 000t	500～4 000t	监控橡胶用量
体积指标 VV、VMA	500～4 000t	500～4 000t	马歇尔法或维姆法

4. 汇总

对于整个质量控制过程，要生成一些汇总图表（如控制图），以显示监控指标的变化。控制图对于有效的质量控制非常必要，因为它能够用图说明结合料和混合料性质的变化。

六、黏结层

黏结层通常应均匀铺设，较薄地覆盖整个路面表面，推荐用量是0.1～0.3L/m²。铺设黏结层的面积应限于当日将要摊铺路面的面积。铺设时当橡胶沥青应力吸收层，就不需要黏结层了，橡胶沥青混合料在新建路面上直接摊铺时也不推荐使用黏结层。

1. 乳化沥青

当环境温度和路面温度较低且使用乳化沥青黏结层时，应当小心谨慎。乳化沥青必须由咖啡色变为黑色，悬浮沥青滴从水中分离，水分必须在摊铺前蒸发。否则，乳化沥青中残留的水分将变成蒸汽，并上升穿过路面层，这将会使黏结料与新建路面无法达到预期的结合，过多的蒸汽也可能在压实过程中造成影响。路面结构层之间残留的水分可能造成沥青从石料上脱落。寒冷或潮湿条件下，缺乏阳光将会减缓蒸发，可能延误摊铺操作进行。

2. 热沥青

热沥青也能用作黏结料，在一些情况下由于不利的现场条件，可能用来替代乳化沥青。沥青黏结料的温度应该足够高，为149～176℃，喷洒成重叠的扇形排列形式，不会有大面积遗漏、未黏结的现象。如果用量没有合理控制，可能出现泛油或剥落。如果使用热沥青作为黏结料，洒布车必须有一个加热器，保持沥青温度和喷洒的连续。

第六节　橡胶沥青碎石封层施工要求

碎石封层对施工操作和现场条件要求很高，包括环境气温、集料温度和下面层温度。普通碎石封层与橡胶沥青碎石封层的施工工艺差别不大。其主要差别是橡胶沥青膜更厚，碎石必须足够大，以免被沥青膜“吞没”。另一个差别是喷嘴可能更易被橡胶颗粒堵塞。这可以通过选用适当口径的喷嘴解决。无论是使用普通沥青还是橡胶沥青，温度对碎石封层施工都十分重要。预裹附的热碎石也是关键。碎石在沥青膜还热的时候，必须完成嵌入和粘结。合理的工作量是单车道每天 8～11km。

橡胶沥青碎石封层广泛地应用于路面养护和改建。碎石封层的主要作用在于防止水分浸入基层和路基，减少原路面的氧化，与原有路面黏结在一起以及减少反射裂缝周围的剥落等。

它们常用的用法包括预防性养护，用以延长路面寿命；修复性养护，用于开裂或松散的路面上，或者为了提高抗滑性能；新建或改建，用于路面防水或者防止稳定基层的反射裂缝；用作夹层，延缓下层产生的反射裂缝。

一、材料的生产

碎石封层所用的材料包括橡胶沥青和集料。橡胶沥青洒在原路面上，然后撒铺干净的单粒径的集料。

1. 结合料

碎石封层所用的橡胶沥青结合料与用于热拌混合料的一样，但废胶粉通常增加 1%～2%。它由沥青、废胶粉组成，可适当添加填充油。原材料（沥青和废胶粉）运送到工地，在使用前进行搅拌和反应。

2. 集料

碎石封层施工用的碎石粒度、外形、级配变化很大。以下几种因素影响碎石的选择：

(1)表面构造。用 12.5mm 集料可以形成较粗的表面构造，用 9mm 集料可以得到较细的表面构造。

(2)交通量。交通量影响集料尺寸的选择。大交通量情况推荐采用较小的碎石，这样较容易粘住，减少飞石伤害挡风玻璃和车灯的可能性。

(3)均匀的外表。不含细料的集料可以形成均匀的外表，也可以提供最好的抗滑性能，可减少石料散失。

(4)耐久性。耐久性受集料硬度的影响。在施工和使用过程中最好采用不易被压碎或变细的石料。

(5)灰尘和潮湿。石料不应该有灰尘，集料干燥施工效果较好。

典型的橡胶沥青碎石封层集料最大粒径为 9～12.5mm。在大部分情况下，碎石需要预加热和预裹覆，以便于日夜施工。加热可以去除潮湿，裹覆可以减少碎石散失。

二、应用和施工

铺筑碎石封层需要的设备包括：

①喷洒橡胶沥青的洒布车。

②碎石洒布机。

③碎石材料运输车。

④压路机。因为碎石封层的表面覆盖集料，胶轮压路机可用来压入集料。

⑤手工工具(扫帚、铁铲等)。

⑥动力扫帚。

1. 橡胶沥青应用

最重要的是将洒布车调整适当,均匀地把适量沥青洒在路面上。根据喷嘴大小、间距、相对于喷杆的角度可以确定喷杆高度。如果沥青温度太冷或黏度过高会形成条纹。洒布车每次开始和结束都应先洒在纸上,这样可以保证整个洒布均匀一致。应调整洒布宽度使纵向接缝(搭接线),处于中线上或者行驶车道的中部或者边缘。

每次洒布后,撒布距离、宽度、橡胶沥青量都要测定。利用这些计算单位面积洒布量,以确保达到合适的洒布量。根据加利福尼亚州运输部的特别条款,用量为 2.5~3.0L/m²。

2. 碎石撒铺

喷洒完沥青后应立即撒铺碎石,最好在 3min 内进行。碎石在沥青具有流动性时才能嵌入,最好嵌入 50%~70%。货车应尾部接触撒铺机料仓,不能跨越暴露的橡胶沥青。应控制运送碎石货车的行进速度与荷载,以防止损伤新的封层。车辆应尽可能避免在新封层上转弯。控制碎石撒铺机操作速度,防止卷起刚撒铺的封层碎石。应及时补充碎石,使整个撒铺料仓能均匀撒铺。如果一些地方的碎石撒铺量过大,就将多余的碎石分散到附近路面或者清除掉。在撒铺碎石过少的地方需要加撒集料(一般用手工)。标准碎石用量是 15~22kg/m²,具体由工程师决定。货车应倒车向洒布料斗加料,避免碾压暴露的沥青膜。

3. 碾压

通常采用胶轮压路机碾压碎石封层,因为胶轮不会压碎石料,较凹陷部位也能压到,橡胶轮胎的揉搓作用提高了碎石嵌入度。轮胎不会跨过路面表面的不规则和沉陷,钢轮则相反。

通过压实碎石封层,石料的位置得到调整(使扁平面向下)。压路机应低速操作(6.44~9.65km/h),这样使石料调整而不是移位。施工速度决定需要的压路机数量,压路机要碾压2~4 遍。

施工车队包括沥青洒布车、碎石洒布车和压路机,如图 4-14 所示。

图 4-14　碎石封层车队

4. 扫除

在碎石封层铺设完成后,应扫除新封层上多余的集料,以减少飞石的可能性。撒铺完成后,应尽快扫除,一般应在 30min 内进行。理想的方法是在一天中气温较低的时候用动力旋转清扫设备扫除,如图4-15、图 4-16 所示。

5. 交通控制

采取一些交通控制措施使最初的通行速度保持在 40km/h 以下。标志能有所帮助,但是最有效的方法是使用引领车。引领车的主要目的是控制施工车辆的车速。这些车辆将路面进一步压实。

图 4-15　清理碎石封层除去松散集料

图 4-16　洒布雾化封层和砂砾前铺筑完成的碎石封层

三、质量控制(QC)和保证(QA)

下列项目需要认真控制：需要定时检测橡胶沥青黏度，看其是否符合规范；集料需要经常检测，看其是否符合规范；沥青用量应每天检测，保证其符合规范；天气对于碎石封层施工质量有显著的影响。低温天气使得沥青黏性降低，结合效果不好。温度很高时，沥青黏度低，石料易飞散。如果下雨或者将要下雨，施工必须延期。很多地方有季节限制，在这个阶段不能进行碎石封层施工。

相关部门应收集和保留橡胶沥青和集料的样品，以防碎石封层出现问题。试验项目和质量控制一样，但是频率可以减少。后续检查用于确定施工完成一天或更长时间后集料嵌入沥青的深度。通过几块较大的石子就可以确定是否达到了 50%～70%的嵌入。

四、保护层

保护层由新建橡胶沥青碎石封层上的雾化封层和覆盖砂砾组成。

雾化封层喷洒在碎石封层上，有利于保持覆盖集料，可提供较好的外观。应力吸收层上层将铺筑罩面，所以雾化封层不用于橡胶沥青应力吸收层。雾化封层通常由 CSS-1、CSS-1h 或 CQS-1 乳化沥青用 50%的水稀释。橡胶沥青碎石封层上的标准用量是 0.14～0.27L/m^2，或由工程师决定。

覆盖砂砾在喷洒雾化封层后应立即洒布，防止车轮粘起碎石封层材料。砂砾必须是干净的，砂砾单层洒布用量为 1～2kg/m^2，或按工程师确定的用量。

第七节　开工前会议

在工程开工之前，建议召开工前会议，讨论技术问题和非技术问题，从而对施工方和业主共同面对的问题进行良好的沟通。橡胶沥青供应商、热拌混合料生产商、常驻工程师和监理都应该参加会议。

一、技术问题

1. 材料

工程所用材料的选择和设计极其重要。双方应该理解下列项目的重要性。

(1)所用材料的合格证明。

(2)结合料设计。

(3)混合料设计。

(4)混合料应达到的性质(空隙率、稳定度等)。

(5)混合料的水稳定性。

2. 温度

橡胶沥青对温度较为敏感,这就意味着在低温情况下摊铺和压实更困难。必须密切监控拌和压实温度,才能保证成功。大部分压实效果通过初压可以得到,所以对压路机数量、压实时间的控制非常重要。橡胶沥青的黏度和用量也影响混合料的可压实性。结合料的黏度越高,混合料就越硬。橡胶沥青结合料是高黏度材料,所以要在温度较高时压实。如果注意监控压实温度,压实一般不成问题,碾压可以采用振动钢轮压路机,也可以采用静压钢轮压路机。不能采用胶轮压路机,因为橡胶沥青容易粘在胶轮上。

3. 收光

与普通沥青混合料相比,橡胶沥青混合料更难以手工作业,因为它在较低温度下更硬、更黏。

在开放交通后,路面上可能会有混合料粘起的现象。可以像前面所讨论的方法,通过在路面上洒少量砂来解决。

4. 夜间作业

因为夜间温度较低,必须严格控制拌和与压实温度。另外,由于照明条件较差,手工作业更为困难。夜间作业还有其他方面问题包括噪声问题、安全问题。另外,在工作完成以后,一定要在路面上设置临时标记,显出车道和路面边缘以及对夜间作业进行有效的交通管制。

二、生产问题

在生产和摊铺的各个方面保持协调性非常重要。对于橡胶沥青混合料,如果拌和机生产的混合料比摊铺的快,就会在摊铺机后面排成车队,混合料就会冷却。如果拌和机生产能力低于摊铺能力,摊铺操作就会经常中断,可能引起路面不平整。碎石封层也要考虑协调性问题(表 14-10)。

通过会议明确分工是施工组织顺利实现的基本保证。

热拌混合料和碎石封层的各项操作典型的生产效率表　　表 4-10

产　品	生 产 效 率
橡胶沥青结合料	25～30t/h
橡胶沥青混合料	200～400t/h
橡胶沥青碎石封层	5～7 车道英里*/d

注:*1 英里=1 609.344m。

本章参考文献

[1] American Association of State Highway and Transportation Officials. Guide for design of pavement structures. 1986.

[2] American Association of State Highway and Transportation Officials. Guide for design of pavement structures. 1993.

[3] Anderson, David A. , Ronald W Christenson , Hussain Bahia. Physical properties of asphalt cement and the development of performance-related specifications. Journal, AAPT, 1991:437-475.

[4] Asphalt Rubber Producers Group. Rubber used in asphalt-rubber applications. Proceedings,National Seminar on Asphalt-Rubber, Kansas City,MO, October, 1989.

[5] Bahia, Hussain, et al. Classification of asphalt binders into simple and complex binders. Journal,AAPT, 1998.

[6] Bahia, Hussain. Robert Davies. Effect of crumb rubber modifiers (CRM) on performance-related properties of asphalt binders. Journal, AAPT, 1994: 414-441.

[7] Baker, Tim. Production of crumb rubber modifier(CRM) material. Session 3, Workshop Notes,FHWA Crumb Rubber Modifier Workshop, Atlanta,GA, February 1993.

[8] Caltrans. Internal memorandums. Sacramento, CA, March 12, 1992 and October 27, 1993.

[9] Chehovits, JG. Binder design procedures. Session 9, Workshop Notes, FHWA Crumb Rubber Modifier Workshop, Atlanta, GA, February, 1993.

[10] Chehovits, JG Hicks. and Mix design procedures. Session 10, Workshop Notes, FHWA Crumb Rubber Modifier Workshop, Atlanta, GA,February, 1993.

[11] Deacon, J. A. , J. T. Harvey, A. Tayebali, C. L. Crumb rubber modifier workshop notes, design procedures and construction practices. FHWASA-93-011, Federal Highway Administration, 1993.

[12] Monismith. Influence of binder loss modulus on the fatigue performance of asphalt cement pavements. Journal, AAPT, 1997: 633-668.

[13] Doty, Robert N.. Flexible pavement rehabilitation using asphalt-rubber combinations-a progress report. Prepared for Presentation at the 67th Annual Meeting of the Transportation Research Board,January 1988.

[14] Doty, Robert N. A current assessment of caltrans RAC experience. Internal caltrans memo,December 13, 1990.

[15] Epps, Jon A. Uses of recycled rubber tires in highways. NCHRP Synthesis 198, Transportation Research Board, 1994. Federal Highway Administration, National HighwayUser Survey, May 1996.

[16] Gopal, Venu, et al. Characterization of CRM binders and mixtures used in nevada. Department of Civil Engineering, University of Nevada-Reno,September, 1997.

[17] Heitzman, M. State of the practice-design and construction of asphalt paving materials with crumb rubber modifier. FHWA-SA-92-202,ederal Highway Administration, May 1992.

[18] Heitzman, Michael. Design and construction of asphalt paving materials with crumb

rubber modifier. TRR 1339, 1992.

[19] Hicks, RG, et al. Crumb rubber modifier in asphalt pavements. FHWA-SA-95-056, Federal Highway Administration, September 1995.

[20] Hicks, RG, Jon A Epps. Evaluation of caltrans modified binder specifications. Final Report to RPA, March 1999.

[21] Hildebrand, Gary , Jack Van Kirk. Asphalt rubber performance evaluation. internal Caltrans report, April 18, 1996.

[22] LaGrone, BD. Rubber used in asphalt rubber applications. Proceedings, National Seminar onAsphalt-Rubber, San Antonio, TX, October 1981.

[23] McDonald, CH. Recollections of early asphalt-rubber history. Presented at the National Seminar on Asphalt-Rubber, October 1981.

[24] Evada DOT. A report on the performance of crumb rubber asphalt plantmix bituminous surfacing in Nevada. December 4, 1998.

[25] Nokes, WA, et al. Caltrans accelerated pavement testing (CAL/APT) program-test results:1993-1996. Proceedings, 8th International Conference on Asphalt Pavements, Seattle, WA,August 1997.

[26] Oliver, JWH. Modification of paving asphalts by digestion with scrap rubber. TRR 821,Transportation Research Board, 1981: 37-44.

[27] Raad, Lutfi, Steve Saboundjian, George Minassian. Field aging effects on the fatigue of asphalt concrete and asphalt-rubber concrete. Presented at Annual Meeting of Transportation Research Board, January 2001.

[28] RACTC. Informational Brochure. Rubberized Asphalt Concrete Technology Center, Sacramento County, 1999.

[29] Reese, Ronald E. Development of a physical property specification for asphalt-rubber binder. Journal, AAPT, 1994, pp. 373-399.

[30] Reese, Ron. Development of a physical property specification for asphalt-rubber binder. FHWA/CA/TL-94-07, June 1995.

[31] Reese, Ronald. Properties of aged asphalt binder related to asphalt concrete fatigue Life. Journal, AAPT, 1997: 604-632.

[32] Rosner, JC, Chehovits JG. Chemical and physical properties of asphalt-rubber mixtures-phase III. Vols. 1-5, FHWA/AZ-82-159, Arizona DOT, June 1982.

[33] Schnormeier, Russell H. Recycled tire rubber in asphalt. Presented at 71st Annual Meeting of Transportation Research Board, January 1992.

[34] Schofield, Larry A. The history, development and performance of asphalt rubber at arizona DOT. AZ-SP-8902, Arizona DOT, December 1989.

[35] Sebaaly, Peter E, et al. Laboratory evaluation of rubber-modified HMA mixtures. U of Nevada-Reno, May 6, 1998.

[36] Shatnawi, Shakir. Fatigue performance of asphalt cement mixes using a new repetitive

direct tension test. Caltrans Internal Report, October 1997.

[37] Shatnawi, Shakir. A procedure for evaluating reflection cracking. Proceedings, 4th ASCE Materials Engineering Conference, American Society of Civil Engineers, November 10-14, 1996.

[38] Shatnawi, Shakir. Performance of asphalt rubber mixes as thin overlays. Proceedings, AR2000, Portugal, November 2000.

[39] Strategic Highway Research Program. Fatigue response of asphalt-aggregate mixes. SHRP Report A-404, 1994.

[40] Takallou, Barry H, Hussain U Bahia, Dario Perdomo. Use of superpave technology for design and construction of rubberized asphalt mixtures. TRR 1583, Transportation Research Board, 1997:71-81.

[41] Troy, Kenneth, Peter E Sebaaly. Evaluation system for crumb rubber modified binders and mixtures. TRR 1530, Transportation Research Board, 1996: 3-10.

[42] Van Kirk, Jack L. An overview of caltrans experience with rubberized asphalt concrete. Prepared for Presentation at the 71st Annual Meeting of the Transportation Research Board, January 1992.

[43] Van Kirk, Jack L. Caltrans pavement rehabilitation using rubberized asphalt concrete Rubber Division ,American Chemical Society, Anaheim, CA, May 1997.

[44] Van Kirk, Jack L, Glynn Holleran. Reduced thickness asphalt rubber concrete leads to cost effective pavement performance. Proceedings, AR2000, Portugal, November 2000.

第五章　橡胶沥青混合料配合比设计研究

内容提要：本章深入研究了橡胶沥青 AR-AC-13、9.5mmRAC-G 的配合比设计，研究橡胶沥青 SAC 级配设计，AC-10 橡胶沥青应力吸收层设计，并针对我国国情，有效地拓展了橡胶沥青混合料的功能范围。

第一节　橡胶沥青混合料配合比研究现状和研究意义

一、研究背景、研究目的与意义

由第四章可知，在美国虽然已经形成了一个橡胶沥青配合比设计规范和指南，也形成了一些专门的级配，如 AR-AC、RAC，但各国国情不同，其配合比设计不能直接运用到我国，加之美国规范本身存在一定的缺陷，如 AR-AC 级配上下限范围狭窄，所给的技术标准要求 VMA >19%，空隙率为 5.5%，对比国内常用 AC、SMA 配合比设计都较反常。另外，如橡胶沥青的高沥青用量，矿粉不加或只加很少，如此设计有可能导致泛油。国内各地公路实际施工中对于级配的选择并无一定的理论依据，可根据当地的经验直接选取，或者根据规范提供的级配范围进行大量试验，以确定最终级配。用经验法能省略大量的试验过程，并快速地确定油石比，使沥青混合料的空隙率达到设计要求，但是其本身缺乏理论依据，级配本身就有其不合理性，道路铺筑后必然出现不同程度的早期破坏或实际使用寿命小于设计寿命的现象。而如果根据规范提供的级配范围，通过大量的现场试验确定最终的级配，必然需要花费过多的时间和精力，并不利于实际施工。与此同时，对于橡胶沥青混合料，国内尚无明确的规范供各地橡胶沥青路面施工参考。在美国采用橡胶沥青混合料的大多是加铺路面，虽然在美国的使用效果较好，但用到我国，出现了如下情况：各地橡胶沥青路面建设中，设计与施工过程主要是参考国外规范及国内其他地区的施工经验，但各地的环境、材料、施工机械及施工方式等存在差异，导致橡胶沥青路面的设计和施工过程困难重重，其优良性能并未完全体现。

考虑到国内橡胶沥青多用在新建路面上，且我国交通量比美国大，过高的沥青用量可能会出现泛油，加之沥青用量涉及成本问题，本研究将突破亚利桑那州沥青用量范围的下限，研究一般用量的情况，而不用过高的沥青用量。在研究过程中还贯穿了对矿粉和沥青膜厚度的研究。在整个配合比研究中，因为级配的变化会决定沥青用量的变化，且级配研究又是橡胶沥青混合料配合比设计的薄弱环节，因此本章的配合比研究以级配研究为核心。根据国内外研究，目前常规沥青混合料设计的核心又是在既定目标空隙率后沥青用量的一个确定过程。

混合料设计方法建立在以下两个平衡的基础上：

(1)考虑高温性能与疲劳性能平衡的沥青用量。如 AC-13 或 SMA-13 这类较为成熟的混合料设计，其沥青用量一般在 4%～6.5%范围内波动，有相应的级配与沥青用量相匹配。

(2)考虑高温性能与水损害性能的空隙率平衡。现场路面空隙率最好在 3%～7%范围内波动。空隙率不能低于 3%，否则会出现泛油、车辙；空隙率不能大于 8%，否则会渗水。相应地要求新铺筑的路面空隙率在 5%～7%范围内波动最好，并假设现场压实度控制在 98%以上。要求试验室沥青混合料的设计空隙率最好为 4%。这也就是为什么目前国外从 AC 到 SMA 均要求目标空隙率为 4%，或者在 3.5%～4.5%这一较小范围内波动。而混合料的设计核心就是以空隙率 4%为目标，相应确定出级配、沥青用量等，橡胶沥青混合料也是如此。但橡胶沥青比 AC 或 SMA 混合料容易压实，压实度通常可达 100%甚至更高，如果仍然以 4%为目标空隙率，路面会出现泛油等问题，但这只是橡胶沥青混合料与其他沥青混合料不同的一个方面，更具体的研究需要通过大量试验来支持。空隙率是沥青用量的函数，即沥青用量实际依据空隙率确定。可以说，混合料的设计过程就是空隙率变化的分析过程，在这个过程中找寻最佳用油量和级配。

本章主要通过室内试验和理论分析，结合国内外已有橡胶沥青路面施工经验，重点研究多种级配对橡胶沥青混合料的空隙率影响规律，提出较为具体合理的级配确定方法，拓宽、完善和补充橡胶沥青混合料设计，以便在施工设计中根据现场空隙率情况，对橡胶沥青混合料的级配进行适当的、有方向性的调整，进而保证橡胶沥青路面的长期使用性能。

二、国内外级配理论研究现状、发展动态[2]

混合料的设计首先就是级配的设计，下面就主要阐述国内外关于级配理论的研究现状。许多级配理论都源自我国的垛积理论，但是这一理论在级配应用上却没有得到发展，主要是由于理论模型和实际情况存在较大差异。纵观矿料级配理论在国外发展过程，总结起来主要有以下几种。

1. *n* 法

最大密度曲线是 W. B 富勒(Fuller)通过试验提出的一种理想曲线，认为固体颗粒按粒度大小有规律地排列，粗细搭配，便可以达到密度最大、空隙最小的混合料。初期研究认为，细集料的颗粒级配为椭圆形曲线，粗集料为与椭圆曲线相切的直线，由这两部分组成的级配曲线可以达到最大密度。后来经过改进，提出简化的“抛物线最大密度理想曲线”，认为颗粒级配曲线越接近抛物线，密度越大。表达式为：

$$P=\left(\frac{d}{D}\right)^{0.5} \tag{5-1}$$

式中：P——希望计算的某集料粒径 d 的通过百分率，%；

D——集料的最大粒径，mm。

A. N. 泰波(Talbol)认为富勒公式是一种理想的级配曲线，实际上要获得最大密度会有一定的波动范围，于是将富勒公式改成以下表达式：

$$P=\left(\frac{d}{D}\right)^{n}\times 100\% \tag{5-2}$$

式(5-2)中 $n=0.5$ 时，就是富勒曲线。有研究认为当 $n=0.45$ 时，密度最大。根据泰波的理论分析和试验，认为 $n=0.3\sim0.5$ 时，都具有较好的密实度，故此法也称为 n 法。

2. 粒子干涉理论

C. A. G 魏矛斯(Wey-mouth)提出的粒子干涉理论认为要达到最大密实度，前一级颗粒之间的空隙应由次一级颗粒填充，剩余空隙再由更次一级的颗粒填充，但填隙的颗粒粒径不得大于其间隙的距离，否则大小颗粒之间势必发生干涉现象。为避免干涉，大小粒子之间应按一定数量状况分布，从临界干涉的情况下导出前一级颗粒间的距离为：

$$t=\left[\frac{1}{3}\left(\frac{a_1}{a_2}\right)-1\right]D \tag{5-3}$$

当处于临界干涉状态 $t=d$ 时，式(5-3)变为：

$$a_2=\frac{a_1}{3\left[\left(\frac{d}{D}\right)+1\right]}$$

式中：t——前粒级的间隙；

D——前粒级的粒径；

a_1——次粒级的理论实积率(堆积密度/表观密度)；

a_2——次粒级的实际实积率。

此外，已提出的级配算法中大多只适用于各级粒径以 1/2 递减的情况，而我国目前沥青混合料常用级配统一按方孔筛划分，并不满足这一要求。因此，依据粒子干涉理论提出一种适合于我国筛孔划分标准的级配算法是非常必要的。

3. k 法

前苏联的伊万诺夫、奥浩印等在 20 世纪 50 年代提出用颗粒分级质量递减系数为参数的矿料级配曲线(称为尼法)。奥氏发现，当矿质混合料中的粗细颗粒粒径按 1/16 递减，次一级粒径的粒料质量为上一级的 43%时，可以使混合料获得最大的密实度。当颗粒质量递减系数在 25%～50%变动时，混合料仍可以保持较高的密实度。但是，这种级配的混合料由于相邻粗细粒径的质量相差过于悬殊，在拌和及摊铺时很容易产生离析现象而使混合料实际上很难达到预期最佳密实度的目的。为了改善此情况，伊氏将粒径按 1/2 递减，并认为颗粒质量递减系数按相同次数开方变化，其混合料的密度仍可保持不变，即当矿料中各级粒径为 $D_1, D_2=D_1/2, D_3=D_2/2=D_1(1/2)^2\cdots D_n=D_1(1/2)^{n-1}$，设 a_1 为第一档料粒径的质量百分率，则相应的其余各档料粒径的质量百分率分别为 $a_2=a_1(k), a_3=a_1(k)^2\cdots a_m=a_1(k)^{m-1}$。

$$a_1+a_2+a_3+\cdots+a_m=100\%$$

则通过某一筛孔 x 的百分率为：

$$P_x=\{1-(1-k^{x-1})/(1-k^m)\}\times 100\% \tag{5-4}$$

其中级数：

$$n-1=3.32\lg(D_1/D_n) \tag{5-5}$$

4. Superpave 法

美国 SHRP 研究成果《Superpave 混合料设计体系规范和实践手册》中提出的级配确定方

法已在世界各国得到了应用。Superpave 混合料设计方法中定义了两个关键的参数:控制点和禁区。对于级配的控制点,各国研究者都比较认同。但对于级配禁区,近年来存在较大的争议,特别是美国西环道试验验证结果更使人们对级配禁区的认识产生了混乱。

SHRP 报告 A-407 和 A-408 中关于禁区的定义为:靠着最大密度线从 0.3～2.36mm 筛孔所组成的区域,通过这个梭形区域的级配应受到限制;对于最大公称尺寸为 25mm 和 37.5mm的级配,禁区延伸到 4.75mm 筛孔。SHRP 报告 A—410 认为设立禁区有两个目标:

(1)能够限制由于大量使用天然砂而引起级配曲线在 0.6mm 处产生峰值;

(2)不鼓励级配落在最大密实线上,从而导致矿料间隙率(VMA)不足,同时还要求级配曲线要在规定的控制点之内。

5. 贝雷法

由美国伊利诺伊州交通部的罗伯特·贝雷(Robert Bailey)发明的贝雷法是一种系统的级配组成方法,其主要思想是以形成的集料骨架作为混合料的承重主体,使设计的混合料能提供较高的抗车辙性能,同时通过调整粗细集料的比例,获得合适的 VMA,以保证设计混合料具有较好的耐久性。

在贝雷法中,粗细集料的定义不同于传统的以 4.75mm 筛孔为界的划分方法,粗细集料的分界点是随公称最大粒径变化的。贝雷法中粗细集料的分界筛孔称为第一控制筛孔。

$$\text{PCS} = 0.22\text{NMPS} \tag{5-6}$$

式中:PCS——粗细集料分界的初级筛分控制孔径,mm;

NMPS——最大公称粒径的通过率以 90%～100%控制时的筛孔孔径,mm;

0.22——系数,由经验确定。

进一步合成集料的细集料又可分成粗、细两个部分。其分界点称为细集料初次筛分界限点(FAIB)。其定义公式如下:

$$\text{FAIB} = \text{PCS} \cdot 0.22 \tag{5-7}$$

将通过细集料初级筛分孔径(FAIB)的细集料叫做较细细集料,而这部分集料又可以进行二次划分。如果把这部分混合料自身作为混合料,那么 FAIB 就相当于最大公称粒径的作用。定义 FASB 为细集料二次筛分界限点:

$$\text{FASB} = \text{FAIB} \cdot 0.22$$

粗集料还可以通过一个半筛分点孔径 Half Sieve 进行进一步划分。粒径在半筛分点孔径两次的粗集料分别称为较细粗集料和较粗粗集料。半筛分点由以下公式确定:

$$\text{Half Sieve} = 0.5 \times \text{最大公称粒径} \tag{5-8}$$

CA 比是用来表征混合料中粗集料部分的填充特性,公式定义如下:

$$\text{CA 比} = (\%\text{Half Sieve} - \%\text{PCS})/(100 - \%\text{Half Sieve})$$

式中:%Half Sieve——通过半筛分孔径的百分率;

%PCS——通过粗细集料分界的初级筛分孔径的百分率。

当混合料 CA 比低时,就需要强度更高的细集料来填充空隙,且当混合料中的粗集料不均衡时，容易发生离析；当 CA 比较高（接近 1.00）时，较细粗集料和较粗粗集料都不能控制粗集料骨架的组织，虽然这样的混合可能不容易产生离析，但是这时公式中的分子（拦截者）很大，粗集料部分将不能结合得很好，混合料也很难被压实；当 CA 比超过 1.00 时，较细粗集料开始在整个粗集料骨架结构中占主导地位，较粗粗集料开始扮演填塞者的角色，进入粗集料骨架的空隙中，颗粒与颗粒之间完全散开，产生推挤现象。

把细集料重新视为一种混合料，并将其分成粗、细两个部分，细集料中粗料部分形成的空隙由细料部分进行填充。FA_c 比就是用来反映细集料中粗料部分与细料部分的嵌挤、填充情况，计算公式为：

$$FA_c = \frac{P_{SCS}}{P_{PCS}} \tag{5-9}$$

式中：P_{SCS}——第二控制筛孔的通过率，%。

FA_c 比增加，混合料中细集料部分也填充的越来越紧密，意味着用于填充较粗细集料建立空隙的较细细集料的体积增大。如果混合料中使用了天然砂，这时 FA_c 比越大通常表明混合料越脆弱。对于最大公称料径小于等于 12.5mm 的混合料而言，FA_c 值通常会在等于 0.45 处产生砂含量过多的“驼峰”；相反如果 FA_c 比低，较粗细集料建立的空隙只有较少的较细细集料来填充。FA_c 比低的混合料就会变得很脆弱而且难以压密。FA_c 比对混合料率影响很大，可以通过改变 FA_c 比来改变料空隙率。FA_c 比增大，混合料空隙率将交涉；相反 FA_c 比减小，混合料空隙率将增大。

FA_f 反映了合成集料中最细一级的嵌挤情况，计算公式为：

$$FA_f = \frac{P_{TCS}}{P_{SCS}} \tag{5-10}$$

式中：P_{TCS}——第三控制筛孔的通过率，%。

FA_f 比用于进一步评价细集料中最小颗粒的填充特性。和 FA_c 比一样，FA_f 比的值也在 0.25～0.50 之间，以防止这部分颗粒体积超过由较大一点的颗粒建立的空隙体积。FA_f 比也以同 FA_c 比一样的方式影响着混合料的空隙率，其值增大，空隙率减小。对于最大公称粒径大于或等于 19mm 的混合料，FA_f 值太高也可以在 0.45 值处形成砂性“驼峰”。

6. *i* 法

20 世纪 70 年代，我国同济大学的林绣贤教授在参照 *n* 法和 *k* 法后提出了颗粒粒径以 1/2 递减时直接采用通过百分率的递减系数 *i* 为参数的计算方法（称为 *i* 法），即当矿料中最大粒径为 D_1 时其通过百分率为 100%，则 $D_2=D_1/2$ 时其通过百分率为 $100i$%，$D_3= D_1/4$ 时其通过百分率为 $100i^2$%，依此类推。其公式为：

$$P_x = 100i^{(x-1)}\% \tag{5-11}$$

式中：P_x——当粒径以 1/2 递减时，矿料在第 x 级筛孔上的通过率；

x——矿料粒径级数，最大粒径 D_1 时 $x=1$；

i——通过百分率的递减系数。

式(5-11)只适用于各级粒径以 1/2 递减时的情况。根据实践，$i=0.7$～0.8 时可以得到比较密实和使用满意的混合料。

7. CAVF 法

20 世纪 90 年代初，张肖宁教授提出了 CAVF 法的设计思路，并于今日逐步完善。CAVF 法基于两个基本假定：

(1)细集料的颗粒不对粗集料的嵌挤结构形成干涉；

(2)细集料与沥青混合的胶浆也不对粗集料的嵌挤结构形成干涉。

根据实际使用的沥青混合料最大粒径情况和施工需要，可以预先选择连续的 1～3 档粗集料作为主骨架，主骨架粒径越单一均匀，得到的沥青层表面越均匀，构造深度也越大。为避免细集料对主骨架的干涉，最好采用间断级配，以避免细集料颗粒干涉主集料的骨架结构，造成主集料空隙增大。

按照这样的体积关系，粗集料、细集料、矿粉以及沥青用量的质量百分率 q_c、q_f、q_p、q_a，主骨架紧装空隙率及沥青混合料设计目标空隙率 VCA、V_{vs}之间具有如下的组成关系：

$$q_c + q_f + q_p = 100 \tag{5-12}$$

$$q_c(\mathrm{VCA} - \mathrm{V_{vs}})/100\rho_{sc} = q_f/\rho_{tf} + q_p/\rho_{tp} + q_a/\rho_a \tag{5-13}$$

式中：ρ_{sc}——粗集料的紧装密度；

ρ_{tf}、ρ_{tp}——分别为细料、矿粉的表观密度；

ρ_a——沥青的密度。

通常，材料密度和 $\mathrm{VCA_{DRC}}$可以通过试验测定得到，可以在 q_c、q_f、q_p、q_a 和 V_{vs}等 5 个变量中预先确定 3 个变量的设计值，利用式(5-12)、式(5-13)计算得到其余两个变量的设计结果。为方便计，一般将粗、细集料质量百分率 q_c、q_f 作为未知变量进行设计。

该法的思路完全符合逻辑，但是具体的技术问题仍未能解决，如粗细集料的分界、粗集料的选取、骨架形成的判定等。

8. MDGB 法

长安大学的陈忠达通过对贝雷法的改进，提出了多级嵌挤密实级配设计方法。该方法的设计思路是：首先确定最大公称粒径，然后根据多级填充理论进行粗集料的各级组合；再对细集料同样进行多级组合，最后将组合好的粗细集料根据体积法进行总体组合。完成集料配合后，再由贝雷法进行检验。

三、橡胶沥青混合料设计研究与应用状况

1. 美国亚利桑那州

美国亚利桑那州采用了两种橡胶沥青混合料的级配曲线：一种为密实型混合料，编号为 AR-AC，另一种为开级配的橡胶沥青混凝土磨耗层，编号为 AR-ACFC。表 5-1 为该州推荐的橡胶沥青混凝土的级配范围。表 5-2 为相应的橡胶沥青混合料技术指标。

亚利桑那州橡胶沥青混凝土间断级配推荐范围 表 5-1

筛孔(mm)	19	12.5	9.5	4.75	2.36	0.075
	3/4 in	1/2 in	3/8 in	4 目	8 目	200 目
通过率(%)	100	80～100	65～80	28～42	14～22	0～2.5

亚利桑那州橡胶沥青混凝土技术指标要求　　表 5-2

材　　料	项　　目	指　　标
集料要求	石料密度(g/cm³)	2.35～2.85
	吸水率(%)	0～2.5
	砂当量(%)	≥55
	洛杉矶磨耗值(%)	100 转,≤9;500 转,≤40
	填料类型	消石灰或水泥
	破碎面(%)	最小 95
混合料要求	空隙率(%)	5.5±1.0
	结合料含量(%)	5.5～9.5
	VMA(%)	≥19
	沥青吸收率(%)	0～1.0

橡胶沥青混合料的推荐级配属于间断密实型级配,其空隙率要求范围为 4.5%～6.5%,橡胶沥青含量推荐使用 5.5%～9.5%,要求矿料间隙率大于 19%。

2.美国加利福利亚州

美国加利福尼亚州的橡胶沥青混凝土采用间断级配和开级配两种级配类型。间断级配橡胶沥青混凝土代号为 RAC-G,开级配橡胶沥青混凝土代号为 RAC-O,其级配范围如表 5-3 所示。间断级配混合料根据气候环境不同的空隙率水平如表 5-4 所示。

加利福尼亚州橡胶沥青混凝土级配推荐范围　　表 5-3

筛孔尺寸(mm)	25	19	12.5	9.5	4.75	2.36	1.18	0.6	0.075
	1 in	3/4 in	1/2 in	3/8 in	4 目	8 目	16 目	30 目	200 目
19mm RAC-G G-MB	100	95～100	83～87	65～70	33～37	18～22	—	8～12	2～7
12.5mm RAC-G G-MB	100	100	90～100	83～87	33～37	18～22	—	8～12	2～7
12.5mm RAC-O	100	100	95～100	78～89	28～37	7～18	0～10	—	0～3
9.5mm RAC-O	100	100	100	90～100	29～36	7～18	0～10	—	0～3

加尼福利亚州间断级配橡胶沥青混凝土空隙率要求　　表 5-4

交通指数	山　区	山　谷	海　滨	沙　漠
0～6	3.0	3.0	3.0	3.0
>6～10	3.0(4.0,当平均温度大于 95℉ *)	4.0	4.0	5.0
>10	4.0	5.0	5.0	6.0

注:* 1℉$=\frac{5}{9}$K。

加尼福利亚州的橡胶沥青混合料间断级配采用高黏度结合料的含量一般为7%～9%。

3. 美国绿皮书

美国绿皮书(Greenbook)规定的橡胶沥青混凝土的级配范围如表5-5所示。混合料的公称最大粒径为25mm、19mm、12.5mm共3种。这3种混合料4.75mm及以下的矿料含量基本保持一致(除0.075mm的通过率略有差别),4.75mm以上的碎石含量均为58%～72%。

美国绿皮书规定的橡胶沥青混合料级配　　表5-5

筛孔尺寸(mm)	25	19	12.5	9.5	4.75	2.36	1.18	0.6	0.075
	1 in	3/4 in	1/2 in	3/8 in	4目	8目	16目	30目	200目
ARHM GG-B	100	90～100	—	60～75	28～42	15～25	—	5～15	0～5
ARHM GG-C	100	100	90～100	78～92	28～42	15～25	—	5～15	2～7
ARHM GG-D	100	100	100	78～92	28～42	15～25	—	5～15	2～7

4. 澳大利亚

澳大利亚的橡胶沥青混合料级配包括两种类型:14型和10型,均为典型的间断级配,碎石含量较高。表5-6为级配范围表。

澳大利亚橡胶沥青混合料级配　　表5-6

筛孔尺寸(mm)	19	13.2	9.5	6.7	4.75	2.36	1.18	0.6	0.3	0.15	0.075
14型(%)	100	90～100	65～75	40～50	30～40	15～25	10～19	7～15	5～10	4～8	3～5
10型(%)	100	100	90～100	64～74	36～46	20～30	12～22	8～17	6～11	4～8	3～5

澳大利亚的橡胶沥青混合料中,橡胶沥青的胶粉掺量按内掺法一般为25%,沥青含量为7.5%～9%。其混合料的马歇尔试验指标要求如表5-7所示。

澳大利亚橡胶沥青混合料的马歇尔试验指标要求　　表5-7

混合料类型	稳定度(kN)	流值(mm)	空隙率(%)	VMA(%)	沥青膜厚度(μm)
14型	大于3.0	3.0～5.5	5.0～6.5	>27	19～25
10型	大于2.5	3.0～5.5	5.0～6.5	>27	19～25

由表5-7可见,混合料中胶结料含量高,马歇尔稳定度要求较低,沥青膜厚度要求较高,VMA要求高。

5. 南非

橡胶沥青混合料在南非也有广泛的应用,其混合料的级配类型较为广泛,有连续级配、半开级配、开级配以及间断级配和半间断级配,结合料用量范围为5.5%～8.5%。级配范围如表5-8所示。南非橡胶沥青混合料配合比设计技术要求如表5-9所示。

南非橡胶沥青混合料级配 表 5-8

筛孔尺寸(mm)	连续级配(%)		半开级配(%)	开级配(%)			间断级配和半间断级配
	13.2mm	19.0mm	19.0mm	类型 1	类型 2	类型 3	
19.0	100	100	100	100	100	100	尚未颁布
13.2	100	84～96	70～100	90～100	70～100	100	
9.5	80～100	70～84	50～82	30～50	50～80	50～70	
4.75	50～70	45～63	16～38	10～20	15～30	20～30	
2.36	32～50	29～47	8～22	8～14	10～22	5～15	
1.18	—	19～33	4～15	—	—	—	
0.6	13～25	13～25	3～10	—	6～13	3～8	
0.3	8～18	10～18	3～8	—	—	—	
0.15	—	6～13	2～6	—	—	—	
0.075	4～8	4～10	1～4	2～6	3～6	2～5	
集料含量(%)	91.0	91.0	90.5	93.5	93.5	93.5	
结合料含量(%)	7.0	7.0	8.5	5.5	5.5	5.5	
活性添加剂含量(%)	2.0	2.0	1.0	1.0	1.0	1.0	

南非橡胶沥青混合料配合比设计技术要求 表 5-9

指标	混合料级配		
	连续级配	半开级配	开级配
混合料空隙率(%)	2～6	3～7	尚未颁布
矿料间隙率(%)	≥17	—	
间接拉伸强度(kPa)	≥550	≥600	
动态蠕变(MPa)(40℃)	≥10	≥15	尚未颁布
稳定度(kN)	8～15	6.5～12.5	
流值(mm)	2～5	2～5	
粉胶比	1.0～1.5	1.0～1.5	
膜厚度(μm)	5.5	5.5	
相对密度(%)(max)	97%的设计空隙率,≥93%	97%的设计空隙率,≥93%	
SHRP 旋转压实	$N_{IN}=9, N_{DES}=128, N_{MAX}=208$	$N_{IN}=9, N_{DES}=128, N_{MAX}=208$	

6. 中国

我国关于橡胶沥青混合料的规范尚未正式发布,交通运输部曾于 2009 年 1 月颁布了《橡胶沥青及混合料设计施工技术指南》,同时搜集相关资料和意见,公布了"橡胶沥青行标湿拌法草案",其中提及的橡胶沥青施工参考级配见表 5-10。

我国橡胶沥青混合料常用级配　　表 5-10

筛孔尺寸(mm)	密级配(%)			开级配(%)		
	16 型	13 型	10 型	16 型	13 型	10 型
19	100	—	—	100	—	—
16	95～100	100	—	95～100	100	—
13.2	77～85	95～100	100	71～80	95～100	100
9.5	54～64	62～71	95～100	43～55	52～64	95～100
4.75	25～35	25～35	25～35	15～25	15～25	15～25
2.36	19～28	20～28	20～28	6～18	10～19	10～19
1.18	15～22	15～23	15～23	3～14	6～15	6～15
0.6	11～18	12～19	12～19	1～10	4～11	4～11
0.3	9～14	10～15	10～15	1～7	2～9	2～9
0.15	7～11	8～12	8～12	0～5	2～7	2～7
0.075	5～9	6～10	6～10	0～4	1～5	1～5

这些级配的控制点为 4.75mm 和 0.075mm。4.75mm 通过率的允许误差为±2%；0.075mm通过率的允许误差为±1%，开级配混合料的允许误差为±0.5%。

此外，我国江苏省发布有地方标准，其级配设计与亚利桑那州规范相似，级配中不加矿粉，级配骨架结构较亚利桑那州规范稍粗，使用高沥青用量。

四、本章主要研究内容

本章主要通过室内试验，重点研究不同种级配的橡胶沥青混合料设计，突出空隙率影响规律，提出较为具体合理的级配取值范围和沥青用量。主要研究内容如下：

(1)通过室内试验，研究总结 AR-AC-13 级配变化对橡胶沥青混合料空隙率的影响规律。

(2)研究总结和比较 SAC-13 级配变化对普通沥青混合料和橡胶沥青混合料空隙率的影响规律，同时针对粗集料间隙率和 SAC 级配的两种级配方法进行试验、分析和探讨。

(3)针对美国加尼福利亚洲提出的 9.5mmRAC-G 级配，通过室内试验总结其级配变化对橡胶沥青混合料空隙率的影响规律。

(4)总结应用于应力吸收层的 AC-10 橡胶沥青混合料级配变化对混合料空隙率的影响情况。

(5)通过控制空隙率，对加矿粉和不加矿粉的橡胶沥青混合料级配进行平行试验，总结其水稳定性能、稳定度及沥青膜厚度的差异性。

第二节　AR-AC-13 橡胶沥青混合料设计研究

由国内外近年橡胶沥青混合料的设计经验看，橡胶沥青混合料一般有间断级配和开级配两种类型。橡胶沥青混合料之所以采用间断级配或开级配，主要是考虑废胎胶粉在混合料中的填充作用，需要代替一部分细集料。间断级配可以增加空间容纳胶粉，减少碾压弹性。

美国亚利桑那州只有橡胶沥青的相关规范，并无文献以供参考，关于橡胶沥青混合料配合比设计更是少见。该州规范中规定的目标空隙率为5.5%，而非4%，这与其他沥青混合料设计中的目标空隙率相比较为反常。此外，美国其他各州的空隙率要求均不太一致，总结级配变化对AR-AC-13橡胶沥青混合料空隙率的影响规律是橡胶沥青混合料配合比设计的关键。

根据国外橡胶沥青混凝土配合比设计的经验，橡胶沥青混合料的结合料含量较高，远高于一般的沥青混合料，达7%～9%。在这一沥青用量范围下，结合亚利桑那州规范的级配范围，可以较易达到目标空隙率。此外，使用高油石比就会在一定程度上影响橡胶沥青的高温稳定性，更严重的会导致路面泛油，且增加生产成本。因此，结合我国实际情况，本节主要在较低油石比的情况下，通过室内试验研究AR-AC-13级配变化对橡胶沥青混合料空隙率的影响规律。

一、室内试验所用材料的性质

1. 石料

所用石料粒径组成为13.2～9.5mm、9.5～4.75mm、4.75～2.36mm、2.36～0.075mm共4档。对于4.75mm以上粗集料，使用产地江苏溧阳的玄武岩；对于2.36～0.075mm档料，使用产地山西的天然河沙与产地江苏溧阳的石灰岩。其基本性能测试的结果见表5-11。

基本性能测试的结果　　表5-11

集料总类	粒径(mm)	表观密度(g/cm³)	毛体积密度(g/cm³)	吸水率(%)
玄武岩	9.5～13.2	2.933	2.910	0.79
	4.75～9.5	2.925	2.890	1.211
	2.36～4.75	2.881	2.881	—
石灰岩	0～2.36	2.581	2.581	—
天然河沙	0～2.36	2.693	2.693	—

2. 橡胶沥青

本章试验所用沥青均为中海70号基质沥青，胶粉掺量为内掺18%。在研究矿粉对橡胶沥青混合料的空隙率影响试验中，使用20目胶粉，其余试验均使用40目胶粉。橡胶粉改性沥青的加工工艺是在185℃(±5℃)下，用高速搅拌器将沥青与橡胶粉共炼90min。橡胶沥青相关性能指标见表5-12。

橡胶沥青的基本指标　　表5-12

指标	针入度(25℃,100g,5s,0.1mm)	软化点(℃)	177℃黏度(Pa·s)
指标要求	25～75	≥54.4	1.5～5
20目橡胶沥青	38.4	65.6	3.9
40目橡胶沥青	43.1	68.1	3.2

二、级配对橡胶沥青混合料空隙率的影响

试验中油石比定为6%；其余试验均使用40目胶粉，油石比定为5.5%，且橡胶沥青混合

料的目标空隙率定为5.5%。所有级配均加入1.5%的水泥，目的是增加橡胶沥青混合料的抗冻融劈裂性能。

1. 矿粉对橡胶沥青混合料级配的影响

试验所用0～2.36mm的细料为产地山西的天然河沙。由于使用矿粉，因此试验所用油石比确定至6%，以便更清楚地观察矿粉对混合料空隙率的影响情况。试验级配选择和混合料空隙率结果如表5-13、表5-14、图5-1所示。

矿粉对混合料空隙率影响试验所用级配(%) 表5-13

筛孔尺寸(mm)	10～13	5～10	3～5	0～3	矿粉	水泥
级配1	25	35	4	34.5	0	1.5
级配2	25	35	4	31.5	3	1.5
级配3	25	35	4	29.5	5	1.5

注：表中各级配均表示各档料的筛余，后同。

矿粉对橡胶沥青混合料空隙率影响结果 表5-14

级　配	毛体积密度(g/cm^3)	最大理论密度(g/cm^3)	空隙率(%)
1	2.438	2.576	5.4
2	2.512	2.571	2.7
3	2.507	2.567	2.3

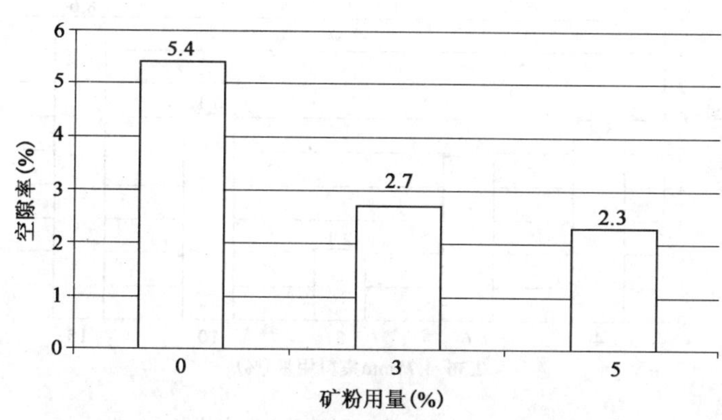

图5-1 矿粉用量对橡胶沥青混合料空隙率的影响结果

由表5-14可知，随着矿粉用量的加大，混合料的空隙率出现显著的降低，这说明矿粉的使用能有效地降低混合料的空隙率。此外，由图5-1可以看出，当矿粉用量增加到一定量以后，空隙率变化渐趋平缓，其对矿粉用量的增加敏感度在降低。另外，矿粉的使用使混合料的沥青用量需要加大，否则会影响橡胶沥青对集料的黏附性能，但同时混合料的高温性能也极可能受到影响。因此，要控制橡胶沥青混合料的空隙率，加入矿粉并不是一个最优的办法。

2. 2.36～4.75mm集料对橡胶沥青混合料空隙率的影响

试验所用2.36～4.75mm细料为江苏溧阳产石灰岩。试验选用级配和混合料空隙率结果如表5-15、表5-16、图5-2所示。

2.36～4.75mm 集料对混合料空隙率影响试验所用级配(%) 表 5-15

筛孔尺寸(mm)	10～13	5～10	3～5	0～3	水泥
级配 1	25	35	4	34.5	1.5
级配 2	25	35	6	32.5	1.5
级配 3	25	35	8	30.5	1.5
级配 4	25	35	10	28.5	1.5
级配 5	25	35	15	23.5	1.5

2.36～4.75mm 集料对混合料空隙率影响试验结果 表 5-16

级　配	毛体积密度(g/cm^3)	最大理论密度(g/cm^3)	空　隙　率(%)
1	2.422	2.560	5.4
2	2.440	2.565	4.9
3	2.517	2.570	2.1
4	2.417	2.575	6.1
5	2.366	2.588	8.6

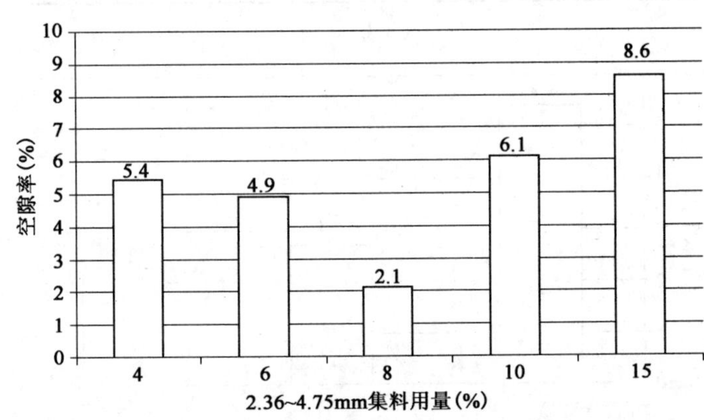

图 5-2　2.36～4.75mm 集料用量对空隙率的影响结果

为了研究 2.36～4.75mm 一档料用量对混合料空隙率的影响情况，本节固定4.75mm以上粗集料的用量为 60%，通过变化 2.36～4.75mm 一档料的用量，总结混合料空隙率变化规律。由图 5-2 可知，当 2.36～4.75mm 一档料的用量为 8%时，混合料空隙率达到最小。当这一粒径的集料用量小于 8%时，4.75mm 以下的细集料与沥青混合，完全起到填充作用对粗集料构成骨架后所形成的空隙进行填充。因此，当 2.36～4.75mm 集料用量由小至大并接近 8%时，混合料空隙率也在逐渐减小。此档料 8%的用量为一个临界点，当用量大于 8%时，这一档料含量过多，反而会进一步撑开 4.75mm 以上粗集料构成的骨架，导致集料形成的空隙增大，最终随着此档料用量由 8%开始递增，橡胶沥青混合料的空隙率也逐渐增大，这种现象称为集料的干涉作用。

3. 4.75mm 以上粗集料用量比例对空隙率的影响

试验所用 4.75mm 以上粗集料为江苏溧阳所产玄武岩。混合料级配保持粗集料(4.75mm以上)占集料总量的 60%,试验观察混合料空隙率随 10～13mm 一档比例变动的变化情况。级配及试验结果如表 5-17、表 5-18、图 5-3 所示。

粗集料用量变化对混合料空隙率影响试验所用级配(%)　　表 5-17

筛孔尺寸(mm)	10～13	5～10	3～5	0～3	水泥
级配 1	25	35	8	30.5	1.5
级配 2	30	30	8	30.5	1.5
级配 3	35	25	8	30.5	1.5
级配 4	40	20	8	30.5	1.5
级配 5	50	10	8	30.5	1.5
级配 6	60	0	8	30.5	1.5

粗集料用量变化对混合料空隙率影响试验结果　　表 5-18

级　　配	毛体积密度(g/cm^3)	最大理论密度(g/cm^3)	空隙率(%)
1	2.399	2.570	6.7
2	2.376	2.570	7.5
3	2.402	2.571	6.6
4	2.453	2.571	5.7
5	2.439	2.572	5.1
6	2.455	2.573	4.6

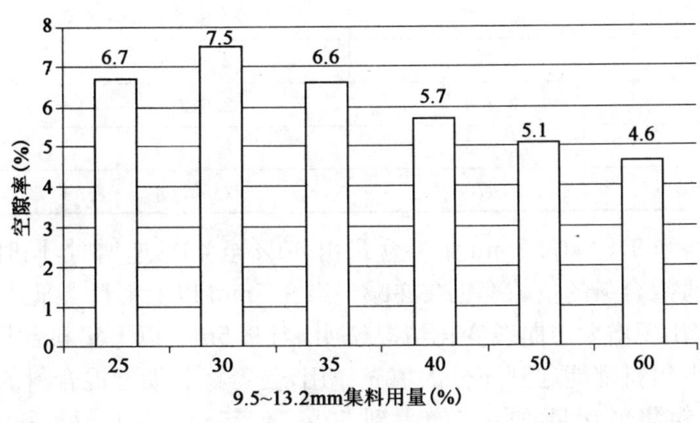

图 5-3　粗集料用量变化对混合料空隙率影响的试验结果

为了研究 4.75mm 以上粗集料的含量变化对橡胶沥青混合料空隙率的影响情况,试验固定 0～2.36mm 集料用量为 30.5%,2.36～4.75mm 集料用量为 8%,保持 4.75mm 以上粗集料总量为 60%。由图 5-3 可知,9.5～13.2mm 和 4.75～9.5mm 集料用量均为 30%时,混合料空隙率最大,9.5mm 以上集料用量大于 30%的情况下,随着其用量的增大,4.75～9.5mm

集料用量减小，混合料空隙率逐渐减小。整个曲线变化也说明了集料的填充和干涉两种现象。当9.5mm以上集料用量为30%时，4.75～9.5mm集料与9.5mm以上集料形成的骨架产生干涉作用，使得整个粗集料骨架空隙率进一步增大，而橡胶沥青与细集料所形成的沥青胶浆用量未变，致使橡胶沥青混合料的空隙率达到最大。当9.5mm以上集料用量大于30%后，随着其用量增大，4.75～9.5mm集料用量降低，其干涉作用影响降低，而填充作用渐渐凸显，因此橡胶沥青混合料的空隙率逐步降低。

4.粗集料用量范围确定

由图5-2、图5-3可见，将9.5～13.2mm一档粗集料的用量确定在40%～50%，混合料的空隙率为5%～6%。现采取以下级配方案进行试验，进一步总结混合料空隙率的变化规律。试验所用0～2.36mm细集料为山西产天然河沙。试验结果如表5-19、表5-20、图5-4所示。

粒径为9.5～13.2mm的集料用量取值范围试验级配(%) 表5-19

筛孔尺寸(mm)	10～13	5～10	3～5	0～3	水泥
级配1	40	20	8	30.5	1.5
级配2	42	20	8	28.5	1.5
级配3	44	20	8	26.5	1.5
级配4	46	20	8	24.5	1.5
级配5	48	20	8	22.5	1.5
级配6	50	20	8	20.5	1.5

粒径为9.5～13.2mm的集料用量取值范围试验结果 表5-20

级　配	毛体积密度(g/cm^3)	最大理论密度(g/cm^3)	空隙率(%)
1	2.453	2.602	5.7
2	2.459	2.606	5.6
3	2.479	2.610	5.2
4	2.489	2.613	4.8
5	2.506	2.617	4.2
6	2.470	2.621	5.8

由图5-4可知，当9.5～13.2mm集料含量由40%至48%递增时，同时减少0～2.36mm集料含量，橡胶沥青混合料的空隙率也在递减。当9.5mm以上集料含量达到50%时，橡胶沥青混合料的空隙率出现增大。曲线变化情况说明，当9.5mm以上集料含量增加至48%的过程中，4.75mm以下集料都能起到充分的填充作用，使得橡胶沥青混合料的空隙率逐步减小。而当9.5mm以上粗集料含量进一步增大到50%，4.75mm以上粗集料总量达到70%，而4.75mm以下细集料含量为28.5%，已经不足以填充粗集料增多形成骨架所产生的空隙，此时的空隙率为5.8%。

粒径在9.5mm以上的粗集料用量定为40%，2.36～4.75mm粒径的集料用量定在8%，4.75～9.5mm粒径的集料用量在22%～28%取值，级配与混合料空隙率结果如表5-21、表5-22和图5-5所示。试验所用0～2.36mm细集料为山西产天然河沙。

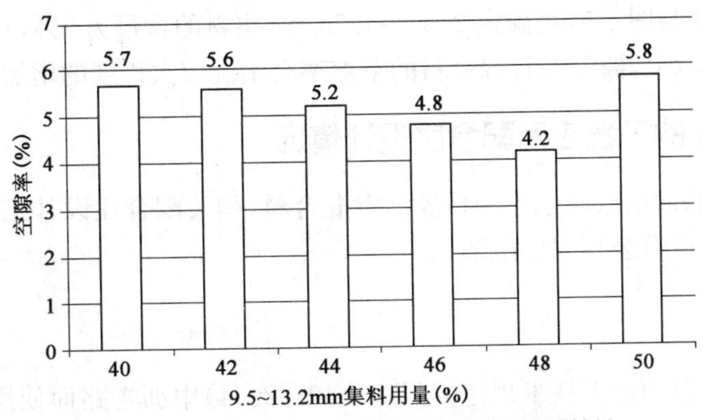

图 5-4　9.5～13.2mm 的集料用量取值范围试验结果

4.75～9.5mm 集料用量范围试验级配(%)　　表 5-21

筛孔尺寸(mm)	10～13	5～10	3～5	0～3	水泥
级配 1	40	22	8	26.5	1.5
级配 2	40	24	8	24.5	1.5
级配 3	40	26	8	22.5	1.5
级配 4	40	28	8	20.5	1.5

4.75～9.5mm 的集料用量范围试验结果　　表 5-22

级　　配	毛体积密度(g/cm^3)	最大理论密度(g/cm^3)	空隙率(%)
1	2.468	2.609	5.4
2	2.461	2.613	5.8
3	2.466	2.617	5.8
4	2.437	2.621	7.0

由图 5-5 可知，当 4.75～9.5mm 集料含量在 22%～26%呈递增变化时，橡胶沥青混合料的空隙率变化并不敏感，增大幅度很小。当该档料含量增大到 28%之后，混合料空隙率有了一个稍大的增加，达到 7%。试验结果说明，当 4.75～9.5mm 集料的含量超过 28%后，即 4.75mm以上粗集料含量达到 68%后，4.75～9.5mm 的集料对于 9.5mm 以上集料形成骨架的干涉作用增大。同时，由于 2.36mm 以下集料的含量减少，导致橡胶沥青混合料空隙率出现较大程度的增加。

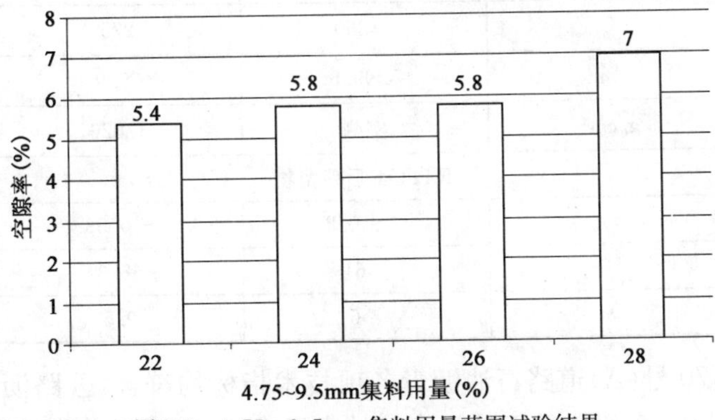

图 5-5　4.75～9.5mm 集料用量范围试验结果

综合比较图5-4与图5-5，当固定2.36～4.75mm集料的含量为8%，4.75mm以上集料的含量若增大到68%以上，橡胶沥青混合料的空隙率会出现较大程度的增加。

三、AR-AC-13的工程应用配合比设计情况

北京某市政道路面层改建拟采用橡胶沥青混合料，相关配合比设计工作在北京城建沥青混凝土有限公司(昌平分公司)处完成。

1.概述

(1)气候分区

根据《公路沥青路面施工技术规范》(JTG F40—2004)中沥青路面使用气候分区指标，确定北京市处于1-3-2区，即夏炎热冬冷湿润区。

(2)设计目标

①使设计结果满足规范相关的要求；

②使设计结果满足业主相关的要求；

③确定AR-AC-13沥青混合料的矿料组成；

④确定AR-AC-13沥青混合料的施工控制密度和沥青用量；

⑤确定AR-AC-13沥青混合料的工程设计级配范围。

2.原材料设计与各项性能指标试验

本次橡胶沥青混合料AR-AC-13所用的结合料为秦皇岛70号(A)道路石油沥青，按照《公路沥青路面施工技术规范》(JTG F40—2004)的要求，对70号(A)道路石油沥青进行了各项指标测试，见表5-23。

70号(A)沥青性能指标检测结果 表5-23

项目	单位	技术要求	试验结果	试验方法
针入度(100g,5s,25℃)	0.1mm	60～80	71.3	T 0604
针入度指数PI	—	−1.5～+1.0	-0.584	T 0604
延度(15℃)(5cm/min)	cm	≥100	>160	T 0605
软化点(R&B)	℃	≥46	48.0	T 0606
蜡含量(蒸馏法)	%	≤2.2	1.56	T 0615
闪点	℃	≥260	275	T 0611
溶解度	%	≥99.5	99.9	T 0607
密度(15℃)	g/cm³	实测	1.026	T 0603
RTFOT后残留物				
质量变化	%	≤±0.8	−0.56	T 0610
针入度比(25℃)	%	≥61	68.3	T 0604
延度(10℃)	cm	≥6	9.5	T 0605

由表5-23可见，70号(A)道路石油沥青各项技术指标均符合《公路沥青路面施工技术规范》(JTG F40—2004)中A级道路石油沥青的技术要求，可以用于道路工程中沥青路面工程。

1)橡胶沥青性能指标

试验所采用的橡胶沥青采用40目胶粉，胶粉掺量为沥青质量的22%，试验室加工温度控制在180℃，恒温搅拌90min。主要技术指标为采用手持黏度仪测定橡胶沥青在180℃时的黏度，结果控制在2～4Pa・s。其他检测指标如表5-24所示。

橡胶沥青性能指标检测结果　　表5-24

项　目	单　位	技术要求	试验结果	试验方法
针入度(100g,5s,25℃)	0.1mm	40～80	47	T 0604
软化点(R&B)	℃	≥46	65.5	T 0606
180℃旋转黏度	Pa・s	2～4	2.8	T 0625

(1)粗集料性能指标

本次橡胶沥青混合料AR-AC-13所用的粗集料采用三河产的石灰岩，洁净、干燥、表面粗糙。对石灰岩进行了主要相关指标测试，测试结果见表5-25。

粗集料性能指标检测结果　　表5-25

项　目		单　位	10～15mm	5～10mm	技术要求	试验方法
石料压碎值		%	13.8		≤26	T 0316
洛杉矶磨耗损失		%	16.9		≤28	T 0317
表观相对密度		—	2.861	2.855	≥2.60	T 0304
吸水率		%	0.49	0.76	≤2.0	T 0304
坚固性		%	6.8		≤12	T 0314
针片状颗粒含量	>9.5mm	%	6.8	—	≤12	T 0312
	<9.5mm	%	10.5	10.9	≤18	T 0312
软石含量		%	0	0	≤3	T 0320
水洗法<0.075mm颗粒含量		%	0.5	0.5	≤1	T 0310
对沥青的黏附性		级	5	5	≥4	T 0616

由表5-25可见，所选粗集料各项指标符合《公路沥青路面施工技术规范》(JTG F40—2004)表4.8.2的粗集料质量技术要求，可以用于道路工程中的沥青路面工程。

(2)细集料性能指标

本次橡胶沥青混合料AR-AC-13所用的细集料采用洁净、干燥、无风化、无杂质且有适当级配的机制砂，产地为密云。对机制砂进行了相关指标测试，结果见表5-26。

细集料性能指标检测结果　　表5-26

项　目	单　位	机制砂(粗)	机制砂(细)	技术要求	试验方法
表观相对密度	—	2.725	2.693	≥2.50	T 0330
坚固性	%	6.3	7.2	≤12	T 0340
砂当量	%	81.2	78.1	≥60	T 0334
棱角性	%	35.8	32.1	≥30	T 0345

由表 5-26 可见，所选细集料各项指标符合《公路沥青路面施工技术规范》(JTG F40—2004)表 4.9.2 的细集料质量要求，可以用于道路工程中沥青路面工程。

(3)填料质量指标检测

为了提高石料与橡胶沥青间的黏结及橡胶沥青混合料的水稳定性，本次橡胶沥青混合料 AR-AC-13 所用的填料采用水泥。水泥可选用普通硅酸盐水泥、矿渣硅酸盐水泥和火山灰质硅酸盐水泥，水泥强度等级为 C42.5。

2)目标配合比设计

(1)确定矿料组成设计及合成级配

本次 AR-AC-13 橡胶沥青混合料试验用级配按照骨架—断级配原则进行设计，公称最大粒径为 13.2mm，粗集料部分增加整体抗变形能力，细集料部分保证混合料的密实性。

对各级矿料进行筛分，采用人机对话的方式确定矿料配合比。集料筛分、合成级配情况见表 5-27 和表 5-28。

集料筛分及合成级配情况(%) 表 5-27

筛孔尺寸(mm)	10～15mm	5～10mm	机制砂(粗)	机制砂(细)	水泥	合成级配	范围中值
16.0	100	100	100.0	100.0	100.0	100	
13.2	91.4	100	100.0	100.0	100.0	94.8	100.0
9.5	31.3	99.8	100.0	100.0	100.0	58.1	97.5
4.75	1.6	25.3	86.4	99.8	100.0	30.9	58.2
2.36	1.0	2.5	56.0	96.1	100.0	22.2	30.0
1.18	0.5	1.8	39.8	86.7	100.0	17.7	22.0
0.6	0.5	1.2	23.6	57.4	100.0	11.8	18.0
0.3	0.5	0.9	13.3	30.8	100.0	7.3	12.0
0.15	0.5	0.8	6.0	11.7	92.3	4.0	8.0
0.075	0.5	0.5	1.8	1.9	85.0	2.2	5.0

合成级配情况 表 5-28

筛孔尺寸(mm)	10～15mm	5～10mm	机制砂(粗)	机制砂(细)	水泥	合成级配	范围中值
矿料比例(%)	61.0	8.5	20.0	9.0	1.5	100	1.5

在橡胶沥青混合料 AR-AC-13 生产过程中，要密切注意矿料的级配变化，防止个别筛孔通过率超出级配范围。

(2)确定最佳油石比

根据各种矿料配合比及其毛体积密度，结合以往工程，参照《橡胶沥青及混合料设计施工技术指南》，按照空隙率确定混合料油石比(目标空隙率 5%对应的油石比为最佳油石比)。本次 AR-AC-13 目标配合比设计油石比按 0.5%间隔变化，分别取 5.5%、6.0%、6.5%3 种。试件毛体积密度采用表干法测定，理论最大相对密度采用真空法实测。马歇尔试验数据见表5-29。

AR-AC-13 沥青混合料马歇尔试验结果 表 5-29

油石比(%)	毛体积相对密度	理论相对密度	空隙率(%)	VMA(%)	VFA(%)	稳定度(kN)	流值(0.1mm)
5.5	2.357	2.564	8.1	19.7	59.1	10.0	29.4
6.0	2.401	2.556	6.1	18.6	67.5	10.5	22.8
6.5	2.420	2.548	5.0	18.3	72.7	9.0	31.8

本次 AR-AC-13 混合料的最佳油石比为 6.5%，相应的空隙率 VV 为 5.0%，矿料间隙率 VMA 为 18.3%，均符合规范要求。

AR-AC-13 混合料最佳油石比对应的毛体积相对密度为 2.420，马歇尔试验数据见表 5-30。

AR-AC-13 最佳油石比下马歇尔试验数据表 表 5-30

指　标	油石比(%)	空隙率(%)	VMA (%)	VFA (%)	稳定度(kN)
试验结果	6.5	5.0	18.3	72.7	9.0
技术标准	—	3～5	≥14	70～85	>7

(3)目标配合比设计检验

为了检验沥青混合料的性能，根据规范要求，对最佳油石比下的 AR-AC-13 橡胶沥青混合料进行了高温稳定性和水稳定性试验，结果见表 5-31。

AR-AC-13 混合料目标配合比检验结果 表 5-31

检验项目	单位	试验值	技术要求	试验方法
动稳定度 DS(60℃)	次/mm	3 836	≥3 000	T 0719
残留马歇尔稳定度	%	86.4	≥85	T 0709
冻融劈裂残留强度比	%	91.6	≥80	T 0729

由表 5-31 可见，AR-AC-13 的车辙试验的动稳定度、残留马歇尔稳定度、冻融劈裂强度比均符合规范要求，说明所设计的沥青混合料是合理的，可在公路实际工程中应用。

(4)目标配合比设计结论

在对所选定原材料进行试验检测以后，参照现行指南确定工程设计级配范围，在矿料配合比设计、混合料马歇尔相关试验的基础上得到了最佳油石比。经过配合比设计检验，证明所设计的 AR-AC-13 橡胶沥青混合料各项技术指标均满足规范要求。设计结果见表 5-32。

AR-AC-13 混合料配合比设计结果 表 5-32

级配类型		AR-AC-13
各种材料组成(%)	10～15mm	61
	5～10mm	8.5
	机制砂(粗)	20
	机制砂(细)	9
	水泥	1.5
最佳油石比(%)		6.5
施工控制密度		2.420

第三节　SAC级配橡胶沥青混合料设计研究

《沥青路面施工及验收规范》(GB 50092—1996)中列出两类沥青混凝土:一类是传统连续级配密实式沥青混凝土,被称作Ⅰ型,其空隙率为3%~6%,级配中粗集料含量少而细集料含量多,空隙率小,透水性小,但其铺筑而成的路面表面构造深度不能满足高速公路表面层抗滑性能要求。另一类是空隙率为4%~10%的半开式沥青混凝土,被称作Ⅱ型。其级配特点是粗集料多、细集料少,由其铺筑而成的路面虽表面构造深度能满足要求,但是由于其透水性大的缺点,容易导致严重的水破坏,且由于其表面构造深度常与结构层内部较大的开口空隙相连,竣工时用铺砂法测定的表面构造深度常有假象(偏大),过1~2年再次测定时,其构造深度会大幅减小。

多碎石沥青混凝土SAC是一种粗集料间断级配沥青混凝土,结合了Ⅰ型的空隙率小和Ⅱ型的表面构造深度大的特点。同时,它作为一种密实型间断级配,也开始被考虑用于橡胶沥青混合料设计。《橡胶沥青及混合料设计施工技术指南》及"橡胶沥青行标湿拌法草案"中提出的橡胶沥青混合料级配,实际就是基于SAC级配发展而来的;SAC-13与AR-AC-13在级配范围上有许多相似之处,区别在于SAC-13建议使用更粗的骨架结构,其粗集料含量较AR-AC-13更多,且SAC-13矿粉用量大。

基于上述原因,试验首先总结SAC级配变化对普通沥青混合料的空隙率影响情况,再研究对橡胶沥青混合料的空隙率影响情况,并对其进行比较,从而总结其空隙率变化的差异性,以便考虑基于普通沥青混合料的SAC-13级配的经验规律是否可以用于橡胶沥青混合料实际应用中,以及需要注意哪些方面。

一、SAC级配变化对普通沥青混合料空隙率影响规律的研究

为了确定SAC级配变化对普通沥青混合料空隙率的影响规律,本节针对SAC级配于试验室进行系列试验。试验用集料粒径组成为13.2~9.5mm、9.5~4.75mm、4.75~2.36mm、2.36~0.075mm4档。对于4.75mm以上粗集料,使用产地江苏溧阳的玄武岩,对于2.36~0.075mm档料,使用产地江苏溧阳的石灰岩。其基本性能测试的结果见表5-11。试验所用沥青均为中海70号基质沥青。

1. 确定油石比

SAC沥青混合料目标空隙率定为3%~5%,以目标空隙率为标准,选取4.5%、5.0%、5.5%3种油石比进行试验。试验选用级配如表5-33所示,空隙率结果如表5-34和图5-6所示。

试验用级配(%)　　表5-33

筛孔尺寸(mm)	10~13	5~10	3~5	0~3	矿　粉
级配1	32	38	6	16	8
级配2	28	37	8	19	8
级配3	25	35	10	22	8

空隙率试验结果 表 5-34

油石比（%）	级配	最大理论密度（g/cm³）	毛体积密度（g/cm³）	空隙率（%）
4.5	1	2.653	2.463	7.2
	2	2.644	2.507	5.2
	3	2.636	2.530	3.9
5.0	1	2.633	2.475	6
	2	2.625	2.528	3.7
	3	2.616	2.548	2.6
5.5	1	2.614	2.486	4.9
	2	2.605	2.540	2.6
	3	2.597	2.560	1.4

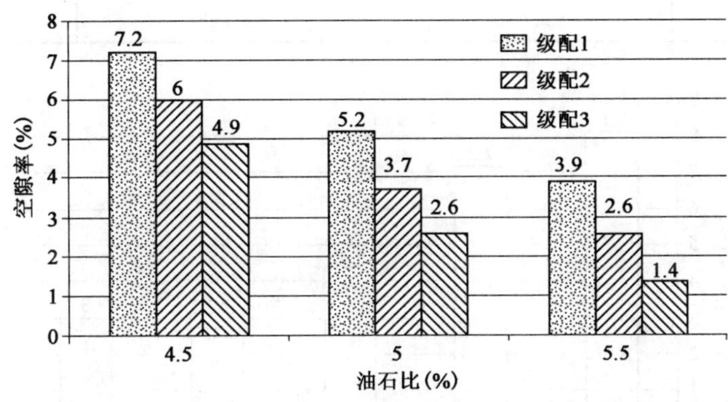

图 5-6 空隙率试验结果

由图 5-6 可见，当油石比处于 4.5%～5.5%时，级配 1 的空隙率基本处于目标空隙率之外。对于级配 2、级配 3，油石比大于 5%时，空隙率偏小；油石比为 4.5%时，级配 2 的空隙率大于 5%。综合考虑，本次系列试验确定油石比为 4.8%。

2. 粗集料掺量变化对空隙率的影响

由表 5-33 及图 5-6 可见，4.75mm 以上粗集料含量由 70%到 65%再到 60%递减的过程中，空隙率也随之减小。粗集料总含量减小，细料增多，从空隙率变化的角度出发，必然是呈减小的趋势。另一方面，SAC 是粗骨架密级配，粗集料的减小与细集料的增多必然导致骨架结构发生改变。按 SAC 级配理论，骨架密实结构与悬浮式密实结构的分界线为粗集料含量约 59～60%。含量 60%为疏松骨架密实结构的下限值，含量 65%左右的是一般骨架结构，含量 70%左右的是紧密骨架结构。

本次试验所用级配均保持 70%的粗集料总含量，改变两档粗集料的相对含量变化，观察其对混合料空隙率的影响情况。试验所用油石比为 4.8%。试验级配如表 5-35 所示，空隙率结果如表 5-36 和图 5-7 所示。

试验所用级配(%)　　表 5-35

筛孔尺寸(mm)	10～13	5～10	3～5	0～3	矿粉
级配 1	10	60	6	16	8
级配 2	20	50	6	16	8
级配 3	40	30	6	16	8
级配 4	50	20	6	16	8
级配 5	60	10	6	16	8

空隙率结果　　表 5-36

级　配	最大理论密度(g/cm^3)	毛体积密度(g/cm^3)	空隙率(%)
1	2.639	2.426	8.1
2	2.640	2.451	7.2
3	2.641	2.524	4.4
4	2.642	2.559	3.1
5	2.643	2.562	3.0

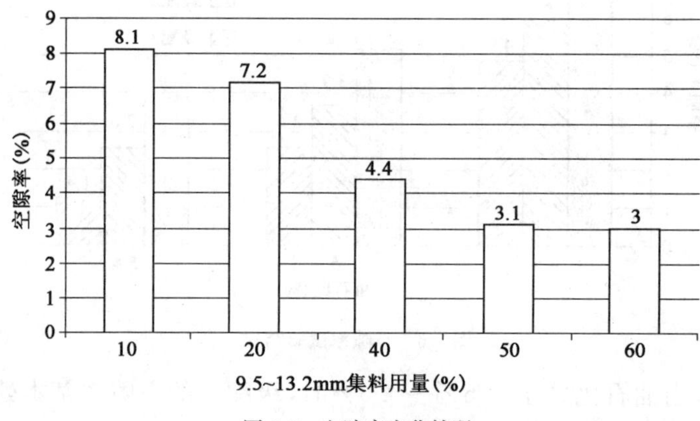

图 5-7　空隙率变化情况

由图 5-7 可见，当 9.5mm 以上粗集料由 10%以 10%为间隔递增至 60%，同时 4.75～9.5mm粗集料含量递减时，混合料空隙率亦逐渐减小。当 4.75～9.5mm粗集料含量较大时，9.5mm 以上粗集料分散于低一级集料之间，无法相互接触，因此其对于整个骨架形成的是干涉作用，结果是进一步将 4.75～9.5mm 粗集料形成的骨架撑开，导致粗集料间隙率增大。在细集料、填料及沥青用量不变的情况下，混合料空隙率必然较大。相反，当 9.5mm 以上粗集料含量较大时，此档集料相互之间接触形成骨架，而相对较少的 4.75～9.5mm 粗集料此时起对上一档集料间隙的填充作用。因此粗集料间隙率减小，有了等量细集料、填料和沥青的填充后，混合料空隙率呈减小趋势。

3. 粗集料间隙率

按《公路工程集料试验规程》(JTG E42—2005)T 0309—2005 试验方法，对 4.75～9.5mm 及 9.5～13.2mm 两档粗集料的相对含量作出变化，测定其粗集料间隙率变化情况。试验方法稍作改变：在捣实过程中，加入适量水使之浸没集料，使集料在水的浸润作用下，被捣实的效果更佳，接触更为紧密，从而测定的粗集料间隙率更为准确。试验使用体积为 5L 的容量筒。试验结果如表 5-37 和图 5-8 所示。

粗集料间隙率结果 表 5-37

两档粗集料含量比例(4.75～9.5mm∶9.5～13.2mm)	集料总质量(g)	容量筒体积(cm^3)	粗集料捣实密度(g/cm^3)	粗集料毛体积密度(g/cm^3)	粗集料间隙率(%)
2∶8	10 038.0	5 948.787	1.687 41	2.893 98	41.693
3∶7	10 127.4	5 948.787	1.702 43	2.895 97	41.214
4∶6	10 250.1	5 948.787	1.723 05	2.897 97	40.543
5∶5	10 280.5	5 948.787	1.728 17	2.899 97	40.407
6∶4	10 399.7	5 948.787	1.748 21	2.901 97	39.758
7∶3	10 436.0	5 948.787	1.754 31	2.903 97	39.589
8∶2	10 438.9	5 948.787	1.754 79	2.905 98	39.615
9∶1	10 458.9	5 948.787	1.758 15	2.907 99	39.541

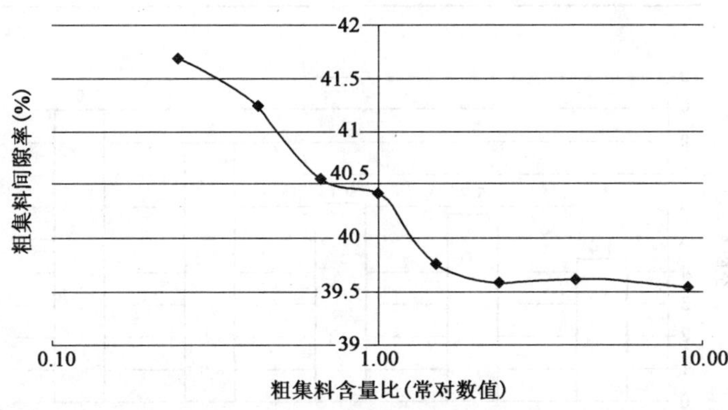

图 5-8 粗集料间隙率变化图

由表 5-37 和图 5-8 可知，随着 9.5～13.2mm 粗集料含量的增多，4.75～9.5mm 粗集料的含量减少，混合粗集料的间隙率呈递减之势，此现象与上一小节中所述混合料空隙率的变化情况相符。这进一步说明，9.5mm 以上粗集料含量较大时，此档集料相互之间接触形成骨架，而相对较少的 4.75～9.5mm 粗集料此时起到对上一档集料间隙的填充作用，因此粗集料间隙率减小。

二、2.36～4.75mm 集料用量比例对空隙率的影响

SAC-13 级配属于间断级配，根据级配理论和关于间断级配的最新研究，2.36～4.75mm 含量变化对于矿料骨架有关键的影响作用。本次试验的目的是观察此档集料含量变化对沥青混合料空隙率的影响情况。

1. 粗集料用量比例不变

调整 4.75mm 以下两档细集料的相对用量比例试验所用级配(表 5-38)，空隙率结果如表 5-39和图 5-9 所示。

试验所用级配(%) 表 5-38

筛孔尺寸(mm)	10～13	5～10	3～5	0～3	矿粉
级配 1	40	30	6	16	8
级配 2	40	30	8	14	8
级配 3	40	30	10	12	8
级配 4	40	30	12	10	8
级配 5	40	30	15	7	8

空 隙 率 结 果 表 5-39

级 配	最大理论密度(g/cm^3)	毛体积密度(g/cm^3)	空隙率(%)
1	2.641	2.524	4.4
2	2.646	2.494	5.8
3	2.651	2.491	6.1
4	2.656	2.443	8.0
5	2.664	2.423	9.0

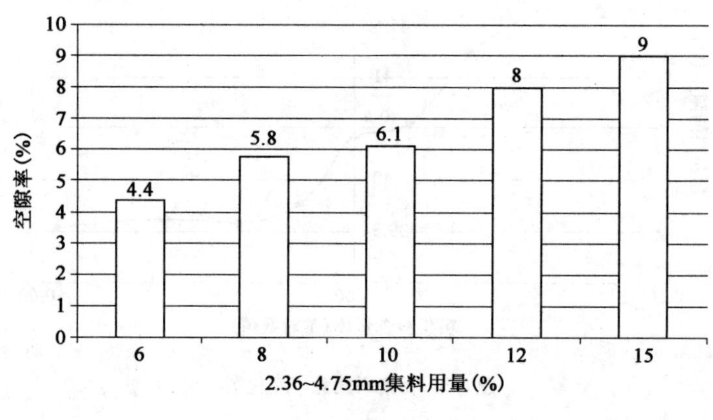

图 5-9 空隙率变化图

本次试验固定 4.75mm 以上粗集料含量为 70%,变化 2.36～4.75mm 集料含量,0.075～2.36mm 集料随之改变含量,如表 5-38、图 5-9 所示。沥青混合料的空隙率随着 2.36～4.75mm 集料含量的增加而增大,在油石比为 4.8%的条件下,当此档料含量为 6%时,混合料空隙率为 4.4%,处于目标空隙率范围内。随着该档料含量增加,混合料空隙率超出目标空隙率,特别是当该档料含量超过 10%之后,空隙率增大幅度很大。在 2.36～4.75mm 集料含量由 6%增加至 10%时,由于 0.075～2.36mm 细集料含量减少,必然导致对粗集料形成的间隙填充不足,因此混合料的空隙率有所增大,但增大的幅度相对较小。而当此档料含量进一步增大至 10%以上后,2.36～4.75mm 集料含量增多,对于粗集料形成的骨架结构起到了一定的干涉作用,导致粗集料骨架被进一步撑大。另一方面,细集料含量进一步减小,最终导致沥青混合料的空隙率出现较大幅度的增大。

2. 调整两档细集料与矿粉的相对用量比例

试验所用级配如表 5-40 所示,空隙率结果如表 5-41 和图 5-10 所示。

试验所用级配(%) 表 5-40

筛孔尺寸(mm)	10～13	5～10	3～5	0～3	矿 粉
级配 1	40	30	10	12	8
级配 2	40	30	10	14	6
级配 3	40	30	15	7	8
级配 4	40	30	15	10	5

空 隙 率 结 果 表 5-41

级 配	最大理论密度(g/cm³)	毛体积密度(g/cm³)	空隙率(%)
1	2.651	2.491	6.1
2	2.649	2.446	7.7
3	2.664	2.423	9.1
4	2.660	2.402	9.7

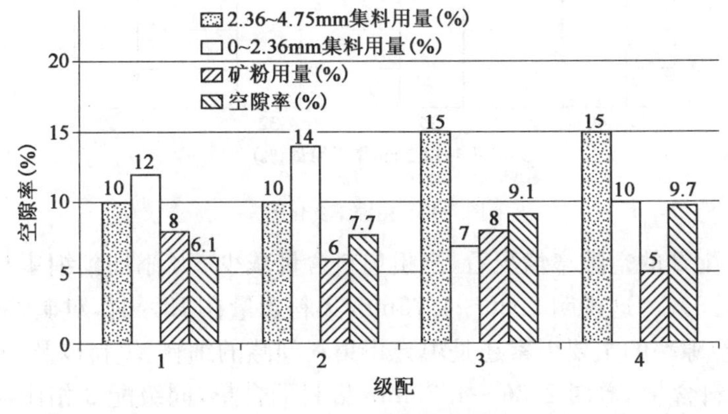

图 5-10 空隙率变化图

由图 5-10 可见,增多 2.36～4.75mm 一档料的含量,特别是达到 10%以上,无论减少的是细料还是填料,空隙率都会明显增大,且若减少矿粉的含量,空隙率的增大程度更大。由于矿粉在沥青混合料中吸收沥青形成沥青胶浆的能力更强,因此更能裹覆于粗集料表面,去填充粗集料间隙,而细集料此方面作用相对较差。因此,同等程度的减少含量,减少矿粉含量会导致沥青混合料的空隙率增大更多。

3. 调整粗集料和 2.36～4.75mm 集料的相对用量比例

试验所用级配如表 5-42 所示,空隙率结果如表 5-43 和图 5-11 所示。

试验所用级配(%) 表 5-42

筛孔尺寸(mm)	10～13	5～10	3～5	0～3	矿 粉
级配 1	40	30	12	10	8
级配 2	35	30	12	15	8
级配 3	32	30	15	15	8
级配 4	25	35	10	22	8

空隙率结果　　表 5-43

级　配	最大理论密度(g/cm³)	毛体积密度(g/cm³)	空隙率(%)
1	2.656	2.443	8.0
2	2.643	2.551	5.0
3	2.642	2.513	4.9
4	2.624	2.531	3.5

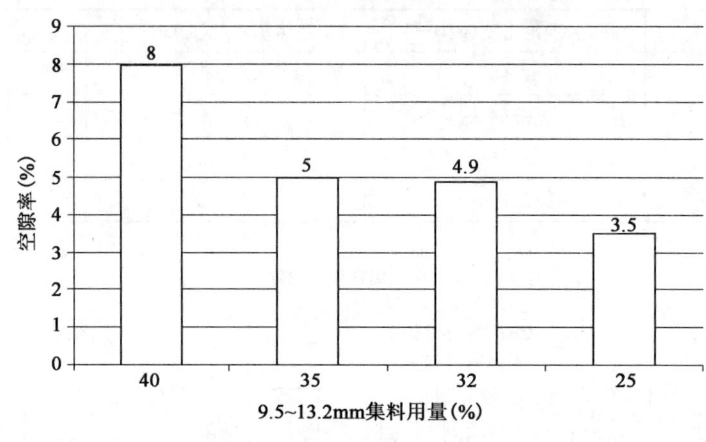

图 5-11　空隙率变化图

由级配 1 和级配 2 的空隙率情况看，当粗集料含量减少 5%添加到细集料上，空隙率明显减小，由 8%降低至 5%。这说明 2.36～4.75mm 集料含量在 12%时，对矿料骨架的干涉作用还不是太强，影响空隙率的主要因素还是填充粗集料间隙的细料、填料以及沥青的含量。级配 3 进一步减小粗集料含量，增加 2.36～4.75mm 集料的含量，同级配 2 相比，沥青混合料的空隙率基本没变化。这说明 2.36～4.75mm 集料含量增加，起到的不是填充作用，而是干涉作用，部分集料作为骨架的一部分构成。因此，在相等含量的细料、填料和沥青的情况下，级配 2 与级配 3 空隙率无明显变化。而级配 4 则进一步说明，当 2.36～4.75mm 集料含量在一定范围内，细集料增多的填充作用是影响空隙率的关键。

三、SAC 的两种级配检验方法

1. VCA_{DRF} 法

沙庆林院士提出了 SAC10～SAC30 的系列矿料级配。但由于一个矿料级配不可能适应不同岩石加工的集料，所以对于具体某种岩石集料，所提供的某种级配只能作为参考。因此，沙院士提出了 VCA_{DRF} 级配检验方法来证明它是否符合骨架密实结构。而本节为进一步验证该法是否合理有效，通过以下解释和试验进行验证。

(1)VCA_{DRF} 法理论简介

为了使用 VCA_{DRF} 法，先列出以下几个基本公式：

$$P_{ca} + P_{fa} + P_{fi} = 100\% \tag{5-14}$$

式中：P_{ca}——矿料级配中粗集料的含量，%；

P_{fa}——矿料级配中细集料的含量，%；

P_{fi}——矿料级配中填料的含量，%。

$$VCA_{DRC} = \left(1 - \frac{GCA_{DRC}}{G_{b,ca}}\right) \tag{5-15}$$

$$GCA_{DRC} = G_{b,ca}(1 - VCA_{DRC}) \tag{5-16}$$

式中：VCA_{DRC}——粗集料间隙率，%，式中用小数表示；

GCA_{DRC}——粗集料的干捣实密度，g/cm³，

$G_{b,ca}$——粗集料的毛体积密度，g/cm³。

用 VCA_{DRF} 法进行矿料级配检验的基本方程为：

$$\left(\frac{P_{ca}}{GCA_{DRC}}\right)\cdot(VCA_{DRC} - V_a) = \frac{P_{fa}}{G_{b,fa}} + \frac{P_{fi}}{G_{a,fi}} + \frac{P_b}{G_b} \tag{5-17}$$

式中：V_a——沥青混凝土的空隙率，%，需预定的值，通常为3%～4%；

P_b——沥青用量或油石比，%；

$G_{b,fa}$——细集料的毛体积密度，g/cm³；

$G_{a,f,i}$——填料的视密度，g/cm³；

G_b——沥青的密度，g/cm³。

式(5-17)等号左侧为干捣实粗集料的空隙率减去预留 V_a 后的空隙率，也就是可以容纳细集料、填料和沥青体积的空隙率。等号右侧为细集料、填料体积率与沥青体积率之和，即沥青砂浆的体积率。

为了用此方法对级配进行验证，现选用以下几组级配，如表5-44所示。

选 用 级 配(%) 表5-44

筛孔尺寸(mm)	10～13	5～10	3～5	0～3	矿 粉
级配1	40	30	6	16	8
级配2	50	20	6	16	8
级配3	35	30	12	15	8
级配4	32	30	15	15	8
级配5	25	35	10	22	8

试验实测空隙率如表5-45所示。

试验所得空隙率 表5-45

级 配	最大理论密度(g/cm³)	毛体积密度(g/cm³)	空隙率(%)
1	2.641	2.524	4.4
2	2.642	2.559	3.1
3	2.643	2.511	5.0
4	2.642	2.513	4.9
5	2.624	2.531	3.5

试验所用材料密度如表 5-46 所示。

材 料 密 度　　表 5-46

粒径(mm)	毛体积密度(g/cm³)	表观密度(g/cm³)	吸水率(%)
9.5～13.2	2.910	2.933	0.8
4.75～9.5	2.890	2.925	1.21
2.36～4.75	2.811	2.933	1.48
0.075～2.36	2.616	2.616	—
矿粉	2.750		—
沥青	1.03		—

(2)VCA_{DRC}按实测值进行计算

式(5-17)左侧各项数值如表 5-47 所示,右侧各项数值如表 5-48 所示。

等式左侧相关数值　　表 5-47

级　配	P_{ca}(%)	GCA_{DRC}(g/cm³)	VCA_{DRC}(%)	V_a(%)	式(5-17)左侧值
1	70	1.741 58	39.974 25	4.4	14.298 46
2	70	1.744 62	39.928 75	3.1	14.776 90
3	65	1.735 76	40.161 54	5.0	13.167 18
4	62	1.732 45	40.266 42	4.9	12.656 78
5	60	1.724 65	40.494 38	3.5	12.870 21

由多项式趋势线可见,$R^2=0.992$,趋势线在两档粗集料含量比小于 8∶2 之前,与实测VCA_{DRC}都极为相近,因此,在 9.5～13.2mm 集料含量∶4.75～9.5mm 集料含量≤8∶2 的范围内,可根据此公式进行实测 VCA_{DRC}的计算。表 5-47 中 VCA_{DRC}均按此法计算所得。

等式右侧相关数值　　表 5-48

级配	P_{fa}(%)	P_{fi}(%)	P_b(%)	$G_{b,fa}$(g/cm³)	$G_{a,fi}$(g/cm³)	G_b(g/cm³)	式(5-17)右侧值
1	22	8	4.8	2.666 45	2.750	1.03	15.819 96
2	22	8	4.8	2.666 45	2.750	1.03	15.819 96
3	27	8	4.8	2.699 62	2.750	1.03	17.572 13
4	62	8	4.8	2.710 00	2.750	1.03	18.639 41
5	60	8	4.8	2.673 97	2.750	1.03	19.536 52

将表 5-47、表 5-48 中式(5-17)左、右侧最终值归于表 5-49。

结 果 汇 总 表　　表 5-49

级　配	式(5-17)左侧值	式(5-17)右侧值
1	14.298 46	15.819 96
2	14.776 90	15.819 96
3	13.167 18	17.572 13
4	12.656 78	18.639 41
5	12.870 21	19.536 52

由表5-49可见，根据实测VCA_{DRC}对式(5-17)进行计算，等式两侧结果并不等同。等式左侧数值要小于等式右侧数据，即由式(5-17)计算，所用级配的干捣实粗集料的空隙率减去预留V_a后的空隙率，也就是可以容纳细集料、填料和沥青体积的空隙率，均小于细集料、填料体积率与沥青体积率之和，即沥青砂浆的体积率。按式(5-17)，混合料均无法形成粗集料嵌挤结构，细集料的过多导致混合料形成骨架悬浮型。

按式(5-17)进行混合料空隙率V_a的计算，计算结果如表5-50所示。

计算所得混合料空隙率 表5-50

级 配	V_a(%)	级 配	V_a(%)
1	0.6	4	−11.8
2	0.5	5	−15.7
3	−6.8		

由表5-50所示，计算空隙率结果与实际试验结果存在较大差别。由试验结果可知，VCA_{DRF}法并不能准确反映混合料的级配情况。因此，沙庆林院士所提出的此法尚需进一步论证，并不具备普遍应用性。

2. VCA_{AC}法

VCA_{AC}法适用于对马歇尔试验或其他试验方法制成的沥青混凝土试件进行矿料级配检验、调整以及最终取得符合要求的配合比和相应的矿料级配，供生产使用。

(1)沥青混凝土的分解和计算

沥青混凝土的组成包括全部矿料，含粗集料、细集料、填料、沥青和空气。以下将沥青混凝土的各组成质量进行分解和计算(这部分计算需采用5位小数)。

①沥青中全部矿料的质量MMA_{AC}。全部矿料的质量用式(5-18)计算。

$$MMA_{AC}=\frac{G_{b,s}}{(1+P_B)} \tag{5-18}$$

式中：$G_{b,s}$——沥青混合料试件的毛体积密度，g/cm³；

P_B——油石比，%。

②沥青混凝土中的矿料间隙率VMA。矿料间隙率用式(5-19)计算。

$$VMA=1-\frac{MMA_{AC}}{G_{b,ma}} \tag{5-19}$$

式中：$G_{b,ma}$——矿料合成毛体积密度，g/cm³。

③沥青混凝土中粗集料的质量MCA_{AC}。

$$MCA_{AC}=P_{ca}MMA_{AC} \tag{5-20}$$

式中：P_{ca}——沥青混凝土中大于4.75mm粗集料的用量，%。

④沥青混凝土中粗集料的空隙率VCA_{AC}。

$$VCA_{AC}=1-\frac{MCA_{AC}}{G_{b,ca}} \tag{5-21}$$

式中：$G_{b,ca}$——沥青混合料中粗集料的毛体积密度，g/cm³。

⑤沥青混凝土中细集料的质量MFA_{AC}。

$$MFA_{AC}=P_{fa}MMA_{AC} \tag{5-22}$$

式中：P_{fa}——沥青混凝土中小于4.75mm细集料的用量，%。

⑥沥青混凝土中填料的质量MFI_{AC}。

$$MFI_{AC} = P_{fi} \cdot MMA_{AC} \tag{5-23}$$

式中：P_{fi}——沥青混凝土中填料的用量，%。

⑦沥青混凝土中沥青的质量MB_{AC}。

$$MB_{AC} = G_{b,s} - MMA_{AC} \tag{5-24}$$

(2)沥青混凝土骨架密实结构的检验——VCA_{AC}方法

VCA_{AC}方法检验沥青混凝土是否属于骨架密实结构的基本方程如下：

$$VCA_{AC} = \frac{MFA_{AC}}{G_{b,fa}} + \frac{MFI_{AC}}{G_{a,fi}} + \frac{MB_e}{G_B} + V_a \tag{5-25}$$

在进行沥青混凝土的分解和计算沥青体积时，需要考虑被矿料吸收的沥青质量MB_a。沥青混凝土中沥青的体积实际仅是有效沥青B_e的体积。

矿料吸收的沥青质量MB_a按下式计算：

$$MB_a = MMA_{AC} G_B \left(\frac{G_e - G_{b,ma}}{G_e G_{b,ma}} \right) \tag{5-26}$$

有效沥青B_e的质量按下式计算：

$$MB_e = MB_{AC} - MB_a \tag{5-27}$$

(3)VCA_{AC}方法对级配的检验

对于表5-44所示级配，采用VCA_{AC}方法进行级配检验，等式(5-25)左侧VCA_{AC}所涉及的变量见表5-51，等式(5-25)右侧所涉及的变量见表5-52。

式(5-25)左侧所需变量 表5-51

级配	P_{ca} (%)	$G_{b,s}$ (g/cm³)	P_B (%)	$G_{b,ca}$ (g/cm³)	MMA_{AC} (g/cm³)	MCA_{AC} (g/cm³)	VCA_{AC} (%)
1	70	2.524	4.8	2.901 39	2.408 40	1.685 88	41.894 23
2	70	2.559	4.8	2.904 26	2.441 79	1.709 26	41.146 55
3	65	2.511	4.8	2.900 73	2.395 99	1.557 40	46.310 33
4	62	2.513	4.8	2.900 29	2.397 90	1.486 70	48.739 63
5	60	2.531	4.8	2.898 30	2.415 08	1.449 05	50.003 59

式(5-25)右侧所需变量 表5-52

级配	MFA_{AC} (g/cm³)	$G_{b,fa}$ (g/cm³)	MFI_{AC} (g/cm³)	$G_{a,fi}$ (g/cm³)	G_B (g/cm³)	MB_e (g/cm³)	V_a (%)	式(5-25)右侧值
1	0.529 85	2.666 45	0.192 67	2.75	1.03	0.108 85	4.4	41.845 45
2	0.537 19	2.666 45	0.195 34	2.75	1.03	0.110 65	3.1	41.092 84
3	0.646 92	2.699 22	0.191 68	2.75	1.03	0.106 85	5.0	46.310 70
4	0.719 37	2.710 00	0.191 83	2.75	1.03	0.106 34	4.9	48.745 03
5	0.772 82	2.673 97	0.193 21	2.75	1.03	0.101 59	3.5	49.290 22

如表5-51和表5-52所示，按VCA_{AC}方法进行级配检验，式(5-25)左右侧数值极为相近。该级配验证方法较为合理。

通过室内试验和数据分析，本节总结了SAC级配变化对普通沥青混合料空隙率的影响规律，并针对SAC的两种级配检验方法进行了试验验证。考虑到SAC在我国对橡胶沥青混合料的实际应用有重大影响，下文将着重考虑SAC应用于橡胶沥青混合料时，其级配变化对混合料空隙率影响的情况。

四、SAC级配变化对橡胶沥青混合料空隙率影响规律的研究

试验所用石料与橡胶沥青同本节第一小节中所用石料，所有级配均使用1.5%的水泥代替等量矿粉填料。基质沥青为中海70号，胶粉为40目胶粉，胶粉掺量为内掺18%。橡胶粉改性沥青的加工工艺是在185℃(±5℃)下用高速搅拌器，将沥青与橡胶粉共炼90min。油石比取定为6%。

1. 粗集料用量变化对空隙率的影响

试验所用级配如表5-53所示。空隙率结果如表5-54和图5-12所示。

试验所用级配(%)　　表5-53

筛孔尺寸(mm)	10～13	5～10	3～5	0～3	矿　粉
级配1	40	30	12	10	8
级配2	35	30	12	15	8
级配3	32	30	15	15	8
级配4	25	35	10	22	8

粗集料用量比例对空隙率影响的结果　　表5-54

级　配	最大理论密度(g/cm^3)	毛体积密度(g/cm^3)	空隙率(%)
1	2.622	2.399	8.5
2	2.613	2.497	4.4
3	2.612	2.511	3.9
4	2.600	2.546	2.1

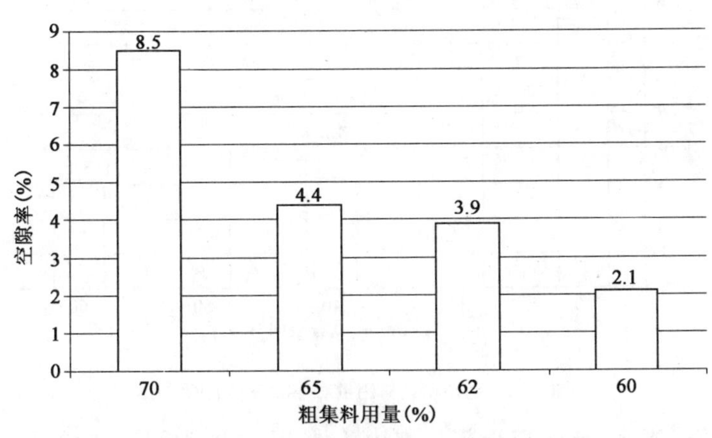

图5-12　粗集料用量对空隙率影响的结果

由图5-12可知，对于所采用的三种油石比，橡胶沥青混合料空隙率随着4.75mm以上粗集料用量的减少而呈现递减规律。由SAC级配理论可知，4.75mm以上粗集料含量为60%左

右，是悬浮密实结构同骨架密实结构的分界线，而含量在65%左右为一般骨架结构，含量在70%左右为紧密骨架结构。结合图5-6关于SAC普通沥青混合料的空隙率情况可知，当粗集料含量大于60%时，即在保证混合料粗集料形成骨架结构的前提下，随着粗集料用量的减少，橡胶沥青混合料空隙率将出现随之减小的规律。同时，骨架结构的疏密对混合料空隙率的影响程度大于2.36～4.75mm一档集料对混合料空隙率的影响程度。

试验保持4.75mm以下细集料含量不变，调整4.75～9.5mm与9.5～13.2mm粗集料含量的相对变化，观察其对橡胶沥青混合料空隙率的影响规律。试验所用级配如表5-55所示，空隙率结果见表5-56和图5-13。

本节试验所用级配(%) 表5-55

筛孔尺寸(mm)	10～13	5～10	3～5	0～3	矿　粉
级配1	10	60	6	16	8
级配2	20	50	6	16	8
级配3	40	30	6	16	8
级配4	50	20	6	16	8
级配5	60	10	6	16	8

两档粗集料用量比例对空隙率影响的结果 表5-56

级　配	最大理论密度(g/cm^3)	毛体积密度(g/cm^3)	空隙率(%)
1	2.609	2.407	7.7
2	2.610	2.454	6.0
3	2.611	2.502	4.2
4	2.612	2.503	4.2
5	2.613	2.532	3.1

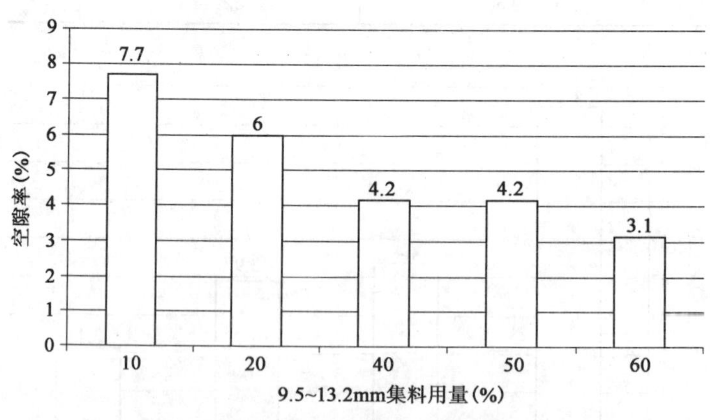

图5-13　两档粗集料用量对空隙率影响的结果

由图5-13可知，当9.5mm以上粗集料由10%以10%为间隔递增至60%，同时4.75～9.5mm粗集料含量递减时，混合料空隙率亦逐渐减小，空隙率变化规律与SAC普通沥青混合料基本相同，且两种沥青混合料的此种规律变化成因也相同。对于橡胶沥青来说，其胶粉颗粒

裹覆沥青后形状大小尚不足以对 4.75mm 以上粗集料形成干涉作用，在控制 2.36mm 粒径集料用量的前提下，胶粉颗粒在混合料结构中仅起到填充作用。由图 5-14 曲线规律还可看出，当 9.5mm 以上粗集料含量达到 40％后，随着其用量的进一步增加，混合料空隙率的减小幅度开始变小。

2. 粗集料用量比例不变

保持 4.75mm 以上粗集料用量不变，调整 2.36～4.75mm 与 0.075～2.36mm 两档集料的相对含量，观察其对橡胶沥青混合料空隙率的影响规律。试验所用级配如表 5-57 所示。空隙率结果如表 5-58 和图 5-14 所示。

本节试验所用级配（％） 表 5-57

筛孔尺寸(mm)	10～13	5～10	3～5	0～3	矿 粉
级配 1	40	30	6	16	8
级配 2	40	30	8	14	8
级配 3	40	30	10	12	8
级配 4	40	30	12	10	8
级配 5	40	30	15	7	8

两档细集料用量比例对空隙率影响的结果 表 5-58

级 配	最大理论密度(g/cm³)	毛体积密度(g/cm³)	空隙率(％)
1	2.611	2.502	4.2
2	2.615	2.478	5.2
3	2.618	2.428	7.3
4	2.622	2.399	8.5
5	2.627	2.362	10.1

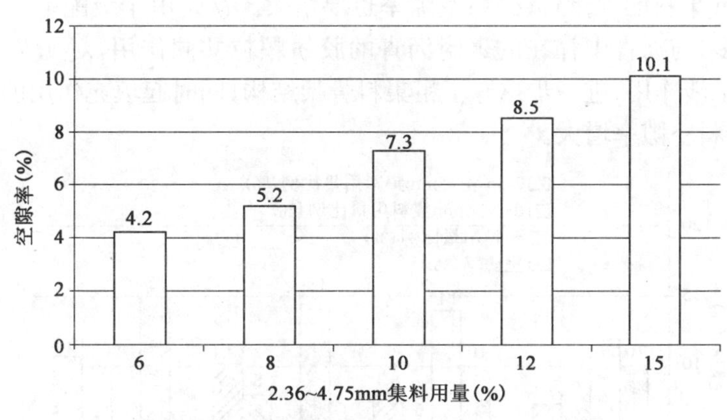

图 5-14 两档细集料用量对空隙率影响的结果

比较图 5-14 与图 5-8，空隙率变化总体规律一致，空隙率均是随着 2.36～4.75mm 集料含量的增加而增大。橡胶沥青混合料中当 2.36～4.75mm 集料含量达到 8％以后，随着该档料用量的增加，空隙率的增大幅度明显高于普通沥青混合料。形成此现象的原因为，橡胶沥青混合料中存在的橡胶颗粒裹覆沥青后参与了2.36～4.75mm一档集料的干涉作用，因而在橡胶沥青混合料中，该档集料对4.75mm以上粗集料形成的骨架结构干涉作用更加明显。这也进一步说明，控制该档集料用量对于SAC混合料的空隙率至关重要。

保持粗集料用量不变，调整2.36～4.75mm、0.075～2.36mm集料与矿粉的相对含量。试验所用级配如表5-59所示。空隙率结果如表5-60和图5-15所示。

本节试验所用级配(%)　　表5-59

筛孔尺寸(mm)	10～13	5～10	3～5	0～3	矿　粉
级配1	40	30	10	12	8
级配2	40	30	10	14	6
级配3	40	30	15	7	8
级配4	40	30	15	10	5

两档细集料与矿粉的用量比例对空隙率影响的结果　　表5-60

级　配	最大理论密度(g/cm³)	毛体积密度(g/cm³)	空隙率(%)
1	2.618	2.428	7.3
2	2.617	2.406	8.1
3	2.627	2.362	10.1
4	2.625	2.342	10.8

由图5-15可知，在2.36mm以上集料含量保持不变的前提下，减少矿粉含量而增加细集料含量，橡胶沥青混合料的空隙率增大。这表明矿粉的填充作用是优于细集料的，但是由于矿粉吸收沥青形成沥青胶浆的能力强，必然导致橡胶沥青混合料中的沥青膜厚度降低，理论上并不利于保证橡胶沥青混合料的黏结性能。由图5-15可看出，若减少矿粉和细集料的含量，增加2.36～4.75集料的含量，混合料空隙率也要增大。这是由于级配中2.36～4.75mm一档集料的含量增多，与沥青中存在的裹附沥青的胶粉颗粒共同作用，对4.75mm以上粗集料产生较强的骨架干涉作用，进一步撑开了粗集料骨架结构，同时起填充作用的细集料和矿粉含量减少，导致混合料空隙率增大。

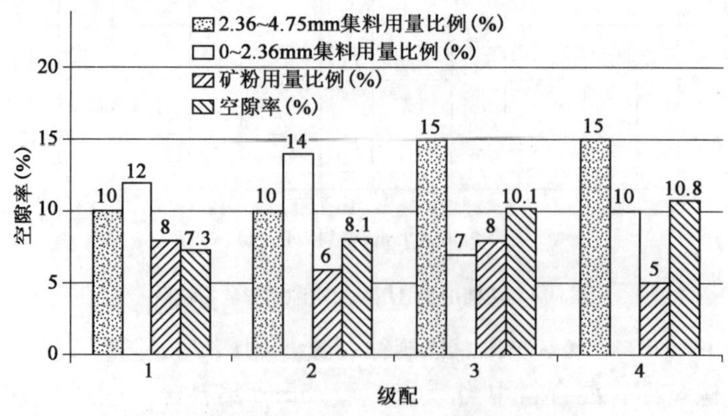

图5-15　两档细集料与矿粉用量比例对空隙率的影响

第四节 9.5mmRAC-G级配橡胶沥青混合料设计研究

在国内,橡胶沥青混合料常用于超薄罩面,需要采用公称粒径为9.5mm的级配,而亚利桑那州规范中并无此公称粒径级别的级配,因此有必要对此类型混合料设计进行研究。

参考国外规范,美国加利福尼亚州的推荐级配范围中有9.5mm橡胶沥青级配。在美国加利福尼亚州规范中,断级配橡胶沥青混凝土代号为RAC-G,开级配橡胶沥青混凝土代号为RAC-O,其级配范围如表5-61所示。

加利福尼亚州橡胶沥青混凝土级配推荐范围(%) 表5-61

筛孔尺寸(mm)	12.5	9.5	4.75	2.36	1.18	0.6	0.075
	1/2 in	3/8 in	4目	8目	16目	30目	200目
9.5mm RAC-G G-MB	100	78~92	33~37	18~22	—	8~12	3~7
9.5mm RAC-O	100	90~100	29~36	7~18	0~10	—	0~3

加利福尼亚州橡胶沥青混合料断级配采用高黏度结合料的含量一般为7%~9%,形成一个非常柔性的结构,有利于防止反射裂缝的产生。其主要技术特点是抗疲劳和防止反射裂缝。当用于改建项目时,可以减少50%的路面厚度。多用于养护项目,比一般密实型混合料有更好的抗疲劳性能。

该州采用Haveen法进行橡胶沥青混合料配合比设计,断级配混合料设计采用加利福尼亚州试验方法C367,并根据不同气候环境采用不同的空隙率水平。通过计算得出满足设计空隙率的结合料含量,以最佳结合料含量为上限,以比最佳含量低0.3%为下限。试件的压实根据加利福尼亚州试验方法CT304,拌和温度为149~163℃。最小的稳定度为23(Haveen Stability),矿料间隙率为18%。不同地区空隙率要求如表5-62所示。

加尼福利亚洲断级配橡胶沥青混凝土空隙率要求(%) 表5-62

交通指数	山区	山谷	海滨	沙漠
0~6	3.0	3.0	3.0	3.0
>6~10	3.0(4.0,当平均温度大于95℉)	4.0	4.0	5.0
>10	4.0	5.0	5.0	6.0

RAC-G具有较大的实际应用价值,但目前我国混合料设计主要是采用马歇尔击实试验方法,在应用RAC-G的过程中,有必要参考其相关的空隙率要求及性能指标。同时,应考虑成型方法不同所引起的差异性。本节通过马歇尔击实成型试件,重点研究级配变化对9.5mm RAC-G空隙率影响的规律。

一、不同油石比对混合料空隙率的影响

1. 试验所用材料

试验所用石料粒径组成为 13. 2～9. 5mm、9. 5～4. 75mm、4. 75～2. 36mm、2. 36～0. 075mm 4 档。对于 2. 36mm 以上粗集料，使用产地江苏溧阳的玄武岩，对于 2. 36～0. 075mm档料，使用产地浙江安吉的石灰岩。填料使用 C42. 5 水泥。集料密度见表 5-63。

集 料 密 度 表　　表 5-63

项　目	毛体积相对密度	表观相对密度	吸水率(%)	备　注
1号	2. 910	2. 933	0. 8	(10～15)
2号	2. 890	2. 925	1. 21	(5～10)
3号	2. 811	2. 933	1. 1	(3～5)
4号	2. 741	2. 741	—	(0～3)
水泥	3. 000		—	—

试验所用沥青均为中海 70 号基质沥青，胶粉为 40 目胶粉，胶粉掺量为内掺 18%。橡胶粉改性沥青的加工工艺是在 185℃(±5℃)下，用高速搅拌器，将沥青与橡胶粉共炼 90min。

2. 不同油石比对混合料空隙率的影响

试验所用级配如表 5-64 和图 5-16 所示，此级配原本不是严格意义上的 9. 5mm，是介于 9. 5mm与 12. 5mm 之间，由于本文的研究将大致在表 5-60 所给的级配范围内进行，为了将其具体运用在超薄罩面和应力吸收层中，9. 5mm 和 0. 075mm 两档料的上下限将视情况略有突破，故称其为 9. 5mmRAC-G，且级配将更细，矿粉用量更少。使用油石比为 6. 0%、6. 5%、7. 5%、8. 5%、9. 0%、9. 5%、10. 0%。空隙率情况如表 5-65 和图 5-17 所示。

试验所用级配　　表 5-64

筛孔尺寸(mm)	9. 5	4. 75	2. 36	1. 18	0. 6	0. 3	0. 15	0. 075
通过率(%)	100	33. 2	22. 0	15. 4	9. 9	5. 9	3. 9	1. 9

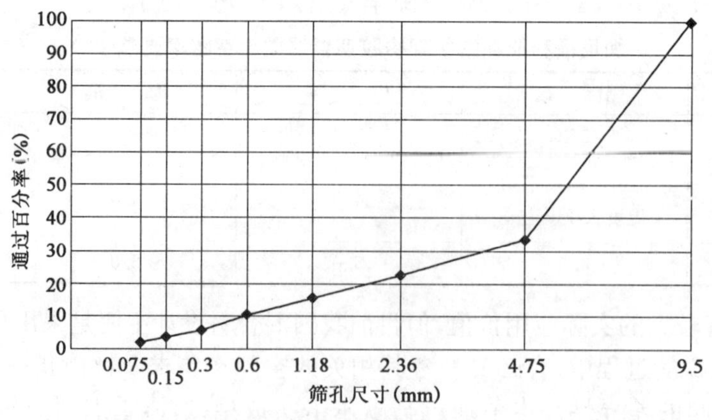

图 5-16　合成级配曲线图

不同油石比条件下空隙率情况　　表 5-65

油石比(%)	毛体积相对密度	最大理论相对密度	空隙率(%)
6.0	2.317	2.609	11.2
6.5	2.328	2.590	10.1
7.5	2.355	2.554	7.8
8.5	2.379	2.520	5.6
9.0	2.390	2.503	4.5
9.5	2.397	2.487	3.6
10.0	2.414	2.471	2.3

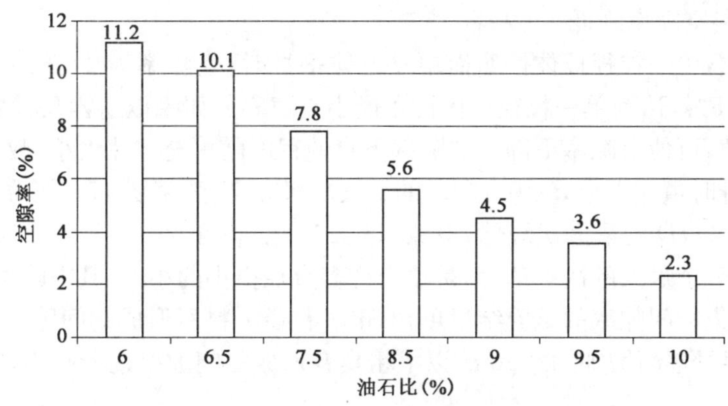

图 5-17　不同油石比条件下的空隙率情况

由图 5-17 可知，油石比与橡胶沥青混合料空隙率有较好的线性关系。油石比每增加 0.5%，橡胶沥青混合料的空隙率减小 0.9%～1.2%。以本次试验所用级配按马歇尔击实的方式成型试件，当油石比为 7.5%～9.5%(加利福尼亚州建议使用沥青用量 7%～9%)时，橡胶沥青混合料空隙率为 3.6%～7.8%。根据试验结果，按该州空隙率要求(3%～6%)，油石比应控制在 8.5%～9.5%。

二、9.5mmRAC-G 集料级配变化对空隙率的影响

(1)粗集料用量比例对空隙率的影响

根据级配范围，合成如表 5-66 所示级配。油石比取为 7.5%，观察 4.75～9.5mm 与 9.5mm以上粗集料相对含量变化对混合料空隙率的影响。空隙率结果如表 5-67 所示。

本节试验所用级配　　表 5-66

筛孔尺寸(mm)	通过率(%)								
	13.2	9.5	4.75	2.36	1.18	0.6	0.3	0.15	0.075
级配 1	100	100	33.2	22.0	15.4	9.9	5.9	3.9	1.9
级配 2	100	92	33.2	22.0	15.4	9.9	5.9	3.9	1.9
级配 3	100	85	33.2	22.0	15.4	9.9	5.9	3.9	1.9
级配 4	100	79	33.2	22.0	15.4	9.9	5.9	3.9	1.9

两档粗集料用量比例对空隙率影响的情况　　表 5-67

级　配	毛体积相对密度	最大理论相对密度	空隙率(%)
1	2.355	2.554	7.8
2	2.380	2.554	6.8
3	2.412	2.555	5.6
4	2.431	2.556	4.9

由表 5-67 可知，在保持 4.75mm 以下细集料含量不变的前提下，随着 9.5mm 以上集料含量的增加，橡胶沥青混合料空隙率呈递减规律。规律表现为：9.5～13.2mm 粗集料用量每增加 7%左右，混合料空隙率降低 1%左右。

按堆球分析法，单一粒径球体按照简单立方体平排时，空隙率为 47.64%；按照锥体错排时，空隙率为 25.95%，达到单一粒径球体排布最小空隙率。如果以适当尺寸的小球体填充到大球体之间的空隙，可使空隙率下降。空隙率下降的程度随填充球体大小、数量和填充方式的不同而不同。平排时填充一个 $d=0.732D$ 的最大次级球，空隙率从 47.6%降至 27.1%；错排时填充一个 $d=0.414D$ 的最大次级球，空隙率从 25. 9%降至 20.7%。如果减小填充球的直径，一次不是填充一个最大的次级球，而是填充许多直径更小的小球，其空隙率将进一步减小。同时，结合有关粗集料间隙率的试验结果可知，单一粒径集料所形成的间隙率最大。当 9.5～13.2mm 粗集料用量逐渐增加，4.75mm 以上粗集料形成的间隙率逐渐减小，因此混合料的空隙率呈减小规律。

RAC-G 的实际应用中，可根据现场条件，参考级配规范范围，通过适当改变 9.5mm 以上粗集料与 4.75～9.5mm 粗集料的相对用量，控制混合料的空隙率。

试验所用级配如表 5-68 所示，使用油石比 7.5%，观察粗集料与细集料相对含量对混合料空隙率的影响。空隙率结果如表 5-69 所示。

本节试验所用级配　　表 5-68

筛孔尺寸(mm)	通过率(%)							
	9.5	4.75	2.36	1.18	0.6	0.3	0.15	0.075
级配 1	100	35	24	16.9	10.8	6.4	4.1	1.9
级配 2	100	33	22	15.4	9.9	5.9	3.9	1.9
级配 3	100	30	19	13.8	8.9	5.4	3.6	1.9

粗细集料用量比例对空隙率影响的情况　　表 5-69

级　配	毛体积相对密度	最大理论相对密度	空隙率(%)
1	2.369	2.550	7.1
2	2.347	2.554	8.1
3	2.351	2.558	8.1

由表 5-69 所示，级配 1 混合料的空隙率最小，级配 2、级配 3 混合料的空隙率相当。由于级配 1 的粗集料含量最小，其粗集料间隙率最小，细料含量高，因此其混合料空隙率小。而级

配 2、级配 3 的粗集料含量高，粗集料间隙率较大，但由于 2.36～4.75mm 一档集料含量为 11%，并不会对粗集料骨架结构产生明显的干涉作用，而是与 2.36mm 以下细集料共同对粗集料间隙形成填充，因此，级配 2、级配 3 的空隙率相当。

(2)2.36～4.75mm 集料的用量比例对空隙率的影响

试验所用级配如表 5-70 所示，使用油石比 7.5%，观察粗集料与 2.36～4.75mm 集料相对含量对混合料空隙率的影响。空隙率结果如表 5-71 所示。

本节试验所用级配　　表 5-70

筛孔尺寸(mm)	通过率(%)								
	13.2	9.5	4.75	2.36	1.18	0.6	0.3	0.15	0.075
级配 1	100	92	30.3	22.0	15.4	9.9	5.9	3.9	1.9
级配 2	100	92	33.2	22.0	15.4	9.9	5.9	3.9	1.9
级配 3	100	92	37	22.0	15.4	9.9	5.9	3.9	1.9
级配 4	100	92	40	22	15.4	9.9	5.9	3.9	1.9

粗集料与 2.36～4.75mm 集料的相对用量比例对空隙率的影响情况　　表 5-71

级　配	毛体积相对密度	最大理论相对密度	空隙率(%)
1	2.379	2.555	6.9
2	2.380	2.554	6.8
3	2.452	2.554	7.9
4	2.350	2.554	8.0

由表 5-71 可知，级配 1、级配 2 混合料的空隙率基本相当，级配 3、级配 4 混合料的空隙率基本相当。分析级配组成，级配 1 中 4.75～9.5mm 粗集料含量较多，4.75mm 以上粗集料间隙率较级配 2 大；级配 1 中 2.36～4.75mm 一档集料含量较小，其对粗集料骨架结构主要起填充作用，而级配 2 中此档料含量较大，与裹附沥青的橡胶沥青颗粒一起，对粗集料结构起到一定的干涉作用，撑大了粗集料骨架结构，使其间隙率最终与级配 1 相当。在细料含量相同的情况下，最终表现为混合料的空隙率相同。而级配 3、4 的 2.36～4.75mm 一档集料含量更大，对于粗集料骨架结构主要起干涉作用，造成的结果是粗集料骨架间隙率较级配 1、级配 2 更大，因此混合料空隙率增大 1%左右。

试验所用级配如表 5-72 所示，使用油石比 7.5%，观察粗集料与 2.36～4.75mm 集料相对含量对混合料空隙率的影响。空隙率结果如表 5-73 所示。

本节试验所用级配　　表 5-72

筛孔尺寸(mm)	通过率(%)							
	9.5	4.75	2.36	1.18	0.6	0.3	0.15	0.075
级配 1	100	30	24	16.9	10.8	6.4	4.1	1.9
级配 2	100	30	22	15.4	9.9	5.9	3.9	1.9
级配 3	100	30	19.5	13.8	8.9	5.4	3.6	1.9
级配 4	100	30	18.3	12.9	8.4	5.2	3.5	1.9

两档细集料的相对用量比例对空隙率影响情况　　表 5-73

级　配	毛体积相对密度	最大理论相对密度	空隙率(%)
1	2.357	2.551	7.6
2	2.362	2.554	7.5
3	2.351	2.558	8.1
4	2.281	2.560	10.9

由表 5-73 可知,级配 1、级配 2 混合料空隙率相当,级配 3 混合料的空隙率有小幅增大,级配 4 的空隙率增大较多。分析其级配构成,级配 1、级配 2 的 2.36～4.75mm 集料含量分别为 6%和 8%,用量均不大,不会对粗集料骨架结构形成强的干涉作用,主要是同细料一起起到填充空隙的作用,因此其空隙率相当。而级配 3 的空隙率有小幅增大,一方面是因为 2.36～4.75mm 一档集料含量的增加,其干涉作用相对增强,更主要的原因是起填充作用的细料含量减小。级配 4 的 2.36～4.75mm 集料含量更多,2.36mm 以下细集料含量更少,其空隙率增大明显。

要控制 9.5mmRAC-G 橡胶沥青混合料的空隙率,必须将 2.36～4.75mm 一档集料用量严格控制在 12%以下。

第五节　应用于应力吸收层的 AC-10 级配橡胶沥青混合料设计研究

沥青混凝土路面具有良好的路表性能(抗滑、低噪声)及使用性能(舒适性、安全性),且易于维修养护,已占据我国公路建设的主导地位。但是一些道路病害的存在影响了沥青路面的使用寿命,其中反射裂缝是沥青路面的主要病害之一。反射裂缝的成因主要有以下方面:

(1)旧水泥混凝土路面上加铺沥青层,在水泥混凝土板接缝处以及路面板开裂处,加铺层容易产生反射裂缝。

(2)旧沥青路面改造,原旧沥青面层的纵向裂缝、横向裂缝、网裂等均可能反射到新的沥青加铺层中。

(3)半刚性基层上的沥青面层,由于半刚性基层材料会产生温缩裂缝、干缩裂缝,这些裂缝进一步向上发展,在沥青面层产生反射裂缝。

为了解决反射裂缝问题,国内外进行了大量的试验研究,提出了多种反射裂缝的预防措施,其中最重要的手段之一就是设置应力吸收层。应力吸收层一般设置在沥青面层与基层之间,来自基层的应力经过应力吸收层分散后可以延缓和阻止沥青面层反射裂缝的产生。

目前应用广泛的橡胶沥青应力吸收层为基于碎石封层的应力吸收层,工程实践证明其有良好的防反射裂缝效果,但施工需要专门的橡胶沥青洒布车及碎石撒布车,多数工地不具备。此外,对橡胶沥青与碎石的洒布施工有较高的要求,否则会出现各种问题。如果采用高掺量的基于 AC-10 的橡胶沥青混合料,则易于施工且质量易于控制,橡胶沥青混合料成型后密实、黏结力强、不渗水,与基层有良好的结合性能,能随之变形而变形,具有优良的自愈能力,因而成为比较重要的应力吸收层组成材料之一。与壳牌公司的 Strata 应力吸收层混合料相比,基于

AC-10 的橡胶沥青混合料具有 Strata 应力吸收层所具有的高沥青用量、高性能沥青胶结料特点，避免了 Strata 应力吸收层级配过细、难以施工的缺点，此外橡胶沥青的成本远低于 Strata 应力吸收层用改性沥青。

根据国内外研究现状，用于应力吸收层的橡胶沥青混合料要求使用高沥青用量、较大的细料含量和矿粉含量。本节重点研究应用于应力吸收层的 AC-10 橡胶沥青混合料级配变化对空隙率的影响情况。

一、试验所用材料性质

所用石料粒径组成为 13.2～9.5mm、9.5～4.75mm、4.75～2.36mm、2.36～0.075mm 4 档。对于 2.36mm 以上集料，使用产地江苏溧阳的玄武岩，对于 2.36～0.075mm 档料，使用产地江苏溧阳的石灰岩。其密度测试的结果见表 5-74。

集料密度表 表 5-74

集料种类	粒径(mm)	表观密度(g/cm³)	毛体积密度(g/cm³)	吸水率(%)
玄武岩	9.5～13.2	2.933	2.910	0.79
	4.75～9.5	2.925	2.890	1.211
	2.36～4.75	2.811	2.933	1.1
石灰岩	0～2.36	2.741	2.741	—

二、AC-10 集料级配变化对空隙率的影响

所用基质沥青均为加德士 70 号沥青，胶粉掺量为内掺 18%。使用 40 目胶粉，沥青用量定为 9%，且橡胶沥青混合料的目标空隙率定为 2%。所有级配均使用 1.5%的水泥代替等量矿粉填料。

1. AC-10 级配范围上下限及中值对空隙率的影响

对于规范规定的 AC-10 级配范围，取其上下限及中值级配，并对相应橡胶沥青混合料进行马歇尔击实成型，测定其空隙率情况。级配情况见表 5-75，空隙率情况如表 5-76 所示。

AC-10 级配范围、上下限及中值级配 表 5-75

AC-10 级配	通过下列筛孔(mm)的质量百分率(%)								
	13.2	9.5	4.75	2.36	1.18	0.6	0.3	0.15	0.075
范围	100	90～100	45～75	30～58	20～44	13～32	9～23	6～16	4～8
1	100	90.5	45	30	21.6	14.6	9.5	6.8	4.2
2	100	95.2	60	43.9	31.6	21.3	13.8	9.8	6
3	100	100	75	58	41.7	28.1	18.2	12.9	7.8

混合料空隙率情况 表 5-76

沥青用量	级配	毛体积密度(g/cm³)	最大理论密度(g/cm³)	空隙率(%)
9%	1	2.397	2.466	2.8
	2	2.412	2.446	1.4
	3	2.395	2.425	1.2

由表 5-76 可知，在沥青用量 9%的情况下，采用 AC 级配下限的橡胶沥青混合料的空隙率为 2.8%，而采用 AC-10 级配范围中值级配 2 的混合料的空隙率为 1.4%，采用 AC 级配范围上限的混合料的空隙率为 1.2%。分析表 5-75 所示级配，级配 1 所含 4.75mm 以上粗集料最多，2.36mm 以下细集料含量最小，矿粉含量也最小，级配 3 为级配范围的上限，其粗集料含量最小，2.36mm 以下细集料和矿粉的含量均最大，而 2.36～4.75mm 一档集料含量三个级配间相差甚微，因此针对级配 1、级配 2、级配 3，影响混合料空隙率的主要是粗集料、细集料和矿粉相对含量的变化情况。理论上 AC 级配的沥青混合料为悬浮密实型混合料，粗集料在混合料中并不能相互接触形成骨架，其对于集料总体而言起到将细集料撑开的效果，细集料和矿粉则起到重要的填充作用。因此，随着粗集料减少，2.36mm 以下细集料和矿粉含量的增多，级配 2 的空隙率已经降低达到 2%以下；对于级配 3，随着粗集料的进一步减少和细集料、矿粉含量的进一步增加，其空隙率下降幅度已经大为减小，仅减为 1.2%。这说明当超过一定点后，粗集料的撑开作用和细集料的填充作用都已经相对不明显，矿料相对含量的变化对混合料空隙率的影响已经减弱。

2. *矿粉用量比例对空隙率的影响*

矿粉作为填料，对混合料的空隙率影响是显著的，基于 AC-10 的橡胶沥青混合料，本节采用如表 5-77 所示级配对橡胶沥青混合料进行马歇尔击实成型，并测定其空隙率。结果如表 5-78所示。

矿粉掺量变化试验用级配 表 5-77

试验用级配	通过下列筛孔(mm)的质量百分率(%)								
	13.2	9.5	4.75	2.36	1.18	0.6	0.3	0.15	0.075
1	100	100	40	26	18.2	11.5	6.7	4.3	1.9
2	100	100	45	30	21.6	14.6	9.5	6.8	4.2
3	100	100	60	43.9	31.6	21.3	13.8	9.8	6
4	100	100	75	58	41.7	28.1	18.2	12.9	7.8

矿粉用量比例对空隙率影响的情况 表 5-78

沥 青 用 量	级 配	毛体积密度(g/cm³)	最大理论密度(g/cm³)	空隙率(%)
9%	1	2.361	2.471	4.5
	2	2.392	2.466	3.0
	3	2.410	2.446	1.5
	4	2.395	2.425	1.2

由表 5-78 可知，随着矿粉掺量的增加，混合料空隙率呈减小趋势，且空隙率减小效果明显。但当矿粉掺量增加到 6%以上，空隙率的变化曲线斜率减小，表明在矿粉含量达到 6%以后，矿粉对混合料的填充作用已经减弱。针对 AC-10 的橡胶沥青级配，改变矿粉掺量是一个有效控制空隙率的方式，在矿粉掺量为 6%以下的前提下，每增加 2%的矿粉掺量，混合料空隙率降低 1.5%左右。另外，出于成本及矿粉填充作用效果的考虑，矿粉掺量不宜超过 8%。

三、2.36～4.75mm 集料用量比例对空隙率的影响

由前文相关内容可知，4.75mm 以上粗集料含量、2.36mm 以下细集料含量及矿粉含量的相对变化均会对橡胶沥青混合料的空隙率产生显著影响，而 2.36～4.75mm 一档集料的掺量对混合料空隙率的影响情况也应作出一定的规律性总结。

1. 粗集料与 2.36～4.75mm 集料的用量比例

试验所用级配如表 5-79 所示。空隙率结果如表 5-80 所示。

本节试验所用级配　　表 5-79

AC-10 级配	通过下列筛孔(mm)的质量百分率(%)								
	13.2	9.5	4.75	2.36	1.18	0.6	0.3	0.15	0.075
1	100	100	70	44	32.3	22.5	15.4	11.5	7.8
2	100	100	60	44	32.3	22.5	15.4	11.5	7.8
3	100	100	55	44	32.3	22.5	15.4	11.5	7.8
4	100	100	50	41.7	30.8	21.7	15.0	11.3	7.8

粗集料与 2.36～4.75mm 集料的用量比例对空隙率影响的情况　　表 5-80

沥青用量	级配	毛体积密度(g/cm^3)	最大理论密度(g/cm^3)	空隙率(%)
9%	1	2.321	2.445	5.1
	2	2.401	2.446	1.8
	3	2.421	2.447	1.1
	4	2.438	2.450	0.5

由表 5-80 可知，随着 2.36～4.75mm 一档集料含量的减少，混合料空隙率呈递减趋势，当此档集料含量超过 16%时，混合料空隙率增大幅度变大。由此可见，在 AC-10 橡胶沥青混合料的结构中，2.36～4.75mm 一档集料具有填充和撑开细集料的作用。在此档集料含量小于 16%的情况下，主要是起填充作用，与 4.75mm 以上粗集料形成的撑开细集料的作用相对不明显。对于级配 2、级配 3 和级配 4，4.75mm 以上粗集料含量增多，2.36～4.75mm 集料含量减少，其撑开细集料的作用进一步削弱，同时填充作用并未增强，因此混合料的空隙率变化曲线的斜率小，空隙率有少量的减小。而 2.36～4.75mm 集料含量超过 16%，其与4.75mm以上粗集料形成的撑开细集料的作用相对明显，并与粗集料共同构成的间隙率必然增大，在细集料与填料含量不变的情况下，混合料空隙率增大明显。

2. 两档细集料的用量对空隙率的影响

试验所用级配如表 5-81 所示。空隙率结果如表 5-82 所示。

本节试验所用级配　　表 5-81

AC-10 级配	通过下列筛孔(mm)的质量百分率(%)								
	13.2	9.5	4.75	2.36	1.18	0.6	0.3	0.15	0.075
1	100	100	60	41.2	30.4	21.4	14.9	11.3	7.8
2	100	100	60	44	32.3	22.5	15.4	11.5	7.8
3	100	100	60	48	35	24.1	16.2	11.9	7.8

两档细集料的用量比例对空隙率影响的情况 表 5-82

沥青用量	级配	毛体积密度(g/cm³)	最大理论密度(g/cm³)	空隙率(%)
9%	1	2.392	2.450	2.4
	2	2.401	2.446	1.8
	3	2.418	2.441	0.9

由表 5-82 可知,随着 2.36～4.75mm 一档集料的减少,2.36mm 以下细集料含量的增多,混合料空隙率呈减少趋势。一方面,2.36～4.75mm 集料含量的减少,使得该档集料对粗集料形成的干涉作用减弱;另一方面,2.36mm 以下细集料的含量在增加,填充作用增强,因此混合料的空隙率呈现减小趋势。

由以上两节的试验结果可知,对于高沥青用量的 AC-10 橡胶沥青混合料,2.36～4.75mm 的集料用量不宜超过 16%。

第六节 矿粉对橡胶沥青混合料的性能影响情况

综合比较目前国外应用普遍的橡胶沥青混合料级配,有关矿粉是否使用是有争议的。如美国亚利桑那州的断级配和加利福尼亚州的开级配,其规范规定的级配范围中,不使用矿粉或使用及少量矿粉,填料主要是使用消石灰或者水泥。而在南非、澳大利亚的橡胶沥青混合料级配中,矿粉使用较多。

目前,在我国国内橡胶沥青混合料的级配应用中,也存在此方面的争议。本节通过室内试验,在保证空隙率相当的前提下,对加矿粉和不加矿粉的橡胶沥青混合料进行水稳定性和黏附性相关试验,比较其性能的差异性。

一、沥青膜厚度

路面水损害是近年来较为常见的一种路面破坏形式。所谓沥青路面水损害,是指沥青路面在有孔隙水的工作条件下,由于交通动荷载和温湿胀缩的反复作用,进入路面孔隙的水不断产生动水压力或真空负压抽吸的循环作用,致使水分逐渐侵入沥青与集料的界面,造成沥青膜从集料表面剥落,沥青混合料内部逐渐丧失黏结力,路面结构使用性能下降,并伴随麻面、松散、掉粒、坑洞或唧浆、网裂、辙槽等病害发生,同时诱发其他路面病害的损坏现象。

另外,通常认为沥青混合料空隙率越大,渗水越多以及沥青膜越薄,沥青混合料的耐老化性能越差。Campen 等人的研究表明,沥青混合料中的沥青膜越厚,沥青混合料越显柔性和耐久性;沥青膜越薄,沥青混合料越脆,越易产生开裂和剥落。对于沥青混合料一般要求沥青膜厚度为 6～8μm。

关于沥青膜厚度,我国的规范中未曾提出具体指标。仅根据国外资料建议,通常情况下连续密级配沥青混合料的沥青膜有效厚度宜不小于 6μm,密实式沥青碎石混合料的有效沥青膜厚度宜不小于 5μm。

对于橡胶沥青混合料,由于橡胶沥青中含有胶粉颗粒,在计算沥青膜厚度时,这些胶粉颗粒应该计入沥青部分还是集料部分,尚无定论。对于表 5-83 所示的级配,将胶粉颗粒分别计算入沥青部分和集料部分，得到其沥青膜厚度如表 5-84 所示。

计算比较沥青膜厚度所用级配　　表 5-83

筛孔尺寸(mm)	通过率(%)									
	16	13.2	9.5	4.75	2.36	1.18	0.6	0.3	0.15	0.075
级配 1	100	94.2	64.5	30.1	19.5	15.5	12.2	9.8	8.1	6.5
级配 2	100	94.8	67.8	36.1	26.2	18.2	11.5	6.7	4.2	1.8
级配 3	100	94.2	64.5	35.1	25	19.2	14.4	10.9	8.6	6.5
级配 4	100	94.5	65.9	39	27.1	18.9	11.9	6.9	4.3	1.9
级配 5	100	94.2	64.5	33.1	23.4	18.2	13.8	10.6	8.5	6.5
级配 6	100	94.5	65.9	39.2	31.8	22	13.8	7.9	4.8	1.9
级配 7	100	94.2	64.5	32.9	18.7	15	11.9	9.7	8	6.5
级配 8	100	94.5	65.9	39.2	31.8	22	13.8	7.9	4.8	1.9

注：级配 1、级配 3、级配 5、级配 7 填料使用矿粉，其中 1.5%采用水泥替代；其余级配填料使用 1.5%水泥，不使用矿粉。所有级配均为双面击实各 50 次。

沥青膜厚度结果　　表 5-84

沥青用量(%)	级配	空隙率(%)	沥青膜厚度(μm)	
			1	2
5.5	1	10.8	5.54	3.64
	2	11.2	11.14	7.42
	3	7.5	5.76	4.18
	4	7.7	10.53	6.97
6.0	1	9.3	6.43	4.29
	2	9.6	12.66	8.64
	5	6.8	6.60	4.60
	6	7.3	12.66	8.91
6.5	1	8.2	7.31	4.99
	2	8.2	14.16	9.51
	7	6.7	6.80	4.57
	8	6.3	13.98	9.68

注：沥青膜厚度 1：橡胶颗粒作为沥青的一部分进行计算；沥青膜厚度 2：橡胶颗粒作为填料的一部分进行计算。

在橡胶沥青体系中，部分橡胶颗粒溶于橡胶沥青中。因此，理论上橡胶沥青混合料的沥青膜厚度应该是处于计算的 1 值与 2 值之间。由表 5-84 可知，掺加矿粉的级配 1、级配 3、级配 5、级配 7 的沥青膜厚度基本上都低于 6～8μm；沥青用量为 5.5%时，未用矿粉的级配 2、级配 4 的沥青膜厚度基本都处于 6～8μm 范围内，当油石比增大时，未使用矿粉的级配的混合料沥青膜厚度均大于 8μm。

二、矿粉对橡胶沥青混合料黏结性能的影响

对于上文所述使用矿粉的橡胶沥青混合料，其沥青膜厚度基本难以达到 6～8μm。沥青

膜如果较薄，则进入路面内部的空气会较快氧化这些薄膜，使得沥青混合料变脆，容易开裂造成早期损坏。本小节采用肯塔堡飞散试验对橡胶沥青的黏结性能进行验证。对表 5-85 所示级配 1、级配 2 的橡胶沥青混合料进行标准飞散试验，采用 5.5%、6.0%、6.5%三种沥青用量。试验结果如表 5-86 所示。

飞散试验所用级配　　表 5-85

筛孔尺寸(mm)	通过率(%)									
	16	13.2	9.5	4.75	2.36	1.18	0.6	0.3	0.15	0.075
级配 1	100	94.2	64.5	30.1	19.5	15.5	12.2	9.8	8.1	6.5
级配 2	100	94.8	67.8	36.1	26.2	18.2	11.5	6.7	4.2	1.8

飞散试验结果　　表 5-86

沥青用量(%)	级配	空隙率(%)	沥青膜厚(μm)	飞散损失(%)
5.5	1	10.8	3.64～5.54	11.2
	2	11.2	7.42～11.14	13.8
6.0	1	9.3	4.29～6.43	8.0
	2	9.6	8.64～12.66	9.3
6.5	1	8.2	4.99～7.31	6.1
	2	8.2	9.51～14.16	6.6

根据我国规范要求，改性沥青肯塔堡飞散试验的飞散损失不得大于 15%，表 5-85 中三种沥青用量条件下的飞散损失均满足规范要求。随着沥青用量的增大，橡胶沥青混合料的黏结性能增强，两种级配的混合料飞散损失亦递减。

但试验结果显示，三种沥青用量下，掺加矿粉级配的橡胶沥青混合料其飞散损失均略低于不加矿粉的级配。此结果与沥青膜计算厚度结果并不相符。

三、矿粉对橡胶沥青混合料抗水损害性能的影响

沥青膜厚度不足，沥青对集料裹覆不足，易于引起沥青混合料的水损坏，可采用冻融劈裂试验评价矿粉对橡胶沥青混合料抗水损害性能的影响。对表 5-87 所示级配 3～级配 8，进行冻融劈裂试验。级配及对应使用的沥青用量如表 5-87 所示，试验结果如表 5-88 所示。

试验所用级配及沥青用量　　表 5-87

沥青用量(%)	级配	通过以下筛孔(mm)的质量百分率(%)									
		16	13.2	9.5	4.75	2.36	1.18	0.6	0.3	0.15	0.075
5.5	3	100	94.2	64.5	35.1	25	19.2	14.4	10.9	8.6	6.5
	4	100	94.5	65.9	39	27.1	18.9	11.9	6.9	4.3	1.9
6.0	5	100	94.2	64.5	33.1	23.4	18.2	13.8	10.6	8.5	6.5
	6	100	94.5	65.9	39.2	31.8	22	13.8	7.9	4.8	1.9
6.5	7	100	94.2	64.5	32.9	18.7	15	11.9	9.7	8	6.5
	8	100	94.5	65.9	39.2	31.8	22	13.8	7.9	4.8	1.9

冻融劈裂试验结果 表 5-88

沥青用量(%)	级配	空隙率(%)	沥青膜厚(μm)	劈裂值(冻融循环)(kN)	劈裂值(常温放置)(kN)	TSR(%)
5.5	3	7.5	4.18～5.76	4.21	5.03	83.7
	4	7.7	6.97～10.53	4.43	5.22	84.9
6.0	5	6.8	4.6～6.6	8.66	10.21	84.8
	6	7.3	8.91～12.66	9.43	11.78	80
6.5	7	6.7	4.57～6.8	9.41	9.98	94.3
	8	6.3	9.68～13.98	8.95	10.64	84.1

在三种沥青用量下，通过尽量合适的合成级配，使得橡胶沥青混合料的空隙率相当，在这样的条件下进行冻融劈裂试验。由表 5-88 试验结果可知，所有级配的 TSR 均大于 80%，满足规范要求。沥青用量为 5.5%时，不加矿粉的级配 4 橡胶沥青混合料的 TSR 大于加矿粉的级配 3。在 6.0%和 6.5%的沥青用量条件下，掺加矿粉的级配混合料 TSR 均大于不掺加矿粉的级配。在 6.0%和 6.5%的沥青用量下，试验结果与由沥青膜厚得出的理论推断也不相符合。

总而言之，从沥青膜厚度、黏附性和宏观水稳定性方面，以及各类型级配对橡胶沥青混合料空隙率的影响研究可知，矿粉的使用能有效地降低橡胶沥青混合料的空隙率，使用矿粉是控制橡胶沥青混合料空隙率的有效手段。但矿粉的使用存在一定的争议。一方面，矿粉吸收沥青裹覆集料的能力较细集料更强，必然导致混合料中的沥青膜厚度减小，不利于保证混合料的抗水损害性能和耐久性；另一方面，矿粉用量的增加还会导致生产施工中的成本增大。从以上角度出发，在橡胶沥青混合料的设计中，本书推荐不使用矿粉或使用很少量的矿粉。

本章参考文献

[1] 薛小刚. 沥青混合料级配优化及配合比设计方法研究. 西安：长安大学，2005.

[2] 吕伟民，孙大权. 沥青混合料设计手册[M]. 北京：人民交通出版社，2007.

[3] 严家伋. 道路建筑材料[M]. 北京：人民交通出版社，2001

[4] Bailey. Method for gradation seletion in hot mix asphalt mixture design . Transportation Research Circular E-C044. TRB. 2002.

[5] 张肖宁. 按体积法设计沥青混合料[J]. 哈尔滨建筑大学学报，1995，28(2).

[6] 张肖宁，王绍怀. 沥青混合料组成设计的 CAVF 法[J]. 公路，2001，12(12).

[7] 陈忠达，袁万杰. 多级嵌挤密实级配设计方法研究[J]. 中国公路学报，2006，19(1).

[8] Hicks R. G Asphalt rubber Design and Construction guidelines. Prepared for NCRACTC and CIWMB, 2002，1.

[9] Caltrans/CIWMB Partnered Research. Use of scrap tire rubber-state of the technology and best practices，2005.

[10] Potgieter C. J，Coetsee J. S. Bitumen rubber asphalt year 2003 design andconstruction

procedures in South Africa 2003 Asphalt Rubber International Seminar ,2003,10.
[11] Glen A Malpass N Paul Khosla. Use of groud tire rubber in asphalt concrete pavements-a design and performance evaluation. Transportation Research Record 1515,1995.
[12] H Barry Takallon, Hussain U Bahia,Dario Perdomo,Use of superpave technology for design and construstion of rubberized asphalt mixtures,transportation.
[13] Robert B Mcegennis. Evaluation of physical properties of fine crumb rubber-modified asphalt binders. Transportation Research Recored 1488, 1995.
[14] James R Lundy, R G Hicks, H Zhou. Ground rubber tire in asphalt concrete mixtures-three case history ,use of waste materials in Hot-Mix Asphalt ASTM STP 1993.
[15] Bouzid Choubance,Gregory A Sholar,James A Musselman. A ten-year performance evaluation of asphalt-rubber surface mixes. TRB 78th Annual Meeting,1999.
[16] Steven M Hall, Danny L Lane, Evasluation of rubberized hot mix asphalt for use on tennessee roadways. TDOT, 2001,3.
[17] Kamil E Kaloush, Matthew W Witczak, George B Way. Performance evaluation of arizona asphalt rubber mixtures using advanced dynamic material characterization tests. Arizona Srtate University, 2002,7.
[18] Edward Engle, Mohamad Mujeeb, Elijah Gansen. Evaluation of recycled rubber in asphalt cement concrete field testing. IDOT, 2002,10.
[19] Baoshan Huang, Louay N Mohammad, Philip S Graves,et al. Experience with crumb-rubber modified hot-mix asphalt pavement. The University of Tennessee.
[20] C J Potgieter,D E Sadler,et al. Bitument Rubber Asphalt. The long term performance in South Afica 9th international conference on asphalt pavements. 2002.
[21] 王旭东. 橡胶沥青及混凝土应用成套技术[M]. 北京:人民交通出版社,2008.
[22] 交通部公路科学研究院. 橡胶沥青及混合料设计施工技术指南[M]. 北京:人民交通出版社, 2009.
[23] 中华人民共和国行业标准. JTJ 052—2000 公路工程沥青及沥青混合料试验规程[S]. 北京:人民交通出版社,2000.
[24] 中华人民共和国行业标准. JTG E42—2005 公路工程集料试验规程[S]. 北京:人民交通出版社,2005.
[25] 中华人民共和国行业标准. JTG F40—2004 公路沥青路面施工技术规范[S]. 北京:人民交通出版社,2004.
[26] 王伟. 橡胶沥青混合料高温性能研究[D] . 上海:同济大学,2008.
[27] 沙庆林. 多碎石沥青混凝土 SAC 系列的设计和施工[M]. 北京: 人民交通出版社, 2005.
[28] State of California Department of Transportation Asphalt Rubber Usage Guide, 2003.
[29] 王立久,刘慧. 矿料级配设计理论的研究现状与发展趋势[J]. 公路,2008,1.
[30] 杨伟,王曦林,余剑英. 道路用应力吸收材料的发展现状[J]. 国外建材科技,2008,29(1).

[31] 北京科氏沥青技术研究发展中心. 汉宜高速公路 Strata 应力吸收层试验路总结报告. 2004,6.

[32] J PaisJ, P Pereira. Evaluation of reflective cracking resistancein bituminous mixtures. Reflective cracking in pavements research in practice. Proceedings of the 4th International RILEM Conference, March, 2000.

[33] Vicroads, RTA, MAIN ROADS Western Australia, Scrap Rubber Bitument Guide.

[34] 刘红瑛. 沥青膜厚对沥青混合料工程性能的影响[J]. 公路交通科技,2004,3.

[35] 蔡氧,陈炳生. 重载沥青路面的沥青膜厚度研究[J]. 中国市政工程,2005,5.

[36] 姚祖康. 铺面工程[M]. 上海:同济大学出版社, 2001.

[37] 高川. 橡胶沥青混合料的疲劳性能研究[D]. 上海:同济大学,2008.

第六章　橡胶沥青混合料高温性能研究

内容提要：本章介绍了橡胶沥青高温性能的试验方法，研究了橡胶沥青混合料高温性能的影响因素。

第一节　概　　述

随着交通量的不断增长以及车辆行驶的渠化，沥青路面在行车荷载的反复作用下，由于永久变形的累积会导致路表面出现车辙，影响了路面的平整度和行车舒适性。轮迹处沥青面层厚度减薄，面层的整体刚度降低，容易产生其他病害。雨天路表排水不畅，降低了路面的抗滑能力；由于车辙内积水而使车辆漂滑，使车辆在超车或更换车道时方向失控，影响了车辆操控的稳定性和高速行车的安全性。车辙的产生，严重影响了路面的使用寿命和服务质量。我国多采用半刚性基层路面，路表车辙绝大多数是由于混合料高温性能不足而引起，所以沥青路面高温稳定性是其重要的路用性能。沥青混合料设计时，其高温抗车辙性能是非常重要的检测指标。

从前几章可以看出，在美国的应用中，橡胶沥青混合料中沥青用量较常规沥青混合料高50%以上。通常沥青用量越高，混合料的高温性能越差。在以往的橡胶沥青混合料研究中，对橡胶沥青混合料高温稳定性能涉及较少，对橡胶沥青混合料高温稳定性的影响因素更是缺乏系统研究，深入研究橡胶沥青混合料高温性能的规律和影响因素，对于指导施工有现实意义。

一、高温稳定性试验方法

目前，沥青混合料高温稳定性能的试验方法主要有：单轴高温蠕变试验（无侧限）、车辙试验（浸水车辙）；SHRP－Superpave设计中评价沥青混合料高温性能的体积指标试验，即最大旋转压实次数下的残余空隙率。

我国采用车辙试验（浸水车辙）较为适宜，因为这种方法较为常见，各施工单位容易试验，结果直观。在车辙试验过程中，板状沥青混合料试件上轮辙的产生与发展都与实际沥青路面车辙的产生与发展十分相似。大量的调查也表明，车辙试验动稳定度与实际路面的车辙相关性甚好，另外车辙试验有也较好的可操作性。

车辙试验最初由英国道路研究所（TRRL）开发，其与实际路面的车辙相关性甚好，在日本、欧洲、北美都有广泛的应用。车辙试验是评价沥青混合料在规定温度条件下抵抗塑性变形能力的方法。目前世界上采用的车辙试验方法有以下四类。

(1)以英国和日本为代表:利用直径200mm的实心试验轮对300mm×300mm×50mm的板试件做反复荷载行车试验。

(2)以英国为代表:TRRL于1990年提出了一个新的试验方法。利用直径20cm的实心试验轮对现场钻芯取得的直径195~205mm,厚35~50mm的圆柱体试件进行反复荷载行车试验。

(3)以法国为代表:法国道路与桥梁试验中心(LCPC)采用直径400mm的充气轮胎对500mm×180mm×100mm的梁试件做反复荷载行车试验。

(4)以美国佐治亚州为代表的沥青混凝土面层分析仪(APA):通过压在试件顶的充气(充气压力可调,0.827~1.38MPa)硬橡胶管(直径可调,12.9~29mm)施加垂直荷载。试件可以是板式300mm×125mm×75mm或直径为150mm,高为75mm的圆柱体,以0.6m/s的轮速做反复荷载行车试验。

目前国内的车辙试验基本都是采用日本的技术。

进行沥青混合料的车辙试验时,首先用轮碾成型法成型板块试件。放置一段时间后,在试验机上一定温度下(一般为60℃)保温1h,而后进行测试。以一个轮压为0.7MPa的实心橡胶轮胎在其上以一定的速度(42次/min)行走,测量试件在变形稳定期时(碾压45min后),每一分钟变形需要胶轮行走的次数,即所谓的动稳定度(次/mm)。动稳定度按式(6-1)计算。

$$\mathrm{DS}=\frac{42(t_2-t_1)}{d_2-d_1}c_1c_2 \tag{6-1}$$

式中:DS——动稳定度,次/mm;

t_2——稳定期结束时间,即60min;

t_1——稳定期开始时间,即45min;

42——胶轮每分钟行走的次数;

d_1、d_2——45min和60min对应的位移;

c_1——试验机类型修正系数,曲柄连杆驱动为1.0,链驱动为1.5;

c_2——试件系数,试验室制备为1.0,路面切割为0.8。

车辙试验中另一个评价高温稳定性能的指标是相对变形指标,即在规定作用次数、时间下产生的变形与试件总厚度的比值。作用次数根据实际交通荷载和沥青混合料使用要求的不同而改变,一般都是取试验结束时60min的永久变形(车辙深度)来计算相对变形。计算式见式(6-2)。

$$\delta=\frac{\Delta l}{l}\times 100\% \tag{6-2}$$

式中:Δl——60min时刻的永久变形,mm;

l——车辙试件高度,50mm。

二、研究内容简介

本章的主要研究内容是利用室内车辙试验,从胶粉、基质沥青、集料、级配和添加剂等方面,对橡胶沥青混合料的高温稳定性能进行研究,分析各方面的影响机理和影响程度,并在此基础上对比AR-AC、SMA和AC级配基于高温性能的效果,结合国内工程实际分析级配种类的优缺点。

第二节　橡胶沥青混合料高温性能的试验方法

一、原材料性能试验

本次研究用到的原材料包括70号和90号两个标号的七种基质沥青，玄武岩和石灰岩两种集料，四种产地的胶粉和两种外加剂(抗剥落剂、抗车辙剂)。

1.基质沥青基本性能测试

本次研究中采用了加德士70号、埃索70号、中海70号、河北宏润70号、金山东海70号、盘锦90号、加德士90号七种基质沥青。其基本性能指标如表6-1所示。

基质沥青的常规指标　　表6-1

指标 / 沥青种类	针入度(25℃,100g,5s)(0.1mm)		软化点(℃)		15℃延度(cm)	
	实测值	规范要求	实测值	规范要求	实测值	规范要求
加德士70号	68	60～80	49	≥46	>100	≥100
埃索70号	65	60～80	47	≥46	>100	≥100
中海70号	67	60～80	48	≥46	>100	≥100
河北宏润70号	69	60～80	49	≥46	>100	≥100
金山东海70号	71	60～80	49.5	≥46	>100	≥100
加德士90号	92	80～100	43	≥45	>100	≥100
盘锦90号	90	80～100	44.2	≥45	>100	≥100

注:15℃延度的要求为不小于100cm,所以当试件拉伸超过100cm后停止试验。

从表6-1可见,基质沥青的性能全都符合规范的要求。

2.集料基本性能测试

本研究所用的集料有江苏茅迪玄武岩和江苏溧阳石灰岩,经过筛分分为13.2～9.5mm、9.5～4.75mm、4.75～2.36mm、2.36～0.075mm 4档,并对2.36～0.075mm档料用0.075mm筛筛去粉尘。其基本性能测试的结果见表6-2和表6-3。

两种集料的基本性能测试　　表6-2

试验项目	指标	玄武岩	石灰岩
石料压碎值(%)	<28	15.6	20.7
洛杉矶磨耗值(%)	<30	16.5	22.9
针片状含量(粒径为4.75～13.2mm)(%)	<20	8.8	5.9
砂当量(粒径小于2.36mm)(%)	>60	87	78
棱角性(%)(粒径为2.36～4.75mm) (粒径小于2.36mm)	>30	55.8 45.6	45.5 41.2

两种集料的相对密度 表 6-3

集料种类	粒径 (mm)	表观密度 (g/cm³)	表干密度 (g/cm³)	毛体积密度 (g/cm³)	吸水率 (%)
玄武岩	9.5～13.2	2.891	2.857	2.840	0.62
	4.75～9.5	2.899	2.848	2.821	0.94
	2.35～4.75	2.896	2.842	2.811	1.05
	0.075～2.36	2.800	—	—	—
石灰岩	9.5～13.2	2.725	2.710	2.702	0.33
	4.75～9.5	2.739	2.716	2.703	0.47
	2.35～4.75	2.725	2.685	2.662	0.92
	0.075～2.36	2.697	—	—	—

注：粒径 0.075～2.36mm 的料是将 0～3mm 的料过 0.075mm 筛后的筛余，就是将 0～3mm 料的粉尘全部除去。0.075～2.36mm集料密度用容量瓶法测其表观密度；根据算法计算过程中，毛体积密度由表观密度代替。

3. 橡胶粉简要说明

本研究用的胶粉为汽车废轮胎胶粉，产地为上海、河北、宜宾、南京。考虑到成本与高温存储稳定性能，20 目胶粉的生产较为常见，且国内外工程使用的也主要是 20 目胶粉，因此本章重点研究 20 目胶粉。上海、河北、宜宾三个产地的胶粉都只有 20 目一种，南京的胶粉有 20 目、60 目、80 目三种。南京的胶粉含有少量的纤维、金属丝等杂质，质地较差。

二、橡胶沥青的高温性能评价

以下对橡胶沥青的高温性能从常规指标和 SHRP 指标两方面进行评价。

1. 高温常规指标

软化点与 60℃黏度通常可反映沥青高温使用条件下的性能。沥青的软化点越高，60℃黏度越大，其高温性能越好。除此之外，沥青针入度是根据气候条件选取标号的主要依据，也应将针入度作为橡胶沥青高温性能评价指标之一。值得注意的是，橡胶沥青 60℃黏度太大，在试验室中用布氏旋转黏度计无法准确测出。美国的研究和使用经验表明，177℃黏度能够更好地反映橡胶沥青的性能。最终选择针入度、软化点和 177℃黏度这三个指标作为橡胶沥青高温性能的常规指标。

根据第四章美国的研究结果，在本次研究中，橡胶粉改性沥青的加工工艺是在 185℃(±5℃)下，用高速搅拌器将沥青与橡胶粉共炼 90min，橡胶粉的掺量为沥青质量的 19%。

橡胶沥青的常规指标要求和实测结果见表 6-4 和表 6-5。

橡胶沥青的常规指标要求 表 6-4

指标名称	针入度 (25℃,100g,5s)(0.1mm)	软化点 (℃)	黏度(177℃) (Pa·s)
指标要求	25～75	≥54.4	1.5～5

注：该要求为美国材料与试验协会(ASTM)D 6114—97 的规范要求。

橡胶沥青的常规指标实测结果

表 6-5

基质沥青 \ 指标	针入度 (25℃,100g,5s)(0.1mm)	软化点 (℃)	177℃黏度 (Pa·s)	胶粉种类
加德士	38.3	68.4	3.3	上海 20 目
加德士	36.5	69.0	3.5	河北 20 目
加德士	54.5	60.0	1.8	南京 80 目
加德士	43.5	64.5	2.1	南京 20 目
加德士	49.5	61.7	1.6	南京 60 目
宏润	36.6	70.9	4.1	河北 20 目
宏润	39.1	69.5	3.8	上海 20 目
埃索	34.8	68.0	3.2	上海 20 目
中海	38.4	65.6	2.9	上海 20 目
东海	39.5	66.1	2.9	上海 20 目
加德士 90 号	51.2	62.2	2.7	上海 20 目
盘锦 90 号	48.8	64.6	3.0	上海 20 目
加德士	47.8	60.6	1.4	宜宾 20 目
加德士	58.3	62.3	2.0	南京 20 目
加德士	59.7	59.2	1.3	南京 60 目
加德士	55.8	62.2	2.3	上海 20 目

注:最后三行数据是胶粉沥青在 165℃烘箱中老化 48h 后测得的指标。

不难发现,所有的基质沥青经过橡胶粉改性之后,其针入度和软化点在数值上有很大的改变,都符合表 6-4 的要求。橡胶沥青的黏度随着基质沥青性质的不同也有所变化,只有个别超出了表 6-4 的范围。

2. 高温 SHRP 指标

常规指标是静态的指标,而道路路面实际上主要承受车轮滚动产生的动态荷载。加载方式偏离路用实际,多数常规指标只能定性为经验性指标,其用于橡胶沥青这样新型胶结料的性能评价时,需要重新积累使用经验。

美国 SHRP 提出采用动态剪切流变仪(Dynamic Shear Rheometer,DSR),对原样沥青和 RTFOT 后残留沥青试样分别进行两次动态剪切试验,以 $G^*/\sin\delta$ 作为评价沥青结合料高温稳定性的指标。G^* 为复数模量,δ 为相位角。试样在高温设计温度下进行,剪切速率为 10rad/s,分级条件必须同时满足下列两项要求:

(1)原样沥青的 $G^*/\sin\delta$ 不得小于 1.0 kPa。

(2)RTFOT 后残留沥青的 $G^*/\sin\delta$ 不得小于 2.2 kPa。

SHRP 动态剪切流变仪的沥青动态复数模量参数如下:

$$\tau = \frac{2T}{\pi r^3} \tag{6-3}$$

式中:τ——剪应力;

T——最大扭矩;

r——板半径。

$$\gamma = \frac{\theta r}{h} \tag{6-4}$$

式中：γ——剪应变；

h——试件高度；

θ——板旋转角。

$$G^* = \frac{\tau_{max} - \tau_{min}}{\gamma_{max} - \gamma_{min}} \tag{6-5}$$

式中：τ_{max}、τ_{min}、γ_{max}、γ_{min}——分别为试样承受的最大或最小剪应力、剪应变。

$$\delta = 2\pi f \Delta t \tag{6-6}$$

式中：δ——相位角；

f——加载频率；

Δt——应变滞后时间。

δ 反映了沥青的黏、弹性性状，δ 越小则说明材料的力学响应部分弹性越大，产生残余变形的可能性也越小。因此，评价沥青的高温性能仅有复数模量 G^* 是不够的。SHRP 采用 $G^*/\sin\delta$ 来评价沥青的高温性能，称为车辙因子，其数值越大就说明沥青材料弹性越大，抗车辙能力越强。

表 6-6 和图 6-1 是用加德士沥青和河北 20 目胶粉（内掺 19%）搅拌得到的橡胶改性沥青样品的 DSR 常规指标测试结果。按 SHRP 分级标准，原样橡胶沥青为 76℃，RTFOT 老化后为 70℃，所以橡胶改性沥青的高温分级是 70℃。薄膜老化后的橡胶沥青只比原样橡胶沥青降低了一个等级，说明橡胶沥青的高温性能提高很明显。这与黄文元研究结论类似：不同目数、不同胶粉掺量的橡胶沥青和 SBS 改性沥青、基质沥青的 SHRP 高温分级次序是：40 目 17%橡胶沥青（76℃）＞80 目 17%橡胶沥青（76℃）＞120 目 17%橡胶沥青（70℃）≈SBS 改性沥青（70℃）＞80 目 10%橡胶沥青（70℃）＞70 号基质沥青（64℃）。

橡胶沥青的 DSR 常规指标测试结果 表 6-6

沥青性质 \ 温度（℃）	52	58	64	70	76	82
原样橡胶沥青 $G^*/\sin\delta$（kPa）	10.940 0	5.955 0	3.391 0	2.037 0	1.270 0	0.842 9
	10.900 0	5.928 0	3.357 0	2.011 0	1.262 0	0.837 7
均值（kPa）	10.920 0	5.941 5	3.374 0	2.024 0	1.266 0	0.840 3
RTFOT 后沥青 $G^*/\sin\delta$（kPa）	13.150 0	7.112 0	4.100 0	2.482 0	1.584 0	1.057 0
	13.110 0	7.110 0	4.092 0	2.484 0	1.583 0	1.040 0
均值（kPa）	13.130 0	7.111 0	4.096	2.483 0	1.583 5	1.048 5

三、橡胶沥青混合料级配的选取

我国现行沥青路面设计、施工规范中还没有橡胶沥青混合料专用级配的介绍。国内橡胶沥青混合料实际工程应用中，一般都是使用普通连续级配并采用较低的沥青用量。

另一方面，由于橡胶改性沥青的黏度较大，且对于湿法工艺同样存在相对较大的胶粉颗

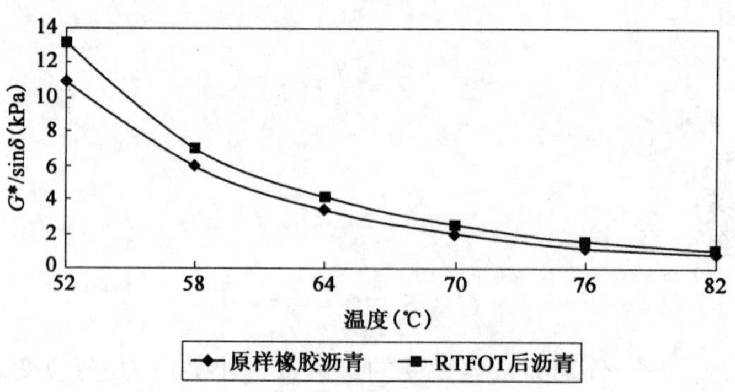

图 6-1　橡胶沥青的 DSR 常规指标分析

粒，易在矿料表面形成较厚的油膜，国外的使用经验表明橡胶沥青混合料更适合于间断级配和开级配；当胶粉掺量较大时，橡胶沥青就基本不适合应用于普通密级配。如美国的亚利桑那州采用粗集料含量很多、细集料和矿粉含量很少的间断级配和开级配。佛罗里达州使用密级配和开级配两种，开级配的胶粉用量在 12%以上，密级配的胶粉用量在 5%以上。各地橡胶沥青混合料使用的级配情况见表 6-7。

各地橡胶沥青混合料使用级配(%)　表 6-7

筛孔 (mm)	美国亚利桑那州		美国佛罗里达州			美国德克萨斯州	南非	
	间断级配	开级配	开级配	密级配	密级配	开级配	半开级配	全开级配
19	100	100	100	100	100	100	100	100
12.5/13.2	80～100	—	85～100	100	90～100	95～100	70～100	90～100
9.5	60～80	—	55～75	90～100	<90	50～80	50～82	30～50
4.75	28～42	20～45	15～5	<90	—	0～8	16～38	10～20
2.36	14～22	4～8	5～10	32～67	32～58	0～4	8～22	8～14
0.075	0～3	0～2.5	2～4	2～10	2～10	0～4	1～4	2～6

由本书第三章可知，美国亚利桑那州使用间断级配铺筑了大量的路段，是一种相对较为成熟的级配。本章将以亚利桑那州间断级配为例，进行橡胶沥青混合料高温稳定性能的研究。其级配范围见表 6-8。

亚利桑那州橡胶沥青混合料间断级配范围　表 6 8

筛 孔 尺 寸 (mm)	通过下列筛孔的质量百分率(%)				
	13.2	9.5	4.75	2.36	0.075
级配范围	100～80	80～60	42～28	22～14	3～0

根据美国亚利桑那州间断级配橡胶沥青混合料规范，参考美国国内外的工程经验，拟订了粗、中、细三种橡胶沥青混合料级配（以下简称 AR-AC-13 粗、AR-AC-13 中、AR-AC-13 细）。级配如表 6-9 和图 6-2 所示。

拟订的三种橡胶沥青混合料级配 表 6-9

筛孔尺寸(mm) / 级配类型	通过下列筛孔的质量百分率(%)				
	13.2	9.5	4.75	2.36	0.075
AR-AC-13 粗	100	65	30	20	0
AR-AC-13 中	100	70	35	21	0
AR-AC-13 细	100	72	40	22	0
亚利桑那州规范	100～80	80～60	42～28	22～14	3～0

注:为了提高混合料的水稳定性,参考美国国内外的工程经验,在混合料中外掺了 1.5%的普通硅酸盐水泥。

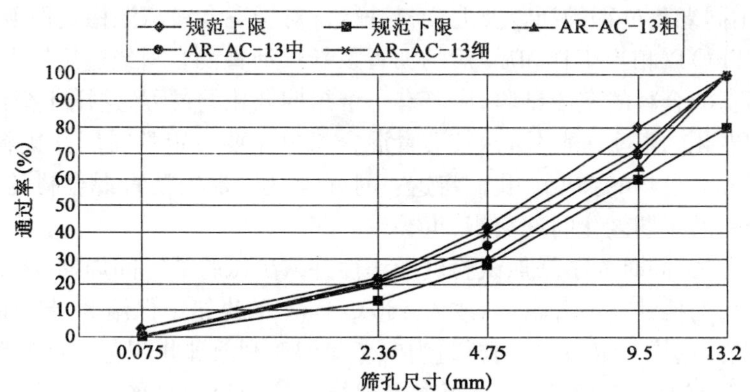

图 6-2 拟定橡胶沥青混合料级配组成图

四、试验方法的确定

在本章概述里已明确提出,本研究中使用室内车辙试验作为橡胶沥青混合料高温稳定性能的主要研究方法。

马歇尔试验过程如下:首先用马歇尔方法确定最佳油石比。击实次数为双面 75 次,拌和温度为 170～175℃,击实温度为 155～160℃。在取得最大理论密度时,值得注意的是,橡胶沥青混合料的黏度较大,不适宜采用真空法实测。因为混合料结团现象严重,实测值有较大的偏差,可用计算法求得混合料的最大理论密度。试件的毛体积密度由水中重法测得。

然后在各自的最佳油石比条件下成型车辙试件。试件成型后在常温下静置 48h,然后进行车辙试验(包括常规车辙试验和浸水车辙试验)。在车辙试件成型时,值得注意的是短期老化和压实次数。即将新拌的橡胶沥青混合料在 165℃±5℃的烘箱中短期老化 2h±5min 后再成型车辙试件;成型车辙试件的压实次数为 40 次。每组试验做平行三个试件。数据分析时取三个试件动稳定度的平均值,当三个数据的变异系数大于 20%时,取中间两个相差较小数据的平均值。

对于车辙试验,《公路工程沥青及沥青混合料试验规程》(JTG E20—2011)T 0703 要求在试验室中用新拌的混合料成型 300mm×300 mm×50mm 的车辙板试件。以下将从车辙试验中,混合料的短期老化和压实次数两个方面确认试验方法。

1. 混合料短期老化的影响

在路面的施工过程(混合料的拌和、运输、摊铺、压实)中沥青始终处于高温状态,受热会产生短期老化。短期老化的结果是沥青针入度降低,软化点升高,同时混合料的高温抗车辙性能有一定的提高。

我国沥青混合料试验一直都采用新拌制的沥青混合料，认为混合料短期老化后会造成车辙试验动稳定度偏大的“假象”。

我国《公路工程沥青及沥青混合料试验规程》(JTG E20—2011)根据美国 SHRP 计划中关于松散混合料短期老化的研究，提出了热拌沥青混合料的短期老化方法(JTG E20—2011，T 0734)：将沥青混合料均匀摊铺在搪瓷盘中，放入 135℃±1℃的烘箱中在强制通风条件下加热 4h±5min，每小时用铲在试样盘中翻拌混合料一次。该试验的条文说明指出：沥青材料和其他材料不一样，在使用过程中有一个老化的过程。国外的研究认为，对于不同的性能指标的试验，采用经过不同老化过程的沥青及混合料进行。对于混合料高温稳定性能的检验，应采用原样沥青、经过 TFOT(相当于拌和后)后的沥青及新拌沥青混合料经过短期老化后进行。

对于橡胶沥青混合料的室内试验，应该有一个短期老化的过程，这样才符合路用混合料摊铺时已存在短期老化的事实。此外，橡胶沥青混合料也需要一定的时间使集料对橡胶沥青充分吸附、浸润，形成混合料的强度。我们将这一时间定义为橡胶沥青混合料的“养生时间”，这一时间又与混合料的短期老化时间交织、重叠在一起。

参考规范的方法，同时为了增加试验可操作性并减少试验的时间周期，将上述方法修改为将新拌的混合料均匀摊铺在搪瓷盘中，放入 165℃±5℃的烘箱中保温 2h±5min。

依照上述方法，选择三组级配(前两组为参考美国亚利桑那州规范拟订的粗、中级配，即上述的 AR-AC-13 粗、AR-AC-13 中；后一组参考现行施工规范拟订的连续型密级配，即上述的 AC-13)拌和四组混合料，前两组为橡胶沥青混合料、第三组为 SBS 改性沥青混合料、最后一组为普通沥青混合料。在各自的最佳沥青用量下成型车辙试件，进行混合料有无短期老化的对比车辙试验。混合料的组成如表 6-10 所示，车辙试验结果如表 6-11 和图 6-3 所示。

四种短期老化试验混合料的组成　　表 6-10

混合料名称	沥　青	胶　粉	最佳沥青用量(%)
AR-AC-13 粗	埃索沥青	上海 20 目	8
AR-AC-13 中	加德士沥青	河北 20 目	8
AC-13	壳牌 SBS	—	4.8
AC-13	加德士沥青	—	4.8

短期老化对橡胶沥青与常规沥青混合料的车辙试验影响结果　　表 6-11

混合料名称	是否短期老化	动稳定度(次/mm)	短期老化后 DS 增加幅度(%)
AR-AC-13 粗	否	2 295	70
	是	3 816	
AR-AC-13 中	否	1 808	104
	是	3 686	
AC-13(壳牌 SBS)	否	5 169	29
	是	6 670	
AC-13(加德士)	否	1 036	24
	是	1 290	

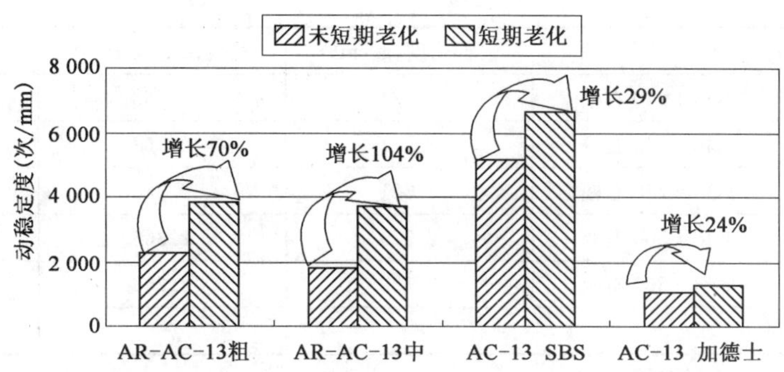

图 6-3 是否短期老化对混合料动稳定度的影响图

从图 6-3 结果可以看出:混合料是否短期老化对不同种类混合料的高温抗车辙能力影响是不同的。短期老化对橡胶沥青混合料的影响明显要大于普通沥青和 SBS 改性沥青的连续级配混合料,前者短期老化后动稳定度的增幅明显大于后者,说明橡胶改性沥青混合料比普通沥青或 SBS 改性沥青混合料更需要一个使沥青与集料充分浸润的"养生时间"。由于从拌和完成至摊铺存在一段混合料的运输时间,所以在室内进行车辙试验时,应先对新拌橡胶沥青混合料进行短期老化,才更符合其实际的施工情况。这段"养生时间"在本次研究中统一定为 2h。

2. 试件成型时碾压次数的确定

《公路工程沥青及沥青混合料试验规程》(JTG E20—2011)T 0703 要求试件成型时,把试件碾压到马歇尔标准密度的 100%±1%为止。

美国橡胶沥青混合料设计方法中的目标空隙率为 5.5%(大于常规沥青混合料的 4%),表明橡胶沥青混合料较普通混合料难以压实。所以在橡胶沥青混合料路面的实际施工中,由于橡胶沥青黏度较大,压实时需要增加压实功,增加压实次数才能达到设计的压实度,尤其是粗集料较多的间断级配橡胶沥青混合料。

以四川省一个实体工程的现场压实度为例,结果表明,在橡胶沥青混合料现场碾压时,采用和普通混合料相同的压实工艺完全可以达到压实度,甚至表明橡胶沥青混合料在现场更容易压实。该实体工程上面层采用橡胶沥青混合料,下面层为普通的 AC-20 沥青混合料。现场施工时上面层和下面层压实工艺相同:使用两台 HAMM HD—130 钢轮压路机进行初压与复压,初压两遍,复压三遍,最后采用一台徐工集团的 XD120 钢轮压路机进行终压。对现场进行了钻芯取样,测试试件的毛体积密度,由此测出了试件空隙率,并根据马歇尔试件的空隙率计算出现场压实度,结果见表 6-12 和表 6-13。

橡胶沥青混合料上面层压实度数据 表 6-12

日　期	桩　号	芯样密度(g/cm³)	马氏密度(g/cm³)	压实度(%)
2007-12-9	K11+530 左幅	2.501	2.400	104.2
	K11+770 左幅	2.468	2.400	102.8
2007-12-11	K12+480 左幅	2.398	2.381	100.7
2007-12-13	K12+830 左幅	2.398	2.381	100.7
2007-12-16	K16+020 右幅	2.398	2.409	99.5

续上表

日　期	桩　号	芯样密度(g/cm³)	马氏密度(g/cm³)	压实度(%)
2007-12-17	K14+440右幅	2.324	2.368	98.1
	K15+100右幅	2.373	2.368	100.2
	K15+740右幅	2.321	2.368	98.0
	K15+500右幅	2.329	2.368	98.4
	K14+360右幅	2.332	2.368	98.5
平均压实度	—	—	—	100.1

普通沥青混合料下面层压实度数据　　表6-13

日　期	桩　号	芯样密度(g/cm³)	马氏密度(g/cm³)	压实度(%)
2007-10-12	K15+710右幅	2.326	2.408	96.6
	K15+950右幅	2.359	2.408	98.0
	K15+632右幅	2.305	2.408	95.7
2007-11-19	K15+480左幅	2.409	2.433	99.0
	K15+000左幅	2.464	2.433	101.3
2007-11-23	K12+990左幅	2.370	2.407	98.5
	K12+840左幅	2.361	2.407	98.1
	K13+160左幅	2.411	2.407	100.2
2007-12-15	K3+520左幅	2.395	2.485	96.4
	K4+400左幅	2.391	2.485	96.2
	K4+200左幅	2.389	2.485	96.1
平均压实度	—	—	—	97.8

表6-13结果表明，橡胶沥青混合料具有很好的现场施工性能，且压实度明显大于普通沥青混合料。在橡胶沥青混合料施工时，尽管橡胶沥青黏度较大，但只要压实工艺安排得当，目标压实度仍可以实现。

为了实现上述目标，试验选择了AR-AC-13粗级配在三个不同的压实次数(24次、40次、60次)条件下成型车辙试件，测其空隙率(目标空隙率为5.5%±1%)。试验结果如表6-14和图6-4所示。

不同压实次数混合料试件的密度和空隙率　　表6-14

试件	水中质量(g)	表干质量(g)	干质量(g)	毛体积密度(g/cm³)	最大理论密度(g/cm³)	空隙率(%)
24-1	1106.8	1928.9	1919.1	2.334	2.510	7.0
24-2	1115.2	1940.1	1933.2	2.344	2.510	6.6
24-3	1111.2	1934.0	1924.5	2.339	2.510	6.8
40-1	1133.1	1958.0	1951.6	2.366	2.510	5.7
40-2	1107.5	1908.1	1898.9	2.372	2.510	5.5

续上表

试件	水中质量(g)	表干质量(g)	干质量(g)	毛体积密度(g/cm^3)	最大理论密度(g/cm^3)	空隙率(%)
40-3	1 123.1	1 937.6	1 928.9	2.368	2.510	5.7
60-1	1 111.3	1 908.3	1 901.9	2.386	2.510	4.9
60-2	1 126.5	1 930.2	1 923.8	2.394	2.510	4.6
60-3	1 112.3	1 906.1	1 902.4	2.396	2.510	4.5

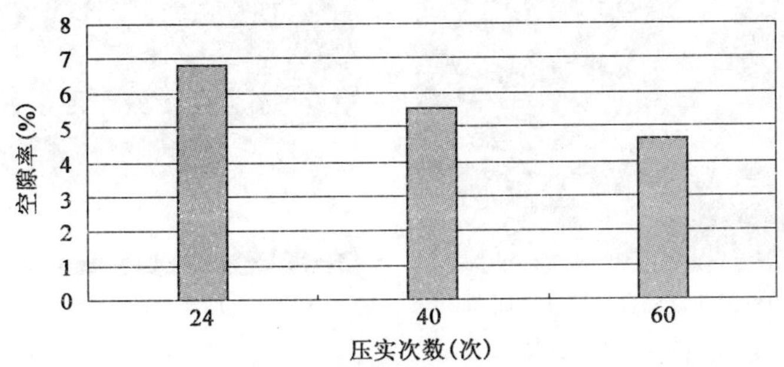

图 6-4　不同压实次数下橡胶沥青混合料试件的空隙率

从图 6-4 的结果可以看出，不同压实次数的混合料车辙试验结果如表 6-15 所示。随着压实次数的增加，成型试件的毛体积密度增大、空隙率降低。

不同压实次数的混合料车辙试验结果　　表 6-15

压实次数(次)	空隙率(%)	动稳定度(次/mm)	永久变形(mm)	相对变形(%)
24	6.8	2 858	4.137	8.3
40	5.6	3 860	3.460	6.9
60	4.6	4 725	2.513	5.0

显然，随着压实次数的增加，混合料的空隙率下降、动稳定度增加、永久变形量减少。空隙率与混合料的高温稳定性有密切的联系。

图 6-5、图 6-6 和图 6-7 显示了三种不同压实次数的小梁样品剖面状态。可以比较明显地看出混合料级配的骨架结构：深色的玄武岩粗料组成骨架，白色的石灰岩细料和胶粉改性沥青填充骨架间的空隙。其次，不同压实次数下混合料的剖面结构是不一样的。压实 24 次的小梁试件剖面可以看到很多的空隙；压实 40 次的小梁试件剖面上空隙就少了很多；压实 60 次的小梁试件剖面上仅有几个空隙。

图 6-5　压实 24 次的橡胶沥青混合料试件剖面图

亚利桑那州橡胶沥青混合料的目标空隙率范围上限为 6.5%，但压实 24 次试件的平均空隙率都达到了 6.8%，超过了上限，可见压实次数是不够的；压实 40 次试件的平均空隙率是 5.6%；压实 60 次试件的平均空隙率是 4.6%，虽然还在目标空隙率范围内,但已经到了下限。大量的研究表明混合料的空隙率与其动稳定度密切相关。随着空隙率的降低,动稳定度逐步提高、永久变形减少。压实次数增加到 40 次,DS 增加幅度达 35%,进一步说明压实次数需还可以增加。压实次数增加到 60 次,虽然 DS 又增加了 22%,但此时的空隙率偏低,对于高沥青用量的橡胶沥青路面可能会存在使用后期路面泛油、产生塑性流动的风险。综合上述,本研究选取 40 次作为成型试件的压实次数。

图 6-6　压实 40 次的橡胶沥青混合料试件剖面图

图 6-7　压实 60 次的橡胶沥青混合料试件剖面图

3. *浸水车辙试验设计*

水普遍存在于路面材料的空隙和使用环境中,并在不同程度上降低、破坏材料的路用性能,其一使沥青结合料的黏聚力受到损失,其二使结合料与集料的黏附性失效。结合料的黏聚力受到损失必然导致结合料劲度的下降,这不仅仅会直接降低混合料抵抗交通荷载的能力,还会使集料表面的结合料膜在荷载作用下加速破坏,让水更容易侵入结合料与集料界面,使两者黏附性下降、结合料从集料表面剥落。所以在水的作用下,混合料的高温性能将会下降很快。作为面层的橡胶沥青混合料在使用过程中一直会受到水的影响,因此有必要在高温稳定性的研究中加入有水环境下的高温性能。参考国内外的研究方法,本节将采用浸水车辙试验作为评价沥青混合料在水作用下的高温稳定性方法。

目前,常用的浸水车辙试验有很多:将试件放在 60℃ 空气中保温 6～12h,再放入 60℃恒温水槽中进行浸水车辙试验;先将试件放入 60℃恒温水槽中饱水 6h 后,再进行不浸水车辙试验,方法都大同小异。本次试验的具体做法是把车辙试件放在车辙试验机的恒温水槽中,在 60℃下浸水 2h 后,在水槽中直接进行浸水车辙试验。

第三节　沥青结合料的影响

通常情况下,稠度高的沥青,软化点高,温度稳定性好,在高温下仍能保持足够的黏滞性,使混合料具有一定的强度和劲度,不致出现过大的变形;稠度低的沥青,软化点低,在高温下黏度迅速降低,混合料在同等条件荷载作用下出现较大的变形。不同的沥青对温度有不同的敏感性。温度敏感性过强的沥青高温稳定性较差,含蜡量高的沥青,当温度接近软化点温度时,蜡的熔融会引起沥青黏度的明显降低而失稳。另外,沥青中沥青质的含量对其热稳定性也有一定的影响,一般沥青质含量高的沥青热稳定性也好。美国田纳西大学的研究表明:橡胶粉改性可以明显的提高沥青的黏度和 SHRP 高温指数的值。橡胶沥青黏度高、软化点高、弹性恢

复好(橡胶沥青高温下更黏稠、更有弹性),但橡胶沥青对混合料高温性能的影响还缺乏系统的研究。为此,本节主要就橡胶沥青对混合料高温性能的影响进行比较系统地研究。涉及的内容有:橡胶沥青的软化点、黏度、针入度、基质沥青性质、橡胶粉的性质和橡胶沥青的用量。

一、橡胶沥青软化点、黏度和针入度的影响

本节重点介绍橡胶沥青的软化点、177℃黏度(本节所指黏度均为采用布氏黏度仪所测出的旋转黏度)对橡胶沥青混合料高温性能的影响,并对它们与橡胶沥青混合料高温性能的相关性作一初步的讨论。以质地较好的上海产胶粉制备橡胶沥青与AR-AC-13粗级配在8%的最佳油石比下成型车辙试件为例,进行车辙试验,最终试验数据见附表6-2。

1. 相关性拟合

根据附表6-2中54组不同基质沥青车辙试验结果,分别绘制了橡胶沥青177℃黏度、软化点、针入度与动稳定度的散点关系图,并采用最小二乘法对各个指标与动稳定度的关系进行了线性拟合,结果如图6-8～图6-10所示。

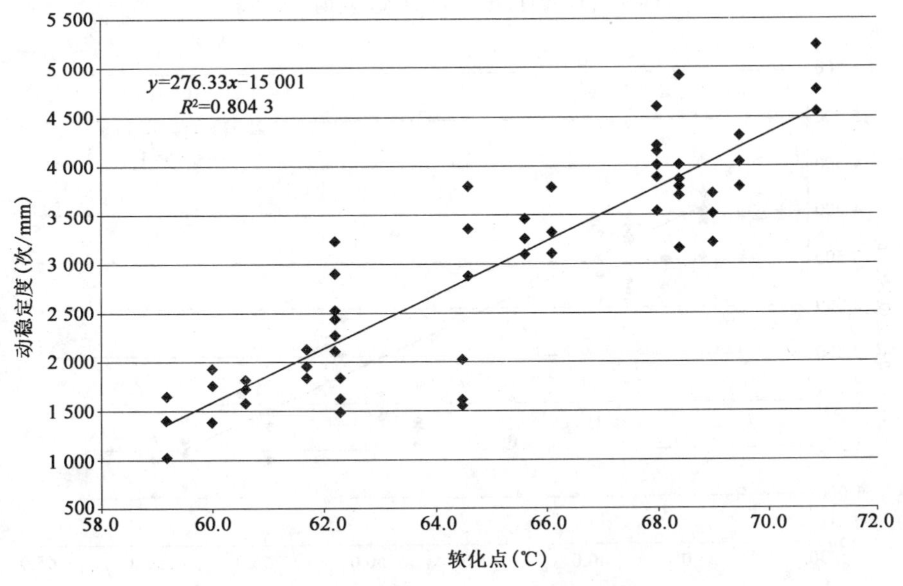

图6-8 软化点与动稳定度的试验关系

2. 评价指标建议值

根据改性沥青混合料对车辙试验动稳定度的不同要求(1 800次/mm与3 000次/mm),本节用回归公式拟合试验结果,并对橡胶沥青高温稳定性的评价标准进行了推算,结果如表6-16所示。美国橡胶沥青对应指标的技术要求如表6-17所示。

可以看出采用国内几种常用基质沥青掺入国产胶粉制成的橡胶沥青,如果按照3 000次/mm动稳定度的控制标准进行推算,与美国的评价标准差异较大,即使按照1 800次/mm的控制标准,仍略高于美国的评价标准。

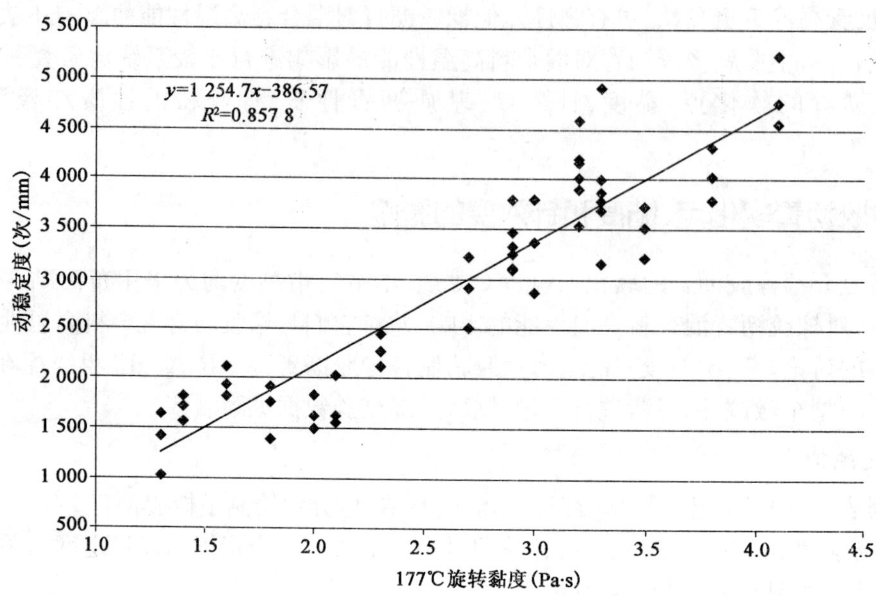

图 6-9 旋转黏度(177℃)与动稳定度的试验关系

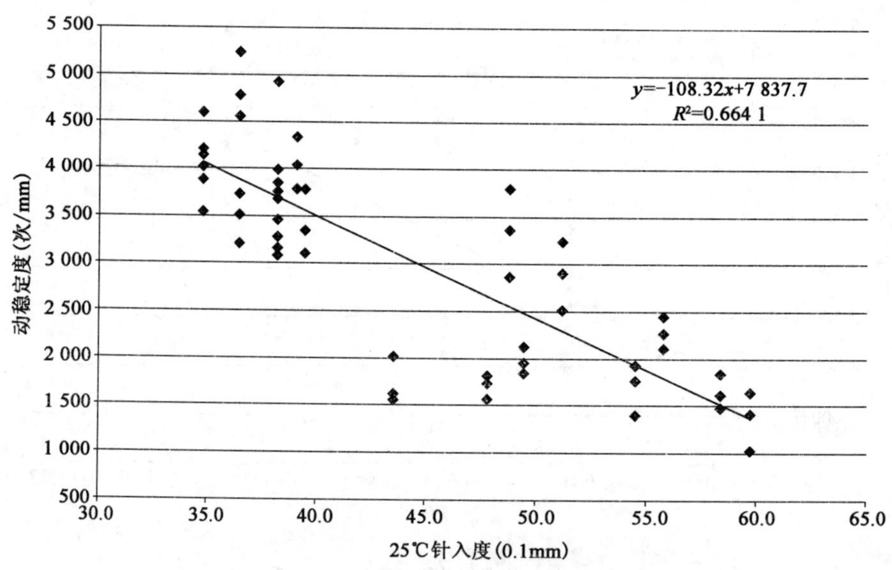

图 6-10 针入度(25℃)与动稳定度的试验关系

橡胶沥青高温稳定性评价推算标准 表 6-16

项目	黏度(177℃,20 r/min)(Pa·s)	软化点(℃)	25℃针入度(0.1mm)
建议标准(按照动稳定度 1 800 次/mm 控制)	>1.7	>61	<56
建议标准(按照动稳定度 3 000 次/mm 控制)	>2.7	>65	<45

美国橡胶沥青常规指标的要求 表 6-17

旋转黏度(177℃,20 r/min)(Pa·s)	软化点(℃)	25℃针入度(0.1mm)
>1.5	≥54.4	<75

对比附表 6-2 中 54 组车辙试验数据可以看出,如果软化点≤60℃,动稳定度均≤2 000 次/mm;如果黏度<2.0Pa·s,除一组试验的动稳定度大于 2 000 次/mm 外,其余均<2 000 次/mm。因此,采用本研究中所用的集料、沥青用量及混合料级配,如果按照美国的标准对胶结料进行质量控制,无法达到目前国内规范对改性沥青动稳定度大于 2 800 次/mm 或 3 000 次/mm 的要求。

由于本研究所采用的集料、沥青用量及混合料级配属于目前国内橡胶沥青工程较常用的方案,但考虑到橡胶沥青混合料所用的沥青用量范围较广泛,美国一般推荐 7.5%~8.5%,国内使用时沥青用量较低一些,且集料、级配对车辙动稳定度也有一定影响,混合料动稳定度指标本身测量有波动,因此不能直接将表 6-17 回归推算的结果作为我国橡胶沥青高温稳定性的控制标准。

近年来,在大量的橡胶沥青工程实践中,均要求橡胶沥青的 177℃黏度在 2.8 Pa·s 以上,存储后 177℃黏度不低于 2.5 Pa·s,否则现场混合料会出现油石比过高的现象;而软化点要求不低于 64℃或 60℃,一般情况下均可以达到要求。如果发现软化点过低,主要是胶粉来源有问题,偶尔也可能是基质沥青的质量不达标。

室内试验研究和实际工程实践均表明,美国评价标准中的黏度与软化点要求偏低,相应沥青混合料的动稳定度难以满足国内有关改性沥青的规范要求。因此,建议适当提高对橡胶沥青旋转黏度与软化点的要求。建议标准如表 6-18 所示。

橡胶沥青高温稳定性评价建议标准 表 6-18

评价指标	黏度(177℃,20 r/min)(Pa·s)	软化点(℃)
建议指标要求	>2.0	≥60
美国指标要求	>1.5	≥54.0

需要说明的是,美国标准与国内大多数工程实践均采用 177℃作为关键控制指标,但是旋转黏度的现场测试在实际工作中存在一定的困难。由试验结果可以看出,软化点与动稳定度之间也具有很强的相关性,而且软化点测试简单快速,工地上均具备测试条件,因此在无法进行黏度测试时,可以考虑临时采用软化点作为关键控制指标。在软化点达到较高要求的情况下,拌和楼泵送、拌和可以顺利完成,即可进行橡胶沥青混合料的施工。

二、基质沥青性质的影响

1. 基质沥青品牌的影响

根据 SBS 改性沥青的使用经验,基质沥青性能对改性沥青性能有很大影响。我国沥青供应商较多,作为一种改性沥青,基质沥青的性能对橡胶沥青也有很大影响。为此以下将研究基质沥青的性能对橡胶沥青混合料高温性能的影响。

选择加德士 70 号、埃索 70 号、中海 70 号、河北宏润 70 号、金山东海 70 号 5 种沥青进行混合料试验。其中前两种是进口沥青，后三种是国产沥青，都是国内市场上有代表性的品牌。基质沥青中芳香分含量是评价该基质沥青是否适于改性的一个有效指标，如对 SBS 改性沥青而言，基质沥青中芳香分含量越高，其改性效果越好，相应高温性能也越优异。5 种基质沥青芳香分含量按照《公路工程沥青及沥青混合料试验规程》(JTG E20—2011)中 T 0618“沥青化学组分试验(四组分法)”进行测试，结果见表 6-19。从表中可以看出，5 种沥青的芳香分含量差别较大，基本涵盖了目前国内多数品牌的基质沥青。将上述 5 种基质沥青和掺量为 19%(内掺)的 20 目废轮胎胶粉制备的橡胶沥青，在最佳油石比 8%下成型车辙试件。测试结果如表 6-19 和图 6-11 所示。

基于不同基质沥青的橡胶沥青混合料车辙试验结果 表 6-19

基质沥青	芳香分含量(%)	动稳定度(次/mm)	车辙深度(mm)
加德士	45	3 860	3.450
埃索	54	3 816	2.853
中海	27	3 276	2.798
金山东海	18	3 470	2.673
河北宏润	39	4 049	4.308

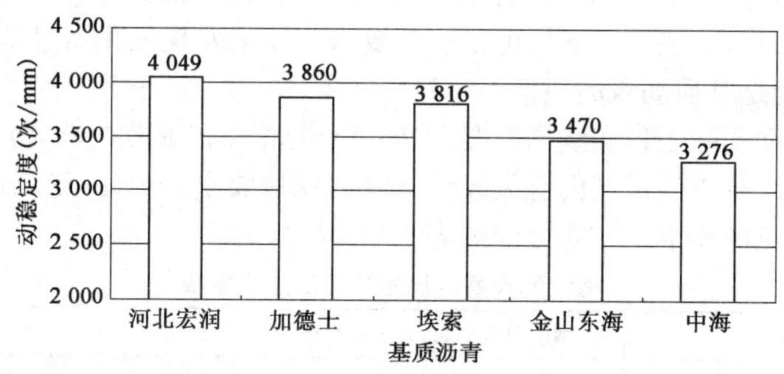

图 6-11 采用不同品牌基质沥青的橡胶沥青混合料动稳定度比较

从图 6-11 的结果可以看出，基质沥青品牌对橡胶沥青混合料高温性能有一定影响，且与芳香分含量有一定关系，三种芳香分含量较高的基质沥青(宏润、加德士、埃索)其橡胶沥青高温性能较好，两种芳香分含量较低的基质沥青(金山东海、中海)其橡胶沥青高温性能稍逊。但从表上也可以看出，动稳定度最大与最小的基质沥青，其芳香分含量并不是最高或最低的。此外最小的动稳定度比最大的动稳定度仅小了 15%，都超过了我国规范中关于改性沥青混合料动稳定度大于2 800 次/mm的指标要求。由此可以看出，橡胶沥青混合料的高温性能随基质沥青性质的变化而有所不同，基质沥青中的芳香分含量对高温性能有较明显的影响，但其影响程度不像 SBS 改性沥青影响那么显著。

2. 基质沥青标号的影响

我国气温较高的地区使用 70 号基质沥青，东北、西北等寒冷地区在面层使用标号更大的 90 号沥青；而美国加利福尼亚州生产橡胶沥青时也常在 70 号沥青中加入 2%的延展油，这相当于将 70 号沥青变成了 90 号沥青，而由 90 号沥青制备的橡胶沥青及其混合料的高温性能是否会降低，加入延展油后对高温性能影响如何，为此我们研究了基质沥青标号及延展油对混合料高温性能的影响。所用基质沥青是加德士70号、90号(根据美国加利福尼亚州橡胶沥青处理方法,向加德士70号中加入2%的延展油可调成90号)和盘锦90号,采用三种橡胶沥青进行车辙试验。测试的结果如表6-20所示。

不同标号基质沥青车辙试验结果 表6-20

基质沥青名称	177℃黏度(Pa·s)	动稳定度(次/mm)
加德士70号	3.3	3 860
加德士90号	2.7	2 881
盘锦90号	3.0	3 347

从表6-20可以看出,随着基质沥青(加德士)标号的增加,与之对应的橡胶沥青混合料的动稳定度下降接近25%,说明基质沥青标号的提高对其制备的橡胶沥青混合料高温性能有负面影响,也说明延展油的加入可能会影响橡胶沥青混合料的高温性能。但另一方面,90号沥青制备的橡胶沥青混合料仍旧可以满足规范中改性沥青混合料车辙动稳定度大于2 800次/mm的指标要求,其中盘锦90号沥青制备的橡胶沥青混合料动稳定度达到了3 347次/mm。

三、橡胶粉性质的影响

橡胶粉改性沥青是轮胎橡胶粉在高温条件下(180℃以上)与基质沥青溶胀反应得到的改性沥青胶结料。橡胶粉在与沥青高温充分混合状态下吸收沥青轻质组分而溶胀,同时在颗粒表面形成沥青质含量很高的凝胶膜。橡胶沥青中橡胶粉掺量通常接近20%,溶胀后橡胶粉体积达到胶结料的近40%,橡胶粉颗粒通过凝胶膜连接,形成一个黏度很大的半固态连续相。

由于橡胶沥青中胶粉的掺量接近20%,所以它的性质必然会对胶粉改性沥青混合料的高温性能有较大的影响。

1. 胶粉来源

由于橡胶粉来源、加工工艺的不同,橡胶粉的化学组分以及级配组成、粗糙度、颗粒形状等物理参数会有很大的差别。这样势必会增大胶粉改性沥青性质的不稳定性,在混合料的路用性能上也会存在很大差别。以下选取上海、河北、宜宾、南京四处的20目轮胎橡胶粉做对比试验,将上述胶粉与加德士基质沥青制备了四种橡胶粉改性沥青,采用AR-AC-13粗级配进行车辙试验,试验的结果如表6-21和图6-12所示。

不同来源胶粉的橡胶沥青混合料车辙试验结果 表6-21

胶粉来源	177℃黏度(Pa·s)	动稳定度(次/mm)
河北	3.5	3 858
上海	3.3	3 729
南京	2.1	1 732
宜宾	1.4	1 702

由图6-12的结果可以看出,不同来源胶粉制备的橡胶改性沥青混合料的高温抗车辙性能差别很大,河北和上海两地胶粉制备的橡胶沥青混合料高温性能较好,南京和宜宾两地胶粉制备的橡胶沥青混合料高温性能较差,动稳定度分别只有河北胶粉制备混合料动稳定度的

44.9%和44.1%。所以在橡胶沥青质量控制的流程中，胶粉来源是第一个环节，也是十分重要的一环。

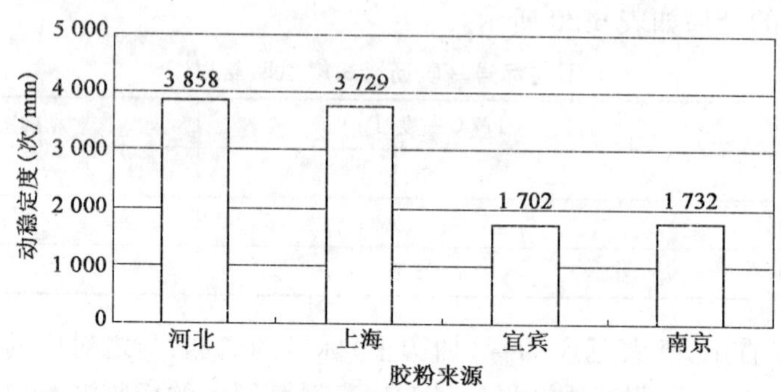

图 6-12　不同来源胶粉的橡胶沥青混合料的动稳定度比较

造成上述差异是由于橡胶沥青黏度对混合料动稳定度的影响。

从表 6-21 还可以看出，宜宾和南京两种胶粉制备的混合料的动稳定度几乎一样，可是黏度的差别较大，南京胶粉制备的橡胶沥青黏度实测值(2.1 Pa·s)要大于用图 6-9 中回归公式计算所得的值(1.58 Pa·s)。这是因为南京的胶粉中含有纤维等污染物，进行黏度测试时，这些杂质造成了黏度测试结果偏大的"假象"。

2. 胶粉细度

ASTM 有一整套按照轮胎橡胶粉的颗粒分布进行分类的方法。分类名称按照公称最大粒径，分为 10～80 目(分类级差为 10 目)、100～140 目(分类级差为 20 目)、170 目、200 目总计 13 类。

早期的常温工艺处理只能得到 40 目的胶粉，目数过低不利于胶粉和沥青的充分熔炼，不利于橡胶沥青的存储稳定性。近些年来，国外的胶粉技术发展很快，工业化的胶粉已经超过 200 目。本研究选择的是目前国内工程经常应用的三种不同目数(20 目、60 目、80 目)，产地为南京，制备了三种橡胶沥青。三种橡胶沥青的胶粉掺量均为 19%(内掺)，基质沥青为加德士 70 号，加工工艺都是搅拌 90min。拌和混合料后 40 次碾压成型进行车辙试验，试验结果如表 6-22 所示。

不同细度的胶粉对橡胶沥青混合料车辙试验结果　　表 6-22

胶粉细度(目)	177℃黏度(Pa·s)	动稳定度(次/mm)
20	2.1	1 732
60	1.8	1 973
80	1.6	1 687

由表 6-22 可知，60 目胶粉制备的混合料的动稳定度最大，其次是 80 目，最差是 20 目，但相差都不大。从橡胶沥青的黏度上看，似乎和上述黏度与动稳定度单调规律不符：20 目的橡胶沥青黏度最大，动稳定度值。因为首先这三种细度胶粉制备的混合料的动稳定度相差都不大，与之对应的黏度也相差不大，再加上受时间、精力的限制，试验数据所取的样本数量有限，上述的数据结果可能并不具有代表性。其次，对于不同目数胶粉制备的混合料的动稳定度，存

在一个峰值。本次研究中 60 目对应的动稳定度就是一个峰值。对于 20 目黏度，因为 20 目的胶粉颗粒较粗，在橡胶沥青制备完成后甚至可用肉眼观察到少量胶粉颗粒，另一方面，用来测黏度是布氏旋转黏度计，用的为最大号的 8 号转子，转子与试样桶壁的间距很小，如果有大的胶粉颗粒肯定会增加黏度计感应的扭矩，增大了读数，因此存在试验误差。

现在国内的工程界在橡胶沥青混合料设计、施工时还是更倾向于用目数大（即细）的胶粉，这样的选择是不全面的。实践表明，细胶粉制备橡胶沥青的存储稳定性是值得我们关注的，存储稳定性会影响到诸多路用性能包括高温性能。下面将从另一个方面说明胶粉细度对橡胶沥青存储稳定性的影响。

把上述 20 目和 60 目的橡胶沥青各制备一份，盛在有小口的铁罐里（模拟现场的反应罐），在 180℃的烘箱中保温 36h，中间每隔 12h 取出用搅拌器搅拌 5min（模拟现场反应罐里的间隔搅拌）。最后测试橡胶沥青的黏度并成型车辙试件，试验结果如表 6-23 和图 6-13 所示。

两种细度的胶粉沥青存储前后的黏度与对应混合料车辙试验结果 表 6-23

胶粉细度（目）	存储前黏度（Pa·s）	存储后黏度（Pa·s）	存储前动稳定度（次/mm）	存储后动稳定度（次/mm）
2	2.0	2.1	1 647	1 732
60	1.3	1.8	1 531	1 973

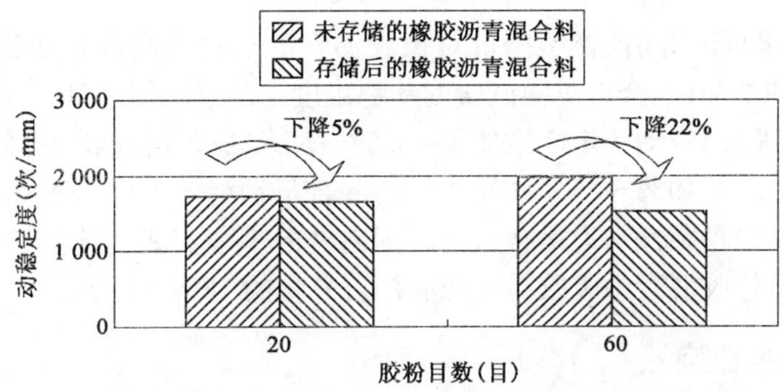

图 6-13 两种细度橡胶沥青存储前后所制备的混合料的动稳定度对比

由图 6-13 的结果可知：南京 20 目胶粉制备的橡胶沥青在存储 36h 后，黏度变化很小（0.1%），表明其有较好的存储稳定性；而 60 目胶粉制备的橡胶沥青在存储 36h 后降黏较大（0.5%），降幅达到了 27%，存储稳定性较差。此外，前者制备的混合料动稳定度在存储前后变化很小（5%），后者的动稳定度降幅却达到了 22%。

仅从车辙试验可知，60 目胶粉制备的混合料动稳定度比 20 目和 80 目混合料的动稳定度都要大，可认定 60 目对应的动稳定度达到一个峰值。但存储 36h 后，60 目胶粉制备的橡胶沥青黏度和对应的混合料动稳定度都下降一个较大的幅度，存储稳定性不如 20 目的橡胶沥青。考虑到这个存储过程不可避免，所以在工程实践中仍推荐使用 20 目的胶粉。

3. 胶粉掺量

橡胶沥青是一种复合材料，组成材料比例的变化对其性能有很大的影响。在研究胶粉掺量影响的时候，选取上海产的 20 目胶粉作为沥青改性剂，掺量（内掺）依次为 17%、19%、21%。试验室的加工工艺都是简单搅拌共炼。基质沥青为加德士 70 号，级配为上述的 AR-

AC-13 粗级配。对拌和混合料进行车辙试验，试验结果如表 6-24 所示。图 6-14 更直观地表现了胶粉的掺量与其对应的橡胶沥青混合料高温抗车辙性能的关系。

不同掺量的胶粉对橡胶沥青混合料车辙试验结果 表 6-24

胶粉掺量(%)	177℃黏度(Pa·s)	动稳定度(次/mm)	永久变形(mm)	相对变形(%)
17	2.7	3 312	3.870	7.7
19	3.3	3 860	3.456	6.9
21	3.5	3 981	3.552	7.1

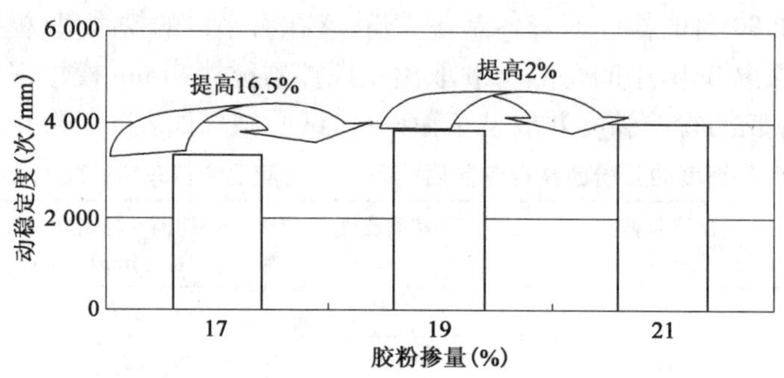

图 6-14 不同掺量的胶粉沥青混合料动稳定度比较

由图 6-14 的结果可以看出，胶粉掺量对橡胶沥青混合料的高温抗车辙性能影响是很大的。随着胶粉掺量的增加，混合料车辙试验的动稳定度也随之增加，但增加的幅度不一样。胶粉掺量从 17%增加到 19%，动稳定度增加了 16.5%；而从 19%增加到 21%，与之对应的动稳定度只增加了 2%。说明 19%～21%胶粉掺量的混合料动稳定度已基本达到峰值，该掺量比例对于橡胶沥青的高温稳定性来说是合适的。国内外的工程实践也证实了上述结论，例如美国加利福尼亚州规定橡胶沥青中废胶粉占橡胶沥青总量的 18%～22%。

四、沥青用量的影响

沥青用量对橡胶沥青混合料的高温性能有很大的影响。在进行沥青用量对橡胶沥青混合料高温性能影响研究时，仍旧采用表 6-9 中的 AR-AC-13 粗级配，分别采用 8.0%、8.3%、8.6%、9.0%和 10.0%的油石比。此外还采用了常规的 AC-13 级配进行对比。AC-13 橡胶沥青混合料油石比采用 5%。对以上 6 种油石比的橡胶沥青混合料进行车辙试验，试验结果如图 6-15 所示。

由图 6-15 表明：在 8%～9%的油石比范围内，橡胶沥青混合料的高温抗车辙性能是逐步下降的，但下降的幅度不大，这与 SBS 改性沥青混合料油石比相差一个百分点，车辙动稳定度可能会相差数倍的情况形成明显对比。图 6-15 结果还显示，油石比达到 9%时混合料动稳定度的平均值接近 2 800 次/mm，仍旧可以满足规范对改性沥青的要求。因此，8%～9%的油石比对橡胶沥青混合料的工程实践来说是可行的，可以作为工程质量控制上限。油石比 10%时的动稳定度只有最佳油石比(8%)的 42%，说明 10%的油石比对于橡胶沥青混合料过高，此时的高温性能已经明显下降。

值得注意的是，5%油石比的 AC-13 级配橡胶沥青混合料的动稳定度最大，国内有些采用

了 AC-13 级配。5%左右油石比的橡胶沥青路面工程使用不久就出现了坑槽、松散等水损坏现象；美国橡胶沥青混合料的使用经验也表明，20 世纪 90 年代部分密级配橡胶沥青工程出现了较多的病害。因此，一般建议在橡胶沥青混合料中不采用密级配低沥青用量的方案。

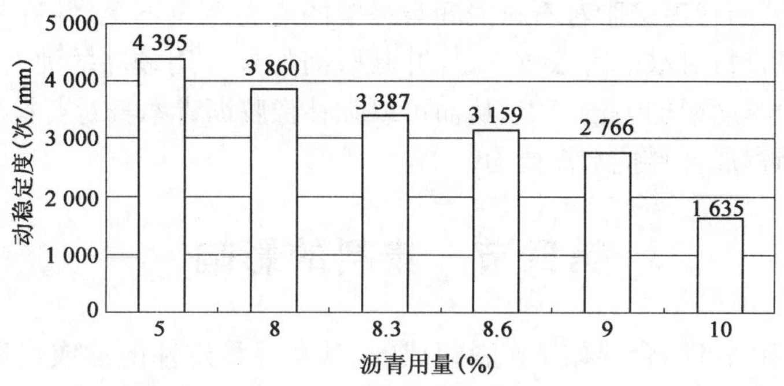

图 6-15 不同沥青用量的混合料车辙试验动稳定度的比较

为了准确评价密级配低沥青用量方案存在的水损害问题，在对 5%油石比的 AC-13 级配橡胶沥青混合料进行了常规车辙试验后，还进行了浸水车辙试验。将其数据与 8%油石比的断级配橡胶沥青混合料进行对比，结果见表 6-25 和图 6-16。

两种油石比的混合料是否浸水车辙试验结果对比 表 6-25

油石比(%)	常规车辙动稳定度(次/mm)	浸水车辙动稳定度(次/mm)	浸水后残留车辙动稳定度比值
8	3 245	1 610	0.50
5	4 395	1 204	0.27

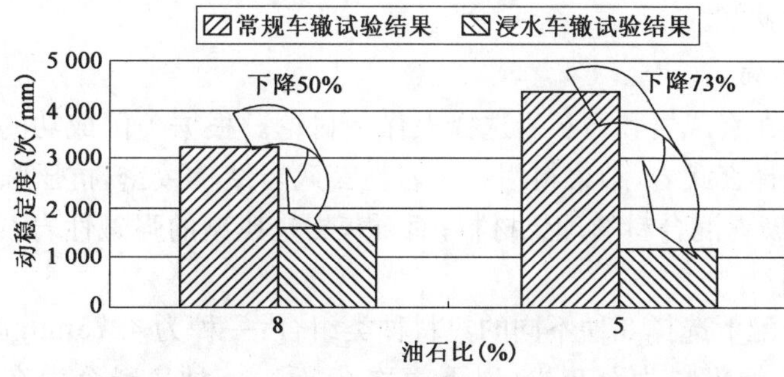

图 6-16 不同沥青用量的混合料是否浸水车辙试验结果对比

图 6-16 结果显示：在水的作用下混合料的高温抗车辙性能迅速下降，但下降的幅度不同，8%油石比混合料浸水后的动稳定度下降了 50%，5%油石比混合料浸水后的动稳定度下降了 73%。在浸水车辙试验中，5%油石比混合料的动稳定度明显低于 8%油石比混合料的动稳定度。由此可以看出，对于橡胶沥青混合料采用常规混合料的低油石比存在较大的水损害风险。

这一结论也可以从理论上得到解释，高达 19%的橡胶粉掺量会导致沥青针入度下降，黏度变大，影响了沥青对石料的浸润与裹覆能力。对于密级配低油石比的橡胶沥青混合料而言，高含量的矿粉使得比表面积增加。同时，矿粉与胶粉同时吸附基质沥青，这使得沥青膜厚度减小，而较低的油石比更无法保证沥青玛蹄脂对石料的充分浸润与裹覆，最终表现为抗水损能力不足。当采用较多矿粉的密级配时，矿粉与橡胶粉会争夺基质沥青，同时由于比表面积的增加，沥青膜的厚度会降低，这会进一步导致沥青玛蹄脂对石料的浸润与裹覆能力变差，而较低的油石比最终会导致沥青玛蹄脂对石料浸润与裹覆的能力严重不足，并进一步降低沥青膜的厚度，从而易出现混合料对水损害抵抗不足的问题；而如果采用较高的油石比，同时不添加矿粉，可以将沥青膜的厚度增加一倍以上，从而可以弥补橡胶沥青本身对石料浸润与裹覆能力差的缺点，提高橡胶沥青混合料抗水损能力。

第四节　集料的影响

沥青混合料是由沥青结合料黏结矿料组成的，其高温稳定性的形成机理也来源于沥青结合料的黏结性和矿料级配的嵌挤作用。集料作为混合料的主体（质量占了混合料 90%以上），势必会对混合料的高温稳定性能产生重要影响。橡胶沥青虽然是经过改性的高黏度结合料，但在高温条件下，仅仅依靠沥青无法承受车辆荷载的强大水平推挤力和水平剪切作用。在这种情况下，粗细集料和矿粉组成的级配起到了重要作用。通常，沥青混合料的高温抗车辙性能有 60%依赖于矿料级配的嵌挤作用，沥青结合料的黏结性能只能有 40%的贡献。

本节将讨论集料的种类、级配对橡胶沥青混合料高温稳定性能的影响。

一、集料性质的影响

通常认为集料所具有的特性对混合料高温稳定性的影响是显著的。破碎、坚硬、纹理粗糙、多棱角、颗粒接近于立方体且压实后颗粒之间能形成紧密嵌锁作用的集料，所形成的沥青混合料高温稳定性能就好。

1. 集料岩性的影响

以下对粗细集料在玄武岩和石灰岩选择上作一讨论。根据美国成功的使用经验：橡胶沥青混合料的粗集料选择玄武岩，细集料用石灰岩。玄武岩结构致密，抗压强度高（极限强度可达 400MPa），是面层沥青混合料的理想材料；而石灰岩是典型的强碱性岩石，可以加强橡胶沥青与集料的黏结性。

在 AR-AC-13 级配下选择 3 种不同的集料种类组合：一种为 4.75mm 以上的粗集料为玄武岩，4.75mm 以下的细集料为石灰岩（以下简称玄-石）；一种集料全为玄武岩（以下简称全玄）；最后一种集料全为石灰岩（以下简称全石）。基质沥青为加德士 70 号，胶粉为上海产的 20 目废旧轮胎胶粉，掺量占沥青质量 19%（内掺），油石比都选择 8%。车辙试验结果如表 6-26所示。

不同集料种类车辙试验结果　表 6-26

混合料名称	动稳定度(次/mm)	永久变形(mm)	相对变形(%)
玄-石	3 487	3.403	6.8
全玄	3 686	2.825	5.6
全石	960	6.853	13.7

由表6-26可以看出，集料全是石灰岩的混合料的高温稳定性能较差，动稳定度只有“玄-石”混合料的40%左右，永久变形是后者的2.4倍。故质地较软的石灰岩不适宜用做沥青路面上面层的橡胶粉沥青混合料的粗集料。“玄-石”和“全玄”混合料的车辙试验结果无论是动稳定度和永久变形都很接近，仅从高温稳定性上说，细集料也可选择黏附性一般的玄武岩。

2. 水作用下的高温稳定性

根据第二节确定的浸水车辙试验方法，比较上述三种橡胶沥青混合料在水的作用下的高温稳定性能。成型三种不同集料种类的混合料试件，进行浸水车辙试验。试验结果如表6-27所示。

不同集料种类的混合料浸水车辙试验结果 表6-27

混合料名称	动稳定度(次/mm)	永久变形(mm)	相对变形(%)
玄-石	1 739	4.935	9.9
全玄	1 404	5.030	10.0
全石	370	11.807	23.6

在水的作用下，混合料的高温抗车辙性能迅速下降。沥青混合料浸水车辙试验结果对比如表6-28和图6-17所示。三种集料种类的混合料动稳定度下降了一半甚至一大半，说明在60℃的水浴中浸泡2h的试验条件十分苛刻，对胶结料与集料之间的黏附性是一个很大的挑战。之前通过常规车辙试验发现细集料也可选择黏附性一般的玄武岩。通过浸水车辙试验结果与常规车辙试验结果的对比，可见不同岩性集料混合料经过浸水后，动稳定度下降的幅度是不一样的。粗集料(＞4.75mm)为玄武岩，细集料(＜4.75mm)为石灰岩的混合料动稳定度下降最小，为50%；集料全为玄武岩的混合料浸水后动稳定度下降最大，只有非浸水动稳定度的38%。由于石灰岩呈碱性，与沥青黏附性较好，故细集料采用石灰岩对保持橡胶沥青混合料在水的作用下的高温稳定性有明显效果。这一结论和目前工程界的应用实践情况也是相符的。集料全为石灰岩的混合料动稳定度下降幅度也很大，达到了61%。仅从黏结性角度来说，全为石灰岩的集料和沥青的黏附性是最好的，但本试验中混合料在高温、水、动荷载三重作用下，对混合料抗车辙性能起关键作用的是集料本身。石灰岩的材质较差，故降幅也很大。

不同集料种类的混合料是否浸水车辙试验结果对比 表6-28

混合料名称	常规车辙动稳定度(次/mm)	浸水车辙动稳定度(次/mm)	动稳定度比值
玄-石	3 487	1 739	0.50
全玄	3 686	1 404	0.38
全石	960	370	0.39

二、级配的影响

之前提到，沥青混合料的高温抗车辙性能60%依赖于矿料级配的嵌挤作用，所以对于橡胶沥青混合料设计最主要的问题是级配的选择。

图6-18和图6-19分别为“全石”混合料和“玄-石”混合料浸水车辙后的情况。

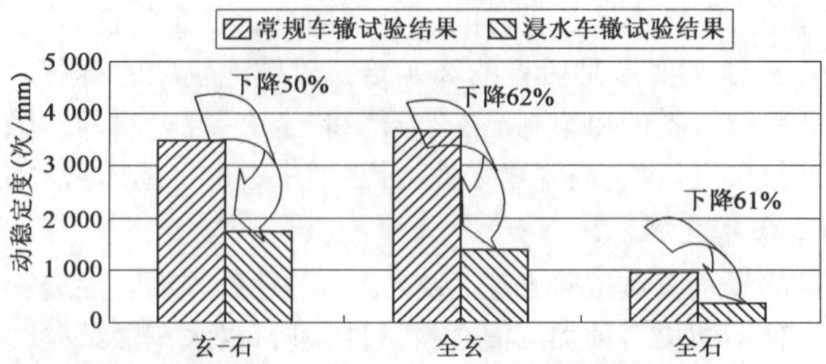

图 6-17　不同集料种类的混合料是否浸水车辙试验对比

图 6-18　“全石”混合料浸水车辙后的情况

图 6-19　“玄-石”混合料浸水车辙后的情况

从国外成功的施工经验来看，湿法工艺制备的橡胶沥青在开级配、间断级配混合料的路用性能方面要优于密级配混合料。间断级配提供了充分的空间来容纳较厚的沥青膜，当采用高掺量的橡胶沥青时尤为适用。而对于密级配混合料，由于集料颗粒之间只保留有限的空间，对厚沥青膜的容纳能力也有限，而且密级配沥青混合料对结合料用量与级配的变化较为敏感。密级配沥青混合料最好采用低掺量、较细的胶粉。

以下以我国常用的 SMA、AC 级配为例，结合美国亚利桑那州的间断级配，从混合料的高温性能方面探讨各种级配的特点，并从高温稳定性和在水作用下的高温稳定性两方面，综合比较用于橡胶沥青混合料的何种级配更具有优势。

1. 不同级配类型的影响

美国亚利桑那州的间断橡胶沥青混合料级配是一种特殊的，专属于橡胶粉改性沥青的级配。它介于 SMA 和 AC 级配之间，比 SMA 级配细，比 AC 级配粗。该橡胶沥青混合料的级配还有一个特点就是矿粉含量少。在本次研究中，结合国内的工程实际，在橡胶沥青的级配中不使用矿粉。二种级配如表 6-20 和图 6-20 所示。

三种不同类型橡胶沥青混合料级配　　表 6-29

筛孔尺寸(mm) / 级配类型	通过下列筛孔的质量百分率(%)				
	13.2	9.5	4.75	2.36	0.075
AR-AC-13 中	100	70	35	21	0
SMA-13	100	60	25	24	10
AC-13	100	74	39	30	6
亚利桑那州规范	100～80	80～60	42～28	22～14	3～0

比较 AR-AC-13、SMA-13 、AC-13 三种级配不难看出：如果把 SMA-13 、AC-13 中的矿粉用量除去，它们分别仅超过亚利桑那州 AR-AC-13 级配范围的上、下各一点，与 AR-AC 级配比较接近，所以认为 SMA-13、AC-13 与 AR-AC-13 最大的区别在于矿粉用量。

由马歇尔试验确定上述 5 种级配的最佳油石比（详见附表 6-3）如表 6-30 所示。

五种不同类型橡胶沥青混合料的最佳油石比 表 6-30

级配类型	AR-AC-13 粗	AR-AC-13 中	AR-AC-13 细	SMA-13	AC-13
最佳油石比（%）	8	8	8.3	7	7.3

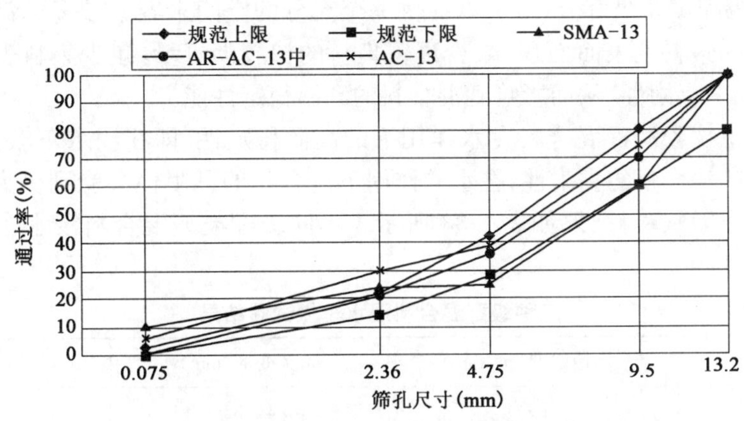

图 6-20 三种不同类型橡胶沥青混合料级配

用上面三种级配进行马歇尔试验，在各自的目标空隙率下（分别为 5.5%、4%和 4%）确定最佳油石比分别为 8%，7%和 7.3%。马歇尔试验结果见表 6-31。

三种不同类型的橡胶沥青混合料马歇尔试验结果 表 6-31

参数 级配类型	最佳油石比 （%）	毛体积密度 （g/cm³）	最大理论密度 （g/cm³）	空隙率 （%）
AR-AC-13	8	2.362	2.503	5.6
SMA-13	7	2.448	2.544	3.8
AC-13	7.3	2.412	2.513	4

在各自最佳油石比下进行车辙试验，结果如表 6-32 所示。常规的车辙数据并没有表明橡胶沥青混合料选择 AR-AC 级配的优越性，甚至动稳定度结果显示，AR-AC 级配是三种级配中最差的。但动稳定度的差别不大，且都超过了我国规范中关于改性沥青混合料动稳定度大于 3 000 次/mm 的指标要求，这样的差别可以忽略。

三种不同类型混合料车辙试验结果 表 6-32

混合料名称	动稳定度（次/mm）	永久变形（mm）	相对变形（%）
AR-AC-13	3 487	3.403	6.8
SMA-13	4 168	3.182	6.4
AC-13	3 775	3.398	6.8

对于 SMA 级配和 AC 级配，矿粉是级配中不可缺少的重要组成部分，AR-AC 级配的矿粉用量很少或没有(本次试验中未用矿粉)。SMA 或 AC 级配因为矿粉的存在，大大增加了比表面面积。如果采用 SMA 或 AC 级配，会有很多橡胶沥青用来裹覆矿粉，这将会减少裹覆集料的橡胶沥青量和集料表面沥青膜的厚度，大大影响了集料之间的黏附性，进而影响到混合料的高温稳定性能。橡胶沥青混合料的矿粉含量很少(甚至完全可以不用矿粉)，在高沥青含量(8%左右)情况下，不会出现如 SMA 中析漏现象和路面以后出现的泛油现象。首先是高黏度的橡胶沥青可以在集料表面形成较厚的沥青膜，不会轻易剥落。其次对于间断级配，其目标空隙率高于 SMA 级配 1.5 个百分点，可以提供一个充分的空间来容纳较多的沥青。因为矿粉的存在会大大增加集料比表面面积，减少裹覆集料的橡胶沥青量，减少集料表面沥青膜的厚度，影响集料之间的黏附性，从而影响到混合料的高温稳定性能。

另外关注一下橡胶沥青混合料在水作用下的高温稳定性，即在浸水车辙下的动稳定度。如前述矿粉会影响混合料的黏附性，在水的作用下混合料的黏附性会受到更大的考验。将三种级配进行浸水车辙试验，结果如表 6-33 所示。不同级配类型混合料浸水车辙试验对比如表 6-34和图 6-21 所示。

三种级配混合料浸水车辙试验结果 表 6-33

混合料名称	动稳定度(次/mm)	永久变形(mm)	相对变形(%)
AR-AC-13	1 739	4.935	9.9
SMA-13	1 520	5.080	10.1
AC-13	998	5.506	11.0

三种级配混合料是否浸水车辙试验结果 表 6-34

混合料名称	动稳定度 1(次/mm)	动稳定度 2(次/mm)	动稳定度比值
AR-AC-13	3 487	1 739	0.50
SMA-13	4 168	1 520	0.36
AC-13	3 775	998	0.26

注：表中的“动稳定度 1”为常规试验的动稳定度结果，“动稳定度 2”为浸水车辙的结果。

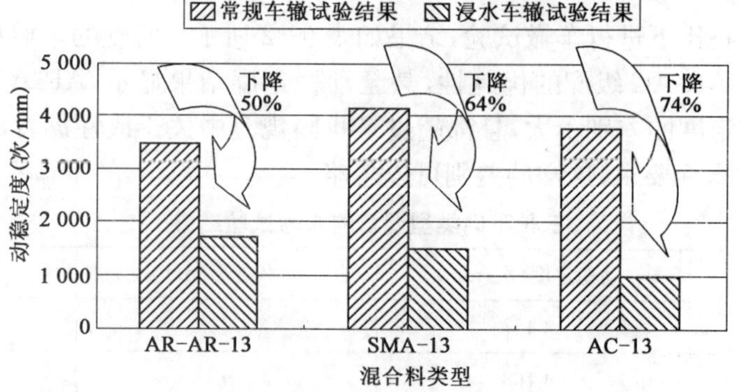

图 6-21　不同级配类型的混合料是否浸水车辙试验对比

浸水车辙的结果表明：在水的作用下，混合料的高温抗车辙变形能力下降很快，但三种级配下降的幅度是不同的。浸水后AR-AC-13混合料的动稳定度下降了50%，SMA-13混合料下降了63%，AC-13混合料下降了73%。AR-AC级配表现最好，显示出了较强的抵抗水损坏的能力。这是因为AR-AC级配的油石比是最高的，SMA级配和AC级配之所以在较低的油石比下达到较低的目标空隙率，就是因为还有较多的可以填充空隙的矿粉。也正是由于这些矿粉的存在，增加了集料比表面面积，减少了集料表面沥青膜的厚度，大大影响了集料之间的黏附性，所以再在高温水的浸泡下，加上动荷载的作用，水就较容易地侵入集料与沥青的界面，使两者分离，混合料的高温稳定性受到很大的影响。亚利桑那州AR-AC间断级配不用矿粉（只用少量的水泥增加其抵抗冻融劈裂的能力），用较高的沥青用量较好的解决了上述问题。研究的结论是，对于橡胶沥青混合料，推荐采用美国亚利桑那州AR-AC间断级配。

2. 级配粗细的影响

根据美国亚利桑那州的间断级配橡胶沥青混合料规范，并参照国内外的工程经验，本项研究拟订了粗、中、细三种橡胶沥青的级配（即表6-9所述的AR-AC-13粗、AR-AC-13中、AR-AC-13细）。基质沥青为加德士70号，胶粉为上海产的20目废旧轮胎胶粉，胶粉掺量占沥青质量19%。

在各自的最佳油石比（分别为8%、8%和8.3%）下，按照之前所确定的方法成型车辙试件。车辙试验的结果如表6-35所示。

粗中细三种橡胶沥青混合料车辙试验结果　　表6-35

混合料名称	最佳油石比（%）	动稳定度（次/mm）
AR-AC-13粗	8	3 860
AR-AC-13中	8	3 487
AR-AC-13细	8.3	3 480

上述三种级配基本上有同样的细集料用量，只是在9.5mm档随着级配的变细通过率依次增加5%。从表6-35的试验结果来看，在动稳定度上AR-AC-13粗稍大但仅从动稳定度数值上，彼此之间相差很小，且都已超过了我国《公路沥青路面施工技术规范》（JTG F40—2004）中对改性沥青混合料动稳定度≥3 000次/mm的要求。所以，级配的粗细对橡胶沥青混合料的高温稳定性能影响不大，都能满足我国规范要求。

第五节　其他因素的影响

除沥青结合料、集料之外，混合料高温稳定性的影响因素还有外加剂、荷载（荷载大小、作用次数）、环境（温度、湿度、应力/应变状态、交通渠化、基层强度）等。荷载与环境的影响变化因素很多，涉及结构设计范畴，在本研究中不作涉及。本节主要研究抗车辙剂、抗剥落剂这两种外加剂在提高橡胶沥青混合料高温稳定性方面的作用。

抗车辙剂是一种白色颗粒状的高分子化合物，产品均来自国内。抗剥落剂选用美国MeadWestvaco公司产品。该公司抗剥落剂产品是北美最知名的抗剥落剂，在工业领域应用超过 20 年，所有的沥青抗剥落剂产品都经过 DOT 认证。本次研究选用的是 moelife 2200 系列的产品。该产品的技术参数如表 6-36 所示。

moelife 2200 的技术参数　　表 6-36

技术参数	物理形态（25℃）	比重（25℃）	沸点（℃）	闪点（℃）	流点（℃）	黏度（25℃，Pa·s）
Morlife 2200	深棕色黏稠液体	1.10±0.04	378	180	−5	680～960

级配仍采用 AR-AC-13 粗级配，在最佳油石比 8%下成型车辙试件。抗车辙剂是在橡胶沥青制备时，在搅拌进行 30min 左右加入，添加比例占整个橡胶沥青质量的 3%；抗剥落剂是在混合料拌和时，添加在橡胶沥青里，添加比例占整个橡胶沥青质量的 0.3%。采用和前面相同的试件成型方式，车辙试验结果如表 6-37 所示。

两种外加剂的混合料车辙试验结果　　表 6-37

混合料类型	动稳定度（次/mm）	永久变形（mm）	相对变形（%）	原动稳定度（次/mm）
加抗车辙剂	6 246	2.620	5.2	3 487
加抗剥落剂	4 724	2.859	5.7	

添加了两种外加剂后，混合料动稳定度大幅上升，高温稳定性明显提高。添加抗剥落剂后，混合料的动稳定度提高了 35%；添加抗车辙剂后，混合料动稳定度提高了 79%。为了对比在有水环境下的高温性能，还进行了浸水车辙试验。试验结果见表 6-38 和图 6-22。

两种外加剂混合料的浸水车辙试验结果　　表 6-38

混合料类型	动稳定度（次/mm）	永久变形（mm）	相对变形（%）	原浸水动稳定度（次/mm）
加抗车辙剂	4 307	3.364	6.7	1 739
加抗剥落剂	2 807	4.806	9.6	

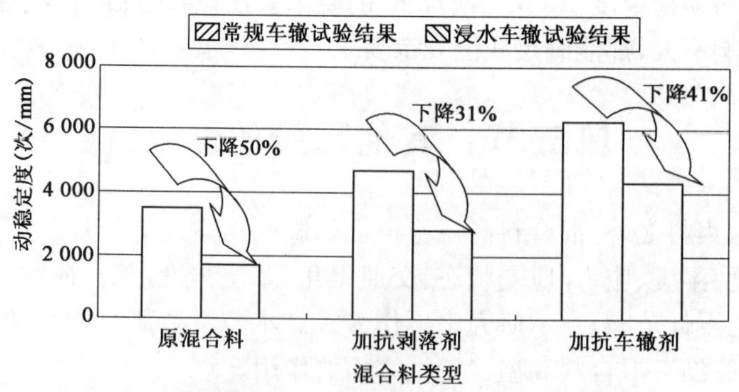

图 6-22　原混合料和加两种外加剂混合料是否浸水车辙试验结果对比图

从图 6-22 可以看出，在加了抗车辙剂和抗剥落剂后，无论是常规车辙试验还是浸水车辙试验，混合料动稳定度都有了很大的提高，且浸水后动稳定度与不浸水的动稳定度数值上只下降了 31%和 41%，明显小于不添加这两种外加剂的混合料浸水后动稳定度下降的幅度(50%)。由此说明添加上述两种外加剂后，混合料的高温稳定性有了明显提高，尤其是在水作用下的高温性能。

从经济上说，外加剂的添加增加了工程的造价，不添加外加剂的橡胶沥青混合料的高温性能已经可以满足我国规范(参照 SBS 改性沥青混合料)对高温性能的要求。但在一些如桥面铺装、炎热地区的上坡路段等对混合料高温性能要求比较高的路段，则有必要使用添加剂。

本章参考文献

[1] 沈金安. 沥青及沥青混合料路用性能[M]. 北京：人民交通出版社，2001.

[2] 吕伟民. 沥青混合料设计原理与方法[M]. 上海：同济大学出版社，2001.

[3] 张登良. 沥青与沥青混合料[M]. 北京：人民交通出版社，1998.

[4] R. G. Hicks. Asphalt Rubber design and construction guidelines, prepared for ncractc and ciwmb, 2002.

[5] Caltrans/CIWMB Partnered Research. Use of scrap tire rubber-state of the technology and best practices. 2005. 2. 8.

[6] C. J Potgieter & J. S Coetsee. Bitumen rubber asphalt year 2003 design and construction procedures in South Africa 2003 Asphalt Rubber International Seminar, 2003. 10.

[7] Glen A. Malpass and N. Paul Khosla. Use of groud tire rubber in asphalt concrete pavements-a design and performance evaluation. Transportation Research Record 1515, 1995.

[8] H. Barry Takallon. Hussain U. Bahia, Dario Perdomo and Robert Schwartz. Use of superpave technology for design and construstion of rubberized asphalt mixtures. Transportation.

[9] Robert B. Mcegennis. Evaluation of physical properties of fine crumb rubber-modified asphalt binders. Transportation research recored 1488, 1995.

[10] James R. Lundy, R. G. Hicks, H. Zhou. Ground rubber tire in asphalt concrete mixtures-three case History, use of waste materials in hot-mix asphalt. ASTM STP 1993.

[11] Bouzid Choubance, Gregory A. Sholar, James A. Musselman. A ten-Year performance evaluation of asphalt-rubber surface mixes, TRB 78th Annual Meeting, 1999.

[12] Steven M. Hall, Danny L. Lane. Evaluation of rubberized hot mix asphalt for use on tennessee roadways. Tdot, 2001. 3.

[13] Kamil E. Kaloush, Matthew W. Witczak, George B. Way. Performance evaluation of arizona asphalt russer mixtures using advanced dynamic material characterization tests. Arizona srtate university, 2002. 7.

[14] Edward Engle, Mohamad Mujeeb, Elijah Gansen, Evaluation of recycled rubber inAsphalt cement concrete field testing. Idot,2002,10.

[15] Baoshan Huang, Louay N. Mohammad, Philip S. Graves,Chris Abadie. Louisiana experience with crumb-rubber modified Hot-mix asphalt pavement. The University of Tennessee.

[16] 黄文元. 轮胎橡胶粉改性沥青路用性能及应用研究[D]. 上海:同济大学,2004.

[17] 黄敦灏,王旭东等. 橡胶粉在沥青混凝土中的应用[J]. 西安:西安公路交通大学学报,2001,10.

[18] 曾玉珍,廖正环. 废旧轮胎在国外公路上的应用[J]. 国外公路,2002,2.

[19] 周纯秀,谭忆秋,等. 废旧轮胎橡胶颗粒在沥青混合料中的应用[J]. 合成橡胶工业,2001,12.

[20] 覃淑媛. 橡胶沥青研究报告[R]. 同济大学道路与交通工程系,1983.

[21] 岳学军,黄晓明. 沥青混合料高温稳定性评价指标的试验研究[J]. 公路交通科技,2006,10.

[22] 曹林涛. 沥青混合料高温抗变形能力研究[D]. 上海:同济大学,2004.

[23] 陈宏坡. 沥青混合料永久变形性能车辙试验研究[D]. 上海:同济大学,2006.

[24] 于洪兴. 采用 GTM 设计的沥青混合料的高温稳定性研究[D]. 天津:河北工业大学,2005.

[25] 张方方. 沥青混合料抗车辙性能研究[D] . 西安:长安大学,2004.

[26] 何爱军. 沥青路面永久变形的车辙试验研究[D]. 重庆:重庆交通大学,2006.

[27] 傅志勇. 沥青混合料高温性能试验方法研究[D]. 湖南:长沙理工大学,2005.

[28] 吕伟民,孙大权. 沥青混合料设计手册[M]. 北京:人民交通出版社,2007.

[29] 韩海峰. 高等级公路沥青材料永久性变形特性研究[D] . 上海:同济大学,2004.

[30] 翟冬梅,黄晓明. 沥青混合料浸水车辙试验研究[J]. 华东公路,2002,8.

[31] 中华人民共和国行业标准. JTJ 058—2000 公路工程沥青及沥青混合料试验规范[J]. 北京:人民交通出版社,2000.

[32] 黄彭,吕伟民,等. 橡胶粉改性沥青混合料性能与工艺技术研究[J]. 中国公路学报,2001,12.

[33] 李荣波,等. 利用废橡胶改善沥青路用性能的研究[J]. 中国市政工程,1994,12.

[34] 沈金安. 关于橡胶粉改性沥青的生产[J]. 中国橡胶,2010,6.

[35] 曹林涛. 沥青混合料高温抗变形能力研究[D] . 上海:同济大学,2004.

[36] 郑南翔,等. 废轮胎胶粉改性沥青设计与施工工艺[J]. 山西建筑, 2005,2.

[37] 中华人民共和国行业标准. JTJ 058—2000 公路工程集料试验规程[S]. 北京:人民交通出版社,2000.

[38] 张丽萍,等. 废旧轮胎橡胶改性沥青混合料路用性能的室内试验[J]. 沈阳建筑大学学报,2005,7.

玄武岩粗集料密度试验结果 附表 6-1a

粒径(mm)	水中重(g)	表干质量(g)	烘干质量(g)	表观密度(g/cm³)	表干密度(g/cm³)	毛体积密度(g/cm³)	吸水率(%)
9.5～13.2	385.35	593.05	589.35	2.889	2.855	2.838	0.63
	363.13	558.55	555.11	2.891	2.858	2.841	0.62
	—	—	均值	2.890	2.857	2.840	0.62
4.75～9.5	333.1	513.26	508.5	2.899	2.849	2.822	0.94
	309.8	477.78	473.4	2.900	2.847	2.820	0.93
	—	—	均值	2.899	2.848	2.821	0.94
2.36～4.75	310.00	478.16	473.45	2.897	2.844	2.815	0.99
	332.89	514.05	508.44	2.895	2.838	2.807	1.10
	—	—	均值	2.896	2.841	2.811	1.05

注：本试验数据是用表干法测得的。

石灰岩粗集料密度试验结果 附表 6-1b

粒径(mm)	水中质量(g)	表干质量(g)	烘干质量(g)	表观密度(g/cm³)	表干密度(g/cm³)	毛体积密度(g/cm³)	吸水率(%)
9.5～13.2	303.12	479.3	477.74	2.736	2.721	2.712	0.33
	364.98	578.17	576.4	2.726	2.712	2.704	0.31
	—	—	均值	2.731	2.717	2.708	0.32
4.75～9.5	221.54	350.57	349.01	2.738	2.717	2.705	0.45
	223.35	353.69	351.96	2.737	2.714	2.700	0.49
	—	—	均值	2.737	2.716	2.703	0.47
2.36～4.75	115.95	184.89	183.30	2.722	2.682	2.659	0.87
	133.81	213.16	211.12	2.731	2.686	2.661	0.97
	—	—	均值	2.726	2.684	2.660	0.92

注：本试验数据是用表干法测得的。

石灰岩细集料密度试验结果 附表 6-1c

粒径(mm)	干料质量(g)	瓶+料+水(g)	瓶+水(g)	表观密度(g/cm³)
0.075～2.36	315.3	1 537.8	1 339.5	2.695
	222.29	1 479.39	1 339.5	2.698
均值	—	—	—	2.697

注：本试验数据是用容量瓶法测得的。

车辙试验结果整理

附表 6-2

集料种类	沥青	胶粉掺量（内掺）(%)	胶粉来源	目数（目）	是否短期老化	油石比（%）	级配类型	级配比例	45min 位移（mm）	60min 位移（mm）	动稳定度（次/mm）	变异系数（%）	备注
玄武岩＋石灰岩	埃索（70 号）	19	上海	20	否	8	AR-AC-13 粗	35∶35∶10∶20	3.573	3.765	3 281	21.7	
									3.935	4.214	2 257		
									3.876	4.146	2 333		
									均值	4.180	2295		
玄武岩＋石灰岩	埃索（70 号）	19	上海	20	是	8	AR-AC-13 粗	35∶35∶10∶20	2.762	2.919	4 013	6.5	
									3.206	3.384	3 539		
									3.303	3.465	3 895		
									均值	3.256	3 816		
玄武岩＋石灰岩	加德士（70 号）	19	上海	20	是	8	AR-AC-13 中	30∶35∶14∶21	2.921	3.049	4 925	22.5	
									2.916	3.115	3 166		
									2.886	3.072	3 795		
									均值	3.094	3 481		
玄武岩＋石灰岩	加德士（70 号）	19	上海	20	否	8	AR-AC-13 粗	35∶35∶10∶20	3.593	3.799	3 058	3.5	
									3.559	3.776	2 903		
									3.455	3.675	2 864		
									均值	3.750	2 942		
玄武岩＋石灰岩	加德士（70 号）	17	上海	20	是	8	AR-AC-13 粗	35∶35∶10∶20	3.796	4.013	2 903	17.8	
									3.435	3.593	3 987		
									3.798	4.005	3 045		
									均值	3.870	3 312		

续上表

集料种类	沥青	胶粉掺量（内掺）(%)	胶粉来源	目数（目）	是否短期老化	油石比（%）	级配类型	级配比例	45min 位移（mm）	60min 位移（mm）	动稳定度（次/mm）	变异系数（%）	备 注
玄武岩+石灰岩	加德士（70 号）	19	上海	20	是	8	AR-AC-13 粗	35∶35∶10∶20	3. 291	3. 461	3 706	3. 9	
									3. 415	3. 578	3 865		
									3. 171	3. 328	4 010		
									均值	3. 456	3 860		
玄武岩+石灰岩	加德士（70 号）	21	上海	20	是	8	AR-AC-13 粗	35∶35∶10∶20	3. 523	3. 690	3 772	6. 3	
									3. 432	3. 593	3 913		
									3. 225	3. 373	4 257		
									均值	3. 552	3 981		
玄武岩+石灰岩	加德士（70 号）	—	—	—	否	4. 8	AC-13	26∶35∶9∶24∶6	4. 572	5. 150	1 090	4. 5	
									4. 913	5. 541	1 003		
									4. 608	5. 228	1 016		
									均值	5. 306	1 036		
玄武岩+石灰岩	加德士（70 号）	—	—	—	是	4. 8	AC-13	26∶35∶9∶24∶6	3. 326	3. 837	1 233	24	
									4. 371	5. 132	828		
									3. 435	3. 903	1 346		
									均值	3. 870	1 290		
玄武岩+石灰岩	宏润（70 号）	19	河北	20	是	8	AR-AC-13 粗	35∶35∶10∶20	2. 686	2. 818	4 773	7. 1	
									2. 595	2. 733	4 568		
									2. 140	2. 260	5 242		
									均值	2. 604	4 861		
玄武岩+石灰岩	宏润（70 号）	19	上海	20	是	8	AR-AC-13 粗	35∶35∶10∶20	3. 282	3. 448	3 795	6. 4	
									3. 406	3. 562	4 038		
									2. 966	3. 112	4 315		
									均值	3. 374	4 049		

续上表

集料种类	沥青	胶粉掺量(内掺)(%)	胶粉来源	目数(目)	是否短期老化	油石比(%)	级配类型	级配比例	45min 位移(mm)	60min 位移(mm)	动稳定度(次/mm)	变异系数(%)	备　注
玄武岩+石灰岩	埃索(70 号)	19	上海	20	是	8	AR-AC-13 粗	35∶35∶10∶20	2.669	2.819	4 200	5.5	消石灰代水泥
									2.530	2.681	4 172		
									2.185	2.322	4 598		
									均值	2.607	4 323		
玄武岩+石灰岩	中海(70 号)	19	上海	20	是	8	AR-AC-13 粗	35∶35∶10∶20	3.175	3.368	3 264	5.7	
									2.784	2.966	3 461		
									3.061	3.264	3 103		
									均值	3.199	3 276		
玄武岩+石灰岩	加德士(70 号)	19	上海	20	是	8.2	AR-AC-13 细	28∶32∶12∶28	2.785	2.951	3 795	8.8	
									2.961	3.143	3 462		
									3.035	3.273	3 182		
									均值	3.122	3 480		
全玄武岩	加德士(70 号)	19	河北	20	否	8	AR-AC-13 中	30∶35∶14∶21	4.991	5.353	1 740	3.4	
									5.24	5.579	1 858		
									5.196	5.626	1 826		
									均值	5.519	1 808		
全玄武岩	加德士(70 号)	19	河北	20	是	8	AR-AC-13 中	30∶35∶14∶21	2.202	2.362	3 938	6.1	
									3.121	3.301	3 500		
									2.638	2.812	3 621		
									均值	2.825	3 686		
玄武岩+石灰岩	加德士(70 号)	19	河北	20	是	8	SMA	40∶35∶1∶16∶10	2.280	2.386	5 944	8.2	矿粉全为水泥
									2.092	2.212	5 250		
									2.176	2.229	5 116		
									均值	2.276	5 437		

续上表

集料种类	沥青	胶粉掺量(内掺)(%)	胶粉来源	目数(目)	是否短期老化	油石比(%)	级配类型	级配比例	45min 位移(mm)	60min 位移(mm)	动稳定度(次/mm)	变异系数(%)	备 注
玄武岩+石灰岩	加德士(70 号)	19	河北	20	是	8	SMA	40∶35∶1∶16∶10	2.863	2.996	4 733	7.4	空隙率为 2.5%
									3.271	3.388	5 385		
									2.039	2.171	4 772		
									均值	2.852	4 963		
玄武岩+石灰岩	加德士(70 号)	19	河北	20	是	7	SMA	40∶35∶1∶16∶10	3.208	3.371	3 865	7.2	空隙率为 4%
									2.756	2.907	4 171		
									3.128	3.268	4 468		
									均值	3.182	4 168		
玄武岩+石灰岩	加德士(70 号)	19	南京	80	是	8	AR-AC-13 粗	35∶35∶10∶20	4.302	4.755	1 391	15.9	
									4.331	4.690	1 755		
									4.216	4.545	1 915		
									均值	4.663	1 687		
玄武岩+石灰岩	加德士(70 号)	19	河北	20	是	7.3	AC-13	26∶35∶9∶24∶6	5.081	5.529	1 406	11.2	
									4.188	4.576	1 623		
									4.11	4.468	1 760		
									均值	5.036	1 596		
玄武岩+石灰岩	加德士(70 号)	19	南京	60	是	8	AR-AC-13 粗	35∶35∶10∶20	3.932	4.229	2 121	7.1	
									3.949	4.291	1 842		
									3.963	4.285	1 957		
									均值	4.268	1 973		
玄武岩+石灰岩	加德士(70 号)	19	南京	20	是	8	AR-AC-13 粗	35∶35∶10∶20	4.332	4.724	1 607	14.8	
									4.315	4.626	2 026		
									4.164	4.567	1 563		
									均值	4.639	1 732		

续上表

集料种类	沥青	胶粉掺量(内掺)(%)	胶粉来源	目数(目)	是否短期老化	油石比(%)	级配类型	级配比例	45min位移(mm)	60min位移(mm)	动稳定度(次/mm)	变异系数(%)	备注
玄武岩+石灰岩	东海(70号)	19	上海	20	是	8	AR-AC-13粗	35∶35∶10∶20	3.577	3.779	3 119	10.1	
									2.942	3.131	3 333		
									3.365	3.511	3 795		
									均值	3.474	3 416		
玄武岩+石灰岩	加德士(70号)	19	上海	20	是	8.3	AR-AC-13粗	35∶35∶10∶20	2.928	3.109	3 500	7.3	
									3.024	3.201	3 559		
									3.027	3.230	3 103		
									均值	3.181	3 387		
玄武岩+石灰岩	加德士(70号)	19	上海	20	是	8.6	AR-AC-13粗	35∶35∶10∶20	2.958	3.156	3 103	8.3	
									2.827	3.010	3 443		
									2.923	3.138	2 930		
									均值	3.102	3 159		
玄武岩+石灰岩	加德士(70号)	19	上海	20	是	9	AR-AC-13粗	35∶35∶10∶20	3.157	3.157	2 890	5.9	
									3.069	3.292	2 825		
									3.299	3.543	2 582		
									均值	3.327	2 766		
玄武岩+石灰岩	加德士(70号)	19	上海	20	是	10	AR-AC-13粗	35∶35∶10∶20	4.088	4.479	1 611	5.6	
									3.928	4.332	1 559		
									3.653	4.016	1 736		
									均值	4.279	1 635		
玄武岩+石灰岩	加德士(70号)	19	河北	20	是	7.3	AC-13	26∶35∶9∶24∶6	3.236	3.414	3 539	6.3	
									3.158	3.315	4 013		
									3.297	3.464	3 772		
									均值	3.398	3 775		

续上表

集料种类	沥青	胶粉掺量(内掺)(%)	胶粉来源	目数(目)	是否短期老化	油石比(%)	级配类型	级配比例	45min 位移(mm)	60min 位移(mm)	动稳定度(次/mm)	变异系数(%)	备注
玄武岩+石灰岩	盘锦(90 号)	19	河北	20	是	8	AR-AC-13 粗	35∶35∶10∶20	3.194	3.413	2 877	13.7	
									3.237	3.424	3 369		
									3.147	3.313	3 795		
									均值	3.383	3 347		
全石灰岩	加德士(70 号)	19	河北	20	是	8	AR-AC-13 中	30∶35∶14∶21	10.392	12.177	353	6.3	浸水车辙
									10.156	11.902	361		
									9.756	11.343	397		
									均值	11.807	370		
全玄武岩	加德士(70 号)	19	河北	20	是	8	AR-AC-13 中	30∶35∶14∶21	4.639	5.081	1 425	6.3	浸水车辙
									4.546	4.972	1 479		
									4.556	5.038	1 307		
									均值	5.030	1 404		
玄武岩+石灰岩	加德士(70 号)	19	河北	20	是	8	AR-AC-13 中	30∶35∶14∶21	4.527	4.853	1 933	8.8	浸水车辙
									4.558	4.931	1 689		
									4.626	5.021	1 595		
									均值	4.935	1 739		
玄武岩+石灰岩	加德士(70 号)	19	河北	20	是	7	SMA	40∶35∶1∶16∶10	4.528	4.946	1 507	4.8	浸水车辙
									4.829	5.262	1 455		
									4.639	5.033	1 599		
									均值	5.080	1 520		
玄武岩+石灰岩	加德士(70 号)	19	河北	20	是	7.3	AC-13	26∶35∶9∶24∶6	4.605	5.202	1 055	6.2	浸水车辙
									5.289	5.965	932		
									4.726	5.352	1 006		
									均值	5.506	998		

续上表

集料种类	沥青	胶粉掺量(内掺)(%)	胶粉来源	目数(目)	是否短期老化	油石比(%)	级配类型	级配比例	45min 位移(mm)	60min 位移(mm)	动稳定度(次/mm)	变异系数(%)	备　注
玄武岩+石灰岩	加德士(70号)	19	上海	20	是	8	AR-AC-13 粗	35∶35∶10∶20	3.936	4.150	2 727	2.6	压实 24 次
									4.038	4.258	2 864		
									3.791	4.013	2 834		
									均值	6.955	2 808		
玄武岩+石灰岩	加德士(70号)	19	上海	20	是	8	AR-AC-13 粗	35∶35∶10∶20	3.291	3.461	3 706	3.9	压实 40 次
									3.415	3.578	3 865		
									3.171	3.328	4 010		
									均值	3.456	3 860		
玄武岩+石灰岩	加德士(70号)	19	上海	20	是	8	AR-AC-13 粗	35∶35∶10∶20	2.092	2.207	5 478	16.9	压实 60 次
									2.315	2.446	4 809		
									2.723	2.885	3 889		
									均值	2.513	4 725		
玄武岩+石灰岩	加德士(70号)	19	上海	20	是	8	AR-AC-13 粗	35∶35∶10∶20	3.62	3.929	2 121	7.2	沥青老化
									3.518	3.775	2 451		
									3.558	3.835	2 274		
									均值	3.846	2 282		
玄武岩+石灰岩	加德士(70号)	19	宜宾	20	是	8	AR-AC-13 粗	35∶35∶10∶20	4.186	4.586	1 575	7.0	
									4.071	4.437	1 721		
									4.018	4.366	1 810		
									均值	4.463	1 702		
玄武岩+石灰岩	加德士(70号)	19	河北	20	是	8	AR-AC-13 中	30∶35∶14∶21	3.271	3.467	3 214	7.4	
									3.328	3.507	3 520		
									3.066	3.235	3 728		
									均值	3.403	3 487		

续上表

集料种类	沥青	胶粉掺量(内掺)(%)	胶粉来源	目数(目)	是否短期老化	油石比(%)	级配类型	级配比例	45min 位移(mm)	60min 位移(mm)	动稳定度(次/mm)	变异系数(%)	备注
玄武岩+石灰岩	加德士(70号)	19	上海	20	是	5	AR-AC-13 粗	35：35：10：20	2.589	2.721	4 773	9.6	
									2.997	3.157	3 938		
									2.758	2.902	4 475		
									均值	2.927	4 395		
玄武岩+石灰岩	加德士(70号)	19	上海	20	是	5	AR-AC-13 粗	35：35：10：20	4.793	5.379	1 075	9.5	浸水
									5.064	5.572	1 240		
									4.696	5.182	1 296		
									均值	5.378	1 204		
玄武岩+石灰岩	加德士(70号)	19	河北	20	是	8	AR-AC-13 粗	35：35：10：20	2.618	2.732	5 526	10.7	加抗车辙剂
									2.365	2.464	6 364		
									2.572	2.664	6 848		
									均值	2.620	6 246		
玄武岩+石灰岩	加德士(70号)	19	河北	20	是	8	AR-AC-13 粗	35：35：10：20	3.034	3.229	4 532	6.2	加抗车辙剂浸水
									3.181	3.325	4 375		
									3.382	3.539	4 013		
									均值	3.364	4 307		
玄武岩+石灰岩	加德士(70号)	19	河北	20	是	8	AR-AC-13 粗	35：35：10：20	2.772	2.911	4 532	5.8	加抗剥落剂
									2.538	2.663	5 040		
									2.866	3.003	4 599		
									均值	2.859	4 724		
玄武岩+石灰岩	加德士(70号)	19	河北	20	是	8	AR-AC-13 粗	35：35：10：20	4.741	4.992	2 510	10.1	加抗剥落剂和浸水
									4.571	4.793	2 838		
									4.428	4.633	3 073		
									均值	4.816	2 807		

续上表

集料种类	沥青	胶粉掺量（内掺）(%)	胶粉来源	目数（目）	是否短期老化	油石比（%）	级配类型	级配比例	45min 位移（mm）	60min 位移（mm）	动稳定度（次/mm）	变异系数（%）	备 注
全石灰岩	加德士（70 号）	19	河北	20	是	8	AR-AC-13 中	30∶35∶14∶21	6.380	6.976	1 057	11.4	
									6.337	7.086	841		
									5.855	6.496	983		
									均值	6.853	960		
玄武岩＋石灰岩	壳牌 SBS				否	4.8	AC13	26∶35∶9∶24∶6	2.345	2.486	4 468	5	
									2.428	2.533	6 000		
									2.522	2.647	5 040		
									均值	2.555	5 169		
玄武岩＋石灰岩	壳牌 SBS				是	4.8%	AC-13	26∶35∶9∶24∶6	2.321	2.436	5 478	16.7	
									2.243	2.335	6 848		
									2.207	2.289	7 683		
									均值	2.353	6 670		
玄武岩＋石灰岩	加德士（90 号）	19	上海	20	是	8	AR-AC-13 粗	35∶35∶10∶20	3.386	3.603	2 903	12.5	
									3.435	3.686	2 510		
									3.156	3.351	3 231		
									均值	3.547	2 881		
玄武岩＋石灰岩	加德士（70 号）	19	南京	60	是	8	AR-AC-13 粗	35∶35∶10∶20	5.315	5.930	1 024	23.1	沥青老化
									5.236	5.681	1 416		
									5.105	5.488	1 645		
									均值	5.585	1 531		
玄武岩＋石灰岩	加德士（70 号）	19	南京	20	是	8	AR-AC-13 粗	35∶35∶10∶20	4.452	4.795	1 837	10.7	沥青老化
									4.325	4.715	1 615		
									4.461	4.884	1 489		
									均值	4.798	1 647		

注：1. 集料种类“玄武岩＋石灰岩”即 4.75mm 以上的粗集料为玄武岩，4.75mm 以下的细集料为石灰岩。

2. 表中级配组成所示的比例是指 13.2～9.5mm、9.5～4.75mm、4.75～2.36mm、2.36～0.075mm 四档集料的用量。AR-AC-13 两个级配还外掺了 1.5%的水泥。

3. AC-13、SMA-13 级配中的最后一档指的是矿粉用量。

4. 上表中还有一些数据在前文中没分析到，留给他人参考。

5. 每种试验平行做了 3 个试验，取平均值，当变异系数超过规范要求（不大于 20%）时，就舍去差异较大的那个数据，将剩下的两个取平均。

混合料马歇尔试验结果

附表 6-3a

油石比（%）	干质量（g）	水中质量（g）	表干质量（g）	毛体积密度（g/cm³）	最大理论密度（g/cm³）	空隙率（%）
7.7	1 203.92	698.03	1 206.74	2.367	2.519	6.3
	1 188.00	685.08	1 189.95	2.353	2.519	
	1 190.81	689.26	1 192.94	2.364	2.519	
			均值	2.361		
8	1 191.92	690.97	1 193.76	2.371	2.510	5.4
	1 197.02	694.91	1 198.11	2.379	2.510	
	1 189.99	690.29	1 192.01	2.372	2.510	
			均值	2.374		
8.3	1 202.30	698.93	1 203.52	2.383	2.500	4.9
	1 191.82	692.09	1 194.54	2.372	2.500	
	1 197.39	696.02	1 199.70	2.377	2.500	
			均值	2.377		

注：选定最佳油石比为 8%。

AR-AC-13 中级配马歇尔试验结果

附表 6-3b

油石比（%）	干质量（g）	水中质量（g）	表干质量（g）	毛体积密度（g/cm³）	最大理论密度（g/cm³）	空隙率（%）
7.7	1 189.21	685.54	1 190.11	2.357	2.513	6.2
	1 187.56	684.95	1 189.77	2.352	2.513	
	1 190.65	689.30	1 192.87	2.364	2.513	
			均值	2.358		
8.0	1 191.92	690.97	1 193.76	2.371	2.503	5.4
	1 196.13	694.12	1 198.35	2.372	2.503	
	1 188.76	688.58	1 191.78	2.362	2.503	

续上表

油石比(%)	干质量(g)	水中质量(g)	表干质量(g)	毛体积密度(g/cm^3)	最大理论密度(g/cm^3)	空隙率(%)
			均值	2.368		
8.3	1 196.45	696.33	1 198.87	2.381	2.494	4.7
	1 191.82	692.09	1 194.54	2.372	2.494	
	1 197.67	696.59	1 200.20	2.378	2.494	
			均值	2.377		

注：选定最佳油石比为8%。

AR-AC-13细级配马歇尔试验结果

附表6-3c

油石比(%)	干质量(g)	水中质量(g)	表干质量(g)	毛体积密度(g/cm^3)	最大理论密度(g/cm^3)	空隙率(%)
7.7	1 188.34	684.23	1 191.32	2.343	2.506	6.5
	1 189.12	684.46	1 192.77	2.339	2.506	
	1 188.65	685.65	1 191.43	2.350	2.506	
			均值	2.344		
8	1 194.13	689.97	1 198.27	2.349	2.497	6.0
	1 190.13	686.12	1 193.35	2.346	2.497	
	1 188.76	685.58	1 191.78	2.348	2.497	
			均值	2.350		
8.3	1 191.33	689.09	1 194.87	2.355	2.487	5.3
	1 193.45	691.09	1 196.91	2.359	2.487	
	1 188.32	686.59	1 192.12	2.351	2.487	
			均值	2.355		

注：选定最佳油石比为8.2%。

SMA-13 马歇尔试验结果

附表 6-3d

油石比(%)	干质量(g)	水中质量(g)	表干质量(g)	毛体积密度(g/cm³)	最大理论密度(g/cm³)	空隙率(%)
6.7	1 185.67	695.93	1 187.82	2.410	2.554	5.7
	1 189.93	698.51	1 193.77	2.403	2.554	
	1 187.85	696.96	1 189.43	2.412	2.554	
			均值	2.408		
7.0	1 191.50	704.50	1 193.21	2.438	2.544	4.0
	1 187.56	703.71	1 188.89	2.448	2.544	
	1 187.93	703.26	1 189.27	2.444	2.544	
			均值	2.443		
7.3	1 192.62	705.23	1 194.15	2.439	2.533	3.6
	1 195.52	708.79	1 196.91	2.449	2.533	
	1 198.46	709.59	1 201.12	2.438	2.533	
			均值	2.442		

注：选定最佳油石比为7%。

AC-13(橡胶沥青) 马歇尔试验结果

附表 6-3e

油石比(%)	干质量(g)	水中质量(g)	表干质量(g)	毛体积密度(g/cm³)	最大理论密度(g/cm³)	空隙率(%)
6.7	1 185.67	695.93	1 187.82	2.410	2.532	4.9
	1 189.93	698.51	1 193.77	2.403	2.532	
	1 187.85	696.96	1 189.43	2.412	2.532	
			均值	2.408		
7.0	1 192.81	700.15	1 195.46	2.408	2.522	4.4
	1 203.78	706.84	1 206.23	2.411	2.522	
	1 198.63	705.22	1 201.37	2.416	2.522	

续上表

油石比（%）	干质量（g）	水中质量（g）	表干质量（g）	毛体积密度（g/cm³）	最大理论密度（g/cm³）	空隙率（%）
			均值	2.412		
7.3	1 198.40	705.23	1 200.85	2.418	2.513	4.0
	1 197.82	704.56	1 200.83	2.414	2.513	
	1 199.53	704.08	1 201.92	2.409	2.513	
			均值	2.414		

注：选定最佳油石比为7.3%。

AC-13（普通沥青）马歇尔试验结果 附表6-3f

油石比（%）	干质量（g）	水中质量（g）	表干质量（g）	毛体积密度（g/cm³）	最大理论密度（g/cm³）	空隙率（%）
4.6	1 192.16	713.34	1 193.42	2.483	2.626	5.2
	1 190.36	713.28	1 191.45	2.489	2.626	
	1 181.65	708.95	1 183.06	2.492	2.626	
	均值	2.488				
4.9	1 193.54	719.68	1 194.52	2.514	2.615	3.8
	1 192.80	719.88	1 193.33	2.519	2.615	
	1 199.20	722.87	1 200.32	2.512	2.615	
	均值	2.515				
5.2	1 200.12	722.71	1 201.13	2.509	2.603	3.7
	1 199.38	722.44	1 200.25	2.510	2.603	
	1 195.77	719.29	1 197.00	2.503	2.603	
	均值	2.507				

注：选定最佳油石比为4.8%。

第七章　橡胶沥青混合料疲劳性能研究

内容提要：本章介绍了橡胶沥青质量控制指标和抗裂性能评价方法，研究了影响橡胶沥青混合料疲劳性能的影响因素。

第一节　概　　述

一、研究背景与意义

关于国外对于橡胶沥青混合料疲劳性能的研究，在前面几章都有过介绍，本节主要介绍我国对橡胶沥青混合料疲劳性能的研究。20 世纪 70 年代末 80 年代初，出于改善我国性能不佳的国产沥青为目的，同济大学研究了橡胶粉与沥青共熔反应的变化规律和对橡胶沥青路用性能的影响。通过系统的试验研究，分析验证了磨细橡胶粉改性沥青的主要特性和路用价值，并通过生产工艺的改善，促进了这种改性沥青混合料在路面工程中的应用。1980 年和 1981 年分别在江西省的铅山县和贵溪县铺筑了橡胶沥青试验路。由于试验路的等级较低，路面工艺采用较低等级的沥青贯入式和沥青表面处治，研究成果不适用于高等级公路。

1983 年，同济大学道路研究所杨家琪等人对细粒式开级配橡胶沥青混合料进行了疲劳试验，胶结料采用茂名 60 号沥青中添加 15%磨细轮胎粉或者 12%再生胶两种改性沥青，与茂名沥青原样、氧化渣油进行对比。采用应变控制的三分点小梁疲劳试验进行研究。试验结果显示，添加了磨细橡胶粉的沥青混合料疲劳性能最好，证明了磨细橡胶粉对延长路面使用寿命有很好的效果。

我国在橡胶沥青研究方面取得了一定成果，修建了大量的橡胶沥青路面，但是在橡胶沥青配方设计以及混合料设计等实质技术方面都没有什么突破，仅仅是对已有经验重复性的应用。要建立全国性的规范，需要进行更全面的室内试验，对橡胶沥青的设计方法进行深入研究，并将室内试验的结果与实际路面效果相结合，总结出成功的设计经验。

未来，我国高速公路的建设将进入平缓期，新建道路数量减少，但是大量的旧路面需要维护翻修。在旧水泥路面加铺沥青面层、旧沥青路面罩面层以及应力吸收中间层等方面，橡胶沥青疲劳抗裂性能的应用大有可为。目前对橡胶沥青以及橡胶沥青混合料疲劳性能的基础研究较少，橡胶沥青以及橡胶沥青混合料的疲劳性能影响因素众多，对橡胶粉的选择、胶粉掺量的选择、基质沥青的选择、混合料体积设计方法都需要进一步细化研究。

二、本章主要研究内容

本章的主要研究目的是通过室内试验，对橡胶沥青和橡胶沥青混合料的疲劳性能进行分析，考虑如何设计出疲劳抗裂性能优良的橡胶沥青混合料。主要研究内容如下：

(1)首先对橡胶沥青的特殊改性机理进行分析，其次对美国各州橡胶沥青标准进行比较，结合我国国情，选择合适的性能评价指标；对橡胶沥青性能影响因素进行分析，选择合适的基质沥青、橡胶粉以及加工方式来生产橡胶沥青。

(2)对橡胶沥青本身抗裂性能进行研究，采用 SHRP 分级试验对于橡胶沥青的抗裂性能进行对比分析。

(3)对目前主要的疲劳试验方法进行对比分析，选择合适的试验方法来评价橡胶沥青混合料的疲劳性能。

(4)橡胶沥青混合料疲劳性能对比研究，将橡胶沥青混合料与常用的基质沥青混合料、SBS 改性沥青混合料对比，评价其疲劳性能。

(5)橡胶沥青混合料疲劳性能的影响因素分析，采用灰色系统关联度分析方法，对空隙率、沥青用量、胶粉用量、饱和度、橡胶沥青黏度、级配粗细等影响因素进行分析，找出哪些因素是主要的，并分析各因素是如何影响橡胶沥青疲劳性能的。

(6)提出基于抗疲劳性能的橡胶沥青混合料设计方法，合理地选择原材料以及进行混合料体积设计。从基质沥青的选择、胶粉的选择、胶粉掺量、混合料级配、设计空隙率、沥青用量等方面进行分析。

第二节　橡胶沥青指标与性能研究

根据研究和工程经验知道，结合料对沥青混合料的疲劳性能贡献最大。不同的生产方法、控制指标、胶粉类型和掺量都对橡胶沥青影响巨大，因此在研究橡胶沥青混合料疲劳性能之前，有必要对橡胶沥青进行研究。

一、湿拌法橡胶沥青反应机理研究

按照美国 ASTM D 6144－97 标准的定义，橡胶沥青是含量在 15％以上的橡胶粉在高温状态下(180℃以上)与沥青充分反应得到的改性沥青胶结材料。橡胶沥青的加工强调反应温度与搅拌时间。橡胶粉与沥青都是惰性较强的高分子材料，大多数橡胶粉未经过脱硫处理，自身有很好的胶黏结构，因此要想把橡胶粉与沥青拌和均匀，并形成性质稳定的路用材料并不容易，橡胶粉对沥青的改性机理和常用的高聚物改性材料(SBS、SBR 等)也有很大的不同。

橡胶粉颗粒在沥青中是独立存在的，并没有形成类似于 SBS 高速剪切后的橡胶加劲网络结构。图 7-1 为橡胶颗粒拌和前后的对比情况。由图 7-1 可以看出，橡胶粉颗粒在反应前与反应后体积发生了膨胀，而形状基本没有发生变化。Cordon Airey 等人研究了橡胶沥青加工前后基质沥青的组分变化，发现沥青质的含量显著增加，对于较软的沥青，沥青质甚至增加了一倍以上。说明橡胶粉与沥青既有物理作用又有化学作用。

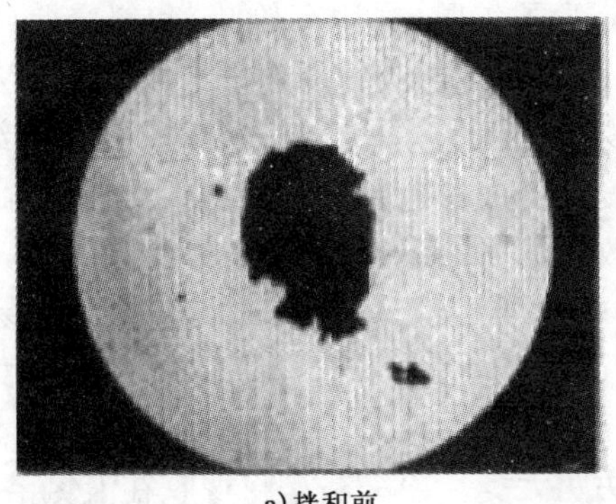

a）拌和前　　b）拌和后

图 7-1　橡胶颗粒拌和前后对比

橡胶粉在与沥青高温充分混合状态下，吸收沥青轻质组分而熔胀，同时在颗粒表面形成沥青质含量很高的凝胶膜。熔胀后橡胶粉体积达到胶结料体积的近 40%，橡胶粉颗粒通过凝胶膜连接，形成一个黏度很大的半固态连续相的体系。伴随着橡胶粉与沥青的熔胀过程，同时发育的还有橡胶颗粒的脱硫和橡胶分子的降解过程，轮胎橡胶粉部分裂解，交联剂硫、丙酮抽出物、抗老化剂、锌化合物等外加剂和部分碳黑等活性成分通过界面交换作用进入沥青，这些物质可以改善沥青的高温性能、抗老化性能和沥青与矿料的黏结作用。熔胀和降解是一个动态的过程，随着反应时间与反应温度变化，湿法加工要求橡胶粉与沥青在充分反应后，达到一个相对的稳定状态。

二、橡胶沥青性能影响因素分析

橡胶沥青的性能受到基质沥青类型、橡胶粉类型、橡胶粉细度、橡胶粉掺量、生产工艺等多种因素影响。本章对于以上各影响因素进行分析，并选择合适的条件进行橡胶沥青及其混合料的性能研究。

1. 基质沥青的选择

与其他改性沥青相同，基质沥青对橡胶沥青的品质有重要影响。基质沥青的选择在一定程度上受当地的气候条件影响。一般来说，各国采用道路常用的普通沥青或软一等级的普通沥青。在南非，对于热拌混合料用橡胶沥青，其基质沥青的针入度分别为 60～70(0.1mm) 和 80～100(0.1mm) 两种，而用于洒布时，采用的基质沥青为 80～100(0.1mm) 和 150～200(0.1mm) 两种针入度级别，可以看到用于洒布时的基质沥青相对于混合料用基质沥青偏软。美国亚利桑那州对于基质沥青采用 PG 分级，主要有 PG 64－16、PG 58－22 和 PG 52－28 三种，分别适用于热区、温区及寒区。

在我国，基质沥青的选择可以按照国内规范要求，北方冬季严寒地区采用 90 号沥青，南方夏热地区采用 70 号沥青，性能方面满足规范对基质沥青的基本要求即可。对于基质沥青对橡胶沥青性能的影响，一般研究认为与基质沥青组分中轻质组分含量有关。

2. 橡胶粉的选择

橡胶粉由于其所用的轮胎品种、加工粉碎工艺、颗粒细度不同，对沥青的改性效果也不相同。

(1)从胎源来看,常用来制作橡胶粉的轮胎分为子午胎(乘用车轮胎)和斜交胎(轻型载重车轮胎,载重车、大型乘用车轮胎)两类。子午胎和斜交胎橡胶粉的化学组成差别较大,子午胎中天然橡胶与合成橡胶的比例约为 20∶80;斜交胎中天然橡胶与合成橡胶的比例约为 70∶30。有研究表明天然橡胶对沥青性能的改善程度比合成橡胶要好;同时,斜交胎中含有26.3%的碳黑,碳黑本身就是很好的沥青改性剂,可以改善沥青的黏附性、耐久性和耐磨性,增强沥青混合料的抗车辙性能和抗老化性能,并且碳黑有较强的活性,使橡胶粉与沥青更容易共混;另外斜交胎中含有一定的硫磺,这也是常用的化学改性剂,可以改善沥青的黏性和温度稳定性。综合看来,斜交胎橡胶粉改性效果明显好于子午胎胶粉。

(2)从加工工艺来看,主要有常温法和冷冻法两大类。冷冻法是将橡胶在液氮浴中脆化后再用机械破碎到指定颗粒尺寸的加工方法,制作出来的橡胶粉形状比较规格,破碎面光滑。常温破碎的种类比较多,生产出的轮胎橡胶粉显微结构有较大差别,由于其比表面积不同,改性效果也不同。国内厂家主要是采用常温法生产橡胶粉。

橡胶粉中一般混有金属、纤维、灰尘、水分等杂质,对于这部分含量要严格加以控制,国外指标一般要求金属含量<0.01%,纤维含量<0.5%,含水率<0.75%。同时为了防止橡胶粉在存放中受潮结团,并保持胶粉具有一定的流动性,通常向其中加入一定量的滑石粉,滑石粉掺量一般控制不超过 4%。

(3)从胶粉的颗粒细度来看,常用的橡胶粉有 10~200 目不等,作者曾经采用不同粒径的胶粉(20~200 目)与相同的沥青反应来比选橡胶粉,研究影响情况,从结果来看,胶粉的目数不同,对沥青的改性效果有一定差异。从数据的变化规律来看,当胶粉的目数由低到高时,改性沥青的性能呈现递增的趋势(黏度增大,软化点升高)。但是用 60 目和 80 目胶粉改性后的指标差距已经不大,这就说明用于改性的胶粉也不是目数越大越好;同时从经济性上来看,越细的胶粉加工费用越高,为了降低成本应尽可能使用粗的胶粉。

3. 橡胶粉掺量的选择

橡胶粉掺量对橡胶沥青各项指标影响很大,具体掺量应根据实际的使用要求确定。试验表明,橡胶粉掺量与橡胶沥青黏度值有很好的相关性,随着橡胶粉掺量的增加,黏度逐渐增大。黏度范围直接决定了橡胶粉的掺量,根据上一小节中推荐的黏度范围(1.5~4.0Pa·s)基本上可以定出橡胶粉的最低与最高掺量。胶粉掺量在内掺时一般为(橡胶粉占整个橡胶沥青质量)15%~25%,胶粉内掺 25%以上一般不可行,因为黏度过大出现搅拌困难,同时可以明显看到橡胶颗粒缺少足够的沥青进行熔胀反应,达不到反应效果。

有研究表明,当胶粉的掺量在 20%以下的时候,沥青的软化点和弹性恢复指标值增加比较快,接近线性关系。当胶粉含量继续增加时,其指标值变化很小,基本趋于稳定。这也说明当胶粉含量逐渐增加时,改性沥青的高、低温等各项性能很快地得到提高,但是当掺量增大到一定量时,再增加其掺量效果已经不那么明显。这种现象说明橡胶沥青具有一个最佳掺量,大概在 20%左右。这是针对特定的胶粉和沥青来说的,但是对于胶粉掺量的选择也有一定的参考价值。

在保证橡胶沥青质量的同时,也可以通过经济性分析选择合适的胶粉掺量。目前沥青价格较高,胶粉的价格如果低于沥青价格,可以采用较高掺量以降低橡胶沥青的成本。

胶粉掺量对橡胶沥青混合料疲劳性能的影响将在后文中讨论。

4. 加工工艺

橡胶沥青的加工工艺包括:加工方式、反应温度、反应时间、存储方式几个方面。

(1)加工方式。一般改性沥青的加工方式分为高速剪切与对流式搅拌两种。对于橡胶沥青,轮胎橡胶粉已经经过硫化交联处理,强度和韧性都超过其他改性剂,高速剪切达不到迅速粉碎颗粒的效果;采用较粗胶粉与较高掺量时,橡胶颗粒在高速剪切中反复高速摩擦会产生大量热量,加速橡胶粉的脱硫和裂解,影响橡胶沥青性能;从最终成品来看,使用高速剪切制成的 80 目橡胶沥青的外观明显不如 120 目橡胶沥青细腻,说明在这样的高温下,高速剪切基本没有颗粒细化效果,由此可见高速剪切对于橡胶沥青并不适合。对流式搅拌较为简单,现场改性简单,从橡胶沥青的反应原理来看更为合适。考虑到提高生产效率以及橡胶粉结团等问题,可以采用低速剪切辅助加工。

(2)反应温度与反应时间。橡胶粉在基质沥青中充分的熔胀反应,需要适当的反应温度以及足够的反应时间。反应温度与反应时间之间存在着对应关系,一般来说反应温度越高,胶粉反应到稳定所需的时间就越短,但是温度不能过高,一般应小于 200℃。超过这个温度,一般基质沥青都会出现较大的冒烟现象,同时橡胶粉的脱硫与降解速度增大,橡胶沥青的性能降低。温度较低时,胶粉熔胀反应速度较慢,影响生产效率,同时橡胶沥青的黏度较大,温度低了管道输送较困难,所以至少应大于 180℃。

本章推荐使用的反应温度为 180～195℃,反应时间一般为 60～90min,当选用某种胶粉时,可以先大致确定反应温度,并根据室内试验结果确定反应时间,结合现场生产情况给予调整。

(3)存储方式。橡胶沥青是一个不稳定体系,橡胶颗粒熔胀之后的密度仍大于自由沥青,会逐渐地沉淀。但是,由于熔胀的橡胶颗粒之间存在相互作用,构成一定的连续相,所以下沉较缓慢,可以加入一定的延展油来延缓橡胶沥青的离析现象。总的来说橡胶沥青很难长期保持稳定,并且不能通过类似常规的高聚物改性沥青的胶体稳定手段来增强稳定性,一般采用现场改性的方式生产,在现场储存时必须加以搅拌以防止沉淀离析。存储超过 8h,必须对橡胶沥青性能进行检测,如果指标不合格需补加胶粉,反应后仍不合格应做废弃处理。

三、橡胶沥青抗裂性能评价

沥青路面的裂缝成因主要包括疲劳开裂与低温开裂两种,起抗裂作用的主要是混合料中填充集料空隙的沥青胶浆,沥青的抗裂性能在一定程度上反映了沥青混合料的抗裂性能。本章采用常用重交沥青、SBS 改性沥青与橡胶沥青对比,以 SHRP 分级试验为基础对橡胶沥青的抗裂性能进行研究。

1. 试验材料制备

本次试验选用加德士 70 号重交沥青(后文中以“JDS 70 号”表示)以及泰普克Ⅰ-D 型 SBS 改性沥青(后文中以“SBS”表示)与橡胶沥青作对比,这两种沥青的性能检测结果见表 7-1 与表 7-2。

本次试验使用的橡胶沥青以加德士 70 号重交沥青作为基质沥青,橡胶粉选择河北产 20 目斜交胎胶粉,参考美国亚利桑那州橡胶沥青标准要求对橡胶粉的目数加以控制,筛分结果见表 7-3。胶粉掺量选用内掺 19%,加工方式采用室内小型搅拌机对流式搅拌,反应温度控制在 185℃,反应时间为 90min。试验用橡胶沥青均为现拌现用,以保证试验结果的稳定性,制成的橡胶沥青基本性能检测结果见表 7-4。橡胶沥青的各项指标均符合设计要求，177℃黏度为 3.3Pa·s，具有一定的代表性。

加德士 70 号基质沥青性能指标检测结果 表 7-1

检验项目		检测结果	规范要求	试验方法
针入度(25℃,100g,5s)(0.1mm)		63	60~80	T 0604
软化点(R&B)(℃)		49	≥46	T0606
延度(5cm/min,15℃)(cm)		101	≥100	T 0605
延度(5cm/min,10℃)(cm)		25	≥20	
薄膜老化试验(163℃,5h)	质量变化(%)	0.09	±0.8	T 0609
	针入度比(%)	68	≥61	T 0604
	延度(15℃)(cm)	24	≥15	T 0605
	延度(10℃)(cm)	6	≥6	

泰普克 SBS 改性沥青性能指标检测结果 表 7-2

检验项目		检测结果	规范要求	试验方法
针入度(25℃,100g,5s)(0.1mm)		57	40~60	T 0604
软化点(R&B)(℃)		73	≥60	T 0606
延度(5cm/min,5℃)(cm)		29	≥20	T 0605
离析(48h 软化点差)(℃)		1.5	<2.5	T 0661
薄膜老化试验(163℃,5h)	质量变化(%)	0.09	±1.0	T 0609
	针入度比(%)	71	≥65	T 0604
	延度(5℃)(cm)	17	≥15	T 0605

河北产 20 目橡胶粉筛分结果 表 7-3

筛孔尺寸	通过率(%)	设计要求(%)
10 目(1.18mm)	100	65~100
30 目(0.6mm)	55.2	20~100
50 目(0.3mm)	13.9	0~45
200 目(0.075mm)	0.5	0~5

橡胶沥青性能指标检测结果 表 7-4

检验项目	检测结果	设计要求	试验方法
针入度(25℃,100g,5s)(0.1mm)	37	≥25	T 0604
软化点(R&B)(℃)	68.5	≥54	T 0606
密度(g/cm³)	1.05	实测	T 0603
177℃黏度(Pa·s)	3.3	1.5~4.0	T 0625
弹性恢复(%)	75.5	60	T 0662

2. 橡胶沥青疲劳抗裂性能评价

本次试验选用动态剪切流变试验对橡胶沥青的疲劳抗裂性能进行比较评价。以下先对试验方法进行简单介绍，然后进行试验数据分析比较。

动态剪切流变仪(Dynamic Shear Rheometer，简称 DSR)是研究黏弹性材料的基本试验仪器。美国战略公路研究计划(SHRP)在沥青胶结料路用性能规范中采用 DSR 来评价沥青材料的高温性能与中温疲劳性能。

动态剪切流变仪的工作原理如图 7-2 所示。它是将沥青试样夹在来回振荡的旋转轴和固定板之间，振荡板从起点 A 开始转动到 B 点，再从 B 点转回，经过 A 点到 C 点，从 C 点再转回到 A 点，这样形成一个循环周期。DSR 试验过程中摆动板连续不断地摆动，速度为 10rad/s，频率约等于 1.59Hz。

当力(或剪应力 τ)通过旋转轴加到沥青上时，DSR 就会量测沥青对此施加的力的反应(或剪应力 τ)。如果沥青是一个完全的弹性材料，其反应就与瞬时施加的力相一致，两者的时间滞后就为零。若是完全的黏性材料，荷载和反应之间的时间滞后就会很大。冰冷的沥青就像弹性材料，温度高的沥青就像黏性材料。

在大多数路面承受交通的温度下，沥青的状况既像一个弹性固体，又像一个黏性液体。DSR 试验中通过测定沥青材料的复数剪切模量 G^* 和相位角 δ 来表征沥青材料的黏性和弹性性质。

应力应变的波形如图 7-3 所示。复数剪切模量 G^* 是最大剪应力(τ_{max})和最大剪应变(γ_{max})的比率，它是材料重复剪切变形时总阻力的度量，包括两部分：弹性(可恢复)部分和黏性(不可恢复)部分。

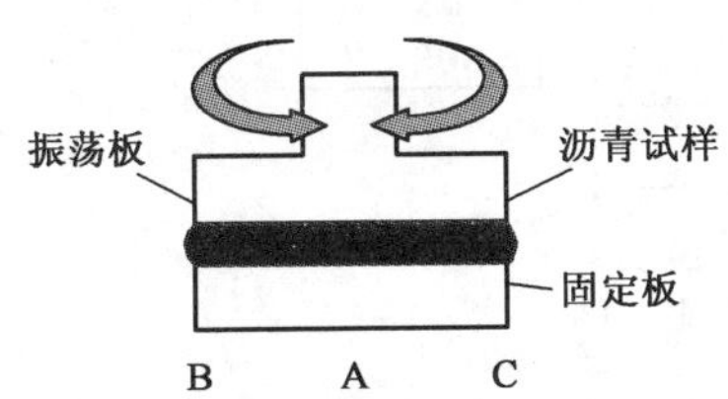

图 7-2 动态剪切流变仪的工作原理图

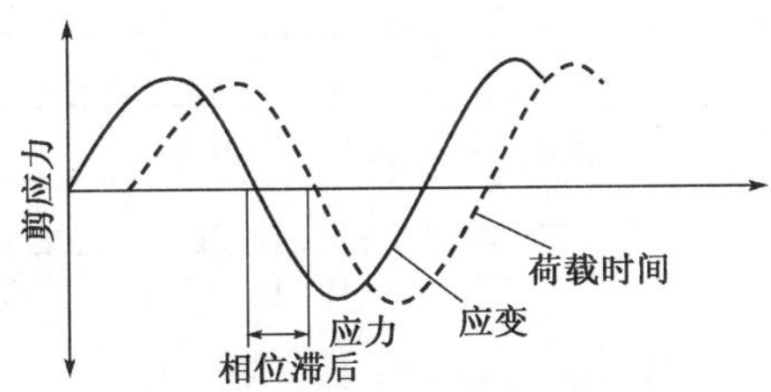

图 7-3 恒应力流变仪应力应变波形图

相位角 δ 为施加的应力和由此产生的应变的滞后时间，它是可恢复与不可恢复变形的相对指标。对于完全弹性的材料，荷载作用时变形同时产生，相位角 δ 为零；黏性材料在加载和应变响应之间有较大的滞后，相位角 δ 接近 90°。

将复数模量 G^* 和相位角 δ 的正弦值两个参数相乘，得到一个与疲劳有关的系数——疲劳开裂因子 $G^*\sin\delta$，此因子也称为中等温度劲度。Superpave 沥青胶结料规范将 $G^*\sin\delta \leqslant$ 5 000kPa作为沥青胶结料的疲劳开裂控制指标，其含义可以理解为：随着沥青结合料在服务期的逐渐老化，$G^*\sin\delta$ 不断增大，若在未达到设计年限前沥青胶结料 $G^*\sin\delta > 5\ 000$kPa，其疲劳破坏将比预期提前。也就是说，由于该种沥青胶结料的抗老化性能差，导致了疲劳寿命的缩短。

图 7-4 AR－1500 型动态剪切流变仪

本次试验采用 AR1500 型动态剪切流变仪(图 7-4)，通过时间扫描，研究加德士 70 号基质沥青、SBS 改性沥青、橡胶沥青这三种材料(试验温度从 40℃到 13℃)的复数模量 G^* 和相位角 δ 随温度的变化情况，以及疲劳因子 $G^* \sin\delta$ 的变化，并对比这三种沥青的疲劳性能。

沥青路面的疲劳破坏是发生在路面服务了一定年限以后，这时的沥青结合料已经经历了相当程度的老化。所以 SHRP 规范要求试验所使用的试样要先经过旋转薄膜烘箱(RTFOT)模拟混合料在拌和、运输和摊铺这一过程中的老化，还要进行空气压力老化(PAV)，以模拟沥青路面暴露在自然界中所受到的长期老化。

试验的目的是为了对比加德士基质沥青、SBS 改性沥青、橡胶沥青这三种沥青的疲劳性能，并与后续混合料疲劳试验结果对比，混合料试件未进行长期老化，同时考虑到试验简便性，对沥青仅使用薄膜烘箱老化(TFOT)来模拟混合料拌和过程中的老化，没有进行 PAV 长期老化。

按照 AASHTO 标准 TP5－93 规范，采用应变控制方式加载，试样应变值 $\gamma=1\%$，试验频率为 10rad/s，直径为 8mm，厚度为 2mm 的试样。

DSR 试验结果见图 7-5～图 7-7。三种沥青在不同温度下的疲劳因子如表 7-5 所示。

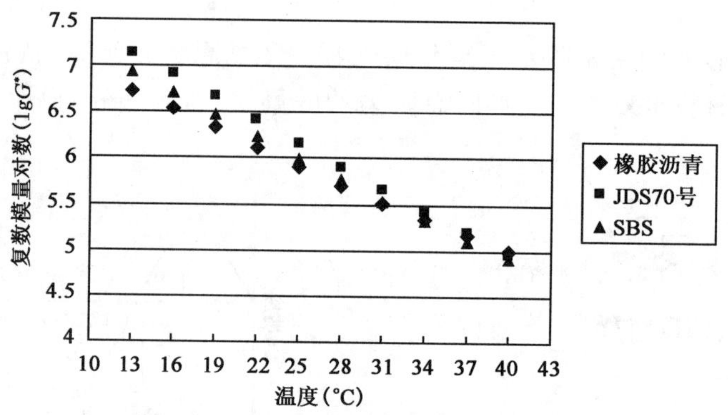

图 7-5　三种沥青复数模量对数值随温度变化图

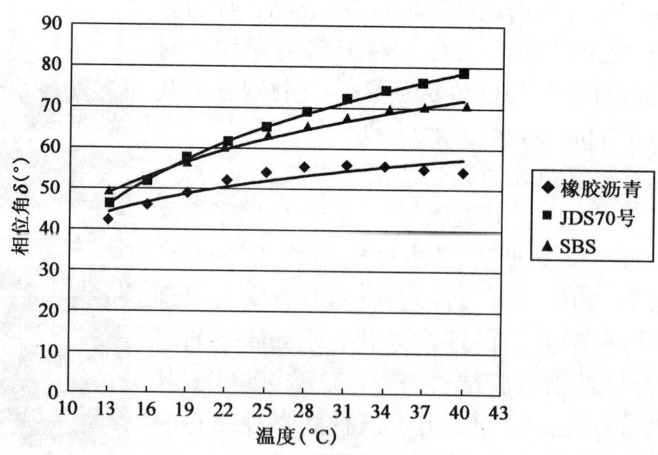

图 7-6　三种沥青相位角随温度变化图

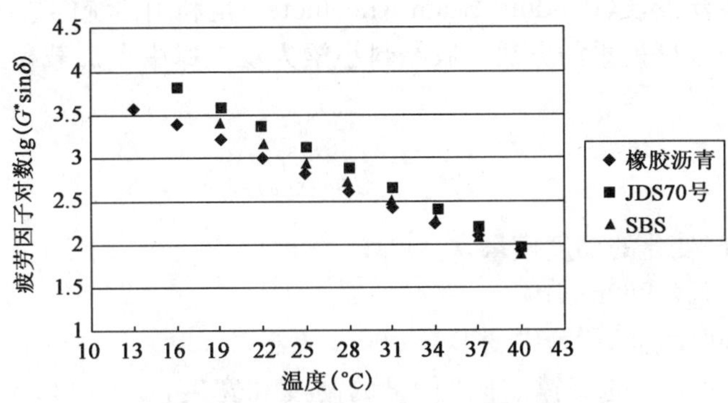

图 7-7 三种沥青疲劳因子对数值随温度变化图

三种沥青在不同温度下的 $G^*\sin\delta$ 值 表 7-5

试验温度(℃) \ 沥青类型	加德士基质沥青(kPa)	SBS 改性沥青(kPa)	橡胶沥青(kPa)
19	3 926	2 481.5	1 633.5
16	6 380.5	4 033	2 485.5
13	10 150	6 326.5	3 666

由图 7-5 可见，三种沥青的复数模量 G^* 与温度 T 在半对数坐标上是线性相关的，并且相关性很好。随着温度降低，复数模量 G^* 逐渐增大。40℃时，三种沥青的复数模量 G^* 很接近。随着温度的降低，数值逐渐拉大，基质沥青的变化速率最快，SBS 改性沥青次之，橡胶沥青的变化速率最慢。

三种沥青的相位角 δ 与温度 T 成对数曲线关系，随着温度的降低，相位角 δ 逐渐减小。相对于基质沥青和 SBS 改性沥青，橡胶沥青的相位角一直保持在一个较低的水平，说明其温度敏感性较低。

我们所期望的结合料是一种比较柔软的弹性材料，具有较小的疲劳因子 $G^*\sin\delta$。使得路面在汽车荷载的作用下变形时，卸载后既能够迅速恢复，又能使内部摩擦产生的能量能够较多地以热的形式散失，这样就可以避免或减少路面因产生应力累积而导致疲劳破坏。

由图 7-7 可见，三种沥青的疲劳因子 $G^*\sin\delta$ 对数值与温度 T 在半对数坐标上是线性相关的，并且相关性很好。随着温度的降低，$G^*\sin\delta$ 值逐渐增大，沥青的抗疲劳性能逐渐降低。

Superpave 沥青胶结料规范将 $G^*\sin\delta\leqslant$5 000kPa 作为沥青胶结料的疲劳开裂控制指标。由表 7-5 中可以看到，基质沥青在 16℃时，$G^*\sin\delta$ 值>5 000kPa，达到疲劳极限；SBS 改性沥青在 13℃时，$G^*\sin\delta$>5 000kPa，达到疲劳极限；橡胶沥青在 13℃时，$G^*\sin\delta$ 值仍保持在5 000kPa以下。说明三种沥青中，橡胶沥青的抗疲劳性能最好，SBS 改性沥青次之，基质沥青最差。

3. 橡胶沥青低温抗裂性能评价

SHRP 通过研究认为常规指标(包括低温针入度、低温延度等)很难评价沥青的低温性能，应采用流变力学指标。通过对多种试验方法的比较，认为弯曲梁流变试验的极限劲度模量 S 及蠕变速率 m，与反映沥青混合料低温抗裂性能的约束温度应力试验(TSRST)中的破断温度具有良好的相关关系。本章采用弯曲梁流变试验来评价橡胶沥青的低温抗裂性能。

SHRP 的弯曲梁流变仪(Bending Beam Rheometer)是利用传统的弯曲梁蠕变原理测定低温条件下沥青胶结料劲度模量的方法。胶结料小梁为双支撑中点加载模式,计算蠕变劲度的公式为:

$$S(t)=\frac{PL^3}{4bh^3\Delta(t)} \tag{7-1}$$

式中:$S(t)$——随时间变化的劲度模量,$t=60$s;

P——中点恒载,980mN;

$\Delta(t)$——随时间变化的梁跨中变形,$t=60$s;

L、b、h——分别为小梁的支撑点间距、梁的高度和宽度,$L=102$mm,$b=12.5$mm,$h=6.25$mm。

$S(t)$为计算机自动计算获得,m 值表示劲度模量 $S(t)$与时间的变化率,也为计算机自动获得。m 值表示为双对数坐标图上劲度与时间关系曲线某一时间所对应的斜率,如图 7-8 所示。

SHRP 研究认为若沥青材料的劲度太大,则呈现脆性,路面容易开裂破坏,而表征沥青劲度随时间的变化率 m 值越大。当温度下降使路面产生收缩时,结合料的响应如同降低了劲度的材料,从而导致材料中的拉应力减小,低温开裂的可能性也减小。因此,为了评价沥青结合料的低温抗裂性能,要求沥青试样在试验温度下弯曲劲度模量 S 不超过 300MPa,蠕变曲线斜率 m 不小于 0.3。

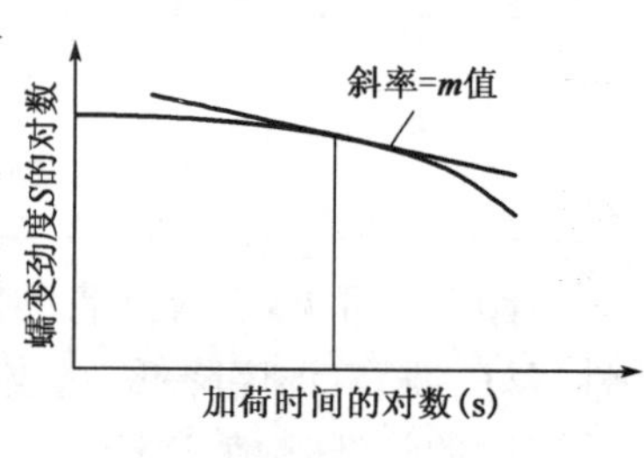

图 7-8　m 值的确定方法

本次试验采用 Canon 弯曲梁流变仪进行试验,试验装置与试样加载如图 7-9 所示。

图 7-9　弯曲梁流变仪

对 SBS 改性沥青与自制的橡胶沥青试样先进行 TFOT 短期老化,然后分别在−12℃、−18℃、−24℃下进行 BBR 试验,试验结果见表 7-6 和图 7-10。

弯曲梁蠕变试验结果　　表 7-6

沥青类型	−12℃		−18℃		−24℃	
	S(MPa)	m	S(MPa)	m	S(MPa)	m
SBS 改性沥青	103	0.399	287	0.313	613	0.235
橡胶沥青	76.4	0.361	136	0.320	315	0.250

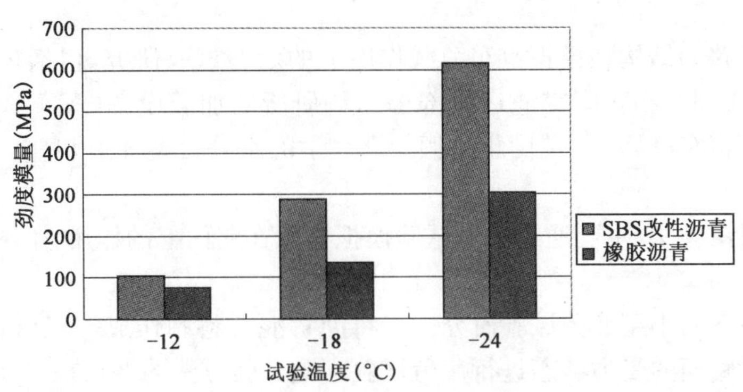

图 7-10　低温劲度模量对比

从表 7-6 和图 7-10 中可以看出：

(1)橡胶沥青在三个温度下的劲度模量 S 都小于 SBS 改性沥青。低温劲度模量越小，代表沥青的抗裂性能越好。并且随着温度降低，橡胶沥青与 SBS 改性沥青的 S 值差值越大。说明橡胶沥青劲度模量随温度变化的幅度较小，温度敏感性小，低温性能较好。

(2)m 值的大小反映了沥青劲度的时间敏感性及应力松弛能力。m 值越大，沥青的应力松弛能力就越好，抗裂性能越好。橡胶沥青的 m 值在－12℃时低于 SBS 改性沥青，而在－18℃和－24℃下高于 SBS 改性沥青，说明其应力松弛能力好，低温性能强于 SBS 改性沥青。

(3)复合材料的低温劲度取决于组成成分的低温劲度与各自比例。SBS 材料的低温柔性比轮胎橡胶粉要差一些，并且掺量只有 5%左右，而橡胶沥青中胶粉掺量在 20%左右，这可能是橡胶沥青低温劲度低于 SBS 改性沥青的原因。

(4)综合来看，橡胶沥青低温劲度低，柔韧性好，低温抗裂性能好。与此同时也可以减少冬季车辆行驶时产生的振动和噪声，提高行驶舒适性。由于行驶时路面变形增大，也会降低路面结冰的可能。

第三节　橡胶沥青混合料疲劳性能试验方法的选择

在橡胶沥青疲劳性能研究的基础上，本节将进一步对橡胶沥青混合料的疲劳性能进行研究。对常用的疲劳试验方法进行分析，选择出适合橡胶沥青混合料的疲劳性能评价方法。

一、主要疲劳试验方法的对比分析

沥青路面在使用期间经受车轮荷载的反复作用，长期处于应力应变交迭变化状态，致使路面结构强度逐渐下降。当荷载重复作用超过一定次数以后，在荷载作用下路面内产生的应力就会超过强度下降后的结构抗力，使路面出现裂纹，产生疲劳断裂破坏。

沥青混合料的疲劳试验方法大致可以分为四类：

第一类是实际路面在真实汽车荷载作用下的疲劳试验破坏，以美国著名的 AASHTO 试验路为代表。

第二类是足尺路面结构在模拟汽车荷载作用下的疲劳试验研究，包括环道试验和加速加载试验，主要有澳大利亚和我国交通运输部公路科研所的加载设备(ALF)，南非国立道路研究所的重型车辆模拟车(HVS)，美国华盛顿州立大学的室外大型环道和重庆公路科学研究所的室内大型环道试验。

第三类是试板试验法，主要通过轮辙试验模拟车轮在路面上的作用，了解裂缝产生和扩展的形式。

第四类是试验室的小型疲劳试验研究。先将沥青混合料制作成一定形状的试件，然后按某种方式模拟沥青路面的受力状态进行疲劳试验。此试验方法的特点在于沥青混合料制备比较方便，试件尺寸小，试验周期短，温度、荷载等因素易于控制，便于进行大量试验，可以排除其他影响因素得出沥青混合料的疲劳规律。前三类方法耗资大、周期长、开展的并不普遍。因此，大量采用的还是周期短、费用小的室内小型疲劳试验方法。室内小型疲劳试验常采用简单弯曲试验，其中又有中点加载或三分点加载、旋转悬臂梁和梯形悬臂梁三种试验方式。此外还有劈裂试验、弹性基础梁弯曲试验、三轴压力试验等。

中点加载弯曲试验试件和成型方法，可参见《公路工程沥青及沥青混合料试验规程》(JTJ 052—2000)，小梁尺寸为50mm×50mm×240mm，试验在MTS (Material Test System)－810试验机上进行，试验温度由环境箱控制，加载频率一般为1～10Hz，加载波形多为正弦波、半正弦波或者矩形波。荷载最大值一般取试件极限强度的0.1～0.5倍。加载方式采用应力控制，中点加载，支座间距(小梁的跨径)为200mm。

三分点加载试验设备主要包括加州理工大学和美国沥青协会使用的两种。前者采用的小梁试件尺寸为38.1mm×38.1mm×381mm；后者采用的小梁试件尺寸根据美国公路战略研究计划提出的压实沥青混合料重复弯曲疲劳寿命测定的标准试验方法(SHRP M－004)制定，试件尺寸为50.8mm×63.5mm×381mm，试验温度200℃，加载频率5～10Hz，采用应变控制模式，测定试件劲度降低到初始劲度50%的荷载循环次数。

旋转悬臂是英国诺丁汉大学采用的疲劳试验设备。试验时试件竖向安装在旋转悬臂轴上，荷载作用于试件顶部，使整个试件都受到恒定的弯曲应力作用。一般试验温度为10℃，旋转速率为1 000r/min。诺丁汉大学还开发了三轴疲劳试验，其试件为圆柱体，直径100mm，高200mm，试验时施加轴向正弦波荷载作用。

壳牌石油公司和比利时的研究者以及法国LCPC采用梯形梁疲劳试验。梁粗的一端固定，另一端受到正弦变化的应力或应变作用。正常情况下疲劳破坏出现在中部，而不应出现在端部。范迪克(Van Dijk)采用的试件粗的一端尺寸为55mm×20mm，顶端尺寸为20mm × 20mm，高度为250mm。

英国道路与运输研究试验室(TRRL)采用无反向应力的单轴拉伸试验，加载频率为25Hz，荷载持续时间为40ms，间歇时间从0～1s不等。

劈裂疲劳试验又称为间接拉伸疲劳试验，该试验是沿圆柱形试件的垂直径向作用平行的重复压缩荷载，可采用马歇尔试件，试件直径100mm，高63.5mm，施加荷载的压条宽为12.5mm。这种加载方式在沿垂直径向面、垂直于荷载作用方向产生均匀拉伸应力，试验易于操作，被广大研究人员采用。

常用疲劳试验方法的优缺点比较汇总于表 7-7 中。

疲劳试验方法比较 表 7-7

方法	优点	缺点	模拟现场情况排序	简便性排序
重复弯曲试验	应用广泛； 试验结果可以直接用于设计； 基本技术可用于其他方面； 可选择加载方法	耗时； 成本高； 需要专门设备	4	4
直接拉伸试验	免去了疲劳试验； 与已有的疲劳试验结果有相关性	法国 LCPC 法修正关系建立在 100 万次重复加载的基础上； 试验温度仅有 10℃	9	1
间接拉伸疲劳试验	简单； 设备可用于其他试验； 可预测开裂	两维应力状态； 低估疲劳寿命	6	2
耗散能方法	建立在物理现象的基础上； 耗散能与加载作用次数之间存在唯一关系	精确预估疲劳寿命需要大量的疲劳试验数据； 简化方法仅提供了疲劳寿命的粗略值	5	5
断裂力学方法	理论上低温条件适用； 理论上需疲劳试验	高温时应力强度因子 K_1，且不是材料常数； 需要较多的试验数据，仅使用于裂缝稳定扩展阶段	7	8
重复拉伸或拉压疲劳试验	不需弯曲疲劳试验	费时； 成本高； 需要专门设备	8	3
重复三轴拉压试验	能较好地模拟现场情况	需要大量疲劳试验数据； 需要处理剪应变	2	6
弹性基础上的重复弯曲试验	能较好地模拟现场情况，试验能在较高温度下进行	需要大量的疲劳试验数据	3	7
室内轮辙试验	能非常好地模拟现场情况	低劲度沥青混合料疲劳受车辙影响； 需要专门设备	1	9
现场轮载试验	直接确定实际轮载作用下的疲劳响应	高费用、耗时； 需要专门设备； 一次只能评估少数几种材料	1	10

迄今为止，各国均没有将疲劳试验作为标准试验方法纳入规范。北美大多数采用梁式试件进行反复弯曲疲劳试验；欧洲大多采用梯形悬臂梁试件，在其端部施加正弦形的反复荷载；也有采用圆柱形试件，进行间接拉伸疲劳试验。

美国 SHRP 研究计划对梯形悬臂梁疲劳试验、间接拉伸疲劳试验、三分点弯曲疲劳试验方式进行过详细的评价，SHRP 研究计划主要对上述三种试验方式进行了影响因素敏感性、试验可靠性及合理性三个方面的评价与分析。经过综合分析与评价，最终选定了三分点弯曲疲劳试验作为沥青混合料疲劳性能研究的标准试验，同时制订了三分点弯曲疲劳试验的标准方法（即 SHRP M-009 和 AASHTO TP8 标准）。

综合考虑各种试验方法优缺点，本次试验选择了改进的三分点加载小梁弯曲疲劳试验来评价材料的疲劳性能。

二、三分点加载小梁弯曲试验方法简介

本次试验使用的是自制的三分点弯曲疲劳试验夹具，在 MTS(Material Test Systenm)-810 材料试验机上进行试验。

1. 试验夹具设计

本次试验参考美国 AASHTO TP8 标准要求，并考虑到我国实际情况对夹具进行设计。美国标准要求小梁尺寸为 50mm×63mm×380mm，考虑到我国标准车辙板尺寸为 300mm×300mm×50mm，同时缺少大型车辙板碾压成型装置，所以采用 50mm×50mm×240mm 小梁进行试验。

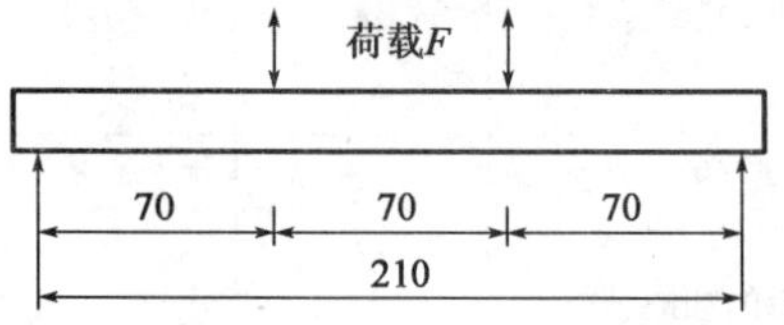

图 7-11 三分点加载小梁弯曲疲劳试验示意图(尺寸单位:mm)

根据小梁尺寸设计夹具尺寸，两端支点中心间距(小梁的跨径)为 210mm，三分点处加载，中间纯弯段长 70mm，具体尺寸如图 7-11 所示。

试验采用 MTS 材料试验机控制加载，力传感器精确到 1N，位移控制精确到 0.001mm，温度采用环境箱进行控制，精确到 0.1℃。夹具的两个加载点和反力点都可以夹紧小梁，并且可以自由平移和旋转。在每个荷载作用周期结束时，夹具将试件拉回初始位置，满足 AASHTO 标准对三分点小梁试验的基本精度要求。

夹具主要分为底座、外框、侧板三个部分，由特制螺栓连接，接头处设计成球座，能够保证外框自由转动，同时外框与底座之间能够很好地传递荷载。夹具各部分设计见图 7-12，夹具与 MTS 安装后整体图见图 7-13，夹具侧面及俯视图见图 7-14 和图 7-15。

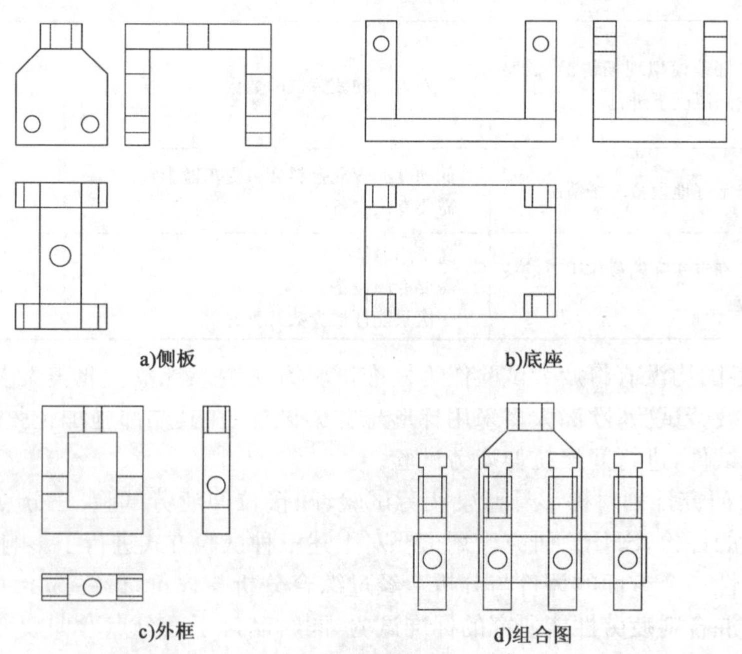

图 7-12 夹具设计简图

2.试验参数的选择

1)荷载控制模式的选择

疲劳试验的荷载控制模式通常有两种,即应力控制的疲劳试验和应变控制的疲劳试验。控制应力的疲劳试验是指在重复加载的疲劳试验过程中,保持应力不变,疲劳破坏是以试件的疲劳断裂作为破坏准则,到达疲劳破坏的重复荷载作用次数为疲劳寿命。控制应变的疲劳试验是指在重复加载的疲劳试验过程中,保持应变不变。由于控制应变的疲劳试验没有明显的破坏现象,因此,通常人为定义当混合料的劲度达到初始劲度的一半时作为破坏准则,此时的重复荷载作用次数为疲劳寿命。

图 7-13 MTS-810 试验机与夹具整体

荷载模式在反映沥青混合料疲劳特性方面有显著差异,其中最主要的表现有以下两方面:

(1)在初始应力—应变相当的条件下,由应力控制的疲劳试验得到的疲劳寿命要比应变控制小得多。这是因为在控制应力的加载模式中,由于材料劲度随着加载次数的增加而逐渐减小,为了保持各次加载时的常量应力不变,每次加载实际作用于试件的变形就要增加;而在控制应变的加载模式中,为了保持每次加载的常量应变,每次加载时作用于试件的实际应力在不断减小。因此,采用不同的加载控制模式,试件的实际受荷状况是不同的。显然,对于相同的材料,在初始应力、应变条件相同的情况下,采用控制应变加载模式,裂缝的发生和扩展速度远远小于应力控制模式,试件达到破坏的荷载作用次数要大于控制应力加载模式的作用次数。SHRP 研究表明:在相同条件下,应变控制模式的疲劳试验所得到的疲劳寿命约为 2.4 倍应力控制的疲劳寿命。

(2)由于荷载控制模式不同,试验得到的材料因素对混合料疲劳寿命的影响规律可能是相反的。如在给定的应力(或应变)水平下,在控制应力的疲劳试验中,较高劲度的混合料具有较大的疲劳寿命;而在控制应变的疲劳试验中,较高劲度的混合料却表现了较小的疲劳寿命。这是因为在控制应力的加载模式中,材料劲度增加时,为了保持加载时的常量应力不变,每次加载实际作用于试件的变形就要减小;而在控制应变的加载模式中,为了保持加载的常量应变,每次加载时作用于试件的实际应力在不断增加。

图 7-14 夹具侧面图

图 7-15 夹具俯视图

选用何种荷载模式进行沥青混合料的疲劳试验，主要考虑以下两个因素：

①路面结构中，沥青混合料的应力应变状态更接近于哪类荷载模式疲劳试验的工作状态。

②何种荷载控制模式的疲劳试验的结果更便于应用。

在常应力疲劳试验中，沥青混合料疲劳寿命随模量的增大而增加；而在常应变疲劳试验中，沥青混合料的疲劳寿命随模量的增大而降低。因此，如果以应力控制模式分析沥青混合料疲劳性能，认为在夏季温度较高时，沥青混合料的模量较低，因而疲劳性能最差。但实际上由于沥青混合料的黏弹性特点，夏季高温时具有很好的疲劳性能，沥青路面的疲劳裂缝极少在高温季节出现。这样看来以应变控制分析沥青混合料的疲劳性能更符合实际。

目前也有研究认为，当路面面层厚度较薄时，其受力状态符合应变控制的条件，路面厚度较厚或机场道面荷载较大时，可用应力控制模式表示面层的疲劳效应。薄路面和厚路面界限厚度依赖于很多因素，如温度、混合料特性、路面面层相对于土基和基层的劲度，由于面层底部的弯拉应变(应力)受到路面结构及其参数的影响，确定界限厚度是比较复杂的，尚需进一步的研究。

沥青混合料是黏弹性材料，其模量与温度相关，并非定值，实际工程中所测得的应变转化成的应力精确度较差。因此，应力控制模式得出的弯拉应力与疲劳之间的关系不便于应用，而应变控制模式得出的结果可直接应用。

综合以上分析，应变控制的荷载模式能够更好地反映沥青混合料在路面中受行车荷载作用的疲劳特性，更接近于路面结构中沥青混合料的应力应变状态，疲劳试验的结果更便于应用。因此，本次试验使用应变控制的荷载模式进行疲劳试验，选择小梁加载 100 次时的劲度模量作为初始劲度，以混合料的劲度下降到初始劲度的一半作为破坏标准。

2)试验温度的选择

沥青混合料是一种黏弹性材料，疲劳性能随温度变化而变化。在夏季高温时，疲劳损耗会有很大的恢复。SHRP 的研究结果认为常温以上的疲劳破坏主要是变形累积破坏，没有明显的疲劳意义，所以建议不考虑 20℃以上的疲劳破坏。此外，根据哈尔滨建筑大学的研究成果，虽然全国各地的气温变化较大，对于沥青混合料其疲劳破坏主要集中在 13～15℃，恰好是北方春融期温度，南方地区的雨季温度。在此季节路面结构强度有较明显的削弱，是路面结构抗疲劳性能的最不利时期。我国《公路沥青路面设计规范》(JTG D50—2006)中容许拉应力指标采用的是 15℃的参考值，参照国内外的研究成果，本次小梁弯曲疲劳试验采用 15℃作为试验温度。

3)加载时间与频率的选择

试验表明，试验频率对疲劳试验结果也是有较大影响的。C. L. 莫尼斯密士研究认为，对于密级配沥青混合料，在 24℃的温度下，按常应力控制进行疲劳试验时，加荷频率在 3～30r/min 范围内，对疲劳寿命影响不大。但 J. A. 德桑研究指出，当加载频率从 30r/min 增加到 100r/min 时，混合料疲劳寿命将减少 20%。这是因为当荷载频率较大时，沥青混合料缺少必要的强度“愈合”时间，因而导致疲劳性能的降低。

对于室内小型试验，车轮荷载的加载时间可以根据 Van der Poel 公式来确定：

$$t = 1/2\pi f \tag{7-2}$$

当加载频率为 10Hz 时，加载时间为：

$$t = 1/2\pi f = 0.016\text{s}$$

0.016s 的加载时间对于沥青路面表面，大致相当于 60～65km/h 的行车速度，当沥青面层厚度为 20cm 时，则相当于基层表面的行车速度为 77km/h。我国现行的《公路工程技术标准》(JTG D01—2003)规定高等级公路的计算行车速度为 60～120km/h，可见选择 10Hz 作为荷载频率较为合理。

综合考虑，本次试验选用 10Hz 的加载频率。

4)加载波形的选择

在进行疲劳试验时，采用较多的应力或应变波谱是单向作用的矩形波、三角形波和交变的正弦形波，材料的疲劳寿命与加载波形之间有一定的关系。国内外大量研究认为，正弦波形较接近于实际路面所受的荷载波形。

荷载间歇时间对材料的疲劳寿命也有较大影响，疲劳寿命一般随着间歇时间的增大而增大，但是增长速率逐渐减小。当超过一定的间歇时间后，间歇时间的有利作用就稳定下来，此时疲劳寿命的比值达到极限。Raithy 在试验中间歇时间由 0 变化到 1s，疲劳寿命增加了 15 倍，这意味着在连续循环荷载作用下所取得的试验成果，将严重低估交通荷载脉冲之间存在间歇时间的实际路面疲劳性能。

本次试验参考美国 SHRP M-009 标准，选用的波形为偏正弦波，考虑到试验效率问题，不设间歇时间，实际荷载波形如图 7-16 所示。

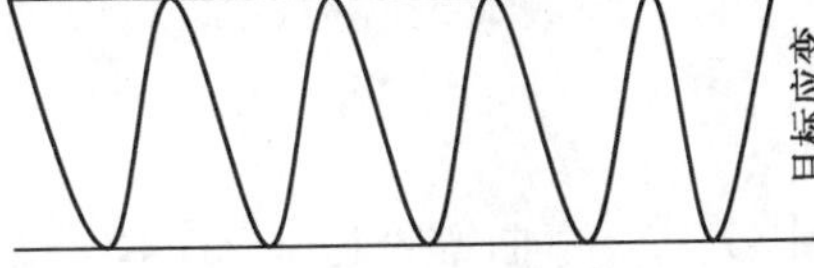

图 7-16 偏正弦波加载示意图

3. 试验步骤

(1)试件制备

本次试验根据《公路工程沥青及沥青混合料试验规程》(JTG E20—2011)T 0703 规定，采用轮碾压实成型车辙板，再切割成小梁试件，小梁尺寸为 50mm×50mm×240mm。

在跨中及两支点断面用卡尺量取试件的尺寸，当两支点断面的高度(或宽度)之差超过 2mm 时，试件应作废。跨中断面的宽度为 b，高度为 h，取相对两侧的平均值，准确至 0.1mm。本次试验采用标准的双刀锯切割小梁，试件尺寸控制较好，有效地减小了误差。

(2)试件养护

将小梁试件放入环境温控箱中，在标准温度 15℃下养护 3h 以上，以使试件内部温度达到试验温度±0.5℃。保温时试件平行放置，以减少环境箱内温度梯度的影响，同时试件之间的距离不小于 10mm。

(3)试件安装

将上下夹具高度调整到水平，打开各夹头，放入试件，调整好试件位置，夹紧外侧两个压头，再夹紧中间两压头，调整夹头夹持力，使试件处于平衡状态，力传感器基本不受力。

(4)设定试验参数

本次试验时，夹具控制的是小梁 1/3 点处的挠度。先针对不同的材料，选择合理的应变水平，然后将梁底微应变换算成小梁 1/3 点处挠度，通过挠度大小来控制加载。近年来大量的试验实践证明，用挠度换算成应变的方法测量误差较小。

在 MTS-810 材料试验机上输入控制参数，包括试验模式(应变控制)、加载波形、加载频率、应变水平(挠度大小)。

(5)疲劳试验过程

设定好试验参数后开始试验，读取第 100 个作用循环时的劲度模量作为初始模量(通过读取第 100 次循环时的荷载峰值，计算得出)，计算机按一定加载间隔自动记录数据，并在屏幕上实时显示力传感器的测量结果。当所测得的劲度模量降低到初始模量的一半时，停止试验。

在试验过程中主要记录以下数据：①荷载的作用次数；②实测的作用力大小。应变控制疲劳试验耗时较长，且随着荷载应变水平的不同而有很大差异，没有必要将整个试验过程中的数据全部记录下来。为尽量反映试件性能随荷载重复作用次数的变化状况，可以将试验分为 4 个数据采集区域(以荷载作用次数为标准)，每个区域的采样间隔时间各不相同：①0～1 000 次，每 100 次采一次样；②1 000～10 000 次，每 1 000 次采一次样；③10 000～500 000 次，每 10 000次采一次样。这样，在对数坐标上，这些点在横坐标方向上(作用次数)就能表现为均匀分布的状况。

4. 试验参数计算方法

本次试验使用 MTS-810 材料试验机加载，控制小梁 1/3 点处挠度，换算成小梁跨中底部的弯拉应变，各参数计算公式如下：

(1)梁底最大拉应力(kPa)

$$\sigma_t = \frac{LP}{bh^2} \times 10^6 \tag{7-3}$$

式中：L——弯曲梁跨径，mm，本次试验为 210mm；

P——荷载峰值，kN；

b——弯曲梁试件宽度，mm；

h——弯曲梁试件宽度，mm。

(2)梁底最大拉应变(mm/mm)

$$\varepsilon_t = \frac{27yh}{5L^2} \tag{7-4}$$

式中：y——小梁 1/3 点处最大挠度。

(3)小梁弯拉劲度模量(MPa)

$$S = \frac{1\,000\sigma_t}{\varepsilon_t} \tag{7-5}$$

第四节 橡胶沥青混合料疲劳性能分析

本章第二节采用 DSR 试验对橡胶沥青的疲劳性能进行了比较分析。从结果中可以看出，橡胶沥青自身具有良好的疲劳性能。那么橡胶沥青混合料的疲劳性能如何，如何设计出疲劳性能优良的橡胶沥青混合料，哪些设计因素影响了橡胶沥青混合料的疲劳性能，各因素的影响程度如何，本节将对这些问题一一进行试验分析。

一、疲劳试验设计

为了评价橡胶沥青混合料的疲劳性能，首先将橡胶沥青混合料与基质沥青混合料、SBS 改性沥青混合料进行疲劳试验对比;其次对三种沥青混合料的抗车辙能力进行对比分析,从综合性能方面来评价橡胶沥青混合料。

在第五章里,已经对橡胶沥青的配合比设计进行了详细地阐述,本章基于第五章研究成果和推荐方法进行配合比设计。根据研究,沥青混合料的疲劳寿命除了受沥青性质影响外,还受到空隙率、级配等多种因素的影响,因此本节对不同沥青选择既定的级配,在相同的4%空隙率下比较疲劳性能,以观察沥青性质对混合料疲劳性能的影响。

1. 原材料的选择

(1)沥青的选择

与第二节中沥青疲劳性能比较试验方案一致,本次疲劳试验同样选用加德士70号基质沥青、泰普克Ⅰ-D型SBS改性沥青、自制橡胶沥青三种沥青。加德士70号基质沥青与泰普克SBS改性沥青指标检测结果分别见表7-1和表7-2。橡胶沥青采用加德士70号基质沥青内掺19%河北产20目橡胶粉加工而成,橡胶沥青指标检测结果见表7-4。

(2)集料的选择

试验采用的石料分为四档,1号(9.5~13.2mm)、2号(4.75~9.5mm)、3号(2.36~4.75mm)、4号(0.075~2.36mm)。1号、2号集料为玄武岩,3号、4号集料为石灰岩,填料采用矿粉和普通硅酸岩水泥。各档集料与填料密度按照《公路工程集料试验规程》(JTG E42—2005)规定的方法测定,实测结果见表7-8与表7-9,4号(0.075~2.36mm)集料筛分结果见表7-10。

各档粗集料密度 表7-8

集料类型	1号	2号	3号
表观相对密度	2.891	2.899	2.725
表干相对密度	2.857	2.848	2.685
毛体积相对密度	2.840	2.821	2.662

细集料与填料密度 表7-9

集料类型	4号	水泥	矿粉
表观相对密度	2.697	2.900	2.704

4号料筛分结果 表7-10

筛孔尺寸(mm)	2.36	1.18	0.6	0.3	0.15	0.075
筛余百分率(%)	0.0	40.5	22.0	20.4	13.8	3.2
筛孔通过百分率(%)	100	59.5	37.5	17.1	3.2	0.0

经检测,集料和填料各项技术指标均符合《公路沥青路面施工技术规范》(JTG F40—2004)沥青面层集料技术要求的规定。

2. 级配的选择

(1)橡胶沥青混合料级配选择

橡胶沥青由于其特殊的改性机理,在级配的选择上与一般高聚物改性沥青有所不同。橡胶沥青熔胀反应后的橡胶粉颗粒仍具有很好的回弹性能,橡胶沥青混合料中需要足够的空间来容纳胶粉，如果骨架空隙合适，橡胶粉在其中起到填充骨架的作用，可以有效增加沥青膜厚度，提高混合料的疲劳性能；如果骨架空隙太小，橡胶粉会夹在粗集料之间，影响骨架结构形成，造成混合料压实困难。橡胶粉掺量较高或者使用较粗胶粉时，这种现象尤其明显，压实困难会造成混合料易于松散，形成早期损坏。

在混合料疲劳性能方面，南非大量的橡胶沥青工程实践表明，连续型级配在抗车辙、抗疲劳、施工性能等方面表现较差，一般不推荐使用；推荐根据应用范围不同来选择级配，常用的级配有 SMA 级配、开级配或者半开级配。美国的经验也是如此，推荐采用间断级配作为结构层，用粗集料的骨架结构提供更多的空间来容纳胶粉，以避免胶粉颗粒干涉骨架结构的形成，间断的程度与胶粉目数和掺量有关。

根据第五章研究结果，本章沿用了美国亚利桑那州技术规范推荐的橡胶沥青混合料级配（本章简称 AR-AC-13）。级配范围见表 7-11。

AR-AC-13 型沥青混合料级配范围（不含外掺剂） 表 7-11

筛孔尺寸(mm)	16.0	13.2	9.5	4.75	2.36	1.18	0.6	0.3	0.15	0.075
上限(%)	100	100	80	42	22	—	—	—	—	3
下限(%)	100	80	60	28	14	—	—	—	—	0

此级配与 SMA 级配类似，特点是粗集料多、细集料少、骨架结构、VMA 高、沥青用量高。不同点是此级配不加矿粉，并严格控制 0.075mm 档筛孔的通过率在 3%以下，而对于 0.075～2.36mm 的范围不需控制。本次试验参考美国规范要求，并结合工程实践经验，确定橡胶沥青级配各档料 1 号：2 号：3 号：4 号之间比例为 30：35：13：22，外掺 1.5%水泥，不添加矿粉，合成级配见表 7-12 和图 7-17。

橡胶沥青混合料合成级配（不含外掺剂） 表 7-12

筛孔尺寸(mm)	13.2	9.5	4.75	2.36	0.075
合成级配(%)	100	70	35	22	0
级配上限(%)	100	80	42	22	3
级配下限(%)	80	60	28	14	0

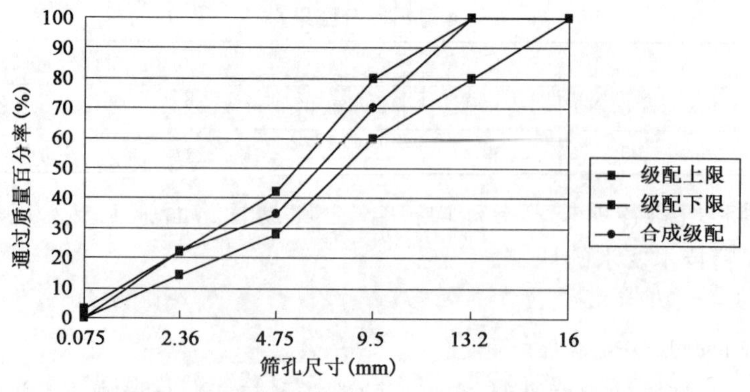

图 7-17 橡胶沥青 AR-AC-13 混合料合成级配

(2)基质沥青与SBS改性沥青级配选择

对于基质沥青和SBS改性沥青，本章选择工程中常用的AC-13连续型密级配作为试验级配。为了保证具有一定抗车辙能力，同时与较粗的橡胶沥青级配(4.75mm档通过率为35%)对应，选择粗型的AC-13级配，4.75mm档通过率约为39%。各档集料掺配比例为1号：2号：3号：4号：矿粉 = 26：35：9：25：5，最终合成级配与级配范围如表7-13和图7-18所示。

AC-13密级配沥青混合料矿料级配范围 表7-13

筛孔尺寸(mm)	16.0	13.2	9.5	4.75	2.36	1.18	0.6	0.3	0.15	0.075
合成级配(%)	100	100	74	39	30	19.9	14.4	9.3	5.9	5
级配上限(%)	100	100	85	68	50	38	28	20	15	8
级配下限(%)	100	90	68	38	24	15	10	7	5	4

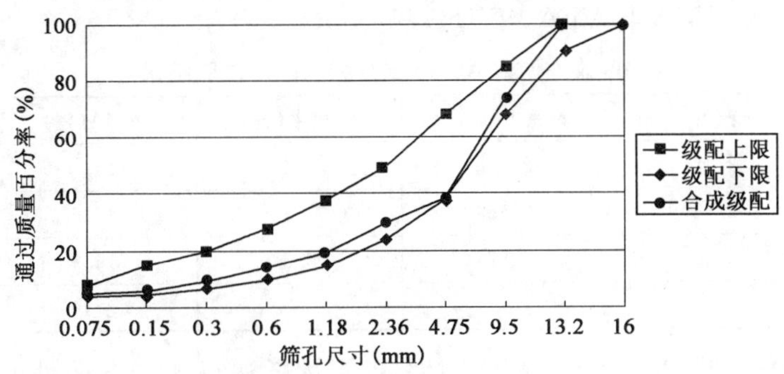

图7-18 AC-13合成级配图

3. 混合料体积设计

为了避开空隙率的影响，试验统一以4%的空隙率为目标确定沥青用量，采用马歇尔试验方法进行体积设计。

针对每个级配，根据已有的实践经验，估计适宜的油石比，并以估计的油石比为中值，按0.3%油石比(橡胶沥青按0.5%)为上下间隔，取3个不同的油石比，进行马歇尔试验比较选择。基质沥青混合料的3个油石比为4.6%、4.9%和5.2%；改性沥青混合料的3个油石比为4.8%、5.1%和5.4%；橡胶沥青的3个油石比为7.7%、8.2%和8.7%。分别制备马歇尔试件，每个沥青用量下制作4个平行试件。三种沥青混合料的马歇尔试验条件如表7-14所示。

不同沥青混合料的马歇尔试验条件 表7-14

试验条件	沥青类型		
	70号基质沥青	SBS改性沥青	橡胶沥青
集料加热温度(℃)	170	180	185
沥青加热温度(℃)	160	170	180
填料加热温度(℃)	150	150	—
拌和温度(℃)	160	170	175
拌和时间(s)	180		
试件击实次数	双面击实75次		

基质沥青混合料的最大理论密度采用实测法测得，改性沥青混合料采用计算法，沥青混合料试件的毛体积密度采用表干法测得。三种沥青混合料的马歇尔试验结果分别见表7-15～表7-17，表中数据为4个试件结果平均值。

基质沥青 AC-13 混合料马歇尔试验结果 表7-15

油石比(%)	毛体积密度(g/cm³)	理论密度(g/cm³)	空隙率(%)	VMA(%)	饱和度(%)
4.6	2.495	2.607	4.3	14.2	69.3
4.9	2.497	2.595	3.8	14.3	73.2
5.2	2.499	2.584	3.3	14.4	77.0
规范要求	—	—	2～4	≥14	65～75

根据表7-15中结果，以4%为目标空隙率，通过内插法得到基质沥青混合料的油石比为4.8%，最终设计级配VMA与VFA均满足规范要求。

SBS 改性沥青 AC-13 混合料马歇尔试验结果 表7-16

油石比(%)	毛体积密度(g/cm³)	理论密度(g/cm³)	空隙率(%)	VMA(%)	饱和度(%)
4.8	2.486	2.600	4.4	14.5	69.6
5.1	2.487	2.589	3.9	14.6	73.3
5.4	2.488	2.578	3.5	14.9	76.5
规范要求	—	—	2～4	≥14	65～75

根据表7-16中结果，以4%为目标空隙率，通过内插法得到SBS改性沥青混合料的油石比为5.0%，最终设计级配VMA与VFA均满足规范要求。

橡胶沥青 AR-AC-13 混合料马歇尔试验结果 表7-17

油石比(%)	毛体积密度(g/cm³)	理论密度(g/cm³)	空隙率(%)	VMA(%)	饱和度(%)
7.7	2.380	2.513	5.3	20.4	74.1
8.2	2.395	2.497	4.1	20.3	79.8
8.7	2.405	2.482	3.1	20.4	84.8

根据表7-17中结果，以4%为目标空隙率，最终确定橡胶沥青混合料的油石比为8.2%。

4.试验方案

本次试验采用控制应变的三分点加载小梁弯曲疲劳试验，试验中需要针对不同的材料选择合适的应变水平。应变水平的大小直接反映了试件发生弯曲变形的程度。而对于实际路面而言，路面的变形程度反映了车轮荷载作用力的大小，路面受车载作用的变形程度大小直接影响到实际路面的疲劳寿命。试验室内疲劳试验应变水平在一定程度上代表了实际路面所承受的车辆荷载作用。

在沥青混合料疲劳试验过程中，应变水平的大小应控制在一个合理的范围内。应变水平过大会导致疲劳寿命过短，与实际路面的疲劳破坏行为不相符；而应变水平过小，则会使得试验周期过长甚至出现无法达到疲劳破坏点的现象(即试件在小应变水平下，劲度模量无法衰减至初始劲度模量的50%)。在本次研究中，所有试验的应变水平调节均将试件疲劳寿命控制在1×10^3～1×10^5，这样既保证了准确性又缩短了试验时间。

本次试验每个应变级位下采用4根小梁平行试验，结果按试验数据的离散程度进行弃差处理，弃差的标准为：当一组平行试验测定值中某个数据与平均值之差大于修正标准差的k倍时，舍弃该值，并以其余测定值的统计结果作为试验结果，同时保证每组试验的有效试件不少于3根。当试件数目n为3、4、5、6根时，k值分别为1.15、1.46、1.67、1.82。

具体的试验安排如表7-18所示。

三种沥青混合料的试验方案 表7-18

试验安排	混合料类型		
	70号基质沥青	SBS改性沥青	橡胶沥青
级配类型	AC-13	AC-13	AR-AC-13
油石比(%)	4.8	5.0	8.0
设计空隙率(%)	4	4	4
试验温度(℃)	15	15	15
加载波形	偏正弦波	偏正弦波	偏正弦波
试验频率(Hz)	10	10	10
应变水平(με)	450、650、750	750、1 000、1 250、1 500	750、1 000、1 250、1 500
平行试验次数(次)	4	4	4
总试验次数(次)	12	16	16

二、疲劳试验数据分析

以往的研究表明，同一应变下若干试件的对数疲劳寿命表现为正态分布，并且应变大小与疲劳寿命在双对数坐标上表现为直线关系，通常可用式(7-6)来表示。

$$\lg N_f = k - n\lg\varepsilon \tag{7-6}$$

式中：N_f——试件破坏时荷载作用次数；

ε——试验时所控制的小梁跨中底面应变水平，με，本章中通过控制小梁三分点处最大挠度值实现，通过式(7-5)计算；

k——回归常数，与材料组成和性质有关；

n——回归常数，与试验条件和材料特性有关。

三种沥青混合料应变控制的三分点弯曲疲劳试验结果分别见表7-19～表7-21，以及图7-19～图7-21。在每个应变水平下均进行4次平行试验，并对结果进行弃差处理，表中数据为有效试件结果的平均值，保证率为50%。

基质沥青混合料疲劳试验结果 表7-19

混合料类型	应变水平(με)	疲劳寿命	有效试件个数
基质沥青AC-13	450	113 000	3
	600	41 900	4
	750	15 600	4

从图7-19中可以看到，在双对数坐标下，基质沥青混合料的疲劳寿命与应变水平有很好的线性关系，相关系数平方达到0.994 9。数据回归出的基质沥青应变疲劳方程为：$\lg N_f = 15.3 - 3.856\,1\lg\varepsilon$，$R^2 = 0.994\,9$。

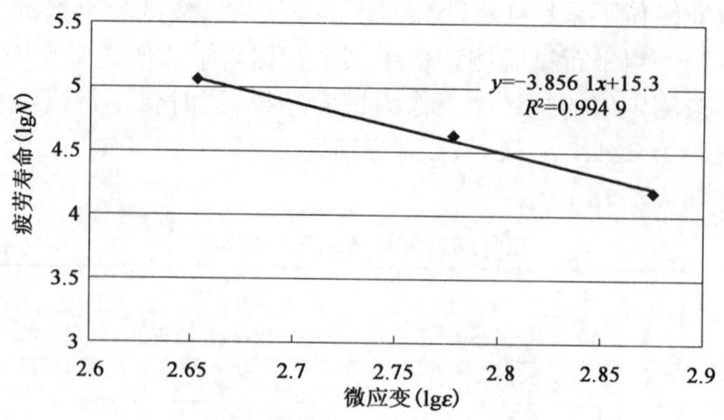

图 7-19 基质沥青 AC-13 混合料疲劳曲线图

表 7-20

SBS 改性沥青混合料疲劳试验结果

混合料类型	应变水平(με)	疲劳寿命(次)	有效试件个数
SBS 改性沥青 AC-13	750	203 000	3
	1 000	61 000	3
	1 250	13 100	4
	1 500	5 300	4

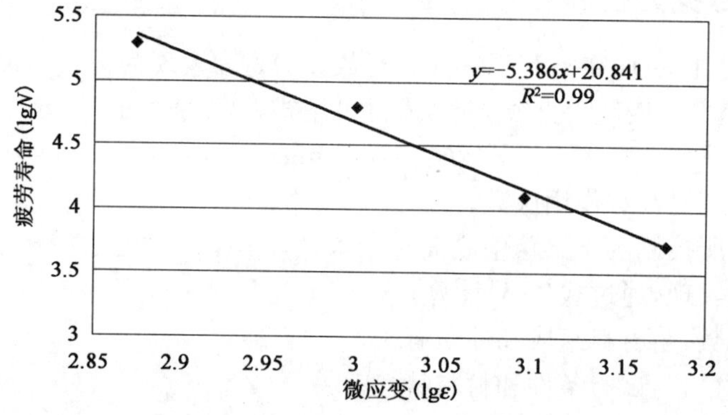

图 7-20 SBS 改性沥青混合料疲劳曲线图

从图 7-20 中可以看到，在双对数坐标下，SBS 改性沥青混合料的疲劳寿命与应变水平有很好的线性关系，相关系数平方达到 0.99。数据回归出的 SBS 改性沥青应变疲劳方程为：$\lg N_f = 20.841 - 5.386\lg\varepsilon, R^2 = 0.99$。

表 7-21

橡胶沥青混合料疲劳试验结果

混合料类型	应变水平(με)	疲劳寿命(次)	有效试件个数
橡胶沥青 AR-AC-13	750	830 000	3
	1 000	180 000	4
	1 250	43 900	4
	1 500	17 300	4

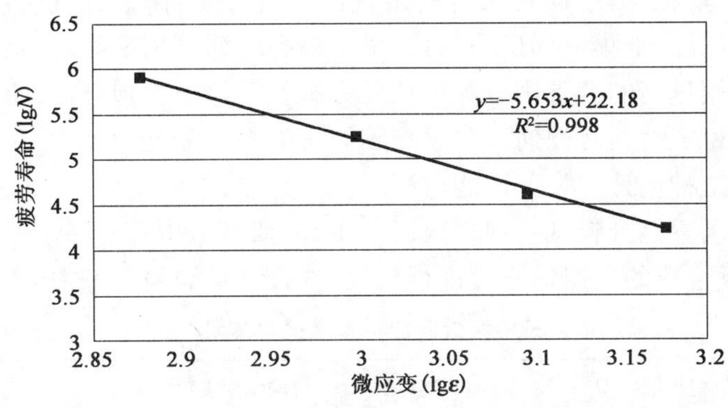

图 7-21　橡胶沥青混合料疲劳曲线

从图 7-21 中可以看到，在双对数坐标下，橡胶沥青混合料的疲劳寿命与应变水平有很好的线性关系，相关系数平方达到 0.998 6。数据回归出的橡胶沥青应变疲劳方程为：$\lg N_f = 22.185 - 5.6538\lg\varepsilon, R^2 = 0.9986$。

将三种沥青混合料的疲劳曲线放在一起比较，如图 7-22 和表 7-22 所示。从斜率 n 来看，试验结果为 3.856 1～5.653 8，基质沥青混合料要明显小于两种改性沥青混合料，而 SBS 改性沥青混合料与橡胶沥青混合料之间相差不是很大，n 值大小主要反映了沥青混合料对于应变水平变化的敏感程度，与材料组成和试验条件有关。

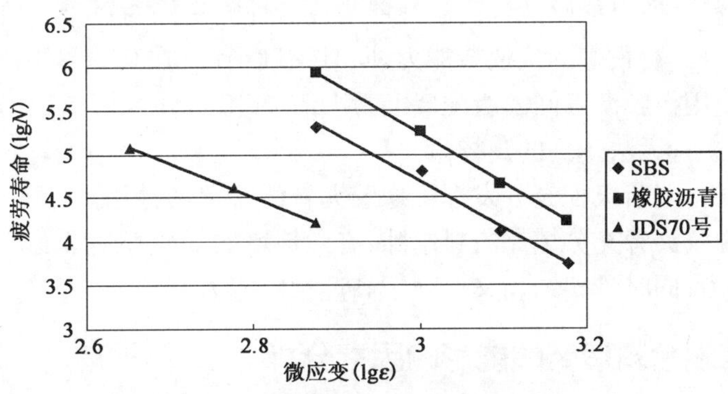

图 7-22　三种沥青混合料疲劳曲线综合图

三种沥青混合料的应变疲劳方程　　表 7-22

混合料类型	应变疲劳方程
基质沥青 AC-13	$\lg N_f = 15.3 - 3.8561\lg\varepsilon, R^2 = 0.9949$
SBS 改性沥青 AC-13	$\lg N_f = 20.841 - 5.386\lg\varepsilon, R^2 = 0.99$
橡胶沥青 AR-AC-13	$\lg N_f = 22.185 - 5.6538\lg\varepsilon, R^2 = 0.9986$

从截距 k 值来看，试验结果为 15.3～22.185，同样基质沥青混合料要远小于两种改性沥青混合料，橡胶沥青混合料大于 SBS 改性沥青混合料。k 值反映了沥青混合料疲劳寿命的大小，可以看到，在同一应变水平下，橡胶沥青混合料的疲劳寿命最高，SBS 改性沥青次之，基质沥青混合料最低。

从以往的研究中知道，对于沥青混合料来说，疲劳性能与高温性能之间往往是相互矛盾的。抗疲劳性能需要提高细集料和矿粉用量，采用较高的沥青用量等；高温稳定性则需要提高粗集料比例，不能使用过高的沥青用量等。从疲劳试验对比中看到，橡胶沥青混合料的疲劳性能最好，那么其高温稳定性又是如何？关于橡胶沥青的高温稳定性已在第六章进行了详细地阐述，这里为了对比三种设计的疲劳性能与高温性能综合效果，保持三个对比试验的设计，按照《公路工程沥青及沥青混合料试验规程》(JTG E20—2011)中 T 0719—1993 方法进行车辙试验。对三种沥青混合料的高温稳定性进行比较，试验结果如表 7-23 所示。

三种沥青混合料车辙试验结果　　表 7-23

混合料类型	级配类型	油石比(%)	动稳定度(次/mm)	车辙深度(mm)
70 号基质沥青	AC-13	4.8	760	5.23
SBS 改性沥青	AC-13	5.0	3 518	1.78
橡胶沥青	AR-AC-13	8.2	3 220	3.15

从车辙试验结果来看，橡胶沥青混合料的动稳定度为 3 220 次/mm，略小于 SBS 改性沥青，但足以满足高等级公路面层设计的要求。综合来看，使用间断级配的橡胶沥青混合料在高沥青用量下，保持了良好的抗车辙能力，同时又具有很好的抗疲劳能力，体现了疲劳性能与高温性能的平衡。

橡胶沥青混合料之所以能够达到高温性能与疲劳性能良好的平衡，主要原因如下：

①橡胶沥青自身具有很好的抗疲劳能力，同时黏度很高，在高掺量下不会发生析漏(以往的试验数据表明，使用橡胶沥青间断级配，沥青用量达到 11%时，析漏量仍小于 0.3%)，混合料中可以使用一般沥青无法达到的高掺量。

②从级配上分析，间断级配充分发挥了橡胶沥青的特点，较粗的骨架结构可以容纳更多的橡胶沥青，大量的橡胶沥青充分填充集料空隙，有效地增加了沥青膜厚度，形成了密实结构，提供了好的抗疲劳能力；同时骨架结构又保证了高温稳定能力。

三、橡胶沥青混合料疲劳性能影响因素分析

本节研究的影响因素主要是沥青混合料本身的材料组成、混合料结构等方面，通常称为沥青混合料的内部因素。影响沥青混合料疲劳性能的内部因素主要包括沥青用量、空隙率、级配类型、沥青性能等。橡胶沥青作为一种特殊的改性沥青，其性能影响因素除了上述各点外，还包括了胶粉掺量、基质沥青类型等特殊因素。

本节首先采用“孤立变量法”通过固定其他因素，变换单个因素进行试验，分析单个因素对橡胶沥青混合料疲劳寿命的影响；然后采用灰关联分析方法对多组数据进行关联度分析，研究各影响因素与橡胶沥青混合料疲劳寿命的关联度大小。

1. 沥青用量的影响

为了研究沥青用量对橡胶沥青混合料疲劳寿命的影响规律，以下研究将采用同一级配、同样的橡胶沥青(即第四节中的混合料设计)、同一应变水平(1 250$\mu\varepsilon$)，在 5 个沥青用量(油石比 7.7%～9.7%)下进行小梁疲劳试验对比。试验结果如表 7-24 和图 7-23 所示。

不同沥青用量下疲劳试验结果 表 7-24

级配类型	油石比(%)	等效油石比(%)	应变水平(με)	小梁试件空隙率(%)	疲劳寿命平均值(次)	有效试件个数
AR-AC-13(30∶35∶13∶22)	7.7	6.2	1 250	5.3	29 400	4
	8.2	6.6		4.1	43 900	4
	8.7	7.0		3.1	69 300	4
	9.2	7.5		2.2	113 500	3
	9.7	7.9		1.5	95 000	3

注:等效油石比是指橡胶沥青中除去胶粉,基质沥青所占质量。

从图 7-23 中可以看到,当油石比为 7.7%~9.2%时,随着油石比的增加,沥青混合料的疲劳寿命不断增加,并且增长速度逐渐增大;当油石比增加到 9.2%时,疲劳寿命达到了最高点,随后出现下降。试验结果表明,对应于橡胶沥青混合料的最大疲劳寿命,存在着一个最佳的沥青用量。对于橡胶沥青,用量太少时黏结力较低,用量太多则会在混合料中形成过厚的自由沥青膜,都会降低混合料的疲劳性能。

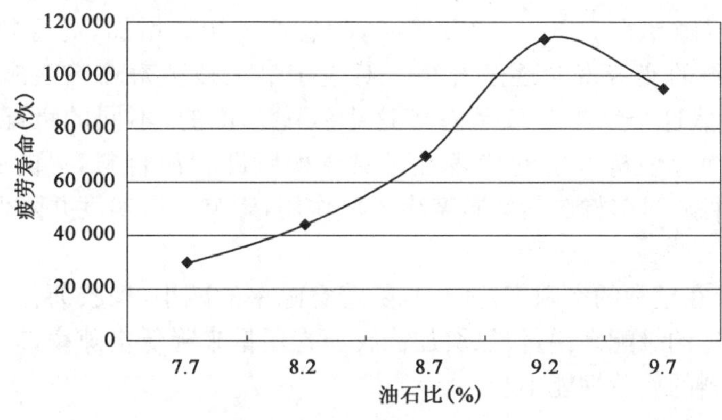

图 7-23 沥青用量与疲劳寿命关系图

英国诺丁汉大学的 P. S. Pell 通过沥青混合料疲劳试验,也得出过同样的结论。当时他采用的混合料为英国标准 594 号的基层用间断级配,粗集料用量为 60%,结合料的一般用量范围为 5.6%~6.6%。得出对应于最大疲劳寿命时的沥青用量约为 7.7%,混合料的空隙率约为 0.9%。

本次试验中对应于最大疲劳寿命时的油石比约为 9.2%(相当于基质沥青用量占集料质量的 7.5%,橡胶粉占 1.7%),混合料的空隙率约为 2.2%。从结果中可以看出,达到橡胶沥青混合料最大疲劳寿命时的沥青用量很大,超出了正常使用范围。根据以往工程实践,正常情况下橡胶沥青的用量为 7.5%~9.0%(油石比),可以看到在此阶段橡胶沥青混合料的疲劳寿命随沥青掺量的增加而增大。在混合料设计中,可以在合理范围内使用较高的橡胶沥青掺量,以发挥橡胶沥青混合料的抗疲劳性能。

2. 空隙率的影响

沥青混合料的空隙率对疲劳寿命的影响很大,美国 18 个州 53 项道路工程 12 年的实践证明，每增加1%空隙率，疲劳寿命会降低40%。对于确定的沥青混合料级配，混合料空隙率主要受沥青用量变化的影响。在沥青混合料正常的级配范围内，沥青用量与混合料空隙率对疲劳寿命的影响具有明显的交互作用。根据之前的试验结果可以画出橡胶沥青混合料空隙率与疲劳寿命的关系图，如图7-24所示。

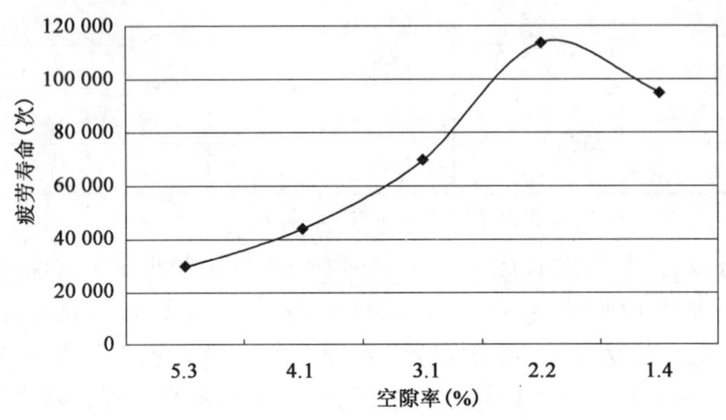

图7-24　空隙率与疲劳寿命关系图

可以看到，当空隙率在5.3%～2.2%时，随着沥青用量增加，混合料的空隙率逐渐减小，同时沥青混合料的疲劳寿命逐渐升高。对应于最大疲劳寿命，存在着最小空隙率，大小约为2.2%。当然这个结果仅仅是对于这个级配来说的，不同的级配与沥青应当有不同的结果，但是规律应该有一定的代表性。对于橡胶沥青混合料，可能由于橡胶沥青用量太高，导致饱和度过高，过多橡胶粉颗粒产生了反作用，影响了压实度并降低了混合料的疲劳性能。

最后可以得出，在正常的空隙率范围内，随着空隙率的减小，橡胶沥青混合料的疲劳寿命逐渐增加。对于确定的级配来说，仅靠增加橡胶沥青用量来降低空隙率，效果不一定好，饱和度太高也会对混合料的疲劳性能不利。

3. 级配的影响

混合料级配对疲劳性能的影响主要包括最大公称粒径以及级配粗细(关键档筛孔通过率)的影响，对于AR-AC-13橡胶沥青混合料可以看作2.36mm档通过率的影响。

对于最大公称粒径影响，东南大学的葛折圣博士曾经利用中点加载应变控制小梁弯曲疲劳试验，得出随粒径增加混合料疲劳寿命降低的结论。当然这只是针对特定的某几种级配与沥青用量来说的，不同粒径混合料涉及不同级配、不同沥青用量、不同空隙率等多个影响因素，评价较为复杂。对于橡胶沥青混合料，一般使用于面层，大粒径使用的不多，因此本章对此不再加以讨论。

本章主要讨论2.36mm档通过率的影响，前文中使用较多的AR-AC-13级配(4档料比例为30：35：13：22)，2.36mm档通过率为35%。本节中将此级配2.36mm档通过率各增大和减小5%，确定了表7-25中的三个级配进行疲劳试验对比。关键档筛孔通过率不同的三种级配如图7-25所示。

对三个级配以目标空隙率4%进行配合比设计，并在设计沥青用量下进行三分点加载小梁弯曲疲劳试验。各项试验结果如表7-26所示。

不同级配的通过率　表 7-25

筛孔尺寸(mm)	13.2	9.5	4.75	2.36	0.075
级配一(%)	100	66	31	17	0
级配二(%)	100	70	35	22	0
级配三(%)	100	72	40	27	0

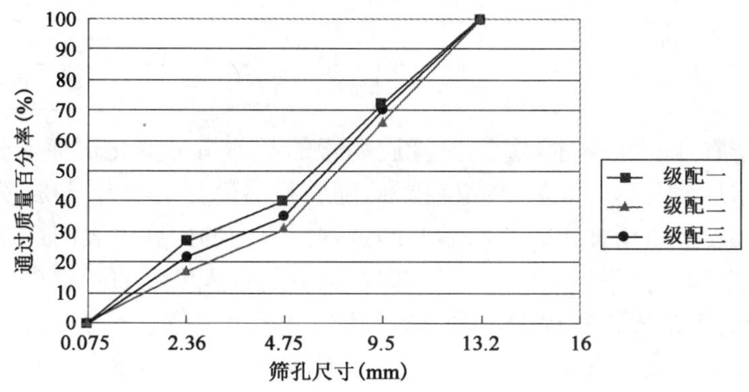

图 7-25　关键档筛孔通过率不同的三种级配

不同级配橡胶沥青混合料疲劳试验结果　表 7-26

级配类型	2.36mm 档通过率(%)	油石比(%)	小梁试件空隙率(%)	应变水平(με)	疲劳寿命平均值(次)	有效试件个数(个)
级配一	17	8.2	4.1	1 250	33 200	3
级配二	22	8.2	4.1		43 900	4
级配三	27	8.4	4.0		38 400	4

从试验结果来看，随着细集料比例的上升，沥青用量有所增大，但是疲劳寿命并没有出现明显的规律性。2.36mm 通过率从 30%增加到 35%，混合料的疲劳寿命增大了 32%；从 35%增加到 40%，混合料的疲劳寿命反而降低了 13%。虽然改变细集料通过率对橡胶沥青混合料疲劳性能的影响并不明显，但可以看出适当增加细集料比例对橡胶沥青混合料的疲劳性能有所提高，但是细集料过多反而会降低疲劳性能。

以往的研究表明，对于一般沥青来说，细集料的增加伴随着沥青用量的增加以及空隙率的降低。这对混合料的疲劳性能是有利的，通常悬浮密实结构沥青混合料的疲劳性能要好于骨架结构。本章中得出的试验结果可能与试验中采用的骨架结构间断级配有关。尽管增加了细集料的用量，但是这三个级配仍然都属于粗型，对于细集料用量的增加并不敏感；同时由于使用的是橡胶沥青，通常需要控制细集料用量。亚利桑那州规范要求控制 2.36mm 档通过率为 14%～22%，就是考虑到细集料过多会缺少空隙来容纳橡胶沥青，影响混合料的压实。

4. 胶粉掺量的影响

从第二节中我们知道，胶粉掺量对于橡胶沥青的性能影响很大，一般的胶粉掺量为 15%～25%。本节中将研究不同胶粉掺量下橡胶沥青混合料的疲劳性能。

本次试验采用加德士 70 号基质沥青，分别添加 15%、19%、23%的河北产 20 目橡胶粉，在185℃下对流式搅拌90min，得到不同掺量的橡胶沥青基本技术性能如表7-27所示。

不同胶粉掺量橡胶沥青的性能 表7-27

基质沥青类型	胶粉掺量(内掺)(%)	性能指标			
		针入度(0.1mm)	软化点(℃)	177℃黏度(Pa·s)	实测密度(g/cm³)
JDS 70号	15	40.5	66.5	1.9	1.044
	19	37.5	68.5	3.3	1.05
	23	48.5	73.5	5.6	1.056

从表中数据来看，随着胶粉掺量变化，橡胶沥青的各项指标变化规律明显：软化点与黏度指标随胶粉掺量增加而升高。尤其是黏度指标，随胶粉掺量变化较大，与胶粉掺量有很好的相关性。针入度随胶粉掺量增加出现先降后升的过程。其他的研究也表明，在胶粉少量加入时，会降低沥青针入度；但当掺量增加到一定程度时，沥青的针入度反而随胶粉掺量增大而增大。

同时，从橡胶沥青的搅拌过程中来看，掺量达到23%时，明显感觉黏度过大，橡胶粉缺少足够的基质沥青反应，拌和4h后橡胶沥青仍显得十分干涩，已经到了可以反应的最高掺量。从结果来看，黏度已经达到了5.6Pa·s，超过了本章推荐的1.5～4.0Pa·s。

采用前文所用AR-AC-13级配(30∶35∶13∶22)，使用以上三种不同胶粉掺量的橡胶沥青，以4%的目标空隙率来确定沥青用量，并在设计沥青用量下制作试件，进行橡胶沥青混合料小梁疲劳试验。最后试验结果如表7-28所示。

不同胶粉掺量下橡胶沥青混合料的疲劳试验结果 表7-28

级配	胶粉掺量(内掺)(%)	油石比(%)	小梁试件空隙率(%)	应变水平(με)	疲劳寿命平均值(次)	有效试件个数(个)
AR-AC-13(30∶35∶13∶22)	15	8.0	3.9	1 250	23 700	4
	19	8.2	4.1		43 900	4
	23	8.4	4.2		28 700	4

从表7-27中可以看到，随着胶粉掺量的增加，黏度增大，同样空隙率下所需的沥青用量也出现增加，油石比由8.0%增加到了8.4%。

从疲劳试验结果来看，胶粉掺量从15%增加到19%，疲劳寿命增加了85%，增幅较大。可见15%掺量的橡胶粉对基质沥青的改性作用不够，橡胶沥青黏度较低，混合料的疲劳性能要低于19%掺量的橡胶沥青混合料。当胶粉掺量从19%增加到23%时，疲劳寿命反而降低了35%。可见胶粉掺量并不是越多越好，对于橡胶沥青的疲劳性能来说，需要控制在合适的范围内。从原理上来看，橡胶粉在沥青中的作用类似于矿粉，矿粉少量的添加能够提高沥青胶泥黏度、增强黏附性，提高混合料疲劳性能；过多的加入会造成沥青胶浆与石料的剥落，降低混合料疲劳性能。23%的胶粉掺量过大，造成自由沥青较少，影响到橡胶沥青的黏附性，降低了混合料疲劳性能。

综合来看，本章推荐的黏度范围1.5～4.0Pa·s还是比较合适的，基本能够控制胶粉的掺量。从疲劳性能方面来看，选用时可以尽量选用偏高的掺量，但是不要超过黏度上限。

在合理的掺量范围内，胶粉掺量越大，橡胶沥青黏度越大。相同空隙率下，沥青用量越多，黏结性越强。胶粉掺量高的橡胶沥青显示出较优越的弹性特征，可以看作抗疲劳能力的反映。

5. 浸润作用的影响

根据已有的工程经验，作者发现橡胶沥青混合料拌和出厂后，在运输到施工现场以及等待摊铺这段时间内，短期老化作用对橡胶沥青混合料的性能有很大影响。对于橡胶沥青来说，这一过程可以看作高温下橡胶沥青与石料更长时间的接触，更多地被吸收，作者称这一过程为沥青对集料的"浸润作用"。从以往的试验中，发现"浸润作用"对于橡胶沥青混合料的高温稳定性有一定的提高，对于疲劳性能的影响本节中将加以分析。

大量资料显示，沥青混合料的拌和、运输和摊铺过程会对沥青产生老化作用，降低沥青混合料的疲劳性能。SHRP 研究计划中推荐用短期烘箱加热法来模拟这一老化过程，规定将拌和好的沥青混合料放入盘中，在恒温烘箱内以 135℃±1℃放置 4h 来模拟短期老化过程。对于橡胶沥青来说，135℃的老化温度较低，老化效果可能与实际不符。本次试验主要是模拟混合料在运输过程中，处于车厢中的高温、堆积、隔绝空气的状态，所以设计了以下的老化试验方法：将刚拌和好的橡胶沥青混合料（约 175℃）放入 165℃烘箱中，采用闭口盘放置，隔绝空气，存放 2h，然后再成型试件。

采用本节中所用 3 个级配，在相同条件下拌和好混合料进行浸润老化，然后在相同条件下成型试件，进行疲劳试验，并与未浸润的混合料疲劳性能进行对比。浸润前后试件空隙率变化见表 7-29。

浸润作用对于试件空隙率的影响 表 7-29

级配类型	小梁试件平均空隙率(%)		
	未浸润	浸润	差值
级配一	4.1	3.5	0.6
级配二	4.1	3.6	0.5
级配三	3.9	3.3	0.6

三个级配下的试验结果都比较稳定，空隙率降低了约 0.5%。空隙率降低的原因，可能有少量的沥青残留在了托盘中，影响了试件的密度计算，但是通过称量发现盘上残留的沥青量不足以减小 0.5%的空隙率。可以看到"浸润作用"过程中，部分沥青被石料吸收，并且橡胶粉颗粒在高温储存状态中，析出了部分基质沥青，体积与性质都发生了变化，提高了混合料的压实效果。综合作用减小了橡胶沥青混合料的空隙率。

疲劳试验结果见表 7-30 和图 7-26，三种级配下的橡胶沥青混合料在"浸润作用"后，疲劳性能都有了不小的提高，分别提高了 57%、78%与 42%。可以看到在相当于短期老化的"浸润

浸润前后混合料疲劳试验结果 表 7-30

级配类型	控制应变 (με)	疲劳试验结果(次)		变化百分率 (%)
		未浸润	浸润	
级配一	1 250	33 200	52 100	+57
级配二		43 900	78 100	+78
级配三		38 400	54 500	+42

作用”后，橡胶沥青混合料的疲劳性能不但没有降低，反而有了很大的提高。产生这一现象的原因，可能是橡胶沥青与集料长时间的接触增加了橡胶沥青的黏附效果，并且浸润过程提高了混合料压实效果，降低了空隙率，综合作用抵消了橡胶沥青老化的影响，提高了橡胶沥青混合料的疲劳性能。

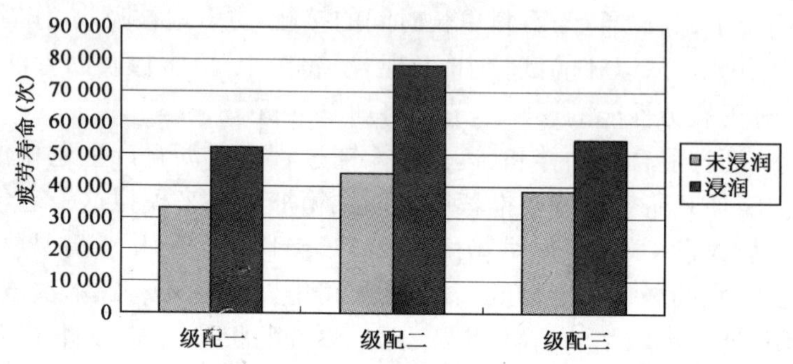

图 7-26　浸润前后混合料疲劳寿命对比

“浸润作用”说明橡胶沥青混合料在储运过程中会出现进一步的性能提高。在实际工程中，橡胶沥青路面的疲劳性能可能会好于试验室结果。当然，这一结论需要将来实际工程中的长期观测予以验证。

6. 其他影响因素

(1)石料的选择

对于橡胶沥青，从黏附性角度分析，一般认为采用石灰岩细集料较好，较好的黏附效果意味着受荷载作用时，沥青与石料之间黏附紧密，不易在两者界面上形成裂缝。推荐使用石灰岩集料来增加橡胶沥青的黏附性。

从矿料表面性状(纹理、形状)来看，棱角尖锐而表面粗糙的石料对混合料的疲劳较为不利。因为这种混合料通常难于压实，易产生较大的空隙率，并且粗糙和棱角可能会造成应力集中，这是形成微裂缝的根源。同时有研究认为，对于应变控制疲劳试验，片状颗粒多的混合料的劲度模量比砾石混合料大，疲劳寿命短的多。还有研究认为粗纹理集料的混合料与含光滑集料的混合料相比，能够容纳更多的沥青，所以疲劳性能更好。石料表面性状的评价较为复杂，同时结果不一，本章未进行试验研究。

(2)不同基质沥青的选择

对于基质沥青混合料，大量的试验结果表明，沥青的品种对混合料的疲劳性能影响较显著。不同基质沥青对混合料疲劳性能的影响基本上可以用它对于混合料劲度的作用来衡量，这一点与温度对疲劳性能的影响相似。在控制应变的加载模式下，沥青越软，混合料的劲度模量越低，疲劳寿命越长。沥青软硬程度可以用沥青的针入度或软化点来表示。研究表明，在一定的沥青用量下，沥青的软化点越高，混合料的疲劳寿命就越长。

对于橡胶沥青，基质沥青对其性能有较大影响，对橡胶沥青混合料的疲劳性能也有一定影响，但是很难从原理上进行分析。

作者曾经使用中海 70 号、ESSO70 号、JDS70 号三种基质沥青，掺加同样胶粉制成橡胶沥青，采用相同级配、相同沥青用量，在同样的条件下成型马歇尔试件。发现成型的试件空隙率相差较大，见表7-31。这在一定程度上体现出不同基质沥青制备的橡胶沥青混合料的压实性能不同，可以从压实性能方面来评价选择基质沥青。一般来说压实程度好的橡胶沥青混合料空隙率较小，疲劳性能较好。

不同基质沥青的橡胶沥青马歇尔试件空隙率比较 表7-31

基质沥青类型	中海70号	ESSO70号	JDS70号
马歇尔试件空隙率(%) (双面击实50次)	8.0	5.0	4.6

7. 各影响因素关联度分析

1)灰色系统分析方法简介

我们将部分信息已知，部分信息未知的系统称为灰色系统，它介于黑色系统和白色系统之间。黑色系统是表示系统内部结构、参数、特征等一无所知，只能从系统的外部表象来研究的一类系统。相反，一个系统的内部特性全部确知则为白色系统。区别白色系统和黑色系统的关键是看系统各因素间是否有确定的关系。白色系统的因素之间存在确定的映射关系，例如电流、电压、电阻间的关系。而自然界中存在许多复杂的系统，虽然知道影响系统的某些因素，但不能确定因素间的映射关系，这就是灰色系统。

灰色系统理论是1982年3月由我国学者、华中理工大学自动控制与计算机系的邓聚龙教授在国际上首次提出的。它把一般系统论、信息论、控制论的观点和方法延伸到社会、经济、生态等抽象系统，结合运用数学方法，发展了一套解决信息不完备系统，即灰色系统的理论和方法。在几十年的时间里，灰色系统理论渗透到了众多的科研领域，并得到证实和发展。灰色系统理论提供了在贫信息情况下解决系统问题的新途径。

现有系统分析的量化方法，大都是数理统计法，如回归分析、方差分析、主成分分析等，其中回归分析用得最多。然而回归分析有下述弱点：

(1)要求大样本量。

(2)要求样本有较好的分布规律。

(3)计算工作量大。

(4)可能出现量化结果与定性分析结果不符的现象。

灰色系统理论提出了一种新的分析方法，称为系统的关联度分析方法，这是根据因素之间发展态势的相似或相异程序来衡量因素间关联程度的方法。由于关联度分析法按发展趋势作分析，因此对样本量的多少没有太高要求，也不需要典型的分布规律，计算量小，且不致出现关联度的量化结果与定性分析不一致的情况。

灰色关联分析是寻求系统中各因素间的主要关系，找出影响目标值的重要因素，从而掌握事物的主要特征，促进和引导系统迅速而有效地发展。灰色关联是指事物间不确定性关联，或系统因子与主行为因子之间的不确定性关联。

灰色系统用关联度分析方法来作系统分析，关联度是表征两个事物的关联程度。关联度分析事实上是动态过程发展态势的量化比较分析，是基于几何范畴的。它根据因素之间发展态势的相似或相异程度来衡量因素间接近的程度。由于关联分析按发展趋势作分析，因而对样本量的大小没有太高的要求，分析时也不需要典型的分布规律。关联性实质上是曲线间几何形状的差别，几何形状越接近，则发展变化态势越接近，关联程度越大。

关联分析首先要指定参考数列和被比较数列。将参考数列记为 x_0 ，$x_0=[x_0(1),x_0(2),\cdots,x_0(n)]$。比较数列记为 x_1 ，$x_1=[x_1(1),x_1(2),\cdots,x_1(n)]$。

比较曲线与参考曲线在 k 时刻的关联系数为：

$$\xi_{\mathrm{i}}(k)=\frac{\min\limits_{i}\min\limits_{k}|x_0(k)-x_{\mathrm{i}}(k)|+0.5\max\limits_{i}\max\limits_{k}|x_0(k)-x_{\mathrm{i}}(k)|}{|x_0(k)-x_{\mathrm{i}}(k)|+0.5\max\limits_{i}\max\limits_{k}|x_0(k)-x_{\mathrm{i}}(k)|} \tag{7-7}$$

式中：

$\xi_{\mathrm{i}}(k)$——第 k 个时刻比较曲线 x_i 与参考曲线 x_0 的相对差值，这种形式的相对差值称为 x_i 对 x_0 在 k 时刻的关联系数；

0.5——分辨系数，一般在 0～1 选取；

$\min\limits_{i}\min\limits_{k}|x_0(k)-x_i(k)|$——称为两级（两个层次）的最小差；

$\max\limits_{i}\max\limits_{k}|x_0(k)-x_i(k)|$——称为两级（两个层次）的最大差。

关联度的一般表达式为：

$$r_{\mathrm{i}}=\frac{1}{N}\sum_{i=1}^{N}\xi_{\mathrm{i}}(k) \tag{7-8}$$

r_i 是曲线 x_i 对参考曲线 x_0 的关联度。

2）灰关联分析

灰关联分析步骤如下：确定数据列，对数据列进行初始化处理，计算求差序列，计算灰关联系数，计算灰关联度。

（1）将以上各疲劳试验结果列于表 7-32 中，生成数据列。为了保持影响因素极性一致，我们对试验数据进行了处理，如疲劳性能随着空隙率的增大而降低，为了改变其极性，取其倒数。

疲劳试验结果数据 表 7-32

影响因素 \ 混合料类型	级配一	级配二	级配三	油石比(%)				胶粉掺量(%)	
				7.7	8.7	9.2	9.2	15	23
沥青针入度(0.1mm)	37.5	37.5	37.5	37.5	37.5	37.5	37.5	40.5	48.5
软化点(℃)	68.5	68.5	68.5	68.5	68.5	68.5	68.5	66.5	73.5
177℃黏度(Pa·s)	3.3	3.3	3.3	3.3	3.3	3.3	3.3	1.9	5.6
胶粉掺量(%)	19	19	19	19	19	19	19	15	23
油石比(%)	8.2	8.2	8.4	7.7	8.7	9.2	9.7	8.0	8.4
空隙率(%)	0.244	0.244	0.256	0.189	0.323	0.455	0.667	0.256	0.238
沥青饱和度(%)	80	79.8	81.2	74.1	84.8	89.3	93.2	80.5	80.5
2.36mm 档通过率(%)	17	22	27	22	22	22	22	22	22
疲劳寿命(次)	33 200	43 900	38 400	29 400	69 300	113 500	95 000	23 700	28 700

（2）将试验数据初始化，数据初始化结果见表 7-33。

数据初值化结果 表 7-33

影响因素＼混合料类型	级配一	级配二	级配三	油石比(%)				胶粉掺量(%)	
				7.7	8.7	9.2	9.2	15	23
沥青针入度(0.1mm)	1.000	1.000	1.000	1.000	1.000	1.000	1.000	1.080	1.293
软化点(℃)	1.000	1.000	1.000	1.000	1.000	1.000	1.000	0.971	1.073
177℃黏度(Pa·s)	1.000	1.000	1.000	1.000	1.000	1.000	1.000	0.576	1.697
胶粉掺量(%)	1.000	1.000	1.000	1.000	1.000	1.000	1.000	0.789	1.211
油石比(%)	1.000	1.000	1.024	0.939	1.061	1.122	1.183	0.976	1.024
空隙率(%)	1.000	1.000	1.051	0.774	1.323	1.864	2.733	1.051	0.976
沥青饱和度(%)	1.000	0.998	1.015	0.926	1.060	1.116	1.165	1.006	1.006
2.36mm 档通过率(%)	1.000	1.294	1.588	1.294	1.294	1.294	1.294	1.294	1.294
疲劳寿命(%)	1.000	1.322	1.157	0.886	2.087	3.419	2.861	0.714	0.864

(3)计算求差序列,求差序列结果见表 7-34。

求 差 序 列 表 7-34

影响因素＼混合料类型	级配一	级配二	级配三	油石比(%)				胶粉掺量(%)	
				7.7	8.7	9.2	9.2	15	23
沥青针入度(0.1mm)	0	0.322	0.157	0.114	1.087	2.419	1.861	0.366	0.429
软化点(℃)	0	0.322	0.157	0.114	1.087	2.419	1.861	0.257	0.209
177℃黏度(Pa·s)	0	0.322	0.157	0.114	1.087	2.419	1.861	0.138	0.833
胶粉掺量(%)	0	0.322	0.157	0.114	1.087	2.419	1.861	0.076	0.346
油石比(%)	0	0.322	0.132	0.053	1.026	2.297	1.679	0.262	0.160
空隙率(%)	0	0.322	0.105	0.112	0.765	1.555	0.128	0.337	0.112
沥青饱和度(%)	0	0.325	0.142	0.041	1.028	2.303	1.696	0.292	0.142
2.36mm 档通过率(%)	0	0.028	0.432	0.409	0.793	2.125	1.567	0.580	0.430

(4)求得两级最大差为 2.419,两级最小差为 0,按照公式(7-2)计算灰关联系数,求灰关联系数见表 7-35。

灰 关 联 系 数 表 7-35

影响因素＼混合料类型	级配一	级配二	级配三	油石比(%)				胶粉掺量(%)	
				7.7	8.7	9.2	9.2	15	23
沥青针入度(0.1mm)	1	0.790	0.885	0.914	0.527	0.333	0.394	0.768	0.738
软化点(℃)	1	0.790	0.885	0.914	0.527	0.333	0.394	0.825	0.853
177℃黏度(Pa·s)	1	0.790	0.885	0.914	0.527	0.333	0.394	0.898	0.592
胶粉掺量(%)	1	0.790	0.885	0.914	0.527	0.333	0.394	0.941	0.778
油石比(%)	1	0.790	0.901	0.958	0.541	0.345	0.419	0.822	0.883
空隙率(%)	1	0.790	0.920	0.915	0.613	0.437	0.904	0.782	0.915
沥青饱和度(%)	1	0.788	0.895	0.967	0.541	0.344	0.416	0.805	0.895
2.36mm 档通过率(%)	1	0.977	0.737	0.747	0.604	0.363	0.436	0.676	0.738

图 7-27 为各影响因素的关联度直观比较。从图中可以看到，空隙率对橡胶沥青混合料的疲劳性能影响最为显著，沥青饱和度、油石比和胶粉掺量也有较大影响。最后得出各种影响因素的排序结果是：混合料空隙率＞沥青饱和度＞油石比＞橡胶粉掺量＞橡胶沥青软化点＞橡胶沥青针入度＞橡胶沥青黏度＞2.36mm 通过率。

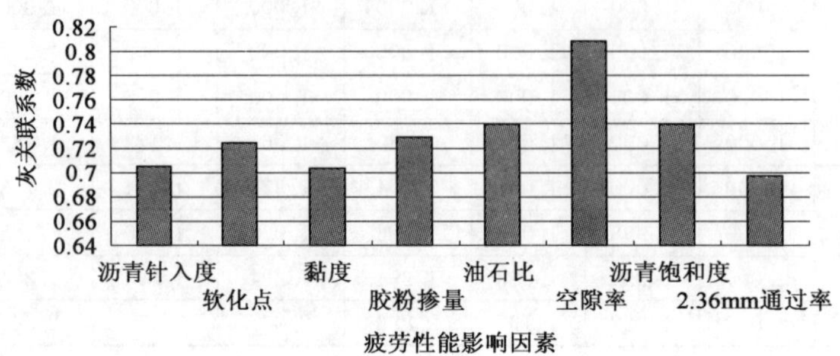

图 7-27　疲劳性能影响因素关联度比较

本章参考文献

[1] 中国公路网.冯正霖副部长在全国公路建设座谈会上的讲话[EB/OL]. 2007-12-26.

[2] 中国轮胎商务网. 2007 中国轮胎产量增长[EB/OL]. 2008-1-25.

[3] 杨志峰，李美江，王旭东.废旧橡胶粉在道路工程中应用的历史和现状[J].公路交通科技，2005，22(7).

[4] Scott Schuler，Cindy Estakhri. Recycled tire rubber as an asphalt modifier，use of waste materials in hot-mix asphalt. ASTM STP 1993，1993.

[5] Alain Saiton. Advantages of asphalt rubber binder for porous asphalt concrete. Transportation Research Record 1265.

[6] 吕伟民.沥青混合料设计原理与方法[D].上海：同济大学出版社，2001.

[7] ASTM D 6144-97 Standard specification for asphalt-rubber binder[Z]. 1998.

[8] Gordon Airey，Mujibur Rahman. The influence of crude source and penetration grade on the interaction of crumb rubber and bitumen. Asphalt Rubber 2003，2003. 12.

[9] 黄文元.轮胎橡胶粉改性沥青路用性能及应用研究[D].上海：同济大学，2004.

[10] American Society of Testing and Materials. D6114-97 standard specification for asphalt-rubber binder" annual book of ASTM standards，1997.

[11] State of california department of transportation，Asphalt rubber usage guide 2003.

[12] Arizona department of transportation. Standard specifications for road and bridge construction[S].

[13] Florida department of transportation. Standard specifications for road and bridge construction 2000. Florida department of transportation，State specifications office，2000.

[14] 路凯冀，张春梅.国外沥青橡胶标准对比分析[C]//橡胶沥青在路面工程中的应用技术交流会，2005.

[15] 李美江. 橡胶沥青粘度试验方法研究[C]//橡胶沥青在路面工程中应用技术交流会,2005.

[16] 李美江,王旭东. 橡胶粉改性沥青性能研究[C]//橡胶沥青在路面工程中应用技术交流会,2005.

[17] 肖鹏,马爱群. 废旧橡胶粉用于道路改性沥青的研究[J]. 交通环保,2005.

[18] 贾渝. 高性能沥青路面 superpave 技术实用手册[R]. 南京:江苏省交通科学研究院,2002.

[19] 黄晓明,赵永利,高英. 沥青路面设计理论与方法[M]. 北京:人民交通出版社,2006.

[20] SHRP-A-312. Fatigue response of asphalt mixtures [R] . N. C. R. USA,1990.

[21] AASHTO designation TP8-94. Standard test method for determining the fatigue life of compacted hot-mix asphalt (HMA) subjected to repeated flexural bending[R].

[22] 葛折圣. 沥青混合料疲劳性能研究. 南京:东南大学,2002.

[23] 王旭东,沙爱民,许志鸿. 沥青路面材料动力特性与动态参数[M]. 北京:人民交通出版社,2002.

[24] 中华人民共和国行业标准. JTG E20—2011 公路工程沥青及沥青混合料试验规程[S]. 北京:人民交通出版社,2000.

[25] 虞将苗. 沥青混合料疲劳性能研究[D]. 广州:华南理工大学,2005.

[26] 朱洪洲. 柔性基层沥青路面疲劳性能及设计方法研究[D]. 南京:东南大学,2005.

[27] 中华人民共和国行业标准. JTG E42—2005 公路工程集料试验规程[S]. 北京:人民交通出版社,2000.

[28] 中华人民共和国行业标准. JTG F40—2004 公路沥青路面施工技术规范[S]. 北京:人民交通出版社,2004.

[29] C. J. Potgieter, J. S. Coetseea. Bitumen rubber asphalt: Year 2002 design and construction procedures in South Africa, Asphalt Rubber 2003, 2003. 12.

[30] 邓聚龙. 灰色系统基本方法[M]. 武汉:华中工学院出版社,1987.

[31] Pell P S. Fatigue of Asphalt Pavement Mixes[C]// Proc., Second International Conference on the Structural Design of Asphalt Pavement. Ann Arbor, Michigan, 1967.

第八章　橡胶沥青应力吸收层防治反射裂缝效果试验研究

内容提要： 本章主要介绍应力吸收层级配选择，疲劳试验方法选择和评价，以及橡胶沥青应力吸收层的研究和相关试验。

第一节　概　　述

一、研究的背景和意义

半刚性基层沥青路面自 20 世纪 70 年代末 80 年代初在我国应用以来，至今已有 30 多年的时间。据不完全统计，目前我国半刚性材料占到各等级公路路面基层材料用量的 95%以上，在已建成的高速公路中 90%以上采用的是半刚性基层沥青路面。半刚性基层材料来源广泛，便于就地取材，具有足够的强度、刚度、较好的水稳性、冻稳性、抗冲刷能力、抗裂性和平整性，并且与面层有良好地结合，施工方便且技术成熟，成本低。在今后的国道主干线改扩建设中，半刚性基层沥青混凝土路面仍将是主要的结构形式。但是半刚性路面的基层存在干缩及温缩裂缝，在行车荷载的作用下，在裂缝层与沥青面层界面处很容易出现剪应力集中及弯拉应力，反复作用下即会在沥青路面上出现反射裂缝，此为半刚性基层沥青路面中普遍存在的病害形式。此外我国还有大量的刚性路面，统计数据表明我国 2004～2008 年铺面道路情况，水泥混凝土路面在铺面路面中的比例为 60%～70%，且随着社会经济的发展和人民对基础设施要求的相应提高，沥青路面平整度好、振动小、噪声低、行车舒适和养护维修方便等优点逐渐被人们所看重。反射裂缝也是沥青加铺层的主要病害。反射裂缝的出现，导致路表水进入基层和土基，加速路面的破坏，严重影响路面的使用性能。

自 20 世纪 60 年代以来，国内外道路工程界对防治沥青加铺层反射裂缝的研究一直十分活跃。通过对路面结构的力学分析认为，在沥青加铺层与旧水泥混凝土路面之间加入模量较低并且柔韧的薄沥青混合料应力吸收层（Stress Absorbing Membrane Interlayer，SAMI）可以显著改善沥青层内的力学状况，从而有效延缓反射裂缝的产生，延长沥青加铺层的使用寿命。许多工程实践也证明应力吸收层对防治反射裂缝有明显效果。

目前，应力吸收层的方案有很多种，且存在鱼目混珠的现象。同时，不同的方法效果与功能各不相同，相应的在工程应用中出现了很多问题，影响了应力吸收层的推广应用，造成使用单位在选择应力吸收层方案时产生了很多困惑。

本课题从应力吸收层应该具备的应力吸收功能、抗疲劳性能、黏结功能和防水功能四方面，从抗疲劳特性、应力吸收与防水黏结的关系等多方面进行研究，对不同应力吸收层方案进行系统比较与评价，并选择其中效果较好的方案，通过室内试验总结出能有效反映应力吸收层功能的评价指标。通过试验进行应力吸收层评价指标的选取和确定，为使用单位提供评价的具体标准。由于橡胶沥青具有优异的低温柔性、低温抗裂性能、较强的高温稳定性、抗老化性能、抗疲劳性能和抗水损坏性能，且橡胶沥青混合料弯拉模量较低，弯拉强度较高，抗车辙和反射裂缝能力较强，因此考虑使用橡胶沥青制备应力吸收层，并考虑从材料选取、设计方法确定和评价措施完整体系中评价其使用性能，力争提出一种橡胶沥青应力吸收层方案和对应的评价体系。

通过室内试验，模拟设置应力吸收层的路面结构在行车荷载作用下裂缝发展情况，并提出对应的评价标准，可以为应力吸收层的选择使用提供理论指导，便于应力吸收层的进一步使用。同时，橡胶沥青应力吸收层可以使用废旧轮胎胶粉，有效利用了废旧资源，减少了轮胎存储和处理过程中的污染，同时又可以减少对沥青和沥青改性剂的使用，符合“资源节约和环境友好”的政策。

二、国内外研究现状

通过在沥青加铺层与半刚性基层或水泥路面之间加入模量较低并且柔韧的薄沥青混合料应力吸收层，可以显著改善沥青层内的力学状况，从而有效延缓反射裂缝的产生，延长沥青加铺层的使用寿命。多年的工程实践也证明，应力吸收层对防治反射裂缝有明显效果。

为了比较不同防裂层和不同加铺层厚度对延缓反射裂缝扩展的效果，空军工程大学的顾强康等自行研制了沥青加铺层反射裂缝试验台架，对沥青加铺层承受水平温度和剪切应力作用下的以荷载作用次数为代表的疲劳性能做出评价。张肖宁等基于材料在荷载作用下的应力应变特性分析，对比自动沥青路面分析仪模拟试验，提出了使用小梁试件在冲击荷载作用下的冲击韧性作为简易有效评价沥青混合料抗反射裂缝能力的试验方法。对于应力吸收层的抗裂性评价，美国 SHRP 研究计划以控制应变模式下的四点弯曲疲劳试验作为室内疲劳试验的标准试验，模拟试件在纯弯曲作用下的疲劳损坏，并制订了四点弯曲疲劳试验的标准方法（即 SHRP M－009 和 AASHTO TP－8 标准）。对于应力吸收层与其他层间黏结能力的评价，薛忠军采用直接拉拔试验来反映，指出所采用的 SAWI 黏结能力远高于其他普通改性沥青。廖卫东等针对 5 种不同加铺层结构，利用 MTS 试验系统模拟旧水泥混凝土路面加铺层弯拉型和剪切型反射裂缝疲劳开裂方式，并以反射裂缝随荷载所用次数作为试验评价标准。李祖仲等则设计了等速拉伸试验，以模拟应力吸收层所吸收的张拉应力。Donald K C 对应力吸收层的材料特性和受力状态进行了较深入的研究，表明拉压疲劳试验能较好地模拟其在路面结构中的受力状况和疲劳特性。汤文等利用单轴贯入试验来评价 SAMI 沥青混合料的抗剪性能。杨斌等利用三维有限元法对 STRATA 应力吸收层的荷载应力和温度应力进行模拟，认为该应力吸收层对荷载应力和温度应力均有较大幅度的降低。Kim J 等使用非线性三维有限元模型分析了机场加铺层在不同荷载条件和温度条件下的力学相应情况，认为坚韧的夹层能够承受重复荷载的作用而不致破坏。

沥青混合料的疲劳性能已经从最初的路面变形和交通荷载相关的认识发展到利用试验归纳出方程。1971 年加利福尼亚大学伯克利分校的 Carl L Monismith 建立了沥青混合料应变控制下的疲劳方程。

$$N_f = A\left(\frac{1}{\varepsilon_t}\right)^B \tag{8-1}$$

式中：N_f——疲劳破坏时的载荷作用次数；

ε_t——施加的拉伸应变值，$\mu\varepsilon$；

A、B——由疲劳试验确定的参数。

Nottingham 大学的 P S Pell 于 1973 年建立了沥青混合料应力控制下的疲劳方程：

$$N_f = C\left(\frac{1}{\sigma_t}\right)^D \tag{8-2}$$

式中：N_f——疲劳破坏时的载荷作用次数；

σ_t——施加的拉伸应力值，MPa；

C、D——由疲劳试验确定的参数。

两者统一形式的疲劳方程如下所示：

$$N_f = A\left(\frac{1}{\sigma}\right)^B \tag{8-3}$$

σ 为施加的应力或应变，其他符号定义与上同，这一结构形式成为沥青混合料疲劳方程中的经典公式。

1972 年 Van Dijk 对沥青混合料试件疲劳试验的能量损耗特性进行了研究，提出了能量损耗的概念。1977 年 Van Dijk 和 Visser 提出了能量与疲劳寿命的关系式：

$$W_f = A(N_f)^Z \tag{8-4}$$

式中：N_f——疲劳寿命；

W_f——累积耗散的能量，J/m^3；

A、Z——试验确定的参数，与混合料类型有关。

壳牌石油公司于 1980 年提出了预测沥青混合料试验室疲劳性能的诺谟图，可直接通过沥青体积率、沥青的针入度指数、沥青混合料的劲度模量及应变水平等参数来确定沥青混合料的试验室疲劳性能。

1985 年，C L Monismith 考虑了沥青混合料的初始劲度模量和应变水平，建立了新的疲劳方程：

$$N_f = A\left(\frac{1}{\varepsilon_t}\right)^a\left(\frac{1}{S_{mix}}\right)^b \tag{8-5}$$

式中：N_f——疲劳破坏性时的载荷作用次数；

ε_t——施加的拉伸应变值，$\mu\varepsilon$；

S_{mix}——混合料的初始劲度模量，MPa；

a 和 b——分别为由通过试验确定的参数。

这个方程形式在壳牌石油公司以及美国地沥青学会 AI 的设计规范中得以应用。

美国 SHRP-A-404 通过对大量试验的分析，提出了方程(8-6)。

$$N_f = K_1 \exp(K_2 \text{VFB})(\varepsilon_0)^{-K_3}(S_0)^{-K_4} \tag{8-6}$$

式中：N_f——疲劳破坏性时的载荷作用次数，次；

VFB——沥青填充率，%；

ε_0——初始应变值，$\mu\varepsilon$；

S_0——混合料的初始劲度模量损失，%；

K_1、K_2、K_3、K_4——由试验确定的参数。

对于沥青混合料应变控制疲劳试验，美国SHRP研究计划将四点弯曲梁疲劳试验、梯形悬臂梁弯曲疲劳及间接拉伸试验进行综合分析与评价之后，最终选定了四点弯曲疲劳试验作为其沥青混合料疲劳性能研究的标准试验，同时制订了四点弯曲疲劳试验标准草案(即 SHRP M－009标准)以及后面形成的 AASHTO TP－8 标准。试验以混合料的劲度模量降低至初始劲度模量的 50%作为疲劳寿命的判断标准。Rowe 和 Bouldin 研究认为，使用简化的能量比 $R_n^s=n$ 作为应变控制疲劳判断的载体，在 n 关系图中，n 在其达到峰值处对应的作用次数作为疲劳寿命的判断标准，该成果成为 ASTM D7460－10 规范的理论依据。Shen Shihui、Guzlan 和 Carpenter基于耗散能，发现耗散能变化率(RDEC，ratio of dissipated energy change)的稳定值(PV，plateau value)与劲度模量衰减至初始值 50%的疲劳寿命有非常好的线性相关性，提出了一种以 RDEC 的 PV 作为疲劳试验的判断标准以减少试验持续时间。张婧娜用疲劳与蠕变应力比分析了疲劳与蠕变试验结果的差异，并应用能量耗散理论分析蠕变累积能耗与疲劳蠕变应力比的关系，最终建立了用蠕变试验的累积流动能耗预测沥青混合料疲劳性能的统计方程。黄卫采用能量方法对疲劳小梁试验数据进行分析，田小革则对低频加载疲劳试验进行研究，刘伟民通过理论分析和试验，认为能耗与混合料的疲劳性能存在良好的关系，能耗能较好地反映混合料的疲劳性能，同时建立了疲劳耗散能和疲劳寿命的关系。吴旷怀对疲劳试验过程中试件模量的变化进行分析，通过对模量和加载次数的归一化，提出使用模量变化平稳段的直线回归与模量衰减曲线交点作为疲劳破坏临界点，认为可以更准确地确定混合料的疲劳寿命。

现在较为普遍的且本文试验可以实现的应力吸收层方案有：

(1)Strata 应力吸收层

Strata 反射裂缝应力吸收系统是美国科氏材料公司为了延缓水泥混凝土路面反射裂缝而开发的一种沥青混凝土路面结构形式。该系统由一层高弹性、密级配热拌沥青混合料中间层(Strata 应力吸收层)和上面的热拌沥青混合料罩面层组成。Strata 应力吸收层沥青含量高、不渗透且柔韧性好，其延缓和防止反射裂缝的效果优于目前国内外普遍采用的玻纤格栅等土工合成材料，并可延长沥青混凝土罩面层的服务寿命。Strata 由大量的细集料、矿物填料和高含量聚合物改性沥青胶结料组成，其型号类似于 PG-82-28。该系统在美国试验数年，取得成功后于 1994 年开始推广使用，2001 年在湖北武黄高速公路上铺筑了第一条试验段。由于取得了良好的效果，随后在北京二环路维修工程、武黄高速公路改建工程、湖北汉宜高速公路改建工程中应用了此技术。

(2)SAF 应力吸收层

SAF 混合料与常规混合料相比具有含油量高、细料含量大、铺设厚度薄等特点，其胶结料为特种聚合物改性沥青，具有较高的高温黏度和低温延度，矿料中小于 2.36 mm 细集料的含量大约占集料的 60%以上，反射裂缝应力吸收层系统是为了延缓水泥混凝土路面反射裂缝而开发的一种沥青混凝土路面结构系统。该系统由一层高弹性、密级配热拌沥青混合料中间层(SAF 应力吸收层)和上面的热拌沥青混合料罩面层组成。SAF 应力吸收层具有良好的弹性和抗疲劳性能，具有较强的黏结力和较大的变形能力，能有效地消解水泥混凝土板块接缝处的应力集中现象，防止水泥混土面板由于温缩而引起加铺层反射裂缝，延缓反射裂缝的发展速度。

三、研究内容和技术路线

通过文献查询，选取应力吸收层抗疲劳性、低温开裂性能、黏结性和水稳定性等有效试验方法，选取现有应力吸收层方案，依据选取的试验方法分别测试和评价其相关性能，并归纳总结试验结果，选取有效的评价标准，将试验方法和标准应用于橡胶沥青应力吸收层中。本文研究的主要内容包括：

(1)对于应力吸收层的疲劳性能，分析评价不同的沥青混合料疲劳试验，选择适宜可行的试验。

(2)对用于应力吸收层的橡胶沥青混合料，基于空隙率进行级配选择。

(3)重点研究橡胶沥青应力吸收层方案，对沥青用量、是否添加矿粉沥青进行疲劳性能方面的比较，并结合高温稳定性、黏结性能分析其作用。

(4)对于疲劳试验结果，分析疲劳试验的疲劳损伤标准对疲劳寿命的影响；比较橡胶沥青应力吸收层和几种应力吸收层，评价各自的优势。

第二节　应力吸收层级配的选择

应力吸收层的层厚较薄，决定了一般选取较小的公称最大粒径混合料，使得细集料用量较多，以保证其柔韧性和对应的施工要求。沥青混合料的空隙率对疲劳寿命的影响很大，美国18个州53项道路工程12年的实践证明，空隙率每增加1%，疲劳寿命会降低40%。对于确定的沥青混合料级配，混合料空隙率主要受沥青用量变化的影响，在沥青混合料正常的级配范围内，沥青用量与混合料空隙率对疲劳寿命的影响具有明显的交互作用。较多的细集料，为了满足较好的疲劳性能要求较低的空隙率，同时使得沥青用量提高，可以使应力吸收层密实，同时起到隔水的作用；较多的沥青用量也使得应力吸收层与上下层的黏结较好。Phil Blankenship介绍了延缓反射裂缝的夹层设计。防反射裂缝夹层设计与普通混合料相似，体积参数有些变化，空隙率更低(0.5%~2.5%)，矿料间隙率(VMA, Voids in Mineral Aggregate)更高(≥16%)，沥青用量一般至少为7%。体积参数满足后，要通过Hveem稳定度和弯曲疲劳试验来验证抗车辙性能和柔韧性。Hveem稳定度至少为18，疲劳寿命至少为100 000次。通过不断调整，设计出最优的满足各项规定的混合料。本章基于空隙率，选择较好的级配以满足较低的空隙率要求。

一、试验材料

1. 集料

集料分别来自江苏沭阳的玄武岩粗集料和浙江湖州的石灰岩，不用矿粉，使用2%的普通硅酸盐水泥。依照《公路工程集料试验规程》(JTG E42—2005)对集料筛分和密度进行测量。所测石料密度见表8-1。

石料密度　　表8-1

集料种类	表观相对密度 γ_a	毛体积相对密度 γ_b	吸水率 w_x(%)
玄武岩4.75mm	2.980 9	2.919 9	0.700
石灰岩2.36mm	2.753 9	2.704 0	0.669
石灰岩1.18mm	2.712 3	—	—

续上表

集 料 种 类	表观相对密度 γ_a	毛体积相对密度 γ_b	吸水率 w_x(%)
石灰岩 0.075～1.18mm	2.660 9	—	—
水泥	3.00	—	—
矿粉	2.75	—	—

经检测，集料和填料各项技术指标均符合《公路沥青路面施工技术规范》(JTJ F40—2004)沥青面层集料技术要求的规定。

2. 沥青

使用埃索70号沥青作为基质沥青，外掺22%的山东邹平产40目橡胶粉进行改性，在180℃温度下低速搅拌1.5h，每次制备新鲜的橡胶沥青。由于橡胶沥青为非稳定体系，橡胶粉颗粒与基质沥青的相容性差，会使沥青和胶粉颗粒缓慢分离，难以保持长期稳定，故每次均使用新鲜拌制的橡胶沥青。橡胶沥青的基本指标如表8-2所示。

橡胶沥青基本指标 表8-2

试验项目	针入度(0.1mm,25℃)	软化点(℃)	延度(cm,5℃)	黏度(Pa·s,177℃,r/min)
橡胶沥青	34.5	71.9	9.5	3.54
ESSO70	67.0	51.4	—	—

二、沥青用量对空隙率的影响

沥青用量的增加，可以使矿料里面的间隙被填充，从而减小空隙率。依据经验挑选几组级配，选取适用于应力吸收层的高沥青用量进行试验。试验用混合料级配如表8-3和图8-1所示。试验结果见表8-4和图8-2。

试验用混合料级配 表8-3

通过率(%) \ 筛孔尺寸(mm)	13.2	9.5	4.75	2.36	1.18	0.6	0.3	0.15	0.075
级配一	100.0	99.9	80.2	50.1	27.8	18.5	11.7	9.4	7.0
级配二	100.0	100.0	78.6	52.6	29.2	19.4	12.2	9.8	3.0
级配三	100.0	100.0	50.0	40.0	35.0	30.0	20.0	10.0	2.0

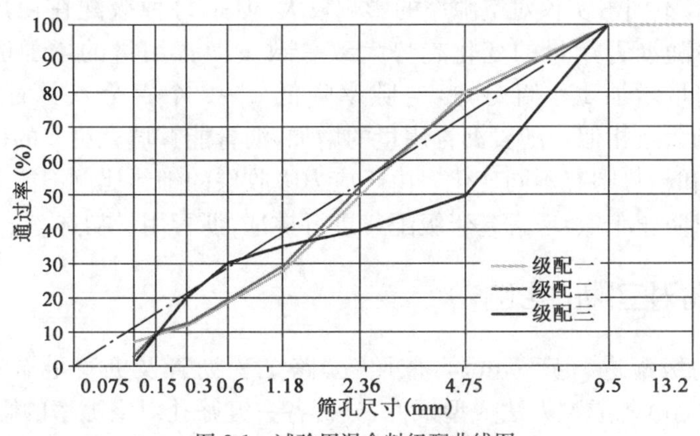

图8-1 试验用混合料级配曲线图

沥青用量变化对空隙率影响结果　　表 8-4

级配	沥青用量（%）	毛体积相对密度	最大理论相对密度	空隙率（%）
级配一	8	2.272	2.461 2	8.2
	9	2.303 5	2.465 6	6.6
	10	2.332	2.391 4	2.3
	11	2.349	2.394 6	1.9
级配二	8	2.120	2.448 1	12.4
	9	2.123	2.413 1	11.5
	10	2.165	2.379 2	9.0
	11	2.203	2.344 6	6.0
级配三	8	2.359	2.487 9	5.2
	9	2.39	2.451 1	2.5
	10	2.407	2.415 2	0.3

注：三种级配所用集料不同，且成型也有差异，但是同一种类型级配在相同原料、相同成型条件下成型。

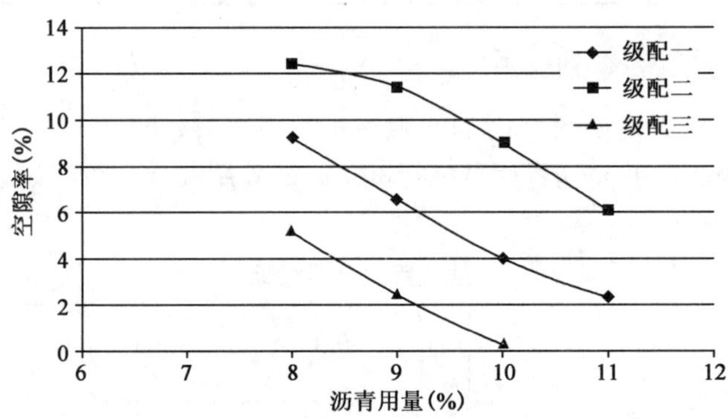

图 8-2　混合料空隙随沥青用量变化图

由图 8-2 可见，不同击实仪对空隙率的影响较大，但是每种级配在使用相同原材料和成型仪器时，空隙率随沥青用量的变化趋势大致一致。沥青用量的增加能够较为显著地降低空隙率，沥青用量增加 1 个百分点，空隙率降低 1～2 个百分点。对不同的级配沥青用量对空隙率的影响大致相似。随着沥青用量的增加，沥青能够填充更多的矿料间隙，降低空隙率，但是降低幅度和趋势则有不同变化。由于应力吸收层的细料比例不能太高，以及要保持一定的粗集料比例以防止车辙，考虑基于级配三进行挑选，沥青用量初选 9%左右。

三、关键筛孔对空隙的影响

为寻找适宜的级配进行疲劳试验，依照《公路工程沥青及沥青混合料试验规程》（JTG E20—2011），采用马歇尔成型方法成型试件，分析各关键筛孔对空隙率的影响情况。

1. 4.75mm 粗集料用量的研究

在混合料中，粗集料构成骨架，细集料填充粗集料形成的间隙。当细集料用量超过粗集料的间隙时就会撑开粗集料，使骨架结构不连续甚至粗集料完全悬浮在细集料构成的结构中。应力吸收层要求比较柔韧，一般选取悬浮结构，这样粗集料的用量就不能太多。固定 2.36mm、1.18mm 每档各 10％的比例，变化 4.75mm 集料的比例，分析粗集料用量对空隙率的影响。级配如表 8-5 和图 8-3 所示。

试验所用级配 表 8-5

筛孔尺寸(mm)	9.5	4.75	2.36	1.18	0.6	0.3	0.15	0.075
级配一	100	50	40	35	30	20	10	2
级配二	100	60	50	35	30	20	10	2
级配三	100	70	60	45	30	20	10	2
级配四	100	55	45	35	30	20	10	2

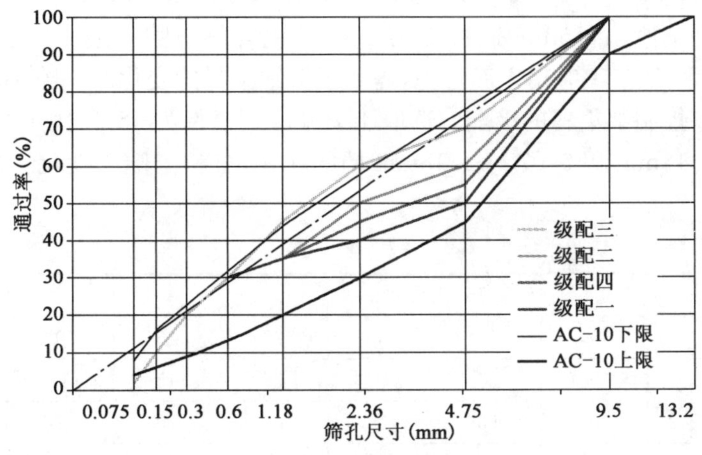

图 8-3 试验混合料用级配曲线图

空隙率结果如表 8-6 和图 8-4 所示。

空 隙 率 结 果 表 8-6

级　配	沥青用量(%)	毛体积相对密度	最大理论相对密度	空隙率(%)
级配一	9	2.390	2.451 1	2.5
级配二	9	2.344	2.434 1	3.7
级配三	9	2.280	2.416 7	5.7
级配四	9	2.394	2.442 6	2

从上图可以看出，在保持 2.36mm、1.18mm 比例和 1.18mm 通过率大致相等的条件下，空隙率随着 4.75mm 通过率的变化而变化。在 55％通过率处，获得了最小的空隙率 2％，两端无论粗集料用量的增加或减少，空隙率均增加。对照级配图也可看出所用级配除了级配 C 稍许超出 AC－10 的级配范围外，其他均在范围之内，大致可判断级配为悬浮密实型。分析可以

认为在 4.75mm 通过率为 55%处，悬浮结构能够最为密实。

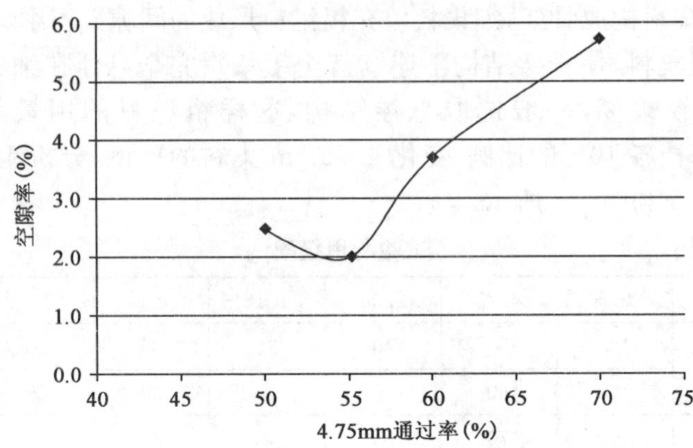

图 8-4　空隙率与 4.75mm 通过率关系图

2. 细集料 1.18mm 和 0.075～1.18mm 用量变化对空隙率影响

以上已经得到结论，4.75mm 通过率为 55%的混合料空隙率最小。工程中细集料只有 3mm 一个控制尺寸，从工程应用方面考虑，需要了解细集料的变化对空隙率的影响，以确定是否需要增加措施以控制细集料的级配。选取 4.75mm 通过率为 55%，固定 2.36mm 单档的用量为 10%，变化 1.18mm 和 0.075～1.18mm 档的比例，分析空隙率变化。所用级配如表 8-7 所示。

级　配　表　　表 8-7

筛孔尺寸(mm)	9.5	4.75	2.36	1.18	0.6	0.3	0.15	0.075
级配一(%)	100	55	45	20	15	9	4	2
级配二(%)	100	55	45	25	15	11	7	2
级配三(%)	100	55	45	30	20	15	8	2
级配四(%)	100	55	45	35	25	18	6	2

空隙率变化如表 8-8 和图 8-5 所示。

空 隙 率 结 果　　表 8-8

级　配	沥青用量(%)	毛体积相对密度	最大理论相对密度	空隙率(%)
级配一	9	2.342	2.444 7	4.2
级配二	9	2.364	2.442 8	3.2
级配三	9	2.362	2.443 6	3.3
级配四	9	2.352	2.443 0	3.7

由图 8-5 可见，1.18mm 通过率对混合料空隙率影响较大，通过率为 25%～30%时空隙率达到最小值。随着 1.18mm 通过率的变化，空隙率呈曲线变化，变化情况如图 8-5 所示。由图可见，当通过率从 20%增加到 25%时，空隙率的变化最小，仅 0.1 个百分点，由此可见，通过率大于 25%的填充效果要优于通过率低于 20%的级配。在细料 1.18mm 通过率 25%～30%条件下，粒

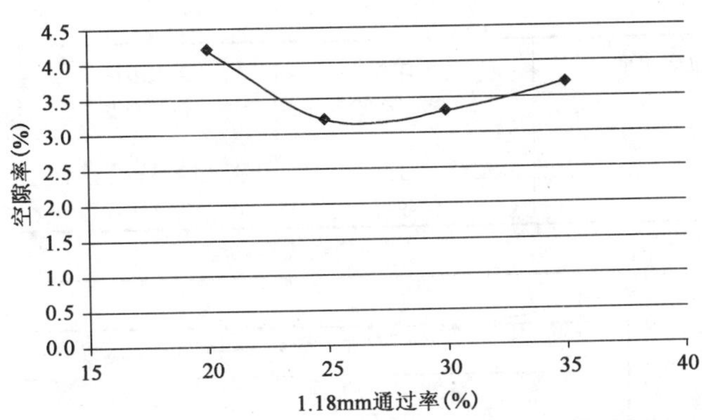

图 8-5　空隙率与 1.18mm 通过率关系图

径在 1.18mm 以上的细集料对粗集料的间隙进行填充，与此同时，低于 1.18mm 的细料对更小的集料间隙进行填充，从而达到最大密实。此时无论是增加还是减少 1.18mm 档集料的通过率，都会增加空隙率。为了保证空隙率变化幅度不至太大，1.18mm 通过率不应超过 10%《公路沥青路面施工技术规范》(JTG F40—2004)中规定，S15 规格石屑中 1.18mm 通过率为 40%～75%，S16 石屑中 1.18mm 通过率为 50%～80%，则 S15 规格的石屑用量变化 12%～25%可以保证 1.18mm 通过率变化在 10%以内，S16 规格的用量变化 13%～20%可以保证1.18mm 通过率变化在 10%以内。通过上述试验分析，可以选用 4.75mm 通过率为 55%，使用 10%的 2.36mm 档集料，1.18mm 通过率在 25%～30%可以基本满足空隙率条件要求。

四、矿粉对空隙率的影响

对于橡胶沥青混合料中是否添加矿粉，本文探讨了空隙率条件下的矿粉作用。对于橡胶沥青，为了达到一定的空隙率，可以调整级配或者油石比。从其他类型混合料的结果可知，添加矿粉能够降低空隙率，同时添加矿粉也是比较简洁方便的方式。研究矿粉用量对空隙率影响试验所用级配见表 8-9。矿粉用量对空隙率影响结果见表 8-10 和图 8-6。

表 8-9

级　配　表

筛孔尺寸(mm)	13.2	9.5	4.75	2.36	1.18	0.6	0.3	0.15	0.075	矿粉	水泥
级配一(%)	100	100	55	45	35	20.6	11.3	5.7	2	0	2
级配二(%)	100	100	55	45	35	21.5	12.8	7.5	4	2	2
级配三(%)	100	100	55	45	35	22.4	14.2	9.2	6	4	2
级配四(%)	100	100	55	45	35	23.3	15.6	11	8	6	2

表 8-10

矿粉对空隙率影响结果

级　配	沥青用量(%)	毛体积相对密度	最大理论相对密度	空隙率(%)
级配一	9	2.332 0	2.443 8	4.6
级配二	9	2.349 0	2.445 1	3.9

续上表

级配	沥青用量(%)	毛体积相对密度	最大理论相对密度	空隙率(%)
级配三	9	2.358 0	2.446 4	3.6
级配四	9	2.364 6	2.447 8	3.4

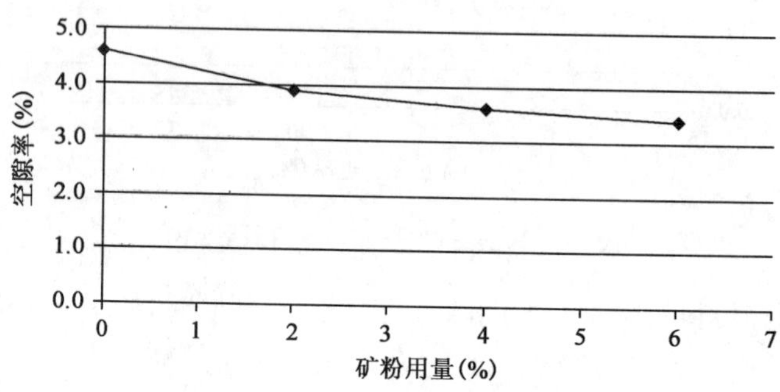

图 8-6　空隙率与矿粉用量关系图

由图 8-6 可知，在给定的级配条件下，每增加 2%的矿粉用量，空隙率变化 0.2%～0.7%，且随着矿粉用量的增加，空隙率降低的效果减弱。增加矿粉用量，能够加大对集料间隙的填充；同时根据混合料胶浆理论，混合料中较细集料比表面积较大，容易和沥青结合形成胶浆，作为较粗集料的介质，此介质的性质会影响到混合料成型后的集料间隙率，从而对空隙率产生影响。另一方面，增加矿粉用量，将使沥青膜有效厚度减小，不利于沥青与集料的黏附和沥青的抗老化性能。如要保证一定的沥青膜有效厚度，势必要增加沥青用量，增加成本。增加矿粉用量，对混合料的高温性能也可能产生影响。

五、成型温度对空隙率的影响

为比较材料温度尤其是沥青温度对混合料空隙率的影响，选取四种级配，级配如表 8-11 所示。

级配表

表 8-11

筛孔尺寸(mm)	9.5	4.75	2.36	1.18	0.6	0.3	0.15	0.075
级配一(%)	100	40	33	26	23	20	10	2
级配二(%)	100	50	40	30	30	20	10	2
级配三(%)	100	55	45	35	30	20	10	2
级配四(%)	100	60	50	43	30	20	10	2

保证集料温度不变，在试验室 180℃±5℃烘箱至少烘 5h，沥青在 160～170℃和 180℃两个温度下保温，其他条件保持一致，成型试件。空隙率结果如表 8-12 所示。

温度影响条件下空隙率结果

表 8-12

混合料类型	空隙率(%)		稳定度(kN)	
	沥青 160～170℃	沥青 180℃	沥青 160～170℃	沥青 180℃
级配一	2.9	2.3	4.49	4.20

续上表

混合料类型	空 隙 率(%)		稳 定 度(kN)	
	沥青 160～170℃	沥青 180℃	沥青 160～170℃	沥青 180℃
级配二	2.3	1.8	6.60	5.00
级配三	2.0	1.6	5.91	4.80
级配四	2.5	2.1	6.12	4.73

从上表可以看出，在保持矿料温度不变的条件下，拌和时沥青温度从 180℃降至 160～170℃，试件空隙率大致相差 0.5%。橡胶沥青黏度在 177℃达到 3.5 Pa·s 左右，温度较低会造成橡胶沥青黏度过大，不利于其与石料的裹附和发挥压实时的润滑作用，因此不利于压实，故建议拌和时沥青温度最好在 175℃以上。但是也不能超过 200℃，以防止橡胶颗粒的降解和沥青老化。

六、小结

通过马歇尔试验，对应力吸收层的级配有了一定认识。主要结论如下：

(1)针对沥青用量变化对空隙率的影响，不同的级配影响程度大致相似。随着沥青用量的增加，空隙率降低。应力吸收层的细集料比例不能太高，并且要保持一定的粗集料比例，以防止车辙产生。

(2)在保持 2.36mm、1.18mm 的比例和 1.18mm 通过率大致相等条件下，空隙率随着 4.75mm 通过率的变化而变化。在通过率为 55%处，所选级配悬浮结构能够最为密实，获得了最小的空隙率 2%，在两端无论粗集料用量的增加或减少，空隙率均增加。

(3)所选级配条件下，细集料在 1.18mm 通过率为 25%～30%条件下，1.18mm 的细集料以及 1.18mm 以下的细集料对矿料间隙的填充达最大密实的程度，且 1.18mm 集料和以下细集料用量的相对变化对空隙率的影响较显著，应严格控制 1.18mm 集料用量和通过率。

(4)在给定的级配条件下，每增加 2%的矿粉用量，空隙率可以减低 0.2%～0.7%，且随着矿粉用量的增加，空隙率降低的趋势逐渐减弱。

(5)在保持矿料温度不变的条件下，拌和时沥青温度从 180℃降至 160～170℃时，试件空隙率大致相差 0.5%。建议拌和时沥青温度最好在 175℃以上，但是也不能超过 200℃。

第三节 疲劳试验方法的选择和评价

一、疲劳试验方法概述

《公路工程技术标准》(JTG B01—2003)对路基路面的一般规定是：路基路面应根据公路功能、公路等级、交通量，结合沿线地形地质及路用材料等自然条件进行设计，保证其具有足够的强度、稳定性和耐久性。同时，路面面层应满足平整和抗滑的要求。且在路面面层类型及使用范围中规定沥青混凝土适用于所有类型公路。《公路沥青路面设计规范》(JTG D50—

2006)对各等级公路的沥青路面设计年限作了最低要求,即沥青路面必须保证一定的使用寿命。对道路所用的沥青混合料,必须评价其耐久性,而疲劳性能可以评价混合料的耐久性。

随着我国公路的发展,交通量及交通荷载的增加,沥青路面在交通荷载作用下,长期承受应力应变重复循环变化,致使路面结构强度逐渐下降。当荷载重复作用超过一定次数后,荷载应力超过路面材料的极限强度,使路面出现裂缝,产生的疲劳破坏成为沥青路面的主要破坏形式之一。沥青混凝土的疲劳寿命直接影响沥青路面的使用寿命及使用性能,是决定沥青混凝土路面工程寿命周期成本的关键因素。

现有的评价沥青混合料疲劳性能的试验主要有间接拉伸试验(劈裂试验)、直接拉伸试验、梯形悬臂梁、四点弯曲梁试验、APA 疲劳试验、加速加载疲劳试验、简支三点或四点弯曲试验、三轴试验、拉-压法和剪切法等。但试验结果的有效性、可比性以及不同试验结果的相关性等方面使得很多试验方法只是单一的,不能够统一应用。APA 疲劳试验、小型加速加载试验和四点梁弯曲试验是应用范围广泛的疲劳试验方法。

1. 沥青路面分析仪 APA

1985 年,Georgia DOT 提出 8503 号研究项目“预测沥青混合料车辙特性的简化测试方法研究”,这个项目完成了 Georgia 加载轮测试仪的初始研究,认为加载轮测试仪可成功地评价热拌沥青混合料(HMA)样品的抗车辙能力。经过发展,加载轮测试仪的最新型号即 APA(Asphalt Pavement Analyzer,沥青路面分析仪)可以测试振动压实仪、旋转压实仪、马歇尔成型仪成型的试件,也可以分析路面取芯、切板试样。APA 具有精确的温度、荷载控制及数据采集系统,是一种多功能轮载测试仪,可用于评价干燥或潮湿条件下沥青混合料的永久性变形(车辙)、疲劳断裂和湿度敏感性,同时也可以用于汉堡车辙测试。APA 具有可控轮载和接触压力的特性,可以更好地模拟不同的荷载作用情况。吴平等使用 APA 的位移变形率控制标准,区分了老化与原样沥青混合料的疲劳性能,认为 APA 疲劳试验可以在一定程度上区分不同沥青混合料的疲劳性能。吴志刚等则对几种加筋沥青混合料进行 APA 疲劳试验,以位移变化率>1 为判断标准,比较了不同荷载条件下的疲劳寿命情况,区分出了加筋效果,也发现了部分试件断裂不明显。

疲劳试验试件尺寸为 75mm×125mm×300mm (长×宽×高)的长方体,施加荷载为 1 113N(对应接触压力为 3.45MPa)的钢轮荷载(钢轮直径 150mm,轮宽 35mm),沿试件长轴方向往复运动,每分钟循环 50 次。疲劳试验试件用高密度聚乙烯磨具夹装,磨具两端顶部将条形试样紧紧卡住,而试件下部在反复荷载作用下可以自由活动,APA 加载方式是模拟实际运动轮载,受力模式为简支梁形式,试件下半部分处于弯拉状态。试验温度为 15℃,试件在试验温度下养护 4h 使试件内外均达到试验温度。疲劳试验时,软件界面会显示两条线。一条为实线,是试样两端竖向位移的平均测量值,称为参考线;一条为点划线,为试件中央处的竖向位移测量值,称为变化线。随着疲劳试验的进行,两条曲线交叉增加,在试样断开时曲线迅速爬升。

疲劳试验的控制标准有两种:一种在试件底部贴上断裂指示线或应变线,当试件底部断裂时指示线也随之断开,加载轮抬起停止运行,试验结束;另外一种是当变形率(ROC, rate of change)超过默认值 1mm/次时,试验停止,因为试件断裂时位移变化迅速,ROC 经常大于 1。APA 内部如图 8-7 所示。试验界面如图 8-8 所示。

对于应力吸收层试样，由于试样比较柔韧，试样底部可自由活动的竖向位移仅仅 1.5cm，试样弯曲底部已经触及磨具底部，重复荷载不能够产生所需弯拉，使得疲劳试验过程中 ROC 达不到 1，而试样表面已经出现很大车辙的情况，不能确定试样底部断裂的疲劳寿命。同时，发现磨具两端的固定凸块已夹紧试件，但随着重复荷载作用，尤其是加载次数较大时，夹紧处试验被压缩，以致磨具不能有效夹紧试件，产生试件在磨具中随加载而翘起的现象，影响到竖向位移的采集。考虑间隔一定次数直接观察是否出现裂缝，中途需暂停试验，取出磨具，但是再次放入试件后，竖向位移采集不能够连续对应，致使 ROC 大于 1(实际没有发生断裂)，试验自动停止。在试样底部垫弹性垫块，以帮助荷载加载下的试样弯拉恢复，较接近路面的应力控制和应变控制实际情况。由于磨具紧固难以实现，发现加载过程中试样不是从底部开裂，而是上下同时向中间开裂，亦不能很好地判断疲劳寿命。

图 8-7 APA 仪器内部构造图

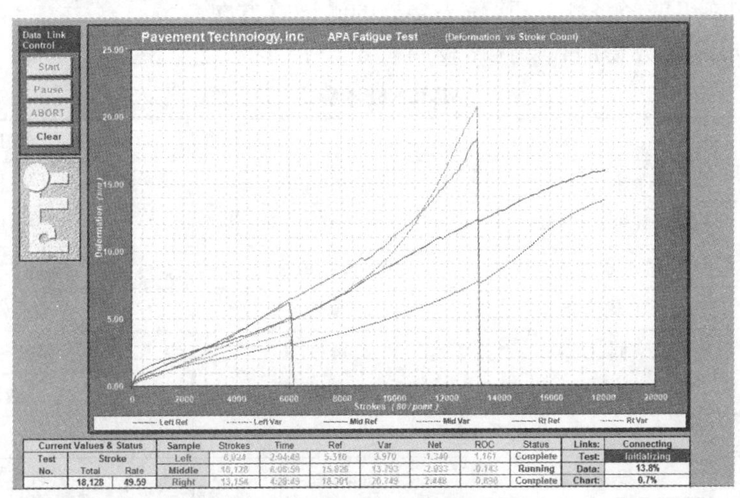

图 8-8 APA 试验界面图

因此，使用 APA 进行疲劳试验可以较好地模拟路面情况，但是其不足之处也较为明显。对试件的有效紧固难以实现，影响了结果的获取；柔韧试件的大变形因磨具预留的自由活动位移有限而难以达到；开裂方式与现场不符影响结果的有效性；同时缺乏大样本试验结果与现场疲劳性能的对比，试验结果与沥青路面使用寿命之间的关系不确定。APA 可用于不同沥青混合料路用性能的对比，为沥青混合料的选择提供依据，但是不能以此推断它的使用寿命。

2. 小型加速加载试验仪 MMLS 评价

小型移动荷载模拟系统(Model of Mobile Load Simulator, MMLS)是一种加速加载模拟系统。它具有加载速度快，试验周期短，测试费用少，移动方便等显著优势。它应用 4 组或 6 组轴载，高速模拟实际车辆荷载。采用无接触式线型感应电机系统，有效消除驱动传递的疲劳和磨损。路面试验段为3m时，模拟车总长11.7m、高2.3m、宽3.4m，路面试验段为6m时，模拟车总长14.7m。车载行驶速度均为10～26km/h，单向轮作用为2 800～7 200次。

MMLS可以对路面施加高温气流以加热路面，也可以对路面施加冷却气流以冷却路面，还可以喷水模拟湿度环境，以评价不同环境条件下，交通荷载作用下的路面性能。MMLS的荷载是模拟的，但是其轮胎压力和真实的汽车荷载水平相同，且加载工具是轮胎，这与道路所经受的车轮作用条件一致，是其他很多模拟试验无法比拟的。MMLS测试系统可在费用允许情况下满足道路测试的特定需要。出于同样的目的，三分之一比例尺的MMLS3测试系统可以作为大型APT的配合工具，两者结合进行试验，可以达到试验目的和经济性结合的目的。基于此种设计意图，莫桑比克道路研究机构(ANE)采用MMLS3与MLS10进行研究。

MMLS已经应用于沥青表面处治中集料、级配、细集料和岩性性质等性能的评价，超薄磨耗层(UTFC)的性能验证，HMA密度对车辙的影响评价，HMA的加筋对车辙影响和路面的剪切特性的研究，不同沥青冷补料抗车辙性能的比较，基质沥青和改性沥青对混合料车辙性能的影响比较研究，对路面基于间接拉伸和弹性模型分析预测疲劳开裂性能的验证，水泥稳定层的疲劳特性研究和疲劳机理推断，速愈型混凝土的疲劳性能研究，抗剥落剂效果的比较和延缓反射裂缝措施的评价，HMA密度以及温度对疲劳性能的研究，消石灰对降低水损害的作用评价，混合料设计和施工的经济性分析，桥头接缝的测试等方向。

MMLS和MLS参数集加载特性比较如表8-13所示。

MMLS技术参数 表8-13

编　　号	项　　目	MMLS	MLS
1	可测试长度(m)	1	4
2	加载轮迹宽(mm)	80	610
3	测试区尺寸(m)	1×0.4(最小)	5×1.6
4	加载轮类型	单轮	单轮/双轮
5	轴载(kN)	1.9～2.9	30～70
6	轮轴悬挂方式	弹簧	液压
7	轮速(m/s)	2.5	7.2
8	加载驱动方式	电动鼓驱动	线性感应马达
9	电源	电力	电力
10	功率(kW)	1.5	140最大
11	温控	加热和制冷	加热可行
12	悬架方式	四支撑轮和弹簧悬架	四支撑轮和液压悬架
13	数据采集系统	数字	数字
14	加载控制模式	机械	液压
15	总质量(t)	0.7	29
16	数据采集模式	可选模式	可选模式
17	仪器尺寸($L \times B \times H$)	2.5×0.7×1.2	10.7×2.4×3.1
18	加载轮数	4	4双/大型单轮

续上表

编　号	项　目	MMLS	MLS
19	轮胎	充气胎	R22.5 295/65;单轮大型单轮 385/65
20	胎压(kPa)	400～800	500～1 000
21	运行速度(km/h)	8.7 模拟 26	26
22	可测最大车辙深度(mm)	10	50
23	小时加载次数	7 200	7 200(最大),6 000(运行)
24	加载环境	干燥,加热,湿热	干燥或湿热
25	加载宽度范围	80～240	610～1 600(可选)
26	加载横向分布	高斯分布或渠化±80	高斯分布或可编程渠化±80
27	升起仪器方式	旋转千斤顶	自动液压千斤顶
28	横向移动	电动马达	自动液压千斤顶
29	短距移动	人工升降机	液压驱动
30	长距移动	拖车	平板拖车或货车

用于 MMLS 试验的试样可以是旋转成型的圆柱形试件(需切割),也可以是实际摊铺的一小段试验路,或者是板状试件。在试验室内实际摊铺一小段试验路,但 MMLS 的加载长度只有 1m,成型麻烦且不能方便地比较几种不同的试样。对于板状试件,可以直接使用车辙成型仪成型,较为方便,但是对于试件的固定需要成型特用的模型才能紧固,以保证试件不会因为在加载过程中翘起和错位而造成测量不便和由于试样不平整引起的加载轮的冲击加载效应。

3. 小梁弯曲疲劳试验评价

小梁弯曲疲劳试验有梯形悬臂梁弯曲和四点弯曲疲劳试验两种,两者为常用的疲劳试验方法。前者主要在欧洲应用普遍,而后者在美国、南非以及澳大利亚等国家有大量的试验研究与应用。梯形悬臂梁弯曲和四点弯曲疲劳试验方法存在许多共同的特性,主要表现在如下几个方面。

(1)两者均模拟实际路面的重复弯拉应力类型,同时不让试件随重复加载而产生累积变形;加载方式可为应力控制或者应变控制,可以更好地模拟路面的实际受力情况。

(2)试验采集数据都包括劲度模量、疲劳寿命、相位角和耗散能等的试验结果,这些结果已被大量研究证明非常有用。

(3)试验对外部影响不是很敏感,可重复性强;两者均能较好地避免由于重复加载引起的试件局部变形对试验结果产生的误差。

相对于梯形悬臂梁弯曲疲劳试验方法,四点弯曲梁疲劳试验方法有其优越性,主要表现在:

(1)四点弯曲梁疲劳试验的试件为长方体试件,切割方便,尺寸控制较精确;梯形悬臂梁弯曲疲劳试验的试件为梯形,制作过程相对复杂。

(2)四点弯曲疲劳试验采用夹具夹持的方式固定,试验操作更为方便;梯形悬臂梁弯曲疲劳试验需将试件两端用环氧材料进行黏结固定,试验还需等待黏结剂固化才能进行,较为繁琐。

(3)四点弯曲疲劳试验加载模式下，试件的最大应力作用区在试件中央 1/3 区域，使得疲劳裂缝产生的位置从点扩展到一定区域，这对于评价非均匀材质的沥青混合料性能更为合理；梯形悬臂梁弯曲加载模式下，试件最大应力点位于距试件底部 1/3 处，而该位置也即试件发生疲劳开裂的理论位置。

美国 SHRP 研究计划对上述试验方式进行过详细地研究，主要对上述试验方式进行了影响因素敏感性、试验可靠性及合理性三个方面的评价与分析。本文在此引用 SHRP-A-404 报告中的研究成果，作为疲劳试验方法选择与试验评价的参考。

影响因素敏感性分析主要用于评价试验方法对沥青混合料各影响因素变化的敏感程度，即反映各种试验方法区分试验参数变化的能力。在 SHRP 研究计划中，考虑的疲劳试验影响因素包括沥青种类、沥青含量、集料类型、空隙率、温度和应力水平，所选参数均按二水平考虑。敏感性分析评价结果列于表 8-14，各参数间的敏感程度用百分比表示。

试验方法敏感性分析 表 8-14

	四点弯曲梁	梯形悬臂梁弯曲
平均劲度模量变化百分率(%)		
沥青类型	51	29
沥青用量	0[a]	0[b]
集料类型	11	5[b]
空隙率	33	24
温度	84	44
应力	8	4
疲劳寿命变化百分率(%)		
沥青类型	56	58
沥青用量	50[b]	0[a]
集料类型	67	49[b]
空隙率	85	80
温度	99	98
应力	88	80

注：数据采用广义拉格朗日乘子逐步回归，上标 a 表示主效应与二水平交互作用结果均统计不显著；上标 b 表示主效应统计不显著，但一些交互作用统计显著。

从劲度模量和疲劳寿命变化百分比来看，四点弯曲疲劳试验与间接拉伸疲劳试验对沥青类型变化的敏感程度大致相当。对于其他影响因素，总体上四点弯曲疲劳的敏感程度优于梯形悬臂梁弯曲疲劳。

试验可靠性分析主要用于评价试验方法在重复试验条件下的可靠程度，即反映在同一试验条件下各试验方法的数据离散程度。在 SHRP 研究计划中，主要采用了变化系数和采样方差两个指标进行试验可靠性程度的评价，其评价结果列于表 8-15。

试验可靠性分析 表 8-15

评价指标		四点弯曲	梯形悬臂梁弯曲
劲度模量	变化系数(%)	12.3	11.4
	采样方差(ln psi)	0.01	0.014
疲劳寿命	变化系数(%)	98.7	171.8
	采样方差(ln psi)	0.282	1.696

可靠性分析结果表明，对于劲度模量的可靠性，四点弯曲疲劳和梯形悬臂梁弯曲疲劳基本相当。而从疲劳寿命的可靠性来看，四点弯曲疲劳比梯形悬臂梁弯曲疲劳要好。

合理性分析主要是评价各试验方法所获得的试验结果是否合理，即试验结果是否与先前经验所期望的一致。在 SHRP 研究计划中，主要通过比较不同温度下的平均劲度模量和平均疲劳寿命值进行各试验方法的合理性评价，具体评价结果列于表 8-16。

试验合理性分析 表 8-16

评价指标		四点弯曲	梯形悬臂梁弯曲
平均劲度模量(MPa)	0℃	2 454 700	1 978 100
	20℃	425 100	1 063 100
平均疲劳寿命(次)	0℃	5 834 000	488 800
	20℃	34 500	245 600

上述试验结果表明，间接拉伸疲劳与四点弯曲疲劳的试验结果相差非常大。梯形悬臂梁疲劳试验所得的劲度模量和疲劳寿命均对温度不太敏感，这有可能是梯形悬臂梁疲劳加载速度过快所引起的。SHRP A—003A 研究计划的早期调查表明，沥青混合料的实际温度敏感性要比梯形悬臂梁高。

在经过综合分析与评价之后，SHRP A—003A 研究项目最终选定了四点弯曲疲劳试验作为沥青混合料疲劳性能研究的标准试验，同时制订了四点弯曲疲劳试验标准草案(即 SHRP M—009 标准)。

综合考虑上述各试验方法的优缺点以及试验方法的比较结果，从满足科学研究要求的角度出发，兼顾实际操作及应用的可行性，在本研究项目中，采用四点弯曲疲劳试验方式作为沥青混合料疲劳性能研究的试验方式。

二、试验原材料和试件成型

1. 试验原材料

(1)集料

集料使用江苏沭阳的玄武岩和浙江湖州的石灰岩。粗集料(2.36mm 以上)使用筛分的单档集料，鉴于细集料含有较多 0.075mm 以下的粉尘，因此筛除 0.075mm 以下粉尘。混合料不用矿粉，使用 2%的普通硅酸盐水泥。

各种集料的特性如表 8-17 所示。

集料特性　　表 8-17

玄武岩	表观相对密度 γ_a	毛体积相对密度 γ_b	吸水率 w_x(%)
玄武岩 0～3mm	2.845 0	—	—
玄武岩 3～5mm	2.967 0	2.849 0	1.4
玄武岩 5～10mm	2.978 9	2.905 0	0.9
玄武岩 10～15mm	2.988 3	2.922 3	0.8
玄武岩 4.75mm	2.980 9	2.919 9	0.7
石灰岩 0.075～1.18mm	2.660 9	—	—
水泥	3.00	—	—
矿粉	2.75	—	—

经检测，集料和填料各项技术指标均符合《公路沥青路面施工技术规范》(JTG F40—2004)沥青面层集料技术要求的规定。

(2)沥青

使用埃索 70 号沥青作为基质沥青，外掺 22%的山东邹平产 40 目橡胶粉进行改性，在 180℃温度下低速搅拌 1.5h，每次制备新鲜的橡胶沥青。由于橡胶沥青为非稳定体系，橡胶粉颗粒与基质沥青的相对性差，使沥青和胶粉颗粒会缓慢分离，难以长期保持稳定，故每次均使用新鲜拌制的橡胶沥青。橡胶沥青指标见表 8-18。

橡胶沥青基本指标　　表 8-18

试验项目	针入度 (0.1mm,25℃)	软化点 (℃)	延度 (cm,5℃)	黏度 (Pa·s,177℃,20r/min)
橡胶沥青	34.5	71.9	9.5	3.54
基质沥青	68.1	54.5	17	0.735

进行疲劳试验时，固定混合料级配，比较其他因素变化时的疲劳寿命变化情况。橡胶沥青混合料用级配见表 8-19。

橡胶沥青混合料级配　　表 8-19

筛孔尺寸(mm)	9.5	4.75	2.36	1.18	0.6	0.3	0.15	0.075
通过率(%)	100	55	45	35	20.6	11.4	5.7	2

2. 试件成型

橡胶沥青混合料在 180℃条件下拌和 180s，拌和后将松散的混合料装进铁盘中，在 163℃通风条件下模拟老化 2h，而后成型试件。使用小型单钢轮振动压路机进行压实。压路机碾压轮宽 45cm，振动速率 4 460 次/min，压实力 8 896N，压实深度 22.86cm。图 8-9 为小型单钢轮振动压路机。

因试验室已有的车辙板成型设备只能成型 300mm×300mm×50mm 的试件，而小梁尺寸为 400mm×63mm×50mm，因此使用自制的 280mm×400mm×65mm 和 210mm×400mm×65mm 连体木模成型混合料，使用拉杆紧固，一次可以切割出 4+3 根小梁试件。成型好的试件在室温下静置 2d，然后使用切割机切割成标准小梁。试件两侧和上下面至少切除 5mm，以保证均匀性。成型后试件见图 8-10。

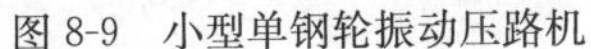

图 8-9 小型单钢轮振动压路机

图 8-10 成型后的试件外观

3. 四点弯曲梁疲劳试验介绍

美国 SHRP 研究成果显示，对于较厚路面，采用应力控制模式更符合路面实际情况；对于较薄路面，采用应变控制模式更符合路面实际情况。对路面弹性层状体系的分析表明，面层厚度大于 12.6cm 时，由于基层刚度相对比较小，荷载重复作用使面层应变增长较快，以致最后迅速增大而出现路面破裂，这一过程比较符合应力控制模式。白改黑路面加铺层厚一般较薄，小于 12.6cm，适用应变控制模式。本文采用澳大利亚 IPC 公司生产的四点弯曲疲劳试验仪，其工作原理如图 8-11 所示。弯曲疲劳试验仪见图 8-12。

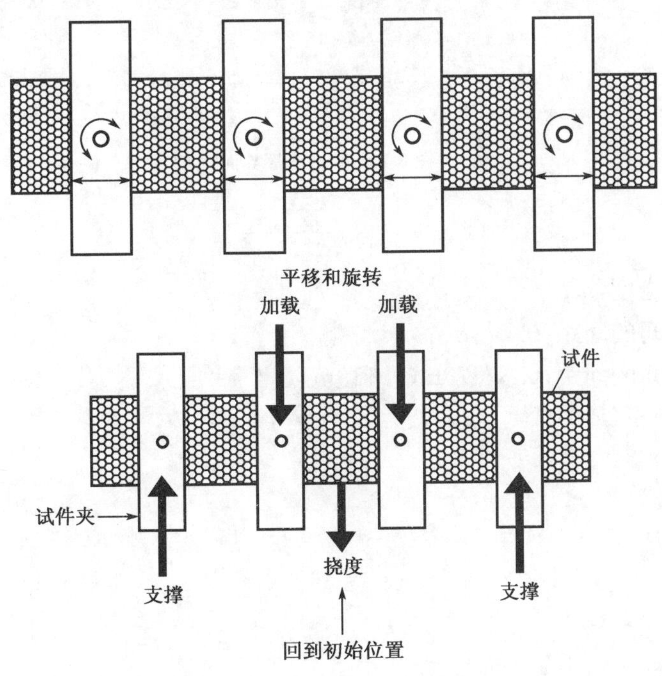

图 8-11 弯曲疲劳试验仪的工作原理

使用疲劳程序模块，可以显示试验过程中的最大/最小弯拉应力、最大/最小弯拉应变、劲度模量、荷载、挠度、相位角、耗散能等试验结果。程序界面如图 8-13 所示。

图 8-12　弯曲疲劳试验仪

试验参数的计算公式：

(1)最大拉应力 σ_t(Pa)

$$\sigma_t = \frac{0.375P}{bh^2} \tag{8-7}$$

式中：P——施加荷载，N；

b——平均试件宽度，m；

h——平均试件高度，m。

(2)最大拉应变 ε_t(m/m)

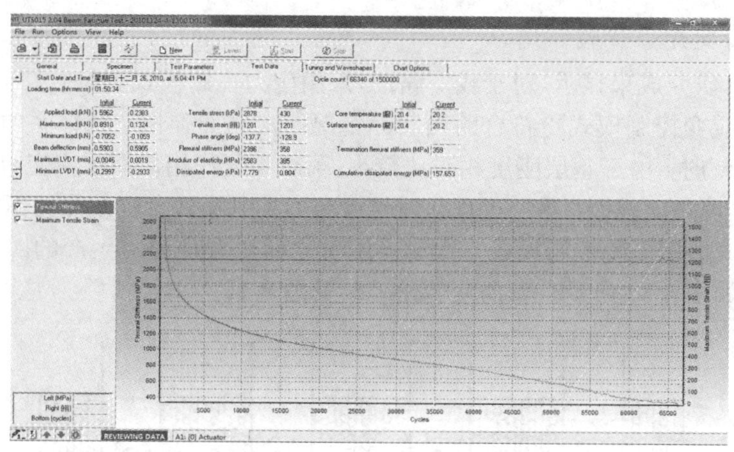

图 8-13　疲劳程序界面

$$\varepsilon_t = \frac{12\delta h}{3L^2 - 4a^2} \tag{8-8}$$

式中：δ——试件的挠度，m；

L——外夹具间的间距，0.375m；

a——内夹具间的间距，0.375/3m(0.119m)。

(3)弯曲劲度模量(Pa)

$$S = \frac{\sigma_t}{\varepsilon_t} \tag{8-9}$$

(4)相位角(°)

$$\varphi = 360fs \tag{8-10}$$

式中：f——荷载频率，Hz；

s——P_{max}和 δ_{max}之间的时间差，s。

(5)每个循环的耗散能 D_i(J/m^3)

$$D_i = \pi\sigma_t\varepsilon_t\sin\varphi \tag{8-11}$$

(6)累计耗散能 D(J/m^3)

$$D=\sum_{i=1}^{i=n}D_i \tag{8-12}$$

式中:D_i——第 i 个荷载循环的耗散能,J/m^3;

n——设定疲劳标准下的荷载作用次数,次。

4. 试验参数的选择

疲劳试验时采用较多的加载波形为半正弦波、三角形波等,对于加载波形的选择应考虑实际路面结构层所受荷载的情况,以便较好模拟路面实际的响应情况。国内外大量研究表明,正弦波形加载能够较好模拟路面的实际响应。同时考虑试验效率,本文选择半正弦波无间歇加载。试验温度选择我国疲劳当量温度的附近温度20℃,以便数据的有效对比。考虑本文主要比较应力吸收层的疲劳寿命,应变选区应该较大,基于仪器限制和试验持续时间考虑,选取1 000~1 500$\mu\varepsilon$ 的加载水平。对于常用混合料,有些使用 750$\mu\varepsilon$。疲劳试验所用参数见表8-20。

试验参数 表8-20

加载方式	加载波形	应变水平($\mu\varepsilon$)	温度(℃)	频率(Hz)	是否间歇
应变控制	目标应变 半正弦	1 000~1 500	20	10	否

三、小结

通过分析评价了不同的疲劳试验方法,主要结论如下。

(1)APA能够较好模拟路面的疲劳响应,且荷载可调节,试验较为简便。但是由于疲劳试验过程中试件的固定以及对弯拉应变的限制,使得其不是很好的评价疲劳寿命的方法。

(2)小型加速加载设备MMLS使用轮胎施加荷载,能够很好的模拟路面实际交通荷载的作用,但是试验试件的边界约束条件较差。

(3)四点弯曲梁疲劳试验模拟路面的弯拉响应变化,试验简单有效,适宜室内试验评价混合料的疲劳性能。

(4)介绍了试件成型和试验参数的选择及获取数据的基础。

第四节 橡胶沥青应力吸收层研究

一、应力吸收层疲劳寿命分析

通过四点弯曲梁弯曲疲劳试验,对应力吸收层的疲劳性能进行分析。进行多次平行试验,为保证试验结果的有效性,试验结果按试验数据的离散程度进行弃差处理。弃差的标准为:当一组平行试验测定值中某个数据与平均值之差大于修正标准差的 k 倍时，舍弃该值，并以其余测定值的统计结果作为试验结果，同时保证每组试验的有效试件不少于 3 根。当试件数目 n 为 3、4、5、6 时，k 值分别为 1.15、1.46、1.67 和 1.82。弃差标准中所考虑的试验结果指标包括：初始劲度模量、疲劳寿命、滞后角和累积耗散能等数据。每次试验结果中，上述四项指标中的任何一项指标数据离散程度达到弃差标准，该数据点的全部数据即予以舍弃，并重复试验以取得有效结果。

成型试件采用振动压实成型，试件标准切割成尺寸为 400mm×63mm×50mm 的小梁，压实方向做好标记，试验时加载方向和压实方向一致。将试件放入 20℃±0.5℃的保温箱中至少保温 2h，以使试件温度达到试验要求的温度。

1. *沥青软硬对疲劳寿命影响分析*

沥青黏度反映某种条件下沥青黏性阻力的大小。试验室通常使用布洛克菲尔德(Brookfield)黏度计来测量沥青在较高温度下的表观黏度，用以体现沥青在剪切条件下的黏性阻力。沥青黏度对混合料疲劳性能的影响体现在混合料劲度模量上，文献[37]通过同应变条件下大样本试验数据的分析，发现试件疲劳寿命与初始劲度模量有较好的相关性，且二者用 F 检验法检验时具有高度的显著相关性，试件疲劳寿命与劲度模量具有负相关性。高川在研究橡胶沥青胶粉掺量对沥青性能指标影响时发现，胶粉掺量的增加能够显著增大橡胶沥青黏度，从而影响沥青混合料的疲劳寿命。

本文橡胶沥青采用不同的针入度，通过在沥青中添加轻质油来调节橡胶沥青的针入度，同时保证胶粉掺量为内掺 19%。采用单因素分析方法，比较不同针入度的橡胶沥青疲劳寿命变化情况。不同针入度橡胶疲劳寿命比较见表 8-21。

不同针入度橡胶沥青疲劳寿命比较 表 8-21

沥青针入度(0.1mm)	黏 度(177℃,Pa·s)	沥青用量(%)	疲劳寿命 N_{f50}			
			1 100με	1 300με	1 400με	1 500με
34.5	3.95	10	31 740	20 735	19 640	12 130
83	3.145	10	435 467	258 958	—	242 976
98	3.312	10	376 130	203 790	—	198 343

注："—"表示未试验。

从表 8-21 可见，随着针入度的不同，沥青混合料的疲劳寿命变化显著。针入度从 34.5 变化到 83 时，沥青黏度变化 0.8 Pa·s，对应各应变水平下混合料的疲劳寿命变化达到 10 倍左右。但是当针入度从 83 增大到 98 时，疲劳寿命反而有小幅度下降。可能是随针入度的增加，同时保证胶粉掺量的一定，添加的轻质油组分变多，虽有利于橡胶颗粒对沥青中轻质组分的吸收和溶胀，但是胶粉颗粒间的距离会增大，使得形成颗粒交联成网的能力变弱，混合料变得更为柔软，疲劳寿命增加明显。但是当针入度达到一定数值后，再次增大针入度则对疲劳寿命影响不大。试验过程中也观察到不同软硬沥青拌制的混合料在加载后变形不同，针入度 83 和 98 对应的试件，大应变加载后有明显的蠕变现象，试件近加载处夹紧端被压缩且有裂缝出现，可能使得较多能量耗散在此处而非对试件整个弯拉区造成损伤。本文亦试验过针入度达到 113 的橡胶沥青试件，但因过于柔软，在试验过程中蠕变明显，位移传感器处甚至凹陷，难以获取有效数据。

试件疲劳疲劳曲线如图 8-14 所示。

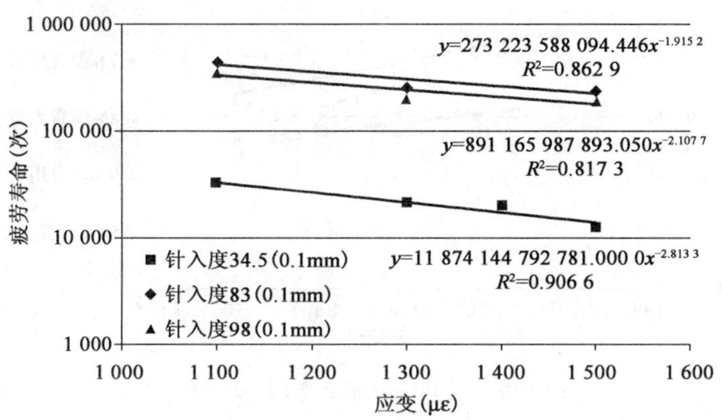

图 8-14 沥青软硬对疲劳寿命的影响

上图疲劳曲线的拟合结果表明，针入度越大回归系数越小，也反映出对于很软的沥青混合料，如果没有一定的韧性，获得的疲劳寿命与材料能够承受此种荷载间的关系不是很好。不同针入度条件下的疲劳方程汇总见表 8-22。

不同针入度沥青混合料疲劳方程 表 8-22

橡胶沥青针入度(0.1mm)	拟 合 方 程	R^2
34.5	$\lg N_{f50}=13.07-2.81\lg\varepsilon$	0.91
83	$\lg N_{f50}=11.95-2.11\lg\varepsilon$	0.82
98	$\lg N_{f50}=11.44-1.92\lg\varepsilon$	0.86

由上述不同软硬沥青的疲劳方程可见，越软的沥青（针入度越大）成型的混合料疲劳曲线线位越低，斜率越小，表明对应变水平的变化越不敏感。同时也验证了应力吸收层使用富油层不仅可以提高疲劳寿命，同时也能使得混合料对应变水平有更好的适应能力。

2. 沥青用量对疲劳寿命影响分析

对于沥青混合料，沥青用量的变化影响混合料的劲度模量、空隙率和沥青膜厚度，这些因素都影响混合料的疲劳寿命。沥青含量的提高对沥青混合料的疲劳寿命影响很大，这从国外长寿命路面中增加底部结构层沥青用量的结论中可以看出。不同沥青用量条件下疲劳性能见图 8-15。

选取 7%，8%，9%，10%的沥青用量和同一种级配，进行疲劳试验。

对数据进行回归分析，依据广泛使用的疲劳模型：

$$N_f = K_1(1/\varepsilon)^{K_2} \tag{8-13}$$

式中：N_f——疲劳寿命，次；

ε——弯拉应变，$\mu\varepsilon$；

K_1、K_2——疲劳系数。

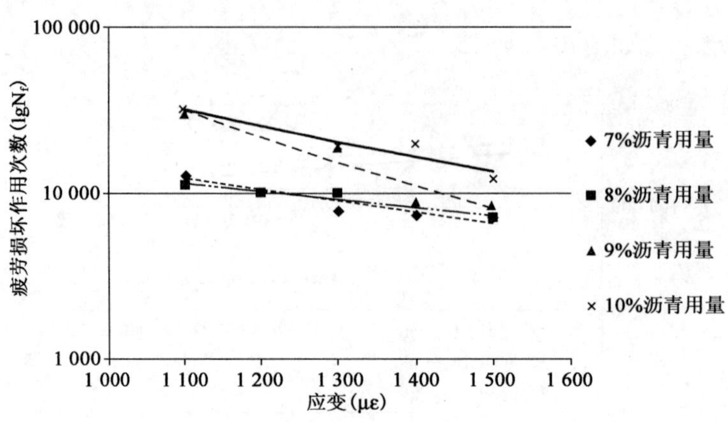

图 8-15 不同沥青用量条件下疲劳性能

不同沥青用量混合料的疲劳方程见表 8-23。

不同沥青用量混合料疲劳方程 表 8-23

类 型	疲 劳 方 程	相 关 系 数
7%沥青用量	$N_f = 1\times10^{13}\varepsilon_t^{-2.79}$	$R^2 = 0.893$
8%沥青用量	$N_f = 8\times10^{17}\varepsilon_t^{-4.40}$	$R^2 = 0.909$
9%沥青用量	$N_f = 4\times10^{8}\varepsilon_t^{-1.48}$	$R^2 = 0.918$
10%沥青用量	$N_f = 1\times10^{10}\varepsilon_t^{-1.99}$	$R^2 = 0.904$

沥青混合料的疲劳性能可以通过应变与疲劳次数回归方程中的 2 个参数 K_1、K_2 来反映。K_1 值表示疲劳曲线线位的高低，K_2 值则反映了疲劳曲线对应变水平的敏感程度。K_2 越大，表示混合料对应变水平变化越敏感。从图 8-15 可以看出，不同沥青用量对沥青混合料的影响比较明显。随着沥青用量的增加，混合料疲劳性能逐渐增加。随着沥青用量的增加，K_1 从 1×10^{13}变化到 1×10^{10}，疲劳曲线线位的变化显著。同时，K_2 从-2.79 变化至-1.99，疲劳性能对应变水平的敏感程度随着沥青用量的增加而逐渐增加。在 7%～10%沥青用量范围内，线位值和应变敏感值的变化均不大，但是 8%至 9%区段二者的变化显著，说明增加沥青用量能提高疲劳寿命，但是对于某种混合料，可能存在某个沥青用量，才可取得疲劳性能和经济性的平衡。

3. 空隙率对疲劳寿命影响分析

SHRP-A-404 通过验证分析，认为空隙率与疲劳寿命、初始耗散能、初始劲度模量、能量比因子有较显著关系，空隙率与疲劳寿命、初始耗散能、初始劲度模量三者各自的自然对数呈负相关，而与能量比因子呈正相关。即空隙率增加会导致疲劳寿命、初始耗散能、初始劲度模量的迅速减小。空隙率减小，橡胶沥青混合料的疲劳寿命逐渐增加。但对某种级配而言，仅通过增加沥青用量来减小空隙率会引起饱和度过高，从而对疲劳性能不利。混合料是个非均质体，在承受荷载时，最先出现裂缝的地方是薄弱的地方，而空隙率越大，则这种薄弱点越多，对疲劳寿命越不利。不同空隙率条件下的疲劳寿命见表 8-24。

不同空隙率条件下疲劳寿命　　表 8-24

沥青用量(%)	应变(με)	劲度模量(MPa)	疲劳寿命 N_{f50}	平均空隙率 Va(%)	试件个数
7	1 100	3 443.130	12 615	3.7	3
8		3 160.765	11 235	3.0	3
9		2 500.580	24 475	2.4	3
10		2 911.350	31 740	0.7	3
7	1 300	2 437.605	49 070	6.0	3
8		2 872.685	8 000	3.3	3
9		2 541.230	21 200	1.7	3
10		2 753.087	18 776.67	0.4	3
7	1 400	3 318.423	7 380	2.1	3
8		—	—	—	—
9		3 009.610	8 350	0.7	3
10		2 559.417	19 640	0.7	3
7	1 500	2 838.687	7 110	2.4	3
8		2 849.230	7 015	0.8	3
9		2 523.340	10 280	2.7	2
10		2 553.699	12 130	0.5	4

疲劳寿命随空隙率变化情况如图 8-16 所示。

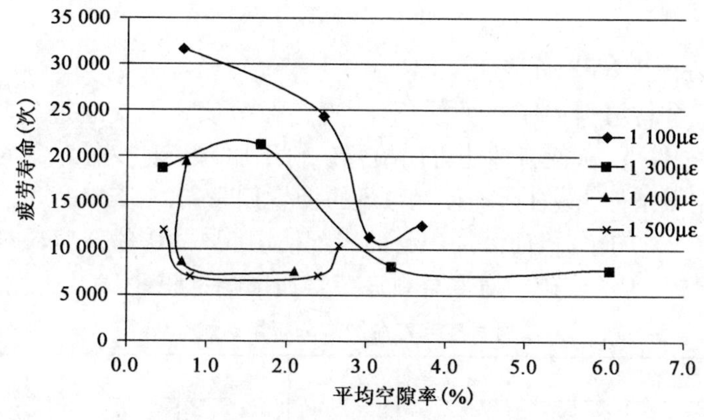

图 8-16　空隙率与疲劳寿命关系图

从以上图表可以看出，在不同的应变水平下，疲劳寿命均随空隙率的增加而降低，且较低应变水平对空隙率变化更为敏感，随着空隙率增加而下降迅速。较低应变条件下，空隙率降低1%，疲劳寿命降低 3 000～10 000 次，而较高应变水平下空隙率在 0.5%左右变化时疲劳寿命变化显著，在 1%～2.5%变化时疲劳寿命对空隙率不敏感。也可看出，在相同空隙率条件下，疲劳寿命从低应变向高应变降低。

4. 应变水平对疲劳寿命影响分析

不同应变水平与疲劳寿命关系见图 8-17。通过对不同应变水平的混合料疲劳性能分析可知，应变水平对疲劳寿命有较大影响。在高应变水平下，沥青混合料的疲劳寿命较低。应变降低 200με，混合料疲劳寿命可能增加一倍；应变降低 400με，寿命增加 3 倍左右。可见在实际路面条件下，必须有坚固的路基，以减少因路基错位而造成的应力吸收层的大应变，从而降低其使用寿命。对应力吸收层的设置也应该考虑已有路面的实际情况，对薄弱路基进行加强处理。

由图 8-17 可知，不同沥青用量下的混合料，疲劳寿命均随着应变水平的增加而降低。应变水平降低 400με，疲劳寿命增加 2～3 倍；应变降低 200με，疲劳寿命增加 1 倍左右。对于加铺，应该保证路基强度，以减少过大应变，同时应该要求应力吸收层对应变水平变化不敏感，以承受恶劣的加载环境。

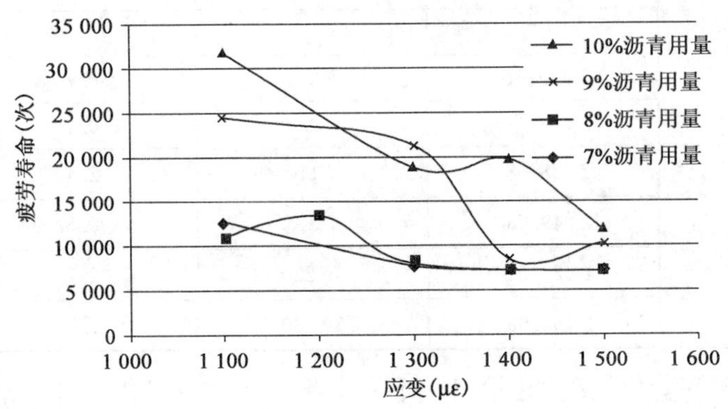

图 8-17　不同应变水平与疲劳寿命关系

5. 填料对疲劳寿命影响分析

对于橡胶沥青混合料填料中矿粉的使用，一直存在争议。本文通过试验，使用相同的级配，在空隙率相近的条件下，从疲劳性能方面检验矿粉添加与否对疲劳寿命的影响。试验在同等级配和相同沥青用量条件下进行，均使用 9％的沥青用量，1. 18mm 以上集料用量相同，不同在于比较级配使用 2％的水泥，而添加矿粉的级配使用 5％的矿粉。填料对疲劳寿命影响分析试验用级配如表 8-25 所示。矿粉对混合料疲劳寿命影响见图 8-18。

填料对疲劳寿命影响分析用级配　　表 8-25

筛孔尺寸(mm)	13.2	9.5	4.75	2.36	1.18	0.6	0.3	0.15	0.075
后期固定级配(％)	100	100	55	45	35	20.6	11.4	5.7	2
5％矿粉级配(％)	100	100	55	45	35	21.9	13.6	8.4	5

如图 8-18 所示，矿粉的使用能够较好地提高混合料的疲劳性能，而且添加矿粉使得混合料对应变水平的敏感性降低。在路面交通荷载等级不同的条件下，同样路面结构层的弯拉应力经常变化，结构层对各种应变都应该有较好的承受能力。添加矿粉使得路面对不同荷载条件下的适应能力更强。虽然添加矿粉减薄了沥青膜厚度，可能会影响其老化性能，但其填充作用明显，对疲劳寿命的提高较有帮助。添加矿粉可以与沥青形成稠密的沥青胶浆，使混合料变

硬。试验中发现针入度为90(0.1mm)左右的橡胶沥青的试验数据和针入度为95(0.1mm)的橡胶沥青使用矿粉的数据相差较大,针入度相当条件下,且加矿粉组沥青用量更高为10%,却能获取有效数据,而P90不能获取有效数据。从此角度考虑,认为对于较软的橡胶沥青,可以通过添加矿粉来增加混合料的劲度,使其不至于过软而失去应有的强度作用。

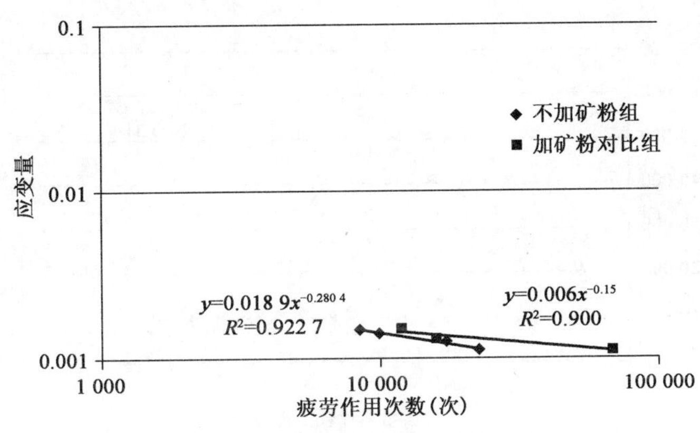

图8-18　矿粉对混合料疲劳寿命影响

6. 橡胶沥青混合料疲劳方程

对试验所用的橡胶沥青混合料,考虑沥青用量和应变水平,进行方程拟合,结果如图8-19所示。对橡胶对沥青混合料的疲劳寿命与对应的总耗散能关系进行分析,得到回归公式为:

$$W_N = 0.135\,1N_{f50}^{0.666\,9} \qquad R^2 = 0.818\,2 \tag{8-14}$$

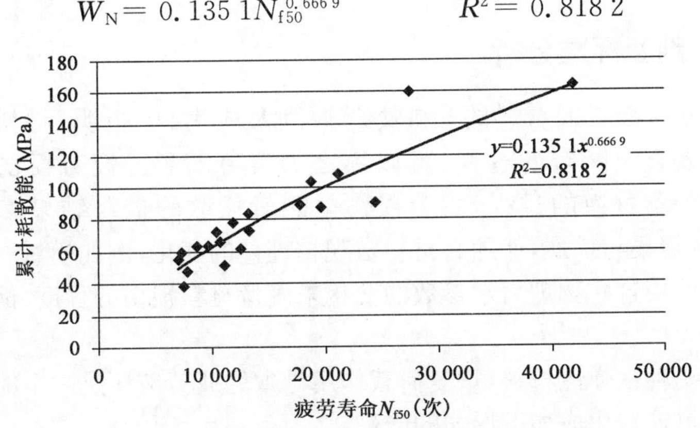

图8-19　累积耗散能与N_{f50}疲劳次数的关系

可见,对于橡胶沥青混合料,其累计耗散能与疲劳寿命有一定的关系,且在幂函数拟合中相关性较好,相关系数的平方值达到0.82。累计耗散能随着疲劳寿命的增加而增加。

同时,考虑初始劲度模量的影响,对初始累计耗散能(初始状态为50次)和疲劳寿命进行分析,得回归方程:

$$N_{f50} = -39\,431W_0 + 37\,353 \qquad R^2 = 0.319 \tag{8-15}$$

式中:W_0——初始累计耗散能,为初始50次加载的累计耗散能。

疲劳寿命与初始累计耗散能关系见图8-20。

对不同沥青用量条件下的疲劳寿命分析,数据回归方程为:

$$N = 8.3225 \times 10^{-9} \varepsilon_t^{-3.664} e^{0.4} \qquad R^2 = 0.974 \tag{8-16}$$

式中：N——疲劳寿命，次；

ε_t——应变（$1\,100\mu\varepsilon = 0.0011$）；

e——自然对数。

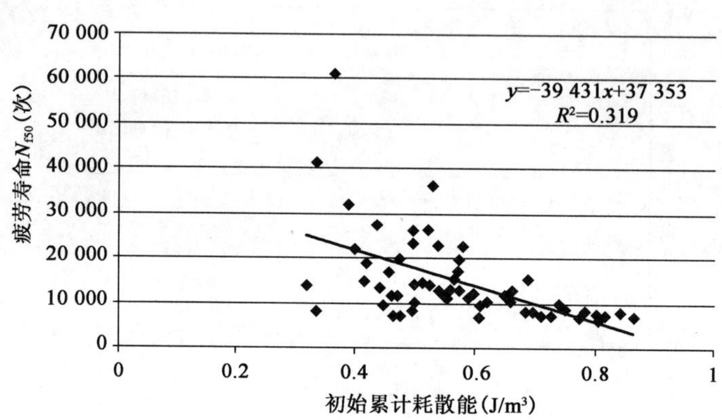

图 8-20　疲劳寿命与初始累计耗散能关系图

可见沥青混合料疲劳寿命与应变水平和沥青用量有较好的相关性，应变水平越小，沥青用量越大，疲劳寿命越长。

二、疲劳试验判断标准分析

张肖宁在《沥青与沥青混合料的黏弹力学原理及应用》中指明，材料的疲劳破坏事实上是裂纹形成、发展直至断裂的过程，可以称之为疲劳断裂。疲劳损伤造成缺陷的聚集与扩展，因而是一个不可逆的过程，疲劳损伤是能量耗散的最终结果。同时，在疲劳损伤过程中，由于缺陷的聚集与扩展，伴随有材料宏观物理量的变化，例如模量、韧性、强度、密度等量值的降低。可以使用这些物理力学参数的变化来度量材料损伤的程度，例如残余模量、耗散能等。

沥青混合料是一种黏弹性材料，重复荷载作用导致的疲劳破坏是一个能量耗散的过程，外力对材料所做的功可能转化成如下形式的能量：

①作为弹性应变能被储存；

②作为流动变形能被消耗于发热；

③裂纹发生、发展产生新表面时转化为表面能；

④错位、微孔、裂纹等材料损伤演化的能量消耗。记单位体积获得的外力功为 W_t，发热造成的能量损失为 W_h，材料断裂与损伤消耗的能量为 W_d，W_c 为有效的有效变形能，则：

$$W_t = W_h + W_d + W_c \tag{8-17}$$

在不同的加载控制模式下，疲劳次数有不同的定义。对疲劳试验结果的处理，尤其是疲劳状态对应的荷载作用次数，有传统的劲度模量减少 50%处对应的荷载作用次数作为疲劳寿命

(AASHTO T321)、以简化的能量比(ASTM D7460)作为判断依据的方法以及耗散能变化率作为判断标准。

(1)劲度模量衰减50%的评价方法

Hopman等提出使用能量比作为判断疲劳破坏的依据,在能量比和加载次数的图中,能量比会随着加载进行而增加,当能量比曲线偏离初始阶段拟合的直线时,认为发生了疲劳破坏。W_n-n关系图中,在疲劳破坏点N_1处关系线斜率出现显著变化,此变化一般在弯拉复数模量减少40%处,并被认为此处出现断裂破坏,这是传统疲劳试验判断标准的理论依据。许多试验证实了疲劳破坏发生在40%的初始模量降低处。在SHRP-A303中推荐初始劲度模量减少50%时作为疲劳试验的判断标准,即疲劳寿命N_{f50},同时制订了四点弯曲疲劳试验标准草案(即SHRP M-009标准)以及后面形成的AASHTO TP-8标准。Zhou Fujie等认为N_{f50}仅仅是在试件产生裂缝时对应的加载次数,而完整的疲劳寿命应该包括裂缝的产生、扩张至断裂阶段。对于50%劲度模量的衰减,因其相对标准为第50次的劲度模量,而第50次劲度模量的变化会造成疲劳寿命的较大波动,对于初始劲度模量较小的试件反应更明显,试验结果的应用还需众多修正系数。对大应变,尤其又使用改性沥青,加载造成的加热会造成试件劲度模量的迅速降低,使得疲劳寿命显著减小。

(2)归一化劲度次数积峰值评价方法

Hopman等建议在应变控制模式下,使用能量比来判断疲劳破坏,其疲劳破坏点定义为微裂缝产生到断开处。能量比W_n定义为:

$$W_n=\frac{nW_0}{W_n} \tag{8-18}$$

式中:n——荷载作用次数;

W_0——第1次荷载作用产生的耗散能,J/m³;

W_n——第n次荷载作用产生的耗散能,J/m³。

正弦或半正弦加载模式下,能量比可以表示为:

$$W_n=\frac{n(\pi\sigma_0\varepsilon_0\sin\delta_0)}{(\pi\sigma_n\varepsilon_n\sin\delta_n)} \tag{8-19}$$

式中:n——加载次数;

σ_0——开始加载时应力;

σ_n——第n次加载时应力;

ε_0——开始加载时应变;

ε_n——第n次加载时应变;

δ_n——第n次加载时相位角。

在应变控制模式下,能量比可表示为:

$$W_n=\frac{n(\pi\varepsilon_0^2E_0^*\sin\delta_0)}{(\pi\varepsilon_0^2E_n^*\sin\delta_n)}=\frac{nE_0^*\sin\delta_0}{E_n^*\sin\delta_n} \tag{8-20}$$

$\sin\delta$的变化对应的变化很小,故可将式中$\sin\delta$之比看作常数,式中就只剩一个变量。这样,就推出了应变控制疲劳试验下的能量比,定义为R_n^{ε}:

$$R_n^\varepsilon = \frac{n}{E_n^*} \tag{8-21}$$

因此，应变控制疲劳试验中的 N_1 可以表示为 $R_n^\varepsilon - n$ 关系图中关系线的斜率偏离直线(见图 8-21)。此处 N_1 对应于裂缝的产生与 McCarthy(1960 年)的观察相符。

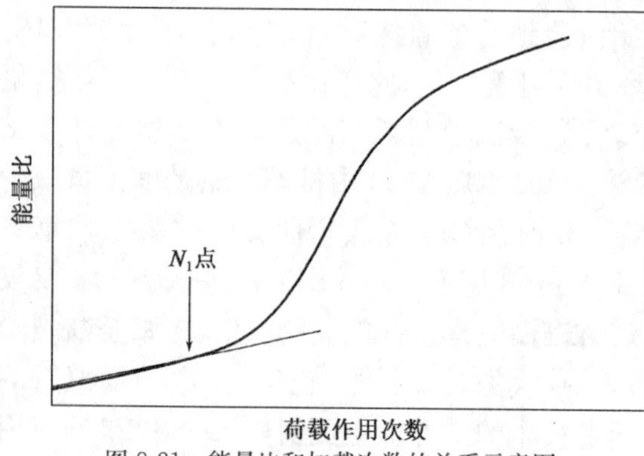

图 8-21　能量比和加载次数的关系示意图

对于应力控制疲劳试验，同理可得能量比 $R_n^s = n$。

Rowe 和 Bouldin 的研究提出了新的疲劳试验疲劳判断标准和数据处理方法。他们借用应力控制模式下的能量比 $R_n^s = n$ 作为应变控制疲劳判断的载体。在 $R_n^s = n$ 关系图中，n 在其达到峰值处对应的作用次数作为疲劳寿命，这要求试样不能在劲度减少到初始劲度 50%就停止，一般应该进行到初始劲度模量的 20%左右。

Rowe 和 Bouldin 的研究成果为 ASTM D7460 所用，制订了新的疲劳寿命获取方法。ASTM D7460 中，疲劳破坏点定义为归一化劲度次数积在荷载次数图中的峰值，初始劲度模量取第 50 次的劲度模量。归一化劲度次数积的获取如下：

$$\mathrm{NM} = \frac{S_i \cdot N_i}{S_0 \cdot N_0} \tag{8-22}$$

式中：NM——归一化劲度次数积；

N_i——加载次数；

S_i——第 i 次加载时时间的劲度模量；

S_0——初始劲度模量，取第 50 次加载时的劲度模量；

N_0——初始次数，取 50。

采用归一化劲度次数积方法对试验结果分析，如果试验在 50%劲度模量减少处(即传统的疲劳试验法方法)，则一般不能获得 NM 的峰值。试验至 15%初始劲度模量的 NM 值如图 8-22所示。

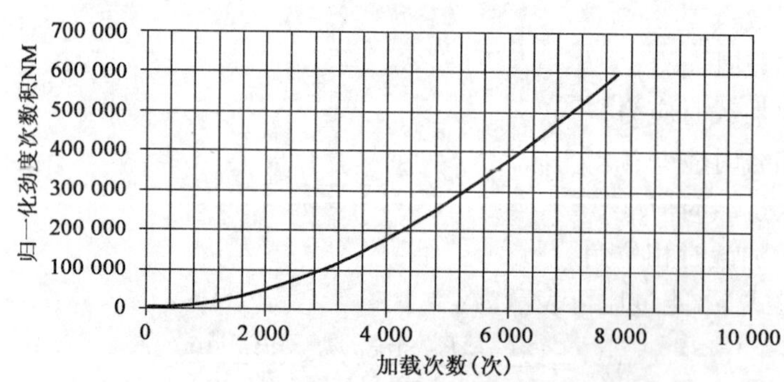

图 8-22　试验至 15%初始劲度模量 NM 值

使用 Rowe 和 Bouldin 推荐的试验至 20%初始劲度模量，一般沥青混合料试验均能达到 NM 峰值。发现有些类型的混合料，尤其是很柔韧的混合料试验不能达到峰值，而考虑更小的比例，如 15%的初始劲度模量。本文所用类型的混合料均可以达到 NM 峰值，则试验过程中尤其是柔韧(表现在劲度模量很小)的试件，最好试验至初始劲度模量的 15%，应当注意试验时间将会极大地延长。使用 15%的初始劲度模量作为试验停止的条件，典型结果如图 8-23 所示。

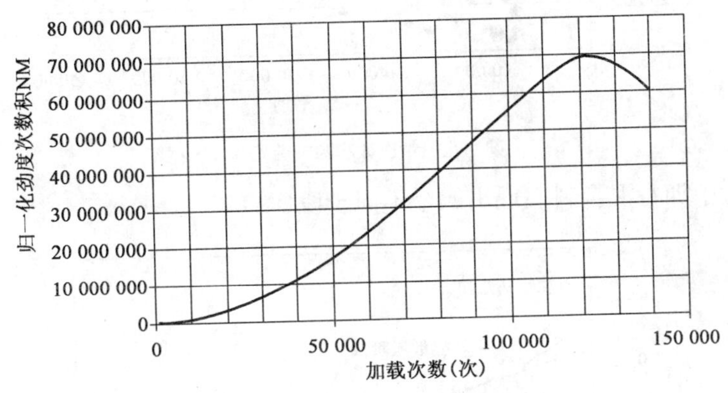

图 8-23　试验至 15%停止对应 NM 曲线

从图 8-23 可见明显的 NM 峰值，即 ASTM D7640 定义的疲劳寿命。对本文应力吸收层 7%沥青用量下混合料的结果进行分析，对疲劳寿命和应变水平回归分析，如图 8-24 所示。

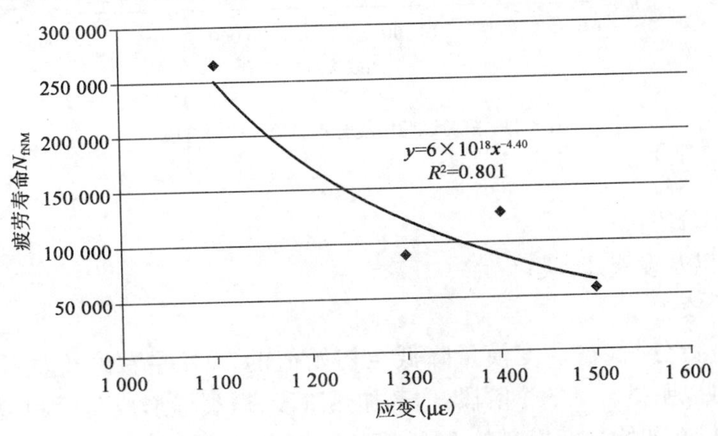

图 8-24　疲劳寿命 N_{fNM}与应变水平关系图

对结果汇总分析，N_{fNM}和 N_{f50}的比值变化范围为 7～81，均值为 23，均值绝对偏差为 14。从结果来看，两者比值规律性不是很明显。两者关系如图 8-25 所示。

可见，使用归一化劲度次数积和 50%劲度衰减而获得的疲劳寿命，两者相关性较差。将加载过程中的劲度模量与初始劲度模量相比，归一化单位，在荷载作用次数图中可见 50%劲度衰减出现在劲度模量比的第一个快速下降阶段，而归一化劲度次数积 NM 取值一般为30%～15%的初始劲度模量，在图上表现为劲度模量比经历了较为缓和变化后的阶段。这种现象上的区别，即对于疲劳破坏的定义的不同，可能是导致两者相差较大而又相关性差的内因。

基于他们对疲劳判定标准的研究和先前的研究(DiBenedetto，1996 年)，Rowe 和 Bouldin

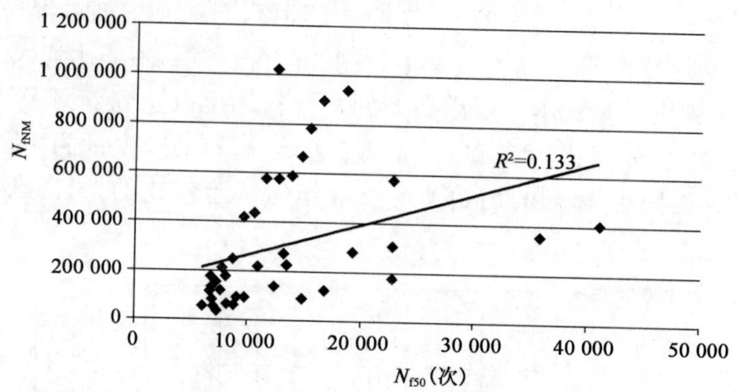

图 8-25　归一化模量次数积与疲劳寿命 N_{f50} 关系

提出，在疲劳试验中沥青混合料表现出四个不同阶段(图 8-26)。

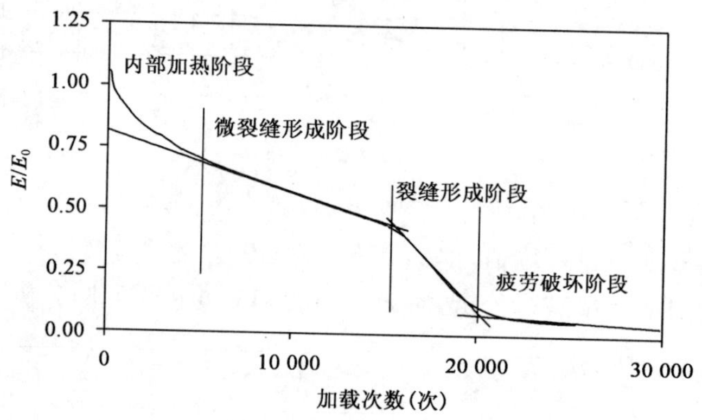

图 8-26　疲劳试验中混合料经历的四个阶段

①内部加热阶段；

②微裂缝形成阶段；

③裂缝形成(以及发展)阶段；

④疲劳破坏阶段。

对试验结果进行分析，在劲度模量降低至初始值的 20%左右停止试验，参照 Rowe 和 Bouldin 的观点，可以明显看见 3 个阶段：内部加热阶段、微裂缝形成阶段和裂缝形成(以及发展)阶段。因为仅仅在初始劲度模量的 20%就已经停止了试验，故没有观察到试样疲劳破坏阶段。因为判断的疲劳寿命为微裂缝形成和裂缝形成与扩张阶段之间。

(3)能量变化率评价方法

以简化能量比来分析试验结果，也可以获得传统的疲劳寿命。Carptener 等从耗散能变化情况出发，将耗散能变化率(DER，Dissipated Energy Ratio)与传统的 50%劲度模量降低的疲劳寿命建立关系，使用与路面实际疲劳相关的一个适中损坏积累点，正如非改性沥青 50%劲度模量衰减或者改性沥青更多模量衰减的疲劳，可能与材料经受多种损伤积累的真实破坏点相关。

Carpenter 和 Jansen(1997 年)提出使用耗散能变化率(RDEC，Ratio of Dissipated Ener-

gy Change)反映累积损伤和疲劳寿命间的关系，继而 Ghuzlan 和 Carpenter 验证和扩展了这种应用，Carpenter 等人使用 RDEC 作为一个能量参数来描述 HMA 的疲劳损伤。RDEC 公式为：

$$RDEC = \frac{DE_{n+1} - DE_n}{DE_n} \tag{8-23}$$

式中：RDEC——每次加载的耗散能变化率；

DE_{n+1}——第 $n+1$ 次加载产生的耗散能，kPa；

DE_n——第 n 次加载产生的耗散能，kPa。

RDEC 能够估计没有产生损伤而以其他形式耗散的能量，这就指明了一次加载过程相比前一次对混合料造成的损伤及具体比例。在 RDEC 和次数的关系图中，可见损伤曲线分为三个阶段：快速下降阶段、随后平稳阶段和迅速上升阶段。在初始阶段后会出现一个平稳的阶段，这就表明有稳定比例的能量转化为对混合料的损伤。

分析 RDEC 和 PV 的步骤如下：

①建立耗散能和加载次数的关系式。由于试验干扰，耗散能和加载次数的关系不能直接用于分析 RDEC 和计算 PV 值。用最佳拟合曲线对耗散能和加载次数进行拟合，一般疲劳试验用幂函数拟合，获取斜率 K 值。

②计算 RDEC。耗散能的拟合为幂函数 Ax^k，且试验数据的获取一般以一定的间隔采集，设间隔为 m 次，结合 RDEC 的计算公式，则第 n 次的耗散能变化率为：

$$RDEC_n = \frac{DE_{n+1} - DE_n}{DE_n} = 1 - \left(1 + \frac{m}{n}\right)^K \tag{8-24}$$

式中：$RDEC_n$——第 n 次的耗散能变化率；

m——数据采集间隔；

K——耗散能与次数拟合幂函数的系数；

其他符号意义同前。

③PV 值的计算。在能量变化率方法中，PV 定义为对应 50%劲度模量衰减处（即 N_{f50}）的 RDEC 值，表达式为：

$$PV = 1 - \left(1 + \frac{m}{N_{f50}}\right)^K \tag{8-25}$$

这样，PV 就取决于拟合的系数 K 和疲劳寿命 N_{f50}，而这两者通过试验很容易获取。使用此法，对获取的试验原始数据进行分析，使用 RDEC 的直接计算公式计算，结果如图 8-27 所示。

可见，对于以耗散能为基础的耗散能变化率 RDEC 并没有反映出下凹曲线，出现 PV 值。对耗散能和加载次数使用幂函数回归，得到 $K=-0.2289$，$R^2=0.88$，$N_{f50}=14490$。

按照 PV 的计算公式计算 PV 值为 0.001 259，与计算得到的 PV 值相差较大，可见通过回归反算 PV 并不能保证其准确性。而且既然 PV 能由含有 N_{f50} 的方程计算，那么 PV 与 N_{f50} 就必定有某种拟合关系。

但是，试验过程中的数据采集间隔 m 不是定值，开始间隔小，后面数据量大时就间隔更大地采集，一般是使用对数坐标等间隔采集，这样就给 PV 计算带来了不便。但耗散能变化率方法需对耗散能回归，易造成较大误差，且对于大应变不适用。

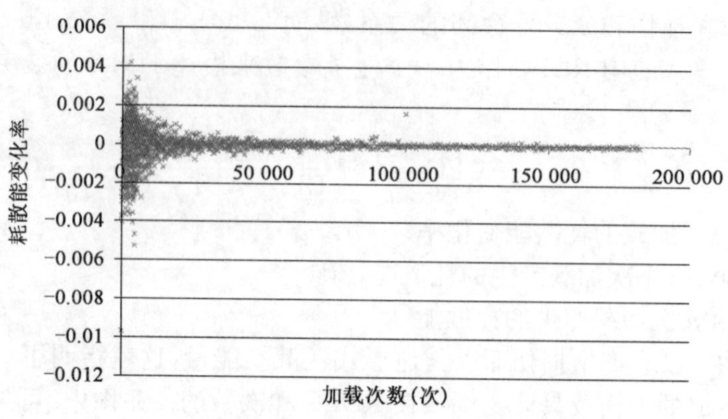

图 8-27　耗散能变化率

Carpenter SH 等认为疲劳试验中的加热可以看做对热拌沥青混合料的能量补充,可以增加混合料承受荷载的能力,同时修复了部分前期荷载作用的损伤。在间歇性加载过程中加热非常明显;加热可以看做间隙期后试件模量的增加。这种修复过程在加载过程中是持续的并在某种程度上表现。高应变水平下,加热的能量相比损伤能量很小,但在低应变水平下损伤能量比较小,可能接近加热产生的能量补充。某种沥青混合料产生特定数量级的加热潜力,这样如果加载较慢且加热能持续产生,就可能出现在某种应变水平下损伤能量与加热产生的能量相等,就没有损伤积累。尽管加载持续,还是可能存在某点,在这点处加热过程的动力学可能抵消加载造成的损伤,这样混合料就几乎没有损伤累积,疲劳寿命就延长了。加载应力位移变化见图 8-28。

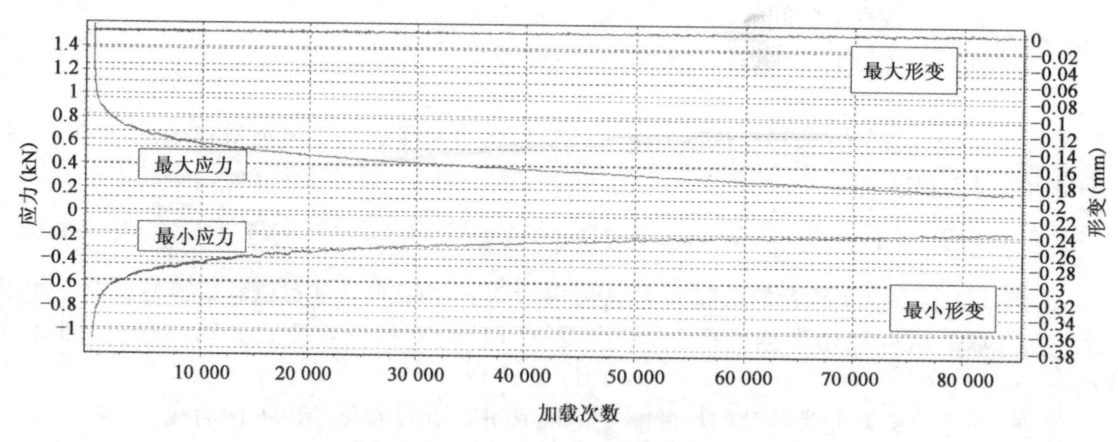

图 8-28　加载应力位移变化图

加载过程中的应力变化见图 8-29。从加载过程中力和位移变化可以看出,在加载的过程中,位移保持不变,但是加载的力在持续减小,总的输入能量逐渐减少。即随着加载过程的进行,加载对混合料输入的损伤能量逐渐减少。此趋势对低应变条件下的试验非常显著,随着加载过程的进行,试件弯曲劲度模量的变化缓慢甚至趋于平缓,难以达到第二个拐点。总输入能量 W_{in} 使用荷载和位移的乘积计算。

将每次荷载作用下试件的耗散能与总输入能量 W_{in} 对比，在荷载作用次数下趋势如图 8-30 所示。

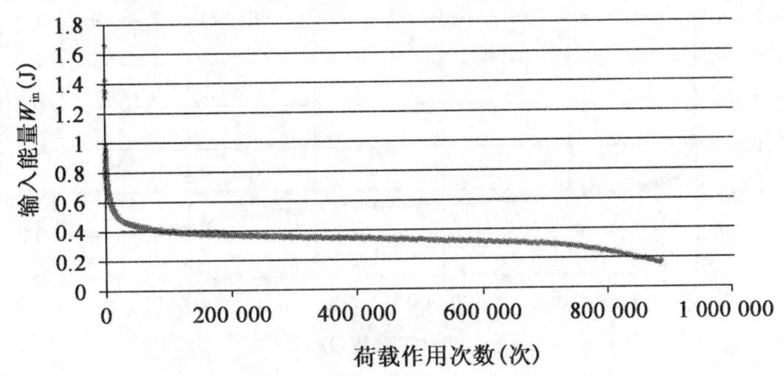

图 8-29　加载过程中应力应变图

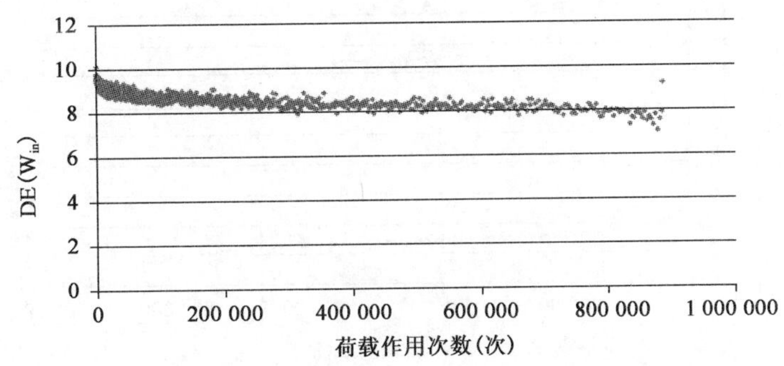

图 8-30　耗散能输入能量比与荷载作用次数图

分析图 8-30 也可看出三阶段，即初始阶段变化迅速，中间阶段平稳，末阶段变化加快，变化规律与劲度模量或者耗散能随荷载变化规律一致。在双对数坐标下，可见末阶段很明显的拐点。

(4)现象和拐点方法

在疲劳试验过程中，随着加载次数的增加，试件劲度模量的变化是分阶段的。劲度模量、劲度模量比与加载次数关系见图 8-31。对应疲劳试验，从图 8-31 可以看出，无论是劲度模量还是劲度模量与初始劲度模量的比值，两者在对次数的关系上显示出变化规律的一致性。试验可以分为三个阶段，开始阶段劲度模量急剧下降，中间阶段模量衰减缓慢，大致呈现线性趋势，末阶段劲度模量再次下降迅速，但相对初始阶段要缓和。在初始阶段，总作用次数6.6%(5.83 万次)的加载造成了 60%的劲度模量衰减，中间阶段约 10%的劲度模量衰减则对应总作用次数 73.4%的加载，而末阶段 20%的加载导致了 15%的模量衰减，这种不对称的荷载和劲度模量衰减势必反映在试样内部结构的变化上。

同时，从能量角度考虑，每个加载循环耗散能的变化趋势与上述分析一致。耗散能先急剧下降，继而平缓变化，最后又较快衰减，见图 8-32。

参照前期吴旷怀、Bowe 等的研究，考虑将劲度模量曲线进行拟合，以精确定位拐点位置。劲度模量与加载次数关系如图 8-33 所示。

模型汇总和参数估计值见表 8-26，拟合方程见表 8-27。

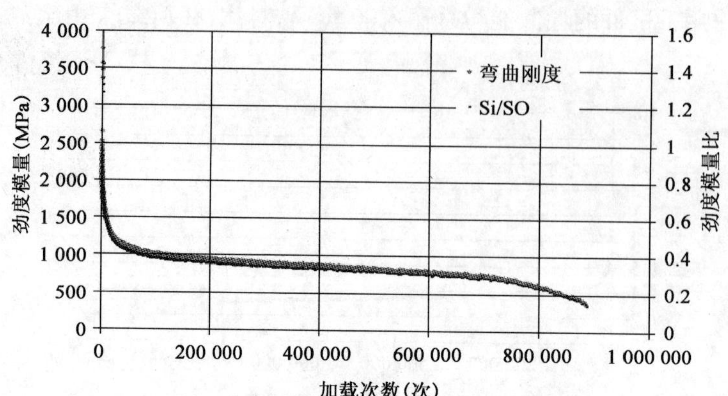

图 8-31　劲度模量、劲度模量比与加载次数关系图

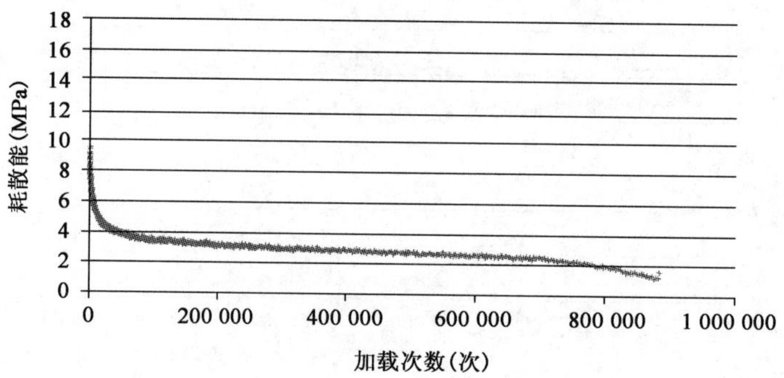

图 8-32　耗散能与加载次数关系图

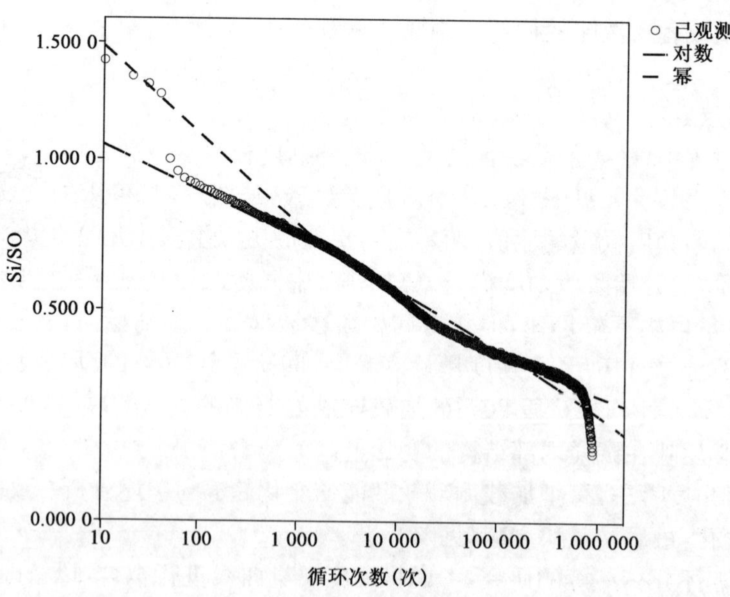

图 8-33　双对数坐标下劲度模量和加载次数关系图

模型汇总和参数估计值 表 8-26

方程	模型汇总					参数估计值	
	R^2	F	df1	df2	Sig.	常数	b1
线性	0.487	1 771.068	1	1 868	0.000	0.560	−5.361E−7
对数	0.969	58 276.716	1	1 868	0.000	1.221	−0.072
幂	0.964	50 297.091	1	1 868	0.000	2.078	−0.147
指数	0.643	3 369.196	1	1 868	0.000	0.549	−1.262E−6

拟 合 方 程 表 8-27

拟合曲线类型	方 程	相关系数 R^2
幂	$Y=2.077\,822\,362\,863\,319x^{-0.146\,842\,659\,738\,171\,8}$	0.964
对数	$Y=1.220\,940\,671\,217\,335-0.071\,893\,472\,547\,367\,71\lg(x)$	0.969
指数	$Y=0.549\,413\,851\,772\,480\,4e^{-1.261\,980\,799\,340\,817E-6}$	0.643

整体回归精度不是很高，而且难以区分各阶段。考虑分段回归，而后求交点。从劲度模量曲线上可见，基本上在前 50%下降很快，中间 40%～30%变化平缓，末段 25%至试验结束变化加快，考虑对这三段进行拟合。前 50%劲度模量拟合如表 8-28 和图 8-34 所示。

模型汇总和参数估计值 表 8-28

方程	模型汇总					参数估计值	
	R^2	F	df1	df2	Sig.	常数	b1
线性	0.667	1 621.794	1	811	0.000	0.744	−2.038E−5
对数	0.955	17 094.010	1	811	0.000	1.347	−0.087
复合	0.797	3 187.850	1	811	0.000	0.745	1.000
幂	0.970	26 197.960	1	811	0.000	1.746	−0.125
S	0.266	293.561	1	811	0.000	−0.467	16.071
增长	0.797	3 187.850	1	811	0.000	−0.294	−3.172E−5
指数	0.797	3 187.850	1	811	0.000	0.745	−3.172E−5
Logistic	0.797	3 187.850	1	811	0.000	1.342	1.000

中间 30%～40%部分拟合如表 8-29 和图 8-35 所示。

模型汇总和参数估计值 表 8-29

方程	模型汇总					参数估计值	
	R^2	F	df1	df2	Sig.	常数	b1
线性	0.954	11 739.263	1	567	0.000	0.395	−1.637E−7
对数	0.983	33 280.783	1	567	0.000	0.852	−0.041
幂	0.976	23 093.462	1	567	0.000	1.464	−0.116
指数	0.966	16 201.090	1	567	0.000	0.397	−4.720E−7

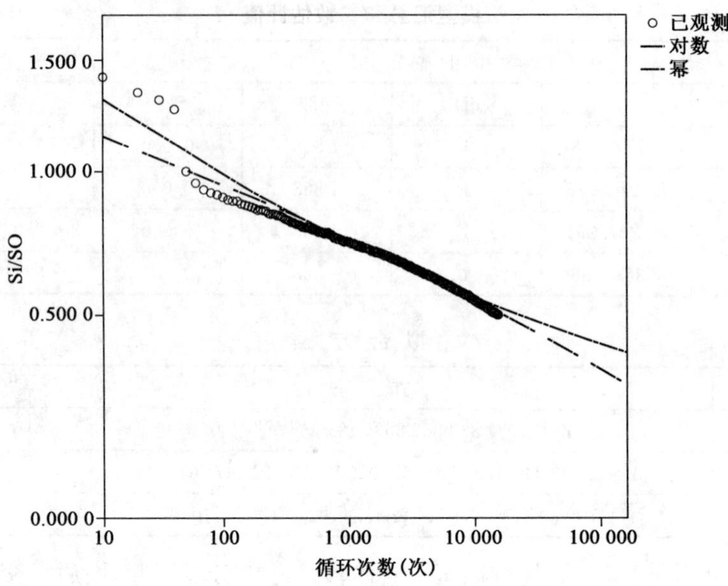

图 8-34　双对数坐标下劲度模量和加载次数关系图

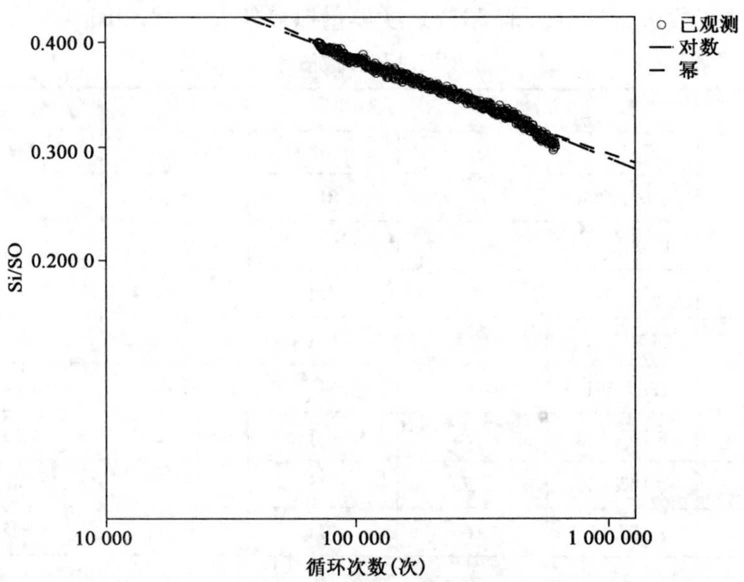

图 8-35　双对数坐标下劲度模量和加载次数关系图

末段 25%至试验结束拟合如表 8-30 和图 8-36 所示。

模型汇总和参数估计值　　表 8-30

方程	模型汇总					参数估计值	
	R^2	F	df1	df2	Sig.	常数	b1
线性	0.982	2 102.532	1	39	0.000	0.972	−9.247E−7
对数	0.978	1 741.254	1	39	0.000	10.644	−0.766
幂	0.954	818.034	1	39	0.000	1.876E22	−3.881
指数	0.961	952.101	1	39	0.000	9.881	−4.691E−6

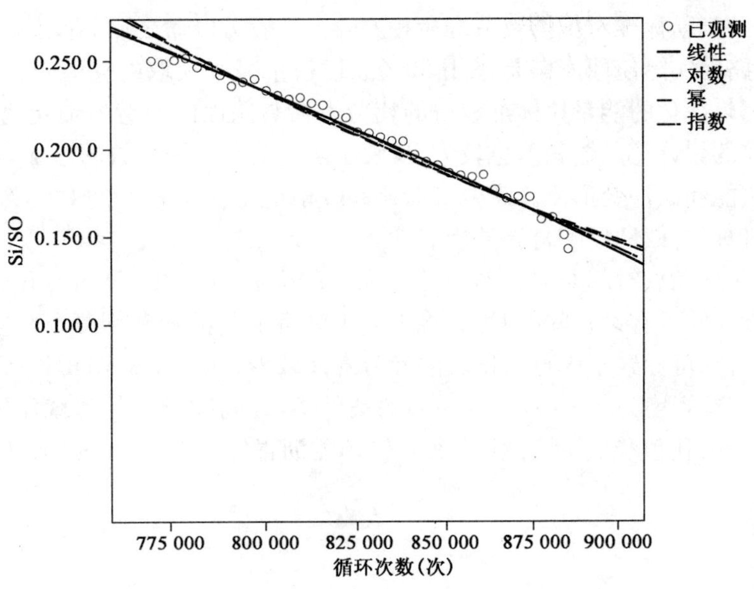

图 8-36 双对数坐标下劲度模量和加载次数关系图

对中段与末段线性回归，方程如表 8-31 所示。

拟 合 方 程 表 8-31

线 性 回 归	方 程	R^2
中段	Y=0.394 960 371 810 258 06−1.637 054 976 797 706 7E−7×X	0.954
末段	Y=0.971 772 309 108 490 7−9.246 911 905 488 586E−7×X	0.982

两条直线交点为 758 570，通过 NMpeak 获得的 N_f=779 230，交点与 NMpeak 的疲劳寿命相差 2.7%，差距很小说明拐点能够作为评价疲劳标准的工具。

(5)疲劳寿命不同判断方法的比较分析

选取一种橡胶沥青混合料的疲劳试验结果，如表 8-32 所示。

不同判断标准下疲劳寿命比较 表 8-32

试样号	1	2	3	4
应变水平(με)	1 300	1 300	1 100	1 300
初始劲度模量 S_{50}(MPa)	2 655.58	2 611.09	2 504.07	2 471.37
疲劳寿命 N_{50}，$S_{50\%}$标准(次)	9 830	22 960	41 150	19 440
N_{50}对应的累计耗散能 CDE_{50}(MPa)	55.696 31	120.896 9	148.266 6	97.334 28
疲劳寿命 N_{ER}，能量比标准(次)	94 040	179 880	400 000	290 000
N_{ER}对应的累计耗散能 CDE_{ER}(MPa)	315.829 2	672.951 7	1 006	879.397 2
疲劳寿命之比 N_{ER}/N_{50}	9.57	7.83	9.72	14.92
耗散能之比 CDE_{ER}/ CDE_{50}	5.67	5.57	6.79	9.03

可见,不同的判断标准对应的疲劳寿命相差较大。疲劳寿命之比 N_{ER}/N_{50} 在 5~15 之间。而有研究表明,路面实际使用寿命是采用 50%劲度模量减少获取的疲劳寿命的 5~20 倍,在某种程度上说明以简化的能量比标准获得的疲劳寿命与路面的疲劳寿命更为接近。同时,不同疲劳寿命对应的累计耗散能相差也较大,反映了随着荷载作用次数的增加,有更多的外力功转化为了材料热能和试件变形能。疲劳寿命比和耗散能之比有较好的对应关系,基本趋势相同,说明耗散能也可有效地反映材料的疲劳性能。

研究表明,荷载间歇时间对混合料疲劳寿命有较大影响。BROWN S F 认为由于室内疲劳试验的荷载脉冲间没有设置间歇时间,将不利于沥青材料的疲劳恢复。与实际道路受荷情况相比,无间歇时间可导致室内材料试验的疲劳寿命减少 80%;VAN DIJK 等试验也表明,在 10℃、200$\mu\varepsilon$、沥青针入度为 40~50(0.1mm)的条件下,当间歇时间与荷载作用时间的比值超过 1 时,疲劳寿命的比值稳定为 5;对于 25℃较稀的沥青针入度为 90~100(0.1mm),这个比值要大一些。

三、小结

通过试验,本章讨论了影响橡胶沥青混合料疲劳性能的一些因素,研究成果如下:

(1)随着针入度的不同,沥青混合料的疲劳寿命变化显著。针入度从 34.5 变化到 83 时,沥青黏度变化 0.8Pa·s,对应的各应变水平下混合料疲劳寿命变化达到 10 倍左右,但是针入度从 83 增大到 98 时,疲劳寿命反而有小幅度下降。针入度达到一定数值后,再次增大针入度则对疲劳寿命影响不大,过软的沥青成型的混合料疲劳试验数据不理想。

(2)增加沥青用量,能提高疲劳寿命,但是对于某种混合料,可能存在一个沥青用量,在该沥青用量下可获得疲劳性能和经济性的最佳协调。

(3)在不同应变水平下,疲劳寿命均随空隙率的增加而降低,且较低应变水平对空隙率变化更为敏感,随空隙率增加而下降迅速。空隙率对疲劳寿命的影响在较大应变水平时更明显。

(4)不同沥青用量的混合料,混合料疲劳寿命都随着应变水平的增加而降低。应变水平降低 400$\mu\varepsilon$,疲劳寿命增加 2~3 倍;应变降低 200$\mu\varepsilon$,疲劳寿命增加 1 倍左右。

(5)矿粉的使用能够较好地提高混合料的疲劳性能,而且添加矿粉,使得混合料对应变水平的敏感性降低。

(6)得出疲劳寿命与沥青用量、应力水平、空隙率的回归方程。

(7)分析比较了不同的疲劳试验判断标准,提出了可行的拐点法作为疲劳试验疲劳判断标准。

第五节　橡胶沥青应力吸收层和常用混合料比较

一、混合料疲劳性能比较

比较 STRATA、SAWF 以及普通改性沥青的疲劳寿命,通过疲劳寿命来评价其优劣。几种混合料疲劳寿命比较结果见表8-33。

几种常用混合料的疲劳寿命比较　　表8-33

类型 \ 指标	应变水平 (με)	弯曲劲度模量(MPa)	疲劳寿命(次)	累计耗散能 (MPa)	沥青用量 (%)	沥青针入度 (0.1mm)	动稳定度 (次/mm)
橡胶沥青	1 500	2 659	8 460	62	9	34.5	550
STRATA	1 500	1 044.38	331 130	875.369 3	9	99.5	293
SMA＋聚酯纤维	1 500	1 891.94	4 660	24.542 84	5.7	50	4 500
SMA＋木质素纤维	1 500	2 088.94	3 280	18.741 68	5.7	50	4 300
SAWI	1 500	956.105	444 045	990.123 3	9.1	75.5	＞1 000

混合料级配如表8-34所示。

混合料级配　　表8-34

筛孔尺寸(mm)	16	13.2	9.5	4.75	2.36	1.18	0.6	0.3	0.15	0.075
STRATA(%)	100	100.0	100.0	91.4	77.3	58.1	36.8	20.7	11.3	8.7
SMA(%)	100	94.7	63.4	26.1	17.7	17.6	14.6	12.6	11.4	9.6
SAWI(%)	100	98.8	91.7	75.8	58.4	58.3	36.8	22.8	14.3	7.9
橡胶沥青(%)	100	100	100	55	45	35	20.6	11.4	5.7	2

SMA使用0.3%的纤维(木质素或者聚酯纤维)和10%的矿粉，应力吸收防水层SAWF使用8.5%的矿粉。AC混合料使用规范规定的中间级配，采用合成级配。

从疲劳结果来看，使用沥青为SBS改性类的STRATA和SAWI疲劳寿命非常大，达到30～40万次，这与SBS改性沥青的网络结构、高弹性等性质有关。试验过程中也发现，SBS改性类应力吸收层试验易产生蠕变，从而使得疲劳试验得以长时间进行，对其疲劳使用时应该使用一定的折减系数。橡胶沥青混合料的疲劳寿命显著高于SMA混合料，且其成本较SBS相比有很大的优势，虽然疲劳寿命方面较低，但是仍不失为一种经济有效的方案。

二、应力吸收层高温稳定性控制研究

沥青混合料高温性能评价方法主要是车辙试验方法，标准试验条件下1h末的车辙深度及由此转换得出的相对变形(PRD)可以表征材料高温性能。作为应力吸收层，其厚度较薄，一般在2.5cm左右，主要延缓下部裂缝向上部传递，一般越软其延缓裂缝效果越好。但是此层过软则可能造成本身在交通荷载条件下产生较大变形，带动上部结构层的变形，产生较大的弯拉应变和应力，难以起到延缓裂缝的效果。对照沥青混凝土高温性能试验，选用动稳定度反映其高温稳定性。采用相同级配，混合料级配如图8-37所示。

各种混合料动稳定度试验结果如表8-35所示。

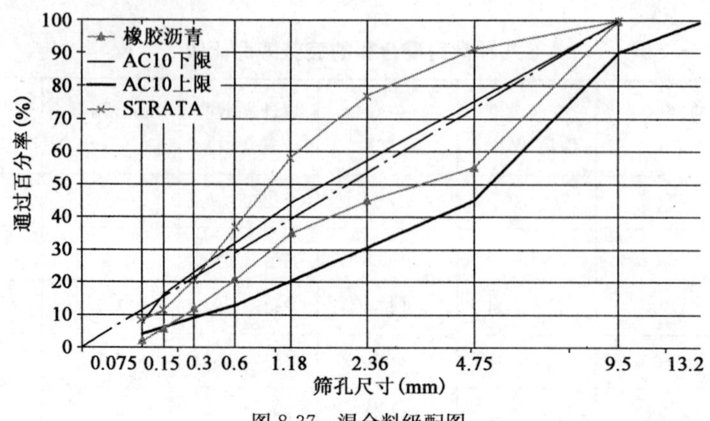

图 8-37 混合料级配图

混合料动稳定度结果 表 8-35

试样 \ 指标	动稳定度(次/mm)	沥青用量(%)	针入度(0.1mm)
STRATA	293	9	99
SAWI	>1 000	9.1	75.5
橡胶沥青 1	5 847	7.2	35
橡胶沥青 2	550.7	9	35
橡胶沥青 3	280	10	35
橡胶沥青 4	305	9	35
橡胶沥青 5	—	9	90
橡胶沥青 6	—	10	98
橡胶沥青 7	—	10	83

注：—表示超出量程，位移>25mm。

在较低的沥青用量条件下，橡胶沥青动稳定度较大，随着沥青用量的增加，动稳定度逐渐降低，在10%用量条件下与STRATA基本持平。沥青用量过低，则混合料表现较硬，延缓裂缝的效果将降低，而较软的混合料较好。但是，增加沥青的针入度后，混合料抵抗高温变形能力较弱，高温稳定性很差。分析原因，可能是颗粒与沥青界面浓度使得胶结料具有一定的结构沥青，而针入度较大时结构沥青间距离增加，变成自由团的分散型，从而对高温稳定性只能依靠沥青而不是沥青以及沥青与胶粉间交融来提供。对用作应力吸收层的沥青，需要规定其针入度指标，不能过高以防止高温车辙严重。

三、层间抗剪切性能比较

应力吸收层一般直接加铺在旧水泥路面上，其与旧路面的黏结性能必须保证能够经受荷载的作用而不产生滑移。路面力学研究表明，层间黏结对传递竖向和层间剪应力至关重要。加铺界面的剪切是由竖向力和水平力共同作用的，为了模拟这种应力条件，选取斜剪试验来评价加铺层与旧水泥路面的界面抗剪切能力。成型长宽高为300mm×300mm×50mm的水泥板，然后使用100mm高的双层车辙模具，在水泥板上直接填装沥青混合料后使用车辙成型仪成型试件。成型好的试件室内静置冷却至少1d,拆卸模具,将试件切割成长宽高为95mm×95mm×100mm的标准试件,每组3个有效试件。在MTS试验机上,使用加工的斜剪模具进行试验。试验温度选取室温,加载速率采用常用的50mm/min,试件剪切面与水平面夹角为40°,斜剪试验外观如图8-38所示。

图8-38 斜剪试验外观

通过斜剪试验比较不同的混合料与水泥混凝土的界面剪切强度。剪切强度的计算式为:

$$\tau = \frac{F \cdot \sin\theta}{S} \tag{8-26}$$

式中:τ——界面剪切强度,MPa;

F——施加荷载,kN;

θ——剪切面与水平面夹角,选取40°;

S——剪切面积,m^2。

选取橡胶沥青混合料、橡胶沥青添加不同掺量聚酯纤维、SMA混合料、橡胶沥青SAMI和STRATA应力吸收层进行比较。橡胶沥青使用前文应力吸收层的级配,选取7%,8%,9%的沥青用量条件;纤维掺量使用0.2%,0.4%,0.6%三个掺量(9%沥青用量固定);SMA选用常用级配和5.4%的沥青用量;SAMI使用3kg/m^2的沥青洒布量和20kg/m^2的10~15mm档集料用量,集料用基质沥青按0.5%的油石比预裹附;STRATA应力吸收层使用前文级配和沥青用量。试验结果见表8-36。

不同混合料见面剪切强度比较 表8-36

混合料类型	界面剪切强度(MPa)
橡胶沥青7	1.855
橡胶沥青8	1.845
橡胶沥青9	1.59
橡胶沥青+0.2%纤维	2.5
橡胶沥青+0.4%纤维	1.66
橡胶沥青+0.6%纤维	1.967
SAMI	0.603
SMA	0.655
STRATA	1.775

由上表可看出,对于橡胶沥青混合料,随着沥青用量的增加,混合料与水泥试块界面剪切强度逐渐降低。沥青混合料加铺在水泥板上并压实后,沥青混合料与基底表面紧密接触,两者层间的抗剪强度来源于沥青混合料中集料与基底的摩擦力及沥青的黏结力。由于所用橡胶沥青混合料中细集料较多,集料与底层接触面积较大,在剪切试验时产生的摩擦力比例超过橡胶沥青与基底的黏结力。随着沥青用量的增加,沥青与水泥试件的接触面积增加,而集料与水泥

试件的接触面积减少，使得抗剪强度出现下降趋势。对于添加纤维，使得沥青与水泥试件、集料与水泥试件的接触位于网状加筋包裹下，增加了其抗剪强度。纤维用量的变化，表现出一个较好的使用范围，本例在0.2%的用量条件下抗剪强度最大，加筋作用最明显。随着纤维用量的增加，纤维吸油造成沥青减少，吸油后纤维的光滑润滑作用使抗剪强度下降，但是继续增加则使得吸油后纤维润滑作用下降，抗剪强度出现轻微增加。同时分析可见，SAMI和SMA的界面剪切强度仅为橡胶沥青的1/2～1/3，STRATA的抗剪强度与8%沥青用量下的橡胶沥青混合料相当，但橡胶沥青中添加合适纤维能够显著提高抗剪强度。

从高温、疲劳和层间抗剪切方面比较可见，橡胶沥青混合料有较好的疲劳性能、一定的高温抗车辙性能和很好的层间抗剪切强度，同时其成本低廉，是一种经济有效的方案。

四、小结

从疲劳寿命、高温稳定性和层间抗剪切性能三个方面出发，比较橡胶沥青混合料和常见混合料及应力吸收层的性能。得出的结论如下：

(1)SBS改性沥青混合料疲劳寿命优异，但是存在蠕变的风险，且疲劳寿命需要折减；橡胶沥青混合料的疲劳性能较好。

(2)10%沥青用量下的橡胶沥青混合料动稳定度与STRATA相当，约300次/mm，而SAWI动稳定度超过1 000次/mm；橡胶沥青针入度过大会导致动稳定度极大降低，应控制其针入度以防高温车辙严重。

(3)橡胶沥青层间抗剪切性能优异，在各种混合料中最优；STRATA层间抗剪切性能和8%橡胶沥青混合料相当，添加0.2%纤维能够显著提高橡胶沥青混合料的抗剪切性能；沥青用量变化使得抗剪切性能下降；SAMI和SMA的界面剪切强度为橡胶沥青的1/3～1/2。

(4)橡胶沥青混合料的疲劳性性能、高温抗车辙性能和层间抗剪切强度三方面较为平衡，同时其成本低廉，是一种经济有效的方案。

本章参考文献

[1] 中华人民共和国交通运输部. 2008年公路水路交通运输行业发展统计公报[Z]. 2008.

[2] 薛忠军，王佳妮，谭忆秋. 应力吸收防水黏结层的抗反射裂缝性能[J]. 华南理工大学学报(自然科学版)，2008，36(10).

[3] 顾强康，冷培义. 水泥混凝土道面上沥青加铺层反射裂缝试验研究[J]. 中国公路学报，1991，12(1).

[4] 张肖宁，邹桂莲，贺志勇. 沥青混合料抵抗反射裂缝能力的评价方法研究[J]. 华南理工大学学报(自然科学版)，2001，29(7).

[5] Fatigue Response of Asphalt-Aggregate Mixes[R]. Strategic Highway Research Program, 1994.

[6] 廖卫东，陈拴发，刘刚. 疲劳荷载下沥青加铺层抗反射裂缝试验研究[J]. 武汉理工大学学报，2005，27(12).

[7] 李祖仲，陈拴发，张登良，等. 应力吸收层沥青混合料的路用特性[J]. 长安大学学报(自

然科学版)，2008,28(2).

[8] Corum D K. Designing asphaltic concrete mixes which are more readily compacted[J]. Asphalt Paving Technology，1990,59.

[9] 汤文，盛晓军，孙立军. 应力吸收层沥青混合料性能研究[J]. 建筑材料学报，2009,12(2).

[10] 杨斌，陈拴发，廖卫东，等. STRATA应力吸收层对加铺层荷载及温度应力的影响分析[Z]. 2005,22.

[11] Kim J B W. Analysis of reflective crack control system involving reinforcing grid over base-isolating interlayer mixture[J]. Journal of Transportation Engineering-ASCE，2002,128(4):375-384.

[12] Momsmitll C L. Fracture characteristics of asphalt concrete[C]//Association of Asphalt Paving Technologists，1971.

[13] Pell P S. Characterization of Fatigue Behavior-Special report 140:Structural Design of Asphalt Concrete Paving System to Pavement Fatigue Cracking[R]. National Research Council，1973.

[14] Van Dijk W. The energy approach to fatigue for pavement design[C]//Association of Asphalt Paving Technologists，San Antonio，TX，1977.

[15] Monismith C L，Epps J A，Finn F N. Improved asphalt mix design[C]//Association of Asphalt Paving Technologists，1985.

[16] Geoffrey M. Rowe M G B. Improved Techniques to Evaluate the Fatigue Resistance of Asphaltic Mixtures：Proceedings of 2nd Eurasphalt and Eurobitume Congress Barcelona 2000，UK，2000.

[17] SHEN S. Dissipated Energy Concepts for HMA Performance Fatigue and Healing[D]. Urbana，Illinois：University of Ilinois at Urbana-Champaign Civil Engineering in the Graduate College，2006.

[18] Ghuzlan K A，Carpenter S H. Fatigue Damage Analysis in Asphalt Concrete Mixtures Using the Dissipated Energy Approach[J]. Canadian Journal of Civil Engineering，2006,33:890-901.

[19] 张婧娜，谭忆秋，张肖宁. 应用能量原理预测沥青混合料的疲劳破坏[J]. 中国公路学报，1998,11(4):11-17.

[20] 黄卫，邓学钧，Monismith C. L. 能量方法分析沥青混合料的疲劳特性[J]. 中国公路学报，1994,7(3):23-28.

[21] 田小革，郑健龙，许志鸿，等. 低加载频率下沥青混合料的疲劳效应[J]. 中国公路学报，2002,15(1):19-21.

[22] 田小革，郑健龙，许志鸿. 沥青混合料的低频疲劳效应研究[J]. 力学与实践，2002,24:34-36.

[23] 刘伟民，黄晓明. 基于耗散能原理的沥青混合料疲劳特性分析[J]. 河南科技大学学报(自然科学版)，2006,27(2):23-25.

[24] 吴旷怀. 大样本条件下沥青混合料疲劳试验研究[D]. 广州:华南理工大学, 2006.

[25] 郑俊杰, 阳晏. STRATA应力吸收层在我国的首次应用[J]. 公路交通科技, 2003,20(3).

[26] 邢明亮, 梁孝忠, 陈拴发, 等. SAF应力吸收层在旧水泥混凝土路面加铺中的应用[J]. 辽宁省交通高等专科学校学报, 2006,8(4).

[27] Blankenship P, Iker N, Drbohlav J. Interlayer and Design Considerations to Retard Reflective Cracking: 2003 Annual Meeting of the Transportation Research Board, 2002.

[28] 马卫民, 刘红, 许志鸿. 集料级配对沥青混合料空隙率的影响[J]. 华东公路, 2000(4): 3-4.

[29] 李艳春, 岩孟, 周骊巍, 等. 沥青混合料空隙率影响因素的灰关联度分析[J]. 中国公路学报, 2007,20(1):30-34.

[30] 许志鸿, 刘红, 王宇辉, 等. 细集料对沥青混合料性能的影响[J]. 中国公路学报, 2001(S1).

[31] 吴平, 崔鹏, 谢军. APA沥青混合料疲劳性能试验研究[J]. 中外公路, 2003(1):86-89.

[32] 周志刚, 谢军, 崔鹏. 加筋沥青混凝土梁式试件的APA弯曲疲劳试验研究[J]. 公路交通科技, 2005(3):24-27.

[33] Hugo F. Expanded Overview of National and International Application of the Mobile Load Simulator: SA APT meeting, 2006.

[34] Hugo F, Eben. R De Vos, Tayob H. MMLS3 and MLS10 APT trafficking on cement stabilized sand base material performance[R]. 2007.

[35] 许志鸿, 李淑明, 高英, 等. 沥青混合料疲劳性能研究[J]. 交通运输工程学报, 2001(01).

[36] 吴旷怀, 张肖宁. 相同条件下大样本沥青混合料的疲劳性能[J]. 华南理工大学学报(自然科学版), 2007,35(7):31-36.

[37] 高川. 橡胶沥青混合料疲劳性能研究[D]. 上海: 同济大学, 2008.

[38] 黄卫东, 高川, 李昆. 橡胶沥青混合料疲劳性能影响因素研究[J]. 同济大学学报(自然科学版), 2009(12):1608-1614.

[39] 张肖宁. 沥青与沥青混合料的黏弹力学原理及应用[M]. 北京: 人民交通出版社, 2005.

[40] Zhou F, Hu S, Scullion T, et al. Development and Verification of the Overlay Tester Based Fatigue Cracking Prediction Approach: AAPT 2007, San Antonio, Texas, 2007.

[41] Hopman P C, C K P A J, Pronk A. C. A. A Renewed Interpretation Method for Fatigue Measurement, Verification of Miner's Rule: 4th Eurobitume Symposium, 1989.

第九章　温拌橡胶沥青混合料技术研究

内容提要：本章介绍温拌橡胶沥青混合料设计与施工方法，并对其环境影响进行评价。

第一节　概　　述

将废旧橡胶粉用于公路建设，可以改善沥青混凝土的使用性能、延长沥青路面的使用寿命和降低轮胎与路面的振动噪声，而且有利于废旧产品的再生利用、有益于环境保护，但由于橡胶粉的自身特性，橡胶聚合物的产生使沥青混合料比较黏稠，难以施工，因而必须提高沥青加热温度。这样不仅会导致沥青的老化，影响路面使用性能，也会产生大量的硫化高温废气，造成一定的环境污染。

Eurovia 的研究结果表明，沥青混合料的拌和温度降低 30℃（54 ℉），则其生产时的燃料消耗可以节约 30%。为了降低热拌橡胶沥青混合料的环境污染和能源消耗，采用温拌橡胶沥青混合料代替传统的热拌橡胶沥青混合料将是一个很好的改善思路。温拌沥青混合料拌和温度的降低会极大地减少生产混合料时的能源消耗，这对于我国这样公路建设规模庞大而能源短缺的国家而言，具有巨大的社会经济效益；而且全球气候变暖日趋明显，全世界投入大量的人力物力努力减少 CO_2 排放量，采用温拌沥青混合料，代替传统的热拌沥青混合料无疑会产生巨大的社会效益。

本章主要研究内容为，通过对橡胶粉沥青混合料掺加温拌剂后的性能指标变化来验证其可行性，并完成一种温拌橡胶沥青混合料的设计和试验段的施工。针对这种温拌技术，对温拌橡胶沥青混合料与热拌橡胶沥青混合料废气排放量进行对比。

第二节　混合料设计

采用伦特 70 号基质沥青，分别内掺 18.5%20 目和 30 目的橡胶粉制备改性橡胶沥青。70 号基质沥青及橡胶沥青检测结果见表 9-1～表 9-3。

矿料级配的选择采用如下原则：

（1）级配范围不超出 AR-AC-13 型沥青混合料的级配要求。

（2）级配以中值为参考，适当偏粗，以使路面美观，抗车辙。

70 号基质沥青性能指标检测结果 表 9-1

检验项目		检测结果	试验方法
针入度(25℃,100g,5s)(0.1mm)		77	T 0604
针入度指数 PI		−0.092 6	
软化点(R&B)(℃)		50.0	T 0606
60℃动力黏度(Pa·s)		307	T 0620
溶解度(%)		99.76	T 0607
闪点(COC)(℃)		297	T 0611
蜡含量(蒸馏法)(%)		1.1	T 0615
密度(g/cm³)		1.034	T 0603
延度(5cm/min,15℃)(cm)		>100	T 0605
延度(5cm/min,10℃)(cm)		62	
薄膜加热试验(163℃,5h)	质量变化(%)	−0.15	T 0609
	残留针入度比(%)	65	T 0604
	残留延度(10℃)(cm)	8	T 0605

20 目橡胶沥青指标检测结果 表 9-2

检验项目	检测结果	试验方法
针入度(0.1mm)	30	T 0604
软化点(R&B)(℃)	78	T 0606
密度(g/cm³)	1.048	T 0603
177℃黏度(Pa·s)	3.8	T 0625
弹性恢复(%)	86	T 0662

30 目橡胶沥青指标检测结果 表 9-3

检验项目	检测结果	试验方法
针入度(0.1mm)	44	T 0604
软化点(R&B)(℃)	68	T 0606
密度(g/cm³)	1.041	T 0603
177℃黏度(Pa·s)	3.3	T 0625
弹性恢复(%)	85	T 0662

AR-AC-13 型沥青混合料级配要求如表 9-4 所示。

AR-AC-13 型沥青混合料级配要求(不含外掺剂) 表 9-4

筛孔尺寸(mm)	16.0	13.2	9.5	4.75	2.36	1.18	0.6	0.3	0.15	0.075
上限(%)	100	100	80	42	22	—	—	—	—	3
下限(%)	100	80	55	25	14	—	—	—	—	0

根据以上原则，采用3个比选级配，3个级配的4.75mm通过百分率均为32%左右。对3个比选级配2.36mm的通过百分率进行变化，其通过率分别为16%、19%、22%，温拌混合料将空隙率在5%左右的级配确定为最佳级配。

工程经验暂定油石比为7.5%，将混合料空隙率接近5%的级配定为最佳级配，确定的最佳级配见表9-5。

矿料合成级配 表9-5

项目	各筛孔(mm)通过率(%)									
	16	13.2	9.5	4.75	2.36	1.18	0.6	0.3	0.15	0.075
AR-AC-13型级配	100	88.9	60.4	32.2	19.0	13.8	7.9	5.3	4.1	3.6
级配范围	100	80	55	25	14	—	—	—	—	0
	100	100	80	42	22	—	—	—	—	3

分别采用20目和30目的橡胶粉与70号基质沥青进行掺配，按最佳油石比进行沥青混合料的性能试验。试验结果如表9-6所示。

温拌橡胶沥青混合料与热拌橡胶沥青混合料性能对比 表9-6

混合料类型	橡胶粉目数	动稳定度(次/mm)	低温弯曲应变(με)	冻融劈裂强度比(%)	残留稳定度(%)
温拌	20目	4 437	2 940	87.5	94.2
	30目	3 175	3 133	89.6	92.9
热拌	20目	4 132	2 845	86.1	93.7
	30目	2 875	3 201	87.5	90.4

从试验结果看，橡胶粉沥青混合料掺加温拌剂后的性能完全能满足《公路沥青路面施工技术规范》(JTG F40—2004)的技术要求，而且混合料的试验温度与不掺加温拌剂的相比降低了将近40℃。不仅有利于环保，更有利于施工。

第三节 AR-AC-13型温拌橡胶沥青混合料试验路

采用上节设计，课题组在石家庄石环公路(省道101)K65+610～K66+391右幅，用AR-AC-13型级配和70号基质沥青，于2008年5月铺设了世界上第一条温拌橡胶沥青试验路。

一、材料

基质沥青性能指标检测结果如表9-7所示。

采用20目的橡胶粉，橡胶粉与沥青的比例为18.5∶81.5。橡胶沥青指标检测结果如表9-8所示。

70 号基质沥青性能指标检测结果 表 9-7

检验项目		检测结果	规范要求	试验方法
针入度(25℃,100g,5s)(0.1mm)		77	60~80	T 0604
针入度指数 PI		−0.092 6	−1.5~+1.0	
软化点(R&B)(℃)		50.0	≥46	T 0606
60℃动力黏度(Pa·s)		307	≥180	T 0620
溶解度(%)		99.76	≥99.5	T 0607
闪点(COC)(℃)		297	≥260	T 0611
蜡含量(蒸馏法)(%)		1.1	≤2.2	T 0615
密度(g/cm³)		1.034	实测	T 0603
延度(5cm/min,15℃)(cm)		>100	≥100	T 0605
延度(5cm/min,10℃)(cm)		62	≥20	
薄膜加热试验(163℃,5h)	质量变化(%)	−0.15	±0.8	T 0609
	残留针入度比(%)	65	≥61	T 0604
	残留延度(10℃)(cm)	8	≥6	T 0605

橡胶沥青指标检测结果 表 9-8

检验项目	检测结果	设计要求	试验方法
针入度(25℃,100g,5s)(0.1mm)	30	≥25	T 0604
软化点(R&B)(℃)	78	≥54	T 0606
密度(g/cm³)	1.048	实测	T 0603
177℃黏度(Pa·s)	3.8	1.5~4.0	T 0625
弹性恢复(%)	86	≥55	T 0662

二、配合比设计

为确定沥青混合料的最佳配合比,根据亚利桑那州技术规范规定的矿料级配范围,对AR-AC-13型沥青混合料调整 3 种级配进行马歇尔试验,矿料级配结果如表 9-9 所示,分别记为 1 号、2 号、3 号。

矿 料 级 配 表 9-9

项 目	各筛孔(mm)通过率(%)									
	16	13.2	9.5	4.75	2.36	1.18	0.6	0.3	0.15	0.075
1 号级配	100	88.9	60.4	32.1	16.0	11.2	6.5	4.6	3.7	3.2
2 号级配	100	88.9	60.4	32.2	19.0	13.8	7.9	5.3	4.1	3.6
3 号级配	100	88.9	60.4	32.3	22.0	16.4	9.3	6.0	4.5	3.9
级配范围	100	80	55	25	14	—	—	—	—	0
	100	100	80	42	22	—	—	—	—	3

以上 3 种级配分别进行马歇尔试验，油石比采用 7.5%，双面各击实 75 次。试验结果见表 9-10。

AR-AC-13 沥青混凝土马歇尔试验结果 表 9-10

级配编号	击实指标						
	毛体积相对密度	最大理论相对密度	空隙率（%）	饱和度（%）	矿料间隙率（%）	稳定度（kN）	流值（mm）
1号	2.369	2.508	5.5	73.0	20.5	10.4	3.7
2号	2.387	2.506	4.8	76.0	19.8	8.9	3.2
3号	2.419	2.504	3.4	81.7	18.6	6.9	3.1

从表 9-10 的试验结果分析，以空隙率接近 5% 的级配作为最佳级配，2 号级配为最佳级配。

三、沥青混合料性能评价

1. 水稳定性检验

为了检验设计沥青混合料的水稳定性能，进行最佳沥青用量下的浸水马歇尔试验和冻融劈裂试验，试验结果见表 9-11 和表 9-12。

浸水马歇尔稳定度试验结果 表 9-11

混合料类型	非条件(0.5h)			条件(48h)			残留稳定度 S_0（%）	要求（%）
	空隙率（%）	马歇尔稳定度（kN）	流值（mm）	空隙率（%）	浸水马歇尔稳定度（kN）	流值（mm）		
AR-AC-13	5.0	8.77	2.2	4.9	8.78	4.6	94.2	≥85
	4.9	8.25	2.5	5.0	8.13	6.0		
	4.8	9.95	2.7	5.1	8.52	5.3		
	5.0	8.26	2.4	5.0	7.75	3.0		

冻融劈裂试验结果 表 9-12

混合料类型	非条件(0.5h)		条件(48h)		劈裂强度比（%）	要求（%）
	空隙率（%）	冻融劈裂强度（MPa）	空隙率（%）	冻融劈裂强度（MPa）		
AR-AC-13	5.2	0.80	5.5	0.64	82.5	≥80
	5.4	0.82	5.5	0.68		
	5.5	0.79	5.4	0.67		
	5.4	0.79	5.6	0.66		

2. 高温稳定性检验

在最佳级配下进行高温稳定性检验，动稳定度试验结果汇总于表 9-13。

最佳油石比下的高温性能检验 表 9-13

混合料类型	油石比(%)	动稳定度(次/mm)				
		1	2	3	平均	要求
AR-AC-13	7.5	4 161	4 493	4 657	4 437	—

3. 结论

经过水稳定性和高温稳定性的检测，AR-AC-13 型沥青混合料满足规范要求。油石比为 7.5%，空隙率为 4.8%，矿料间隙率为 19.8%，标准毛体积密度为 2.387 g/cm³。

四、生产配合比

表 9-14～表 9-16 为生产配合比的热仓料筛分结果、热仓料掺配比例以及矿料级配。

热仓料筛分结果 表 9-14

筛孔直径(mm)	通 过 率(%)			
	11～20	7～11	3～7	0～3
19	100	—	—	—
16	97.9	—	—	—
13.2	68.1	100	—	—
9.5	3.5	92.2	100	100
4.75	0.5	2.3	55.5	99.3
2.36	—	0.5	1.2	69.8
1.18	—	—	0.6	52.9
0.6	—	—	0.5	28.0
0.3	—	—	—	10.9
0.15	—	—	—	6.3
0.075	—	—	—	4.0

热仓料掺配比例 表 9-15

集料粒径(mm)	11～20	7～11	3～7	0～3
1 号级配(%)	39	22	17	22
2 号级配(%)	39	26	8	27
3 号级配(%)	39	28	2	31

矿 料 级 配 表 9-16

项 目	各筛孔(mm)通过率(%)									
	16	13.2	9.5	4.75	2.36	1.18	0.6	0.3	0.15	0.075
1 号级配	99.2	87.6	60.6	32.0	15.9	12.0	6.6	2.8	1.8	1.3
2 号级配	99.2	87.6	60.3	32.0	19.3	14.7	7.9	3.3	2.1	1.4
3 号级配	99.2	87.6	60.2	32.7	22.0	16.7	9.0	3.7	2.3	1.6
级配范围	100	80	55	25	14	—	—	—	—	0
	100	100	80	42	22	—	—	—	—	3

以上 3 种级配分别进行马歇尔试验，油石比采用 7.5%，双面各击实 75 次，试验结果见表 9-17。

AR-AC-13 沥青混凝土马歇尔试验结果 表 9-17

级配编号	击实指标						
	毛体积相对密度	最大理论相对密度	空隙率（%）	饱和度（%）	矿料间隙率（%）	稳定度（kN）	流值（mm）
1号	2.350	2.518	6.7	68.6	21.0	8.0	3.0
2号	2.369	2.516	5.8	71.2	20.3	7.7	3.3
3号	2.391	2.513	4.9	75.0	19.4	6.8	3.5

从表 9-17 的试验结果分析，按照空隙率在 5%左右的级配为最佳级配来判断，3 号级配为最佳级配。

五、施工

该级配试验段施工时间为 2008 年 5 月 5 日下午，生产过程为：集料干拌→加入橡胶粉改性的 70 号沥青→喷洒温拌剂→搅拌。拌和时间为 60s 左右，矿料加热温度为 145℃左右，沥青加热温度为 150℃左右，拌和结束后沥青混合料的温度基本为 135℃左右，满足温拌沥青混合料 125～140℃的温度要求。现场摊铺时摊铺机为整幅作业。现场温拌沥青混合料的温度基本控制在 130℃左右，摊铺机摊铺及碾压速度设定为 1.0m/min。实际施工过程中，基本能保持在 1.0m/min左右。温拌橡胶沥青混合料出料情况如图 9-1 所示。

图 9-1 温拌橡胶沥青混合料出料情况

六、试验段质量检测

试验路质量检测包括温拌沥青混合料的抽提筛分、现场压实度、渗水系数、摩擦系数、纹理构造深度、动稳定度等。试验检测结果如表 9-18～表 9-23 所示。

AR-AC-13 级配试验路温拌沥青混合料抽提筛分试验结果 表 9-18

项目	油石比	16mm	13.2mm	9.5mm	4.75mm	2.36mm	1.18mm	0.6mm	0.3mm
第一次(%)	—	100	82.1	60.7	28.8	21.3	15.2	8.9	5.2
第二次(%)	—	100	87.4	61.2	30.1	19.4	14.6	10.3	6.1
平均(%)	—	100	84.8	61.0	29.5	20.4	14.9	9.6	5.7

AR-AC-13 级配试验路温拌沥青混合料压实度检测结果 表 9-19

桩号	厚度(mm)	实测密度(g/cm³)	标准密度(g/cm³)	压实度(%)
K65+840	40	2.422	2.391	101.3
K65+980	50	2.413	2.391	100.9

AR-AC-13 级配试验路温拌沥青混合料渗水系数检测结果　　表 9-20

桩　号	位置(m)	读数时间(min)	渗水量(mL)	渗水系数(mL/min)
K65+695	距边 2.0	3	160	53.3
K65+695	距中 6.0	3	0	0
K65+695	距中 1.5	3	0	0
K65+900	距边 1.0	3	290	96.7
K65+900	距中 7.0	3	30	10
K65+900	距中 1.5	3	0	0
K66+050	距边 2.0	3	280	93.3
K66+050	距中 6.0	3	0	0
K66+050	距中 1.5	3	0	0
K66+300	距边 1.5	3	270	90
K66+300	距中 1.5	3	0	0

AR-AC-13 级配试验路温拌沥青混合料摩擦因数检测结果　　表 9-21

桩号	位　置(m)	摩 擦 因 数(BPN)					平均值
		1	2	3	4	5	
K65+695	距边 2.0	69	68	68	68	68	68
K65+695	距中 6.0	62	62	62	62	62	62
K65+695	距中 1.5	60	60	62	62	62	61
K65+900	距边 1.0	72	72	72	74	74	73
K65+900	距中 7.0	64	64	64	654	64	64
K65+900	距中 1.5	69	69	69	69	69	69
K66+050	距边 2.0	70	70	70	70	70	70
K66+050	距中 6.0	62	62	62	62	62	62
K66+050	距中 1.5	64	64	64	64	64	64
K66+300	距中 6.0	60	60	60	60	60	60
K66+300	距中 1.5	70	70	70	70	70	70

AR-AC-13 级配试验路温拌沥青混合料纹理构造深度检测结果　　表 9-22

桩　号	位置(m)	平均直径(mm)	构造深度 (mm)
K65+695	距边 2.0	190.0	0.88
K65+695	距中 6.0	192.5	0.86
K65+695	距中 1.5	220.0	0.66
K65+900	距边 1.0	207.5	0.74
K65+900	距中 7.0	225.0	0.63
K65+900	距中 1.5	180.0	0.98
K66+050	距边 2.0	190.0	0.88

续上表

桩　号	位置(m)	平均直径(mm)	构造深度(mm)
K66+050	距中 6.0	207.5	0.74
K66+050	距中 1.5	190.0	0.88
K66+300	距中 6.0	185.0	0.93
K66+300	距中 1.5	250.0	0.51

AR-AC-13 级配试验路温拌沥青混合料动稳定度试验结果　　表 9-23

混合料类型	油石比(%)	动稳定度(次/mm)				
		1	2	3	平均	要求
AR-AC-13(60℃)	7.5	4 161	3 453	3 513	3 709	—
AR-AC-13(65℃)	7.5	3 232	3 355	3 018	3 202	—

橡胶沥青混合料具有良好的高温性能、低温性能和降噪功能，并且可以废物利用，保护环境。但是其生产过程中拌和、压实温度高，而且排放大量的废气和粉尘，环境污染严重，因而限制了橡胶沥青混合料的应用。温拌橡胶沥青技术的成功应用，将有助于在橡胶改性沥青混合料的大面积推广应用。

七、试验路调查

2009 年 9 月课题组对石环试验路进行了外观调查，结论为：外观与正常路段无区别，无裂缝、车辙、坑槽修补情况。

第四节　环境影响评价

为验证温拌沥青混合料对环境的污染程度，对温拌 AC-13 SBS 改性沥青混合料试验路和温拌 AR-AC-13 橡胶沥青混合料试验路拌和站及摊铺现场进行了环境监测。监测内容包括可吸入颗粒物、二氧化硫、二氧化氮、二氧化碳、一氧化碳、一氧化氮。

一、可吸入颗粒物 PM10

检测方法参照《固定污染源排气中二氧化硫的测定　定电位电解法》(HJ/T 57—2000)。PM10 对比结果见表 9-24 和图 9-2。

可吸入颗粒物 PM10 对比结果　　表 9-24

测点名称	测点位置	混合料类型	PM10 监测结果($\times10^{-6}$mg/m^3)
沥青拌和站	距离下风口 5m 处	温拌橡胶沥青 AR-AC-13 混合料	0.05
		热拌橡胶沥青 AR-AC-13 混合料	0.07
路面摊铺现场	摊铺机上	温拌橡胶沥青 AR-AC-13 混合料	0.03
		热拌橡胶沥青 AR-AC-13 混合料	0.05

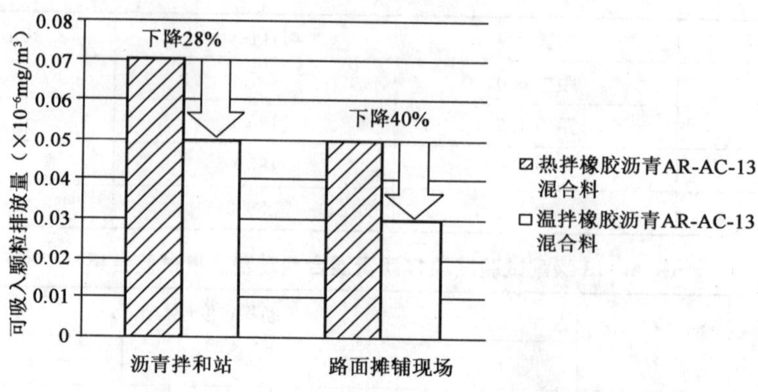

图 9-2　可吸入颗粒物 PM10 对比图

从试验结果分析，在沥青拌和站，距离下风口 5m 处，温拌橡胶沥青的可吸入颗粒相对热拌沥青混合料降低 28%；在施工现场，温拌橡胶沥青的可吸入颗粒相对热拌沥青混合料降低 40%。

二、二氧化硫

检测方法参照《固定污染源排气中二氧化硫的测定　定电位电解法》（HJ/T 57—2000）。二氧化硫排放结果见表 9-25 和图 9-3。

二氧化硫排放对比　　表 9-25

测点名称	测点位置	混合料类型	SO_2 监测结果（$\times10^{-6}$mg/m^3）
沥青拌和站	烟道中心	温拌橡胶沥青 AR-AC-13 混合料	23
		热拌橡胶沥青 AR-AC-13 混合料	33
路面摊铺现场	摊铺机上	温拌橡胶沥青 AR-AC-13 混合料	7
		热拌橡胶沥青 AR-AC-13 混合料	12

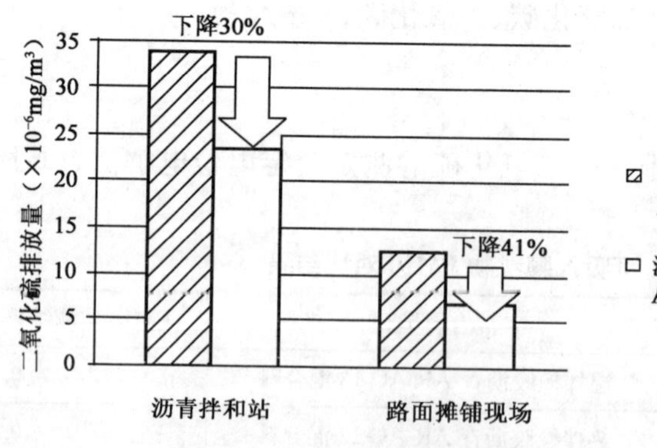

图 9-3　二氧化硫排放对比图

从试验结果分析，在沥青拌和站，温拌橡胶沥青的二氧化硫排放量相对于热拌沥青混合料降低 30%；在施工现场，温拌橡胶沥青的二氧化硫排放量相对热拌沥青混合料降低 41%。

三、二氧化氮

检测方法参照《环境空气 二氧化氮的测定 Saltzman》(GB/T 15435—1995)测试结果如表 9-26 和图 9-4 所示。

二氧化氮排放量对比 表 9-26

测点名称	测点位置	混合料类型	NO_2 监测结果($\times10^{-6}$mg/m^3)
沥青拌和站	烟道中心	温拌橡胶沥青 AR-AC-13 混合料	6
		热拌橡胶沥青 AR-AC-13 混合料	17
路面摊铺现场	摊铺机上	温拌橡胶沥青 AR-AC-13 混合料	2
		热拌橡胶沥青 AR-AC-13 混合料	7

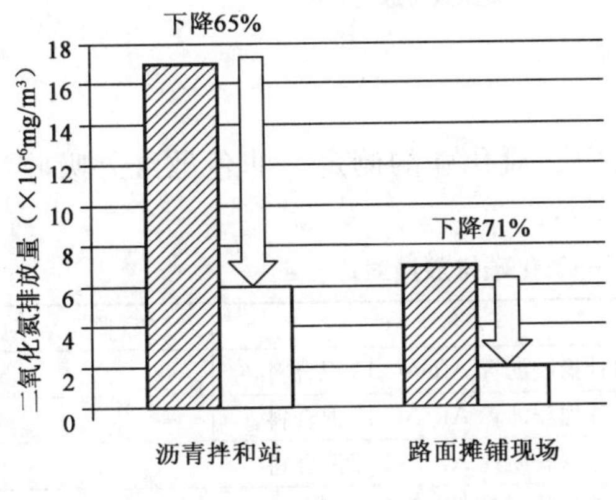

图 9-4 二氧化氮排放对比图

从试验结果分析,在沥青烟道中心,温拌橡胶沥青的二氧化氮排放量相对于热拌沥青混合料降低 65%;在施工现场,温拌橡胶沥青的二氧化氮排放量相对热拌沥青混合料降低 71%。

四、二氧化碳

检测方法参照《空气质量 二氧化碳的测定 二乙胺分光光度法》(GB/T 14680—1993)。测试结果如表 9-27 和图 9-5 所示。

二氧化碳排放量对比 表 9-27

测点名称	测点位置	混合料类型	CO_2 监测结果($\times10^{-6}$mg/m^3)
沥青拌和站	烟道中心	温拌橡胶沥青 AR-AC-13 混合料	27
		热拌橡胶沥青 AR-AC-13 混合料	32
路面摊铺现场	摊铺机上	温拌橡胶沥青 AR-AC-13 混合料	16
		热拌橡胶沥青 AR-AC-13 混合料	20

从试验结果分析,在沥青烟道中心,温拌橡胶沥青的二氧化碳排放量相对于热拌沥青混合料降低 16%;在施工现场,温拌橡胶沥青的二氧化碳排放量相对热拌沥青混合料降低 20%。

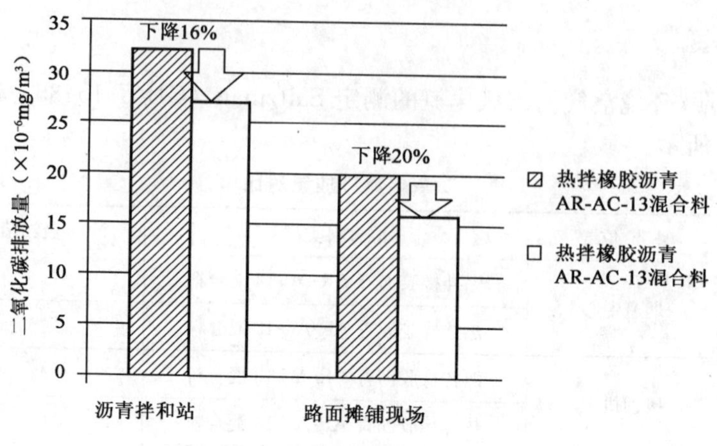

图 9-5　二氧化碳排放对比图

五、一氧化碳

检测方法参照《固定污染源排气中一氧化碳的测定　非色散红外吸收法》(HJ/T 44—1999)。测试结果如表 9-28 和图 9-6 所示。

一氧化碳排放量对比　　表 9-28

测点名称	测点位置	混合料类型	CO 监测结果（$\times10^{-6}mg/m^3$）
沥青拌和站	烟道中心	温拌橡胶沥青 AR-AC-13 混合料	566
		热拌橡胶沥青 AR-AC-13 混合料	1 297
路面摊铺现场	摊铺机上	温拌橡胶沥青 AR-AC-13 混合料	8
		热拌橡胶沥青 AR-AC-13 混合料	15

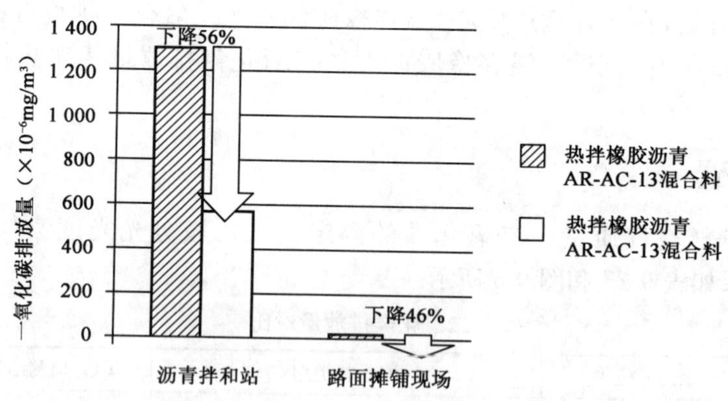

图 9-6　一氧化碳排放量对比图

从试验结果分析，在沥青拌和站，温拌橡胶沥青的一氧化碳排放量相对于热拌沥青混合料降低 56%；在施工现场，温拌橡胶沥青的一氧化碳排放量相对热拌沥青混合料降低 46%。

六、一氧化氮

检测方法参照中华人民共和国国家标准《空气质量　氮氧化物的测定》(GB/T 13906—

1992)。测试结果如表 9-29 和图 9-7 所示。

表 9-29

一氧化氮排放量对比

测点名称	测点位置	混合料类型	NO 监测结果($\times10^{-6}$mg/m^3)
沥青拌和站	烟道中心	温拌橡胶沥青 AR-AC-13 混合料	6
		热拌橡胶沥青 AR-AC-13 混合料	7
路面摊铺现场	摊铺机上	温拌橡胶沥青 AR-AC-13 混合料	2
		热拌橡胶沥青 AR-AC-13 混合料	3

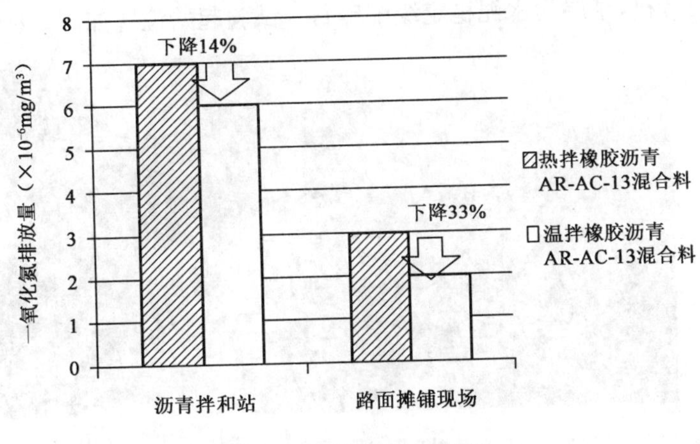

图 9-7 一氧化氮排放量对比图

从试验结果分析，在沥青烟道中心，温拌橡胶沥青的一氧化氮排放量相对热拌沥青混合料降低 14%；在施工现场，温拌橡胶沥青的一氧化氮排放量相对热拌沥青混合料降低 33%。

第五节 温拌橡胶沥青应力吸收层应用

一、试验路方案设计

试验路所处的映日路采用半刚性基层，对于半刚性基层沥青路面，反射裂缝是主要的破坏形式之一。由于温缩和干缩作用，半刚性基层出现开裂在所难免，如何有效延缓裂缝向上发展是一个研究多年并且尚待解决的难题。

在美国，橡胶沥青混合料大量应用于旧路罩面翻新。旧路面存在大量的表面裂缝，罩面层需要很好的抗反射裂缝能力。美国多年的使用经验表明，加铺橡胶沥青混合料的路段比一般沥青路面反射裂缝要少得多。根据美国和南非共同推荐的罩面结构等效厚度列表显示，橡胶沥青间断级配的结构能力和抗反射裂缝能力等效于普通密级配的两倍，使用橡胶沥青混合料可以明显减薄路面厚度。这些都说明橡胶沥青混合料具有良好的抗拉疲劳和抗剪切疲劳性能。

结合本文的试验研究成果，作者从路面结构设计方面考虑，将沥青含量高、抗裂性能好的橡胶沥青混合料铺在半刚性基层与沥青上面层之间作为应力吸收层，阻止基层裂缝向上发展，延长路面的使用寿命。

将橡胶沥青混合料垫在上面层与基层之间，有以下优点：①橡胶沥青混合料的抗裂性能较好，可以有效减少反射裂缝数量；②基质沥青底面层与半刚性基层裂缝之间距离增大，延缓了裂缝开展的时间；③从力学计算上来说，加铺层减小了基质沥青层底的弯拉应力，减小发生弯拉开裂的可能；④高沥青用量下的橡胶沥青混合料具有很好的黏结性能，层与层之间连接紧密，减少了发生层间滑动的可能，避免面层剪切破坏。

二、结构设计

省道303线卧龙至日隆段原设计路面结构为4cm SBS改性沥青AC-13混合料+5cm基质沥青AC-20混合料，基层为水泥稳定级配碎石。试验起始位置如图9-8所示。

图9-8 试验段起始位置

考虑检验橡胶沥青混合料的抗裂性能，以及与原设计SBS改性沥青混合料的对比，共设计了3个方案。路面结构设计如图9-9所示。

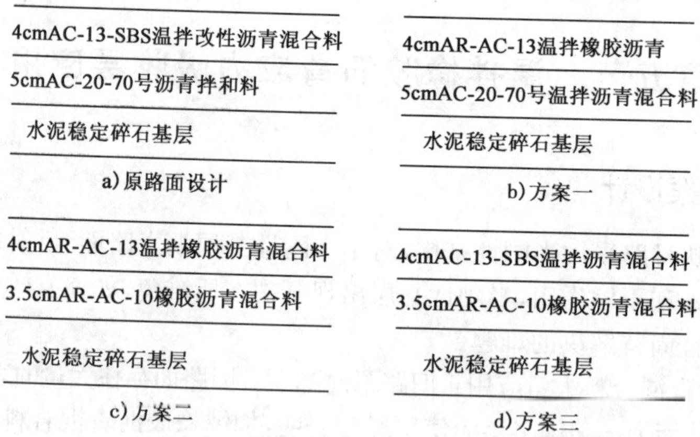

a)原路面设计	b)方案一	c)方案二	d)方案三
4cmAC-13-SBS温拌改性沥青混合料	4cmAR-AC-13温拌橡胶沥青	4cmAR-AC-13温拌橡胶沥青混合料	4cmAC-13-SBS温拌沥青混合料
5cmAC-20-70号沥青拌和料	5cmAC-20-70号温拌沥青混合料	3.5cmAR-AC-10橡胶沥青混合料	3.5cmAR-AC-10橡胶沥青混合料
水泥稳定碎石基层	水泥稳定碎石基层	水泥稳定碎石基层	水泥稳定碎石基层

图9-9 试验段路面结构设计图

方案一：上面层使用温拌橡胶沥青混合料，与原设计SBS改性沥青路面对比，检验橡胶沥青混合料的高温性能和耐久性能。

试验段全长100m，位于K45+700～K45+800左幅。采用4cm橡胶沥青AR-AC-13混合料替代原设计4cm的SBS改性沥青AC-13混合料。以5.5%作为设计空隙率，充分保证橡胶沥青混合料的高温稳定性。

方案二：中面层和上面层都使用橡胶沥青混合料，与原设计 SBS 改性沥青路面对比，检验橡胶沥青混合料的高温性能和耐久性能，同时检验橡胶沥青路面抗滑和降噪性能。

试验段全长 100m，位于 K45＋800～K45＋900 左幅，采用 4cm＋3.5cm 橡胶沥青 AR-AC-13 混合料替代原设计 4cm 的 SBS 改性沥青 AC-13 混合料＋5cm 70 号沥青 AC-20 混合料，相应减薄路面 1.5cm。混合料设计中下面层以 4.0%作为设计空隙率，保证混合料的抗疲劳性能，防止反射裂缝向上发展，上面层以 5.5%作为设计空隙率，充分保证橡胶沥青混合料的高温稳定性。上面层采用温拌橡胶沥青混合料，粒径偏粗，保证路面的抗滑性能。

方案三：将抗裂性能较好的橡胶沥青混合料用于半刚性路面与底面层之间，起到抗反射裂缝的应力吸收层作用；同时高沥青用量、低空隙率的应力吸收层起到了防水层的作用，减少基层进水。

试验段全长 100m，位于 K45＋900～K46＋000 左幅。在底面层采用 3.5cm 橡胶沥青 AR-AC-13 混合料替代原设计的 5cm 的 70 号沥青 AC-20 混合料，相应减薄路面 1.5cm。在混合料设计上，根据抗疲劳性仍采用 AR-AC-13 间断级配，选择较高的沥青用量，4%左右的空隙率，保证混合料的抗疲劳性能优良。

三、温拌沥青混合料施工技术及对设备的改造

1. 增加温拌剂添加系统

为实现对拌和锅准确、稳定地添加 Evotherm-DAT 添加剂，必须增加一套温拌剂添加系统。添加系统通过与拌和锅沥青添加信号建立联系，配合拌和楼的拌和循环。

添加系统由 3 部分（见图 9-10）组成：管路模块、泵送模块和控制模块。管路模块实现浓缩液从储罐的抽吸和向拌和锅的输送、喷洒；泵送模块能够配合拌和锅的操作周期，为间歇式供应添加剂提供动力；控制模块通过采集沥青输送电信号，以及对输送系统输送时间和动力的控制，实现对添加时机和数量的控制。

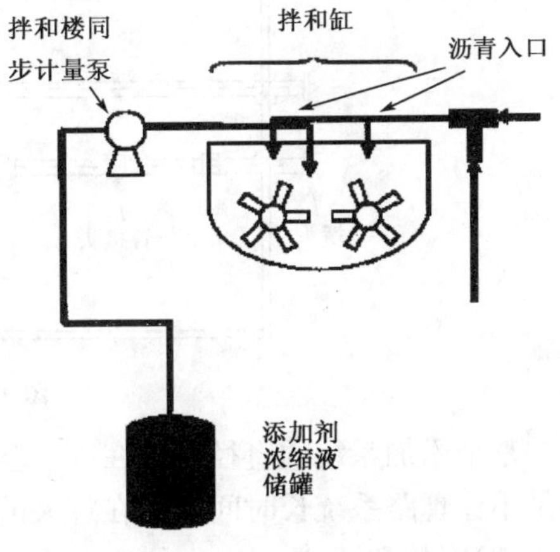

图 9-10　添加系统简图

(1)增加添加剂的泵送系统

泵送模块需要实现间歇式向拌和楼供应添加剂，而且满足稳定、耐久提供的添加剂泵送流量的要求。系统设计能力取决于但不等于目标添加剂的输送流量，一般情况下，设计能力应为实际可能采用最大输送流量的 1.4 倍，以保证系统的耐用性和稳定性。设计泵送能力的计算公式如下：

$$v = \frac{CpP}{t} \times 14 \tag{9-1}$$

式中：C——拌和楼每锅产量，t；

p——需要配合的最大沥青用量，%；

P——添加剂对沥青的比例，通常为 5∶95；

t——每周期的添加剂喷洒时间，s。需要研究拌和楼控制系统确定，目标是尽可能与沥青喷洒时间重叠。

(2)管路模块

管路模块分为 3 个不同的功能部分：吸入管道、输出管道和喷洒杆。各部分功能要求和建议如下：

①吸入管道需要采用带有钢丝的透明管，型号为 G1-1/4，正常向拌和楼供应时不得产生肉眼可见的管径变化，透明是为了启动前排除管路空气。

②输出管道采用铝塑管，型号为 G1/2，正常向拌和楼供应时不得产生肉眼可见的管径变化。输出管路上要安装压力表，通过压力表可以观察管路异常。正常工作条件下的供应压力为 0.5～0.6MPa。

③喷洒杆型号为 G1/2，喷洒孔的宽为 2～5mm，长为 10mm，喷洒杆由长度 30cm 的管节组成，每隔 15cm 打一个喷洒孔。

为了保证分散剂顺利地喷洒在沥青上，避免与集料直接接触，喷头位置的选择非常重要。分散剂喷头方向必须和沥青喷头方向相匹配，以保证分散剂喷洒区域和沥青喷洒点区域重合。另外，喷头安装高度应该不低于沥青喷头的高度，以避免沥青喷洒在分散剂喷洒杆上面，喷洒杆实际安装图片如图 9-11 所示。

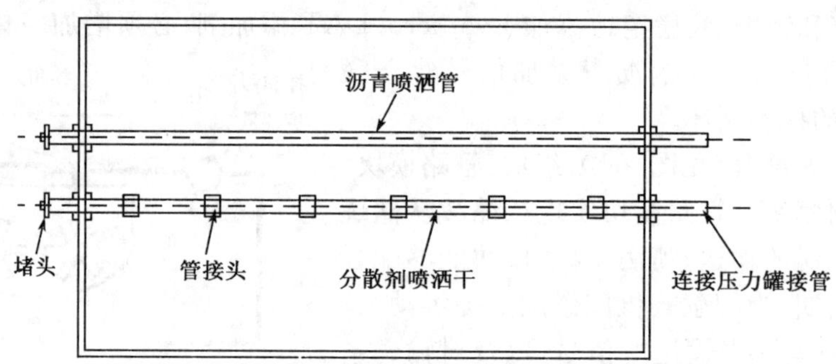

图 9-11　喷洒杆安装示意图

整个添加系统的直径可以在以上基础上有所放大。具体需根据添加剂输送流量验算，原则是不让管路系统长时间工作在过大的内部压力下，避免接口位置产生破损。

(3)安装和调试

安装要点如下：

①喷洒杆安装时，需要注意喷洒杆安装高度和位置，确保安装高度不低于沥青喷洒杆的高度，且避免搅拌过程与翻起的混合料接触。添加剂的喷洒扇面尽量与沥青喷洒扇面重叠并靠近两个搅拌桨之间。

②进液管端口必须装有过滤网，避免杂质进入泵送系统。运行过程中需观察流量，过滤网需经常清理，避免因堵塞影响流量。

③出液管必须采用耐压铝塑管，管口的连接必须采用刚性活接头，避免使用过程中压力冲破管路接口。

④确认流量计安装正确有效，并在使用前进行标定。

在正式生产前，需要对添加剂的添加量进行标定，主要通过调整控制面板上的延时继电器（即喷洒时间）来实现。首先根据混合料的类型与拌缸每次出料的数量来确定每次喷洒量。例如：3000 型拌和楼每次出料 3t，每吨混合料要求添加 2.5kg 添加剂，则每次添加剂的添加量为 2.5×3＝7.5kg；然后估算添加时间，添加设备每秒喷洒量约为 1.1kg，7.5/1.1＝6.8s，将延时继电器时间调到 6.8s，按下手动喷洒按钮，待喷洒完成，读控制面板上流量计的读数。如与要求的喷洒量有误差，通过增加或减少喷洒时间来调整，直至达到要求喷洒量。

如果喷洒时间固定，可通过调整压力罐出口处的手动阀门，以增加或减少添加剂的流量来达到要求的喷洒量。温拌添加剂使用大桶装，温拌剂添加控制装置如图 9-12 所示。

试验路铺筑时温拌剂添加装置参数设置如图 9-13 所示。

图 9-12 大桶装温拌剂及添加控制装置

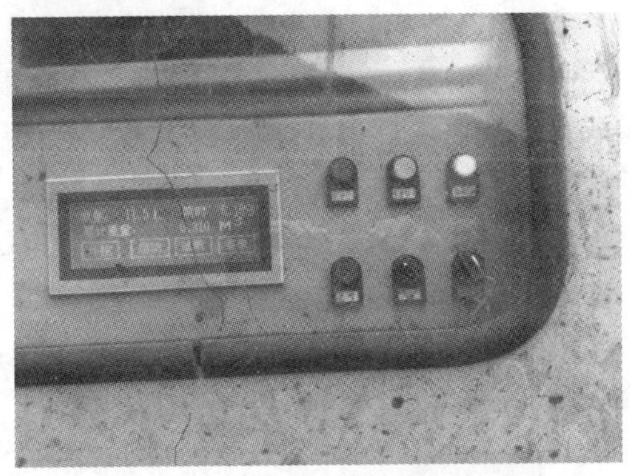

图 9-13 温拌剂添加装置参数设置

2.温拌沥青混合料的拌和工艺

(1)表面活性平台温拌技术在沥青混合料的拌和过程中，要产生一些水汽。为了尽快排除拌和过程产生的水汽，拌和锅需打开孔径不小于 30cm 的排气口。排气口的设置高度稍大于混合料拌和区高度，以便气体顺利排出。在温拌剂加入的时候会产生大量的白色水汽，见图 9-14。

(2)温拌剂在沥青开始喷洒后延时 3s 左右喷入，喷入时间基本与沥青喷洒时间相同，温拌剂喷洒扇面需与沥青喷洒扇面基本重叠。

(3)为避免粉料被蒸汽带出，拌和温拌混合料采用矿粉后加法，温拌剂喷洒完毕后水汽基本散失，约 6s 后再添加矿粉。

(4)温拌沥青混合料生产时，可掺加消石灰粉代替部分矿粉。

图 9-14 温拌剂加入时产生大量白色水汽

四、橡胶沥青的配合比设计

本次试验路使用的橡胶沥青生产设备较为简单，采用工地拌和楼自带的 $50m^3$ 容积的改性沥青存储搅拌罐，加装对流式循环泵，橡胶粉与添加剂采用人工投放的方式。现场加工反应温度为180～190℃，搅拌反应时间为3h。

1.原材料选择

(1)集料

集料均采用当地工程使用的材料，填料为普通硅酸岩水泥。各档集料和填料性能指标均满足规范要求。

(2)橡胶粉

橡胶粉的质量在很大程度上决定了橡胶沥青的质量，建议选用胎源稳定厂家生产的斜纹胎胶粉。本次试验段选用四川彭州产的20目子午胎橡胶粉。从外观上来看，颜色较黑(碳黑含量较高)，纤维、金属等杂质含量较少，密度实测结果为1.178g/cm³。

(3)基质沥青

对于橡胶沥青来说，基质沥青的选择并没有太高要求，只需要选择合适的标号，并且满足基本的规范要求即可。考虑到工程实际情况，采用原设计底面层使用的SK70号重交通道路沥青。

2.试验路面层橡胶沥青混合料配合比设计

对试验路方案一与方案二的4cm AR-AC-13温拌橡胶沥青混合料上面层进行了统一的配合比设计。为确定沥青混合料的最佳配合比，根据ARIZONA技术规范规定的矿料级配范围，油石比采用7.5%，目标空隙率为5%。

对于3.5cmAR-AC-10橡胶沥青混合料下面层，未进行专门的配合比设计。由于当时条件限制，未深入做配合比设计，直接采用4cmAR-AC-13温拌橡胶上面层混合料的热料仓配合比，通过冷料控制直接去除大于10mm以上的集料，达到AR-AC-13的级配效果，并将沥青用量增加0.8%，达到8.3%。通过试验室试配，可以达到空隙率4%的要求。

五、试验路施工与检验

该级配试验段施工生产过程如下：集料干拌→加入橡胶粉改性沥青→喷洒温拌剂→搅拌，拌和时间为60s左右。矿料加热温度为155℃左右，沥青加热温度为160℃左右，拌和结束后沥青混合料的温度基本在150℃左右。现场摊铺时摊铺机为整幅作业。现场温拌沥青混合料的温度基本控制在140℃左右。摊铺机摊铺及碾压速度设定为1.0m/min，实际施工过程中，基本能保持在1.0m/min左右。另外有以下注意事项：

(1)在拌和楼生产橡胶沥青混凝土时，由于橡胶沥青黏度较大，泵送时间较长，易造成热料仓等料，导致矿料过热，进而使得混合料出料温度偏高，同时还将影响拌和楼的混合料产量。解决办法是：保证生产橡胶沥青的基质沥青供给温度大于160℃，供给拌和楼的橡胶沥青温度大于185℃，同时尽量缩短橡胶沥青供给管道长度，并提前30～60min用导热油对管道进行预热。

(2)实际生产时，应确保冷料进料速度与生产配合比设计取热料仓矿料时基本一致，以避免热料仓矿料级配发生较大波动，从而影响实际生产配合比。

(3)拌和楼生产沥青混合料通常使用矿粉，但在AR-AC-13中仅使用水泥，因此必须事先与拌和楼管理人员协调水泥添加事宜，一般不宜使用粉料回收仓作为水泥的储存仓，生产过程中坚决禁止将回收粉料回收到水泥储存仓中。

(4)运料车装料时，应遵循前后中的顺序，以避免混合料发生离析，后场技术人员应予以关注。

(5)前场摊铺机的摊铺速度应与拌和楼生产能力保持一致，避免摊铺速度忽快忽慢甚至停机等料，这些都将对路面平整度造成影响。

(6)路面碾压时，初压第一遍必须采用静压，以避免路面发生波浪、推移，从而影响平整度。

(7)混合料抽提试验，矿料级配应与生产配合比经水泥和胶粉修正过的配合比进行比较，橡胶沥青含量应用燃烧法检测，不具备条件的可以直接抽提，并与橡胶沥青中的基质沥青用量进行比较。橡胶沥青施工状况如图 9-15 所示，压实完成后的路面外观如图 9-16 所示。

图 9-15　橡胶沥青施工状况

方案二、方案三的 3.5cmAR-AC-10 橡胶沥青下面层碾压后有良好的柔韧性，如图 9-17 所示。

图 9-16　压实完成后的路面

图 9-17　3.5cm AR-AC-10 橡胶沥青下面层碾压后良好的柔韧性

2010 年 9 月课题组对试验路进行了外观调查，调查情况如下：外观与正常路段无区别，无裂缝、车辙、坑槽修补情况。

本章参考文献

[1] 周伟.温拌沥青混合料压实性能研究[J].现代交通技术,2009,12.
[2] 刘晓文.温拌沥青混合料在欧洲的应用[J].石油沥青,2009,10.
[3] 戴尔兰特.温拌沥青混合料在美国得州的应用现状及前景[J].市政技术,2009,11.
[4] 李德超.温拌沥青混合料技术综述[J].石油沥青,2008,10.
[5] 刘至飞.温拌沥青混合料现状及存在问题[J].武汉理工大学学报,2009,2.
[6] 吴学文.温拌沥青混合料性能研究[D].西安:长安大学,2009.
[7] 黄文元,等.沥青温拌技术在国内外的应用现状[J].道路工程,2008(3).
[8] 张海,等.基于乳化平台的 Evotherm 温拌沥青混合料性能[J].沈阳建筑大学学报(自然科学版),2009,3.
[9] 张镇,等.EVOTHERM 温拌混合料温度控制研究[J].上海工程,2009.1.
[10] 杨树人.温拌添加剂对沥青及沥青混合料的影响[D].重庆:重庆交通大学,2008.

第十章　适用于我国的 AR-AC-13 设计与施工方法介绍

内容提要：本章提出了本书推荐的 AR-AC-13 设计施工方法，给出了 AR-AC-13 用于面层和应力吸收层的实例，另外还提出了一个基于既定油石比的 AR-AC-13 设计新法和一个 AR-AC-16 的尝试性工程实例。

本章旨在推出中国用的较多的一套 AR-AC-13 设计与施工方法，并在此基础上，结合本课题组近几年的研究，给出几个工程实例(试验段)，提出基于这个设计施工方法的推广设计方案。比如将 AR-AC-13 应用于下面层，设计方法的改进以及 AR-AC-16 的尝试，这些探索性的方案或许更加贴合我国目前包括橡胶沥青在内的混合料设计现状。

第一节　适用于我国的 AR-AC-13 施工指南

根据《公路沥青路面施工技术规范》(JTG F40—2004)，结合美国 ATM 815 关于间断级配橡胶沥青混凝土(AR-AC-13)的施工经验，对间断级配橡胶沥青混合料 AR-AC-13 提出如下施工指南。

矿料级配应符合表 10-1 的规定。

橡胶沥青混凝土 AR-AC-13 矿料级配范围(不含外掺剂)(单位:%)　　表 10-1

层次 / 类型 / 筛孔尺寸(mm)	上 面 层 AR-AC-13	层次 / 类型 / 筛孔尺寸(mm)	上 面 层 AR-AC-13
16.0	100	4.75	22～42
13.2	80～100	2.36	12～32
9.5	60～80	0.075	0～3.0

一、准备工作

1. 原材料技术要求

(1)基质沥青

橡胶沥青所用的基质沥青采用 70 号或 90 号道路石油沥青，其技术要求见表 10-2。

道路石油沥青技术要求 表 10-2

检验项目			70号
针入度(25℃,100g,5s)(0.1mm)			60～80
延度(5cm/mim,15℃)(cm)		不小于	100
延度(5cm/mim,10℃)(cm)		不小于	20
软化点(环球法)(℃)		不小于	46
溶解度(三氯乙烯)(%)		不小于	99.5
针入度指数 PI			−1.5～+1.0
薄膜加热试验(163℃,5h)	质量损失(%)	不大于	0.8
	针入度比(%)	不小于	61
	延度(15℃)(cm)	不小于	15
	延度(10℃)(cm)	不小于	4
闪点(COC)(℃)		不小于	260
含蜡量(蒸馏法)(%)		不大于	2.2
密度(15℃)(g/cm^3)			实测
动力黏度(绝对黏度,60℃)(Pa·s)		不小于	180
PG 等级			64～22

(2)橡胶粉

橡胶粉颗粒规格应符合表 10-3 要求。橡胶粉筛分采用水筛法进行试验。橡胶粉密度应为(1.15±0.05)g/cm^3,无铁丝或其他杂质,纤维比例不超过 0.5%,一般含有橡胶粉质量 4%的碳酸钙,以防止胶粉颗粒相互黏结。橡胶粉应提供质量保证书,载明橡胶粉规格、加工方式、加工的废旧轮胎类型,还应说明橡胶粉的储存方式。

橡胶粉筛分规格 表 10-3

筛孔尺寸	通过率(%)	筛孔尺寸	通过率(%)
2.00mm	100	300μm	0～45
1.18mm	65～100	75μm	0～5
600μm	20～100		

(3)橡胶沥青

参考我国现行改性沥青产品技术标准和美国亚利桑那州橡胶沥青技术标准,结合工程应用经验,橡胶沥青应满足表 10-4 的技术要求。

橡胶沥青技术要求 表 10-4

检测项目	技术指标	检测项目	技术指标
黏度(177℃)(Pa·s)	1.5～4.0	软化点(℃)最小	54
最小针入度(25℃,100g,5 s)(0.1mm)	25	最小弹性恢复(25℃)(%)	60

(4)粗集料

应采用石质坚硬、清洁、不含风化颗粒、近似立方体颗粒的碎石,粒径大于 4.75mm。宜采用玄武岩集料和辉绿岩集料，粗集料技术要求见表10-5。

沥青上面层用粗集料质量技术要求 表10-5

检验项目		技术要求	
石料压碎值(%)	不大于	26	
洛杉矶磨耗损失(%)	不大于	28	
视密度(t/m^3)	不小于	2.60	
吸水率(%)	不大于	2.0	
对沥青的黏附性	不小于	在掺加抗剥落剂后不小于5级	
坚固性(%)	不大于	12	
针片状颗粒含量(%)	不大于	15	
水洗法<0.075mm颗粒含量(%)	不大于	1号料	0.6
		2号料	0.8
		3号料	1.0
软石含量(%)	不大于	3	
上面层石料磨光值(BPN)	不小于	42	
抗压强度(MPa)	不小于	120	

注：1. 有一个或一个以上破碎面为黄色节理面的集料颗粒含量应不大于5%。
2. 多孔玄武岩的视密度可放宽至$2.45t/m^3$，吸水率放宽至3%。

(5)细集料

采用坚硬、洁净、干燥、无风化、无杂质并有适当级配的人工轧制的石灰岩细集料，不能采用山场的下脚料。细集料规格见表10-6。

沥青上面层用细集料规格 表10-6

规格	公称粒径(mm)	通过下列筛孔(mm)的质量百分率(%)						
		4.75	2.36	1.18	0.6	0.3	0.15	0.075
S16	0～3	100	80～100	50～80	25～60	8～45	0～25	0～15

注：在条件不具备时，也可以采用0～5mm石灰岩。

(6)填料

橡胶沥青混凝土AR-AC-13不使用矿粉填料。

(7)外掺剂

AR-AC-13橡胶沥青混凝土需要掺入必要的外掺剂以改善橡胶沥青与集料的黏附性及混凝土的水稳定性能，掺量为混合料质量的1%～2%。适宜的外掺剂为普通水泥或消石灰。

2. 施工机械与质量检测仪器

(1)必须配备齐全施工机械和配件，做好开工前的保养、调试和试机，并保证在施工期间一般不发生有碍施工进度和质量的故障。沥青上面层宜采用机械化连续摊铺作业，对于单幅双车道面层，推荐实施两台摊铺机梯队作业，以确保摊铺面的质量。因而必须配备以下主要施工机械。

①橡胶沥青生产设备一套，用管道与拌和楼直接连接，生产经过调试确保沥青泵送系统

正常。

②间歇式沥青混合料拌和机，推荐3000型以上拌和楼一套。全部生产过程由计算机自动控制，配有良好的打印装置。拌和机应配备良好的二级除尘装置。

③沥青混合料摊铺机至少一台，推荐两台。

④非接触式平衡梁装置两套(4只)。

⑤压路机：10t以上双钢轮振动压路机至少3台，推荐5台，推荐宽幅压路机不少于一台。

⑥载质量15t以上的自卸汽车不少于10辆。

⑦洒水车，给压路机供水用。

(2)必须配备性能良好、精度符合规定的质量检测仪器，并配备足够的易损部件。主要仪器设备如下：

①针入度仪。

②延度仪。

③软化点仪。

④标准筛(方筛孔)。

⑤集料压碎值试验仪。

⑥砂当量仪。

⑦烘箱。

⑧试模(不少于10只)。

⑨脱模器。

⑩试验室用沥青混合料拌和机。

⑪马歇尔试件击实仪。

⑫沥青混合料马歇尔试验仪。

⑬恒温水浴。

⑭冰箱。

⑮沥青混合料离心抽提仪(配离心加速沉淀仪)。

⑯路面取芯机。

⑰路面弯沉仪。

⑱路面平整度仪(3m直尺)。

二、配合比设计

1. AR-AC-13间断级配橡胶沥青混凝土的技术标准

根据《公路沥青路面施工技术规范》(JTG F40—2004)的规定及施工经验，参考美国ARIZ 815[Marshall Mix Design Method for Asphaltic Concrete (Asphalt-Rubber Gap Graded Mix)]，AR-AC-13应符合表10-7规定的马歇尔试验技术标准。

2. AR-AC沥青混凝土配合比设计

采用马歇尔试件的体积设计方法进行，马歇尔试验的稳定度和流值并不作为配合比设计接受或者拒绝的唯一指标。设计过程主要包括目标配合比设计、生产配合比设计和生产配合比验证3个阶段。

热拌橡胶沥青混凝土马歇尔试验技术标准 表 10-7

试验项目		沥青混凝土类型	技术标准
击实次数		AR-AC-13	两面各 75 次
稳定度(kN)	不小于		4.5
流值(0.1mm)			20～50
空隙率(%)			5.5±1.0
矿料间隙率 VMA (%)			≥19.0

3. 热拌 AR-AC-13 沥青混凝土配合比设计

(1)目标配合比设计

①原材料检测

从工程实际使用的材料中取各种代表性原材料，分别按照现行《公路工程沥青及沥青混合料试验规程》(JTG E20—2011)和《公路工程集料试验规程》(JTG F42—2004)对各类矿料进行筛分，并对基质沥青、胶粉、橡胶沥青、各类矿料和外掺剂进行检测，确保原材料的质量，不符合要求的原材料不能使用。

②矿料配合比设计

矿料配合比设计宜利用①项中的矿料筛分结果，并借助电子计算机的电子表格通过试配法进行，矿料级配曲线按《公路工程沥青及沥青混合料试验规程》(JTG E20—2011)中 T 0725 的方法绘制。设计矿料配比时，在表 10-1 的级配范围内调整各种矿料的比例，设计 3 组不同粗细的配比，分别位于级配范围上方、中值、下方，绘制设计级配曲线。当反复调整不能满意时，宜更换材料进行设计。

根据实践经验选择适宜的橡胶沥青用量，分别制作上述 3 组不同粗细级配的马歇尔试件，测定试件体积指标，初选一组满足或接近设计要求的级配作为设计级配。

③确定设计橡胶沥青用量

根据②中矿料设计级配和初试橡胶沥青用量试验结果，按 0.5%间隔变化，根据经验取 4 个不同的橡胶沥青用量，制备马歇尔试件，按照《公路沥青路面施工技术规范》(JTG F40—2004)计算各组试件的空隙率、矿料间隙率、稳定度和流值等，分别绘制各项体积指标的曲线。根据设计空隙率，综合考虑其他各项体积指标是否满足表 10-7 的技术要求，确定设计沥青用量。

④配合比设计检验

按以上设计矿料配合比和设计橡胶沥青用量制备马歇尔试件，推荐进行浸水马歇尔试验、高温动稳定度试验。浸水马歇尔试验残留稳定度不应小于 85%，混合料动稳定度不应小于 1 500次/mm。

符合要求的配合比可以作为目标配合比，供拌和楼确定各冷料仓的供料比例、进料速度及试拌使用。

(2)生产配合比设计

①确定各种热料仓矿料的用量

对间歇式拌和楼，应对二次筛分后进入各热料仓的矿料取样进行筛分。根据筛分结果，通过计算，使混合料的级配符合目标配合比设计级配和表 10-1 的规定，以确定各热料仓的用料比例,供拌和楼控制室使用。同时反复调整冷料仓进料比例,以达到供料均衡。选择适宜的筛孔尺寸和安装角度,尽量使各热料仓的供料大体平衡。

②确定最佳橡胶沥青用量

取目标配合比设计的最佳橡胶沥青用量和设计最佳沥青用量±0.3%,进行马歇尔试验,按目标配合比设计方法绘图,根据设计空隙率和其他体积指标综合确定生产配合比的设计橡胶沥青用量。按以上方法确定的设计橡胶沥青用量可能与目标配合比不一致,如相差不超过0.2%,应按生产配合比确定的设计橡胶沥青用量进行试拌和试铺,或分析确定试拌试铺用橡胶沥青用量;如相差超过0.2%,应找出原因,进一步试验分析后确定试拌试铺用橡胶沥青用量。

③生产配合比设计检验

按以上生产配合比,用室内小型拌和机拌制橡胶沥青混合料,进行马歇尔试验,检验浸水残留稳定度。

(3)生产配合比验证

用生产配合比进行试拌,橡胶沥青混合料的技术指标合格后铺筑试铺段。取试铺用的沥青混合料进行马歇尔试验检验和橡胶沥青含量、矿料筛分试验,检验生产配合比矿料合成级配,由此确定正常生产用的标准配合比。

(4)关于AR-AC-13橡胶沥青混凝土马歇尔室内试验中几点统一做法

①进行目标配合比设计和生产配合比设计时,制备试件的混合料需采用小型沥青混合料拌和机拌和,以模拟生产实际情况。

②每组试件个数为4~6个。

③试件成型温度:对于AR-AC-13橡胶沥青混合料,拌和压实温度参照表10-8温度成型。

AR-AC-13沥青混合料室内拌和与击实温度 表10-8

矿料加热温度(℃)	165~175	矿料加热温度(℃)	165~175
沥青加热温度(℃)	170~180	试件击实温度(℃)	160~170
沥青混合料拌和温度(℃)	165~175	试件成型终了温度(℃)	不低于145
试模预热温度(℃)	165~175		

④橡胶沥青混合料试件密度试验方法:AR-AC-13橡胶沥青混合料统一用表干法的毛体积相对密度。

⑤橡胶沥青混合料理论最大相对密度推荐采用实测的方法。

三、铺筑试铺路面

AR-AC-13橡胶沥青抗滑磨耗层施工开工前,需先做试铺路面。橡胶沥青生产商配合面层施工单位,通过合格的混合料组成设计,拟定试铺路面铺筑方案,采用重新调试的正式施工机械,铺筑试铺路面。试铺路面宜选在正线直线段,长度可为100~200m。

试铺路面施工分为试拌和试铺两个阶段,需要决定的内容包括:

(1)根据各种机械施工能力相匹配的原则,确定适宜的施工机械,按生产能力决定机械数量与组合方式。

(2)通过试拌决定：

①拌和楼的操作方式——如上料速度、拌和数量与拌和时间、拌和温度等。

②验证橡胶沥青混合料的配合比设计和沥青混合料的技术性能，决定正式生产用的矿料配合比和橡胶沥青用量。

(3)通过试铺决定：

①摊铺机的操作方式——摊铺温度、摊铺速度、初步振捣夯实的方法和强度、自动找平方式等。

②压实机具的选择、组合、压实顺序、碾压温度、碾压速度及遍数。

③施工缝处理方法。

④用水准仪定点测量高程的方法确定沥青上面层的松铺系数。

(4)确定施工产量及作业段的长度，修订施工组织计划。

(5)全面检查材料及施工质量是否符合要求。

(6)确定施工组织及管理体系、质保体系、人员、机械设备、检测设备、通信及指挥方式。

试铺路面的铺筑，严格按《公路沥青路面施工技术规范》(JTG F40—2004)规定操作。在试铺路面的铺筑过程中，监理工程师应一起参加，检查施工工艺和技术措施是否符合要求，测温、观色、取样，并记录试验与检测结果，检查各种技术指标情况，对出现的问题提出改进意见。上面层试铺时必须力争一次铺筑成功，使试铺面层成为正式路面的组成部分。

四、橡胶沥青混凝土磨耗层(AR-AC-13)施工

1. 把好原材料质量关

(1)要注意粗细集料和填料的质量，应从源头抓起，不合格的矿料禁止运进拌和厂。

(2)堆放各种矿料的地坪必须硬化，并具有良好的排水系统，避免材料被污染；各品种材料间应用墙体隔开，以免相互混杂。

(3)细集料及水泥宜覆盖，细集料潮湿将影响喂料数量和拌和楼产量。

2. 关于沥青混凝土配合比设计的统一规定

(1)目标配合比需经驻地监理工程师审查，报总监代表批准和总监助理确认后才能进行生产配合比设计。如果某种矿料产地、品种发生变化，必须重新进行目标配合比设计。

(2)每台拌和楼均应进行生产配合比设计，由驻地监理工程师审查，总监代表和总监助理确认，经总监批准后，才能进行试拌与试铺。

3. 沥青混合料的拌制

(1)严格掌握沥青和集料的加热温度以及沥青混合料的出厂温度。热混合料成品在储料仓储存后，其温度下降不应超过 10℃。AR-AC-13 沥青混合料的施工温度控制范围见表 10-9。

AR-AC-13 沥青混合料的施工温度 表 10-9

橡胶沥青加热温度(℃)	180～200	摊铺温度(℃)	不低于 160，低于 140 废弃
矿料温度(℃)	170～180	初压开始温度(℃)	不低于 155
混合料出厂温度(℃)	170～180，超过 195 废弃	复压最低温度(℃)	不低于 130
混合料运输到现场温度(℃)	不低于 165	碾压终了温度(℃)	不低于 110

(2)拌和楼控制室要逐盘打印沥青及各种矿料的用量和拌和温度,并定期对计量和测温进行校核;推荐使用有材料用量和温度自动记录装置的拌和楼。

(3)拌和时间由试拌确定。必须使所有集料颗粒全部裹附沥青结合料,并以沥青混合料拌和均匀为度,总拌和时间控制在60~65s。

(4)要注意目测检查混合料的均匀性,及时分析异常现象。如混合料有无花白、冒青烟和离析等现象。如确认是质量问题,应作废料处理并及时予以纠正。

(5)每台拌和楼每天上午、下午各取一组混合料试样做马歇尔试验和抽提筛分试验,检验油石比、矿料级配和沥青混凝土的物理力学性质。每周应检验1~2次残留稳定度。

橡胶沥青用量与设计值的允许误差为-0.4%~+0.4%。

0.075mm　　±2%

≤2.36mm　　±4%

≥4.75mm　　±5%

(6)每天结束后,用拌和楼打印的各料数量进行总量控制。以各仓用量及各仓筛分结果,在线检查矿料级配;计算平均施工级配和油石比,与设计结果进行校核;以每天产量计算平均厚度,与路面设计厚度进行校核。

4. 沥青混合料的运输

(1)采用数字显示插入式热电偶温度计检测沥青混合料的出厂温度和运到现场温度。插入深度要大于150mm。在运料卡车侧面中部设专用检测孔,孔口距车箱底面约300mm。

(2)拌和楼向运料车卸料时,汽车应前后移动3次装料,以减少粗集料的离析现象。

(3)沥青混合料运输车的运量应较拌和能力和摊铺速度有所富余,根据工程规模,摊铺机前方应有3~5辆运料车等候卸料。

(4)运料车必须有良好的篷布覆盖设施,卸料过程中继续覆盖,直到卸料结束取走篷布,以保温或避免污染环境。

(5)连续摊铺过程中,运料车在摊铺机前10~30cm处停住,不得撞击摊铺机。卸料过程中运料车应挂空挡,靠摊铺机推动前进。

5. 沥青混合料的摊铺

(1)连续稳定地摊铺是提高路面平整度的最主要措施。对于橡胶沥青混凝土,摊铺机的摊铺速度应根据拌和楼的产量、施工机械配套情况及摊铺厚度、摊铺宽度,按1~3m/min予以调整选择,做到缓慢、均匀、不间断地摊铺。不应任意快速摊铺几分钟,然后再停下来等下一车料。用餐时应分批轮换交替进行,切忌停铺用餐。争取做到每天收工停机一次。

(2)用机械摊铺的混合料未压实前,施工人员不得进入踩踏。一般情况下不得采用人工整修。

(3)AR-AC-13沥青混合料上面层宜用非接触式平衡梁装置控制摊铺厚度。如采用两台摊铺机,两台摊铺机距离不应超过10m,以形成良好的热接缝。

(4)摊铺机应调整到最佳工作状态,调好螺旋布料器两端的自动料位器,并使料门开度、链板送料器的速度和螺旋布料器的转速相匹配。螺旋布料器中的混合料以略高于螺旋布料器2/3为度,使熨平板挡板前混合料的高度在全宽范围内保持一致,避免摊铺层出现离析现象。

(5)检测松铺厚度是否符合规定,以便随时进行调整。摊前熨平板应预热至规定温度。摊铺机熨平板必须拼接紧密,不许存有缝隙,防止卡入粒料将铺面划出条痕。

(6)摊铺遇雨时,立即停止施工,并清除未压实成型的混合料。遭受雨淋的混合料应废弃,不得卸入摊铺机摊铺。

6. 沥青混合料的压实成型

(1)沥青混合料的压实是保证沥青面层质量的重要环节,应选择合理的压路机组合方式及碾压步骤。为保证压实度和平整度,初压必须在摊铺后较高温度下及时进行。为防止橡胶沥青黏结橡胶轮胎,AR-AC-13 沥青混凝土不宜使用轮胎压路机。

(2)橡胶沥青混凝土施工碾压工艺建议采用 5 台双钢轮振动压路机,压实工艺分为初压、复压和终压。初压采用两台压路机静压 1 遍,振动碾压 3 遍,复压采用两台压路机振动碾压 3 遍,终压采用一台压路机以静压方式碾压 1～2 遍以消除轮迹。

(3)压路机应以缓慢而均匀的速度碾压,压路机的适宜碾压速度建议按表 10-10 选用。

压路机碾压速度(km/h) 表 10-10

压路机类型	初　压	复　压	终　压
静载钢轮压路机	2～3	—	3～6
钢轮振动压路机	2～4	3～5	—

(4)为避免碾压时混合料推挤产生拥包,碾压时应将驱动轮朝向摊铺机;碾压路线及方向不应突然改变;压路机启动、停止必须减速缓行,不准刹车制动。压路机折回不应处在同一横断面上。

(5)初压应紧跟摊铺机进行碾压,随摊铺机逐步推进。复压、终压应分清段落,设置明显标志,便于驾驶员辩认。对松铺厚度、碾压顺序、压路机组合、碾压遍数、碾压速度及碾压温度应设专岗管理和检查,使面层做到既不漏压也不超压。

(6)压实完成 12h 后,方能允许施工车辆通行。

7. 施工接缝的处理

(1)纵向施工缝。施工纵缝应设置在道路中部双黄线位置,在另一半幅施工前,应用锯缝机将施工纵缝切割整齐,并铲除不规整部分。

(2)横向施工缝。全部采用平接缝。用 3m 直尺沿纵向位置,在摊铺段端部的直尺呈悬臂状,以摊铺层与直尺脱离接触处定出接缝位置,用锯缝机割齐后铲除;继续摊铺时,应将摊铺层锯切时留下的灰浆冲洗干净,涂上少量黏层沥青,摊铺机熨平板从接缝处起步摊铺;碾压时用钢筒式压路机进行横向压实,从先铺路面上跨缝逐渐移向新铺面层。

8. 施工阶段的质量管理

(1)原材料的质量检查:橡胶沥青、粗集料、细集料、外掺剂等。

(2)混合料的质量检查:包括橡胶沥青用量、矿料级配、稳定度、流值、空隙率、残留稳定度;混合料出厂温度、运到现场温度、摊铺温度、初压温度、碾压终了温度;混合料拌和均匀性。

(3)面层质量检查:厚度、平整度、宽度、高程、横坡度、压实度、横向偏位、渗水系数、构造深度和摩擦因数;摊铺的均匀性。

以上检查项目、检查方法、检查频率和质量要求列于表 10-11。本表所列为施工阶段的质量检验标准，交工验收按国家相关标准进行。

AR-AC-13 沥青混合料上面层施工阶段的质量检查标准　　表 10-11

<table>
<tr><th colspan="2">项　目</th><th>检查频度</th><th>质量要求或允许差</th><th>试验方法</th></tr>
<tr><td rowspan="4">施工温度</td><td>沥青混合料出厂温度</td><td rowspan="4">每车料一次</td><td rowspan="4">符合表 10-9 规定</td><td rowspan="4">温度计测定</td></tr>
<tr><td>运输到现场温度</td></tr>
<tr><td>初压温度</td></tr>
<tr><td>碾压终了温度</td></tr>
<tr><td rowspan="6">矿料级配，与生产设计标准级配的差(%)</td><td>0.075mm</td><td rowspan="3">逐盘在线检测</td><td>±2</td><td rowspan="3">计算机采集数据计算</td></tr>
<tr><td>≤2.36mm</td><td>±5</td></tr>
<tr><td>≥4.75mm</td><td>±6</td></tr>
<tr><td>0.075mm</td><td rowspan="3">每日上、下午各一次</td><td>±2</td><td rowspan="3">拌和厂取样，用抽取后的矿料筛分</td></tr>
<tr><td>≤2.36mm</td><td>±4</td></tr>
<tr><td>≥4.75mm</td><td>±5</td></tr>
<tr><td colspan="2" rowspan="2">沥青含量与设计之差(%)</td><td>逐盘在线检测</td><td>−0.1，+0.1</td><td>计算机采集数据计算</td></tr>
<tr><td>每日上、下午各一次</td><td>−0.4，+0.4</td><td>拌和厂取样，离心法抽提</td></tr>
<tr><td rowspan="3">马歇尔试验</td><td>稳定度(kN)</td><td rowspan="3">每日上、下午各一次</td><td>不小于 4.5</td><td rowspan="3">拌和厂取样，室内成型试验</td></tr>
<tr><td>流值(0.1mm)</td><td>20～50</td></tr>
<tr><td>空隙率(%)</td><td>4.5～6.5</td></tr>
<tr><td colspan="2">压实度
(%)</td><td>1 次/200m/车道</td><td>不小于 96%
(马歇尔密度)</td><td>现场钻孔试验</td></tr>
<tr><td colspan="2">厚度</td><td>1 次/200m/车道</td><td>不超过
−3mm</td><td>钻孔检查并铺筑时随时插入量取，每日用混合料数量校核</td></tr>
<tr><td colspan="2">平整度</td><td>每车道连续检测</td><td>不大于 1.2mm</td><td>用连续式平整度仪检测</td></tr>
<tr><td colspan="2">渗水系数</td><td>与压实度相同</td><td>不大于 200mL/min</td><td>改进型渗水仪</td></tr>
<tr><td colspan="2">摩擦因数</td><td rowspan="2">1 处/200m</td><td rowspan="2">符合设计要求</td><td>摆式仪</td></tr>
<tr><td colspan="2">构造深度</td><td>铺砂法</td></tr>
</table>

注：检查频率为单幅双车道。

压实度采用双控指标，要求马歇尔标准密度的压实度不小于 96%，最大理论密度压实度为 92%～96%。

渗水系数应作为常规试验进行检测，施工单位自检和监理组抽检，可按取芯压实度检验频率随机选点。渗水系数要求不大于 200mL/min，渗水系数合格率宜不小于 90%，当合格率小于 90%时应加倍频率检测，如检测结果仍小于 90%，需对该段面层进行处理。

面层混合料的离析包括沥青混合料的温度离析和沥青混合料的级配离析，离析可以暂时作如下控制：

(1)施工过程中采用红外温度探测器检测的温度差不应超过 20℃。

(2)核子密度仪检测的密度差不应超过 0.075g/cm³(大体上相当于空隙率相差 3%)。

五、注意事项

(1)在拌和楼生产橡胶沥青混凝土时,橡胶沥青由于黏度较大,泵送时间较长,易造成热料仓等料,导致矿料过热,进而使得混合料出料温度偏高,同时还将影响拌和楼的混合料产量。解决办法:保证生产橡胶沥青的基质沥青供给温度大于 160℃,供给拌和楼的橡胶沥青大于 185℃,同时尽量缩短橡胶沥青供给管道长度,并在供给橡胶沥青前提前 30~60min 用导热油对管道进行预热。

(2)实际生产时,应确保冷料进料速度与生产配合比设计取热料仓矿料时基本一致,以避免热料仓矿料级配发生较大波动,从而影响实际生产配合比。

(3)拌和楼生产沥青混合料通常使用矿粉,但在 AR-AC-13 中仅使用水泥,因此必须事先与拌和楼管理人员协调水泥添加事宜,一般不宜使用粉料回收仓作为水泥储存仓,生产过程中坚决禁止将回收粉料回收到水泥储存仓中。

(4)运料车装料时,应遵循前后中的顺序,以避免混合料发生离析,后场技术人员应予以关注。

(5)前场摊铺机摊铺速度应与拌和楼生产能力保持一致,避免摊铺速度忽快忽慢甚至停机等料,这些都将对路面平整度造成影响。

(6)路面碾压时,初压第一遍必须采用静压,以避免路面发生波浪、推移,从而保证平整度。

(7)进行混合料抽提试验,矿料级配应与生产配合比经水泥和胶粉修正过的配比进行比较,橡胶沥青含量应用燃烧法检测,不具备条件的可以直接抽提,并与橡胶沥青中基质沥青用量进行比较。

第二节 一个常规 AR-AC-13 试验路工程情况总结

为了给读者一个直观全面的了解,本节叙述的试验段是完全基于本章第一节的设计与施工方法进行的一个高速公路实体试验路段,读者可从中了解 AR-AC-13 设计与施工方法的具体实现。

一、试验路工程简介

2007 年 5 月~9 月,本课题组参与完成保定至沧州段高速公路一段试验路,该段试验路采用橡胶沥青混合料(湿法)设计和施工控制。

保定至沧州段高速公路是河北省“五纵六横七条线”高速公路网中的“线 5”,在全省公路网中占重要位置。从国家及河北省路网角度和主交通流向考虑,本项目也是国家重点公路威海至乌海的一部分,是河北省中、西部内陆地区及山西、内蒙等地区联系河北省沿海城市与港口以及整个华北地区联系华东及华南沿海城市的重要运输通道。

本次试验路段全长 1.2km,位于 C3 合同段 K98+120~K99+320 左幅。试验段上面层采用橡胶沥青混合料(AR-AC-13)。

二、橡胶沥青的生产

1. 集料

试验段所用石料分为四档，1 号(10～15mm)、2 号(5～10mm)、3 号(3～5mm)、4 号(<3mm 机制砂)。1 号和 2 号料为章丘玄武岩，3 号和 4 号料为满城石灰岩，填料为普通硅酸岩水泥。各档集料和填料性能指标均满足规范要求。

2. 橡胶粉

根据之前的研究，橡胶粉的质量在很大程度上决定了橡胶沥青的质量，同时建议选用胎源稳定的厂家生产的斜交胎胶粉。本次试验段选用河北产 20 目斜交胎橡胶粉，从外观上来看颜色较黑(碳黑含量较高)，纤维、金属等杂质含量较少，密度实测结果为 1.178g/cm^3。其筛分结果如表 10-12 所示。

20 目橡胶粉筛分结果 表 10-12

筛孔尺寸	通过率(%)	设计要求(%)
10 目(1.18mm)	100	65～100
30 目(0.6mm)	55.2	20～100
50 目(0.3mm)	13.9	0～45
200 目(0.075mm)	0.5	0～5

3. 基质沥青

对于橡胶沥青来说，基质沥青的选择并没有太高要求，只需要选择合适的标号，满足基本的规范要求即可。考虑到工程实际情况，采用原设计底面层使用的山东滨洲产弘润牌 70 号重交通道路沥青。各项性能指标如表 10-13 所示。

70 号基质沥青性能指标检测结果 表 10-13

检验项目		检测结果	规范要求	试验方法
针入度(25℃,100g,5s)(0.1mm)		71	60～80	T 0604
软化点(R&B)(℃)		49	≥46	T 0606
密度(g/cm^3)		0.993	实测	T 0603
延度(5cm/min,15℃)(cm)		101	≥100	T 0605
延度(5cm/min,10℃)(cm)		25	≥20	
薄膜加热试验(163℃,5h)	质量变化(%)	0.09	±0.8	T 0609
	针入度比(%)	67	≥61	T 0604
	延度(15℃)(cm)	24	≥15	T 0605
	延度(10℃)(cm)	6	≥6	

要生产出性能优良的橡胶沥青，除了选择合适的材料外，选择合适的橡胶粉掺量也是非常重要的一步。在试验室中我们采用内掺 15%、17%、19%、21%、23%五个掺量进行了橡胶沥青的性能对比，发现 19%掺量下的橡胶沥青黏度在 3.5Pa·s 左右，符合前文中推荐的 1.5～4.0Pa·s 的黏度范围，21%掺量的橡胶沥青黏度超过范围。同时从橡胶沥青疲劳抗裂性能方

面考虑，较高的掺量有利于提高橡胶沥青混合料的疲劳抗裂性能。再综合考虑经济性因素，目前胶粉的价格还低于基质沥青价格，采用高掺量既提高了橡胶沥青性能又降低了成本。最终确定试验路橡胶沥青采用内掺 19%橡胶粉。

本次试验路使用的橡胶沥青生产设备较为简单，采用自制 30m³ 容积的反应罐，加装对流式搅拌装置和燃烧器加热系统，橡胶粉与添加剂采用人工投放的方式。现场加工反应温度为 185～195℃，搅拌反应时间为 1h。试验路现场制备的橡胶沥青性能指标检测结果如表 10-14 所示，由表可知各项指标符合设计要求。

橡胶沥青指标检测结果

表 10-14

检验项目	检测结果	设计要求	试验方法
针入度(25℃,100g,5s)(0.1mm)	35	≥25	T 0604
软化点(R&B)(℃)	73	≥54	T 0606
密度(g/cm³)	1.05	实测	T 0603
177℃黏度(Pa·s)	3.5	1.5～4.0	T 0625
弹性恢复(%)	75.4	60	T 0662

三、试验路混合料配合比设计

配合比设计参考美国亚利桑那州的标准。原材料包括：基质沥青为宏润 70 号，胶粉为当地产的 20 目废旧轮胎橡胶粉。集料分为四档：(10～15mm)玄武岩、(5～10mm)石灰岩、(3～5mm)石灰岩、(0～3mm)机制砂。集料的密度见表 10-15。

集料的密度与吸水率

表 10-15

集料种类	规格(mm)	毛体积密度(g/cm³)	表观密度(g/cm³)	吸水率(%)
玄武岩	10～15	2.807	2.865	0.6
石灰岩	5～10	2.805	2.850	0.7
石灰岩	3～5	2.798	2.841	—
机制砂	0～3	2.800	2.852	—

经过目标配合比设计，最后调整生产配合比的级配如表 10-16 和图 10-1 表所示。

橡胶沥青混合料合成级配与级配范围

表 10-16

筛孔尺寸(mm)	16.0	13.2	9.5	4.75	2.36	0.075
合成级配(%)	100	92.2	61.9	31.7	17.4	2.8
级配上限(%)	100	100	80	42	22	3
级配下限(%)	100	80	60	28	14	0

目标配合比确定的最佳油石比为 7.8%。按照规范要求，选择 7.5%、7.8%、8.1%三个油石比进行生产配合比设计。马歇尔试验的结果如表 10-17 所示，综合结果确定的最佳油石比为 8.0%。

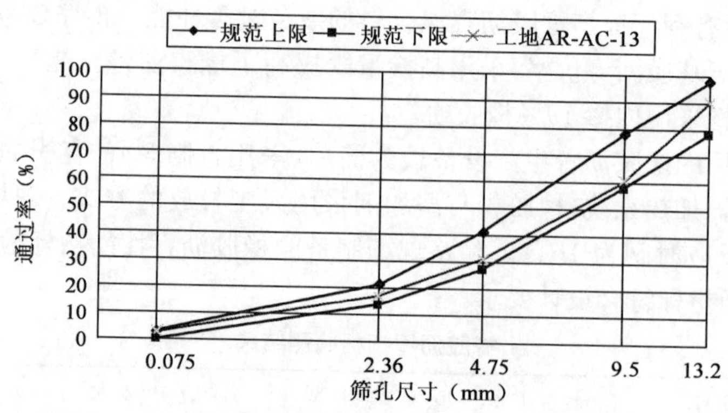

图 10-1　试验路生产配合比图

橡胶沥青混合料合成级配与级配范围

表 10-17

油石比（%）	稳定度（kN）	流值（0.1mm）	空隙率（%）	VMA（%）	饱和度（%）	毛体积密度（g/cm³）	理论密度（g/cm³）
7.5	8.42	44.6	7.1	22.35	68.2	2.362	2.543
7.8	9.11	42.7	6.0	22.32	73.1	2.374	2.526
8.1	9.91	39.6	5.2	22.40	76.8	2.379	2.510
要求	>6.0	—	4.5～6.5	>19	—	—	—

四、橡胶沥青混合料施工

1. 橡胶沥青混合料拌和

本次试验段采用的是德国产 LINTEC 拌和机，每小时最大产量 240t，正式生产前首先应对其进行调试，保证机械设备的正常运转以及计量系统的准确。

橡胶沥青的黏度控制在 1.5～4Pa·s，是相同温度下 SBS 改性沥青的几倍，这么大的黏度可能会造成泵送时间太长，造成热仓料等料，使得混合料出料温度偏高，同时影响拌和楼产量。所以应将反应罐尽可能靠近拌和楼，减少输送管道长度，也可以加粗管道或者采用较大功率的沥青泵输送。同时管道的加热保温十分重要，生产前应提前 30～60min 对管道进行预热。

混合料的拌和时间由试拌决定，一般加入水泥后干拌 5～10s，沥青加入后湿拌 35～40s。从反应罐中供给拌和楼的橡胶沥青为 185～195℃，由于不加矿粉，只加少量水泥，石料温度不能太高，控制在 180～190℃，保证出厂混合料温度在 175～185℃，超过 195℃应当废弃处理。实际拌和效果与试验室中一样，橡胶沥青的高黏度并没有造成拌和困难，未出现花料、白料等现象，拌和好的混合料稳定均匀。

2. 储存和运输

橡胶沥青混合料在储存和运输过程中的要求与一般改性沥青混合料相同，并且在存储、运输和摊铺过程中的稳定性要好于其他沥青混合料。这是由于橡胶沥青间断级配中细集料含量较少，同时橡胶沥青黏度较大，使得混合料的粗细离析和沥青析漏量都很少。从上一章的研究中我们还知道，橡胶沥青混合料在储存运输时的“浸润过程”中，性能可能会进一步提高。所以从储存与运输方面来说，橡胶沥青混合料的施工性能很好，不存在问题。

3. 摊铺与压实

橡胶沥青混合料温度较低时难于碾压，必须保证好压实温度，本次试验路控制橡胶沥青混合料的摊铺温度不低于 165℃，初压温度不低于 155℃。摊铺技术方面与一般改性沥青混合料相同，本章不再赘述。需要注意的是在压实过程中橡胶沥青混合料容易黏轮，压实过程不宜使用胶轮压路机，本次试验段采用三台德国 BOMAG 双钢轮振动压路机，初压采用两台压路机紧跟摊铺机静压 1 遍，振动碾压 3 遍；复压采用两台压路机振动碾压 3 遍，终压采用一台压路机以静压方式碾压 1～2 遍以消除轮迹。

空隙率对橡胶沥青的疲劳性能影响最大，所以在施工中要严格控制碾压质量，保证压实度>98%。在碾压施工的同时，可以在已经冷却的路段上做渗水试验，对级配设计和压实效果做现场检验，如果渗水不合格应及时找出原因，提高压实质量或者调整级配。

由于橡胶沥青黏性比一般沥青要大，碾压过程中以及结束后路面未冷却时，要严格做好隔离措施，施工人员以及车辆禁止上路，防止路表面石料被车轮或者鞋底黏走，影响路面美观。

试验路现场摊铺以及压实如图 10-2 所示。

图 10-2 试验路现场摊铺以及压实后路面情况图

第三节 一个基于既定油石比的 AR-AC-13 设计新法

同济大学对四川省成雅高速公路新津连接线改扩建工程 AR-AC-13 型沥青混合料目标配合比进行设计，并对设计混合料进行了水稳定性和高温稳定性检验。设计的依据与规范参照如下：

(1)《公路沥青路面施工技术规范》(JTG F40—2004)。

(2)《公路工程集料试验规程》(JTG E42—2005)。

(3)《公路工程沥青及沥青混合料试验规程》(JTJ 052—2000)。

(4)《Arizona 815 [Marshall Mix Design Method for Asphaltic Concrete(Asphal-Rubber Gap Graded Mix)]。

(5)《Arizona Standard Specifications-Section 413 Asphaltic Concrete(Asphaltrubber Gap Graded Mix)》1996 。

此设计方法不同于常规设计方法的是，先确定油石比，再根据目标空隙率确定级配。

一、原材料

本次配合比设计用粗集料为玄武岩，细集料为石灰岩；胶结料为中海 36-170 号基质沥青，内掺 18%的 20 目橡胶粉改性而成的橡胶沥青；填料为普通硅酸盐水泥，掺量为集料总重的 2.0%。

1. 沥青

根据要求，对 70 号基质沥青进行了相关性能指标检测，检测结果如表 10-18 所示。在此基础上进行橡胶粉掺量选择试验，根据试验结果和要求最终确定 20 目橡胶粉内掺 18 %。橡胶沥青的性能指标如表 10-19 所示。

70 号基质沥青性能指标检测结果

表 10-18

检验项目		检测结果	规范要求	试验方法
针入度(25℃,100g,5s)(0.1mm)		68	60～80	T 0604
软化点(R&B)(℃)		47.5	≥46	T 0606
溶解度(%)		99.8	≥99.5	T 0607
闪点(COC)(℃)		268	≥260	T 0611
密度(g/cm³)		1.025	实测	T 0603
延度(5cm/min,15℃)(cm)		110	≥100	T 0605
延度(5cm/min,10℃)(cm)		38	≥20	
薄膜加热试验(163℃,5h)	质量变化(%)	−0.03	±0.8	T 0609
	针入度比(%)	63	≥61	T 0604
	延度(15℃)(cm)	54	≥15	T 0605
	延度(10℃)(cm)	6.5	≥6	

橡胶沥青指标检测结果

表 10-19

检验项目	检测结果	设计要求	试验方法
针入度(25℃,100g,5s)(0.1mm)	38	≥25	T 0604
软化点(R&B)(℃)	60.5	≥54	T 0606
177℃黏度(Pa·s)	1.8	1.5～4.0	T 0625
弹性恢复(%)	76	≥55	T 0662

2. 集料、填料

本项目采用的集料分为四档：1 号(10～15mm)、2 号(5～10mm)、3 号(3～5mm)为玄武岩，4 号(石屑<3mm)为石灰岩，填料为普通硅酸岩水泥。按试验规程规定的方法，对集料和填料分别进行了筛分和相关指标的性能检测。筛分结果如表 10-20 所示，其他性能检测结果如表 10-21 所示。

集料筛分结果 表 10-20

矿料 \ 筛孔	通过筛孔(mm)的质量百分率(%)									
	16.0	13.2	9.50	4.75	2.36	1.18	0.60	0.30	0.15	0.075
1号	100	98.7	10.4	—	—	—	—	—	—	—
2号	100	100	97.9	4.5	—	—	—	—	—	—
3号	100	100	100	97.4	—	—	—	—	—	—
4号	100	100	100	100	100	52.59	34.16	16.28	9.62	—

集料、填料指标检测结果 表 10-21

检验项目		检测结果	规范要求	试验方法
视密度(g/cm³)	1号	2.976	≥2.60	T 0304
	2号	2.955	≥2.60	
	3号	2.939	≥2.60	
	4号	2.681	≥2.50	T 0328
	水泥	3.093	—	T 0352
吸水率(%)	1号	0.9	≤2.0	T 0304
	2号	0.9	≤2.0	
	3号	1.0	≤2.0	
压碎值(%)		10.1	≤26	T 0316
磨耗值(%)		8.9	≤28	T 0317
针片状颗粒含量(%)	1号	7.9	≤12	T 0612
	2号	8.2	≤18	

3. 橡胶粉

本项目采用 20 目的橡胶粉。

二、混合料级配

根据亚利桑那州技术规范规定,AR-AC-13 型沥青混合料级配要求见表 10-22。

AR-AC-13 型沥青混合料级配要求(不含外掺剂) 表 10-22

筛孔(mm)	16.0	13.2	9.5	4.75	2.36	1.18	0.6	0.3	0.15	0.075
上限(%)	100	100	80	42	22	—	—	—	—	3
下限(%)	100	80	60	28	14	—	—	—	—	0

三、矿料级配选择及确定

级配选择采用如下原则:

(1)级配范围不超出 AR-AC-13 型沥青混合料的级配要求。

(2)级配以中值为参考,适当偏粗,以使路面美观,抗车辙。

根据以上原则，参考燕宁金邦科技发展有限公司的工程经验，采用三个比选级配，三个级配的 4.75mm 通过百分率均为 32%左右，而三个比选级配 2.36mm 的通过百分率进行变化，其通过率分别为 16%、19%、22%，以空隙率在 5.5%左右的级配确定为最佳级配。

由此确定三个级配四档料的百分比分别为：级配 1：40%、29%、9%、22%；级配 2：40%、29%、12%、19%；级配 3：40%、29%、15%、16%；三个级配见下表。沥青用量根据工程经验暂定为油石比 8.3%，三种级配在 8.3%油石比时的空隙率结果如表 10-23 所示。

AR-AC-13 型沥青混合料比选级配结果 表 10-23

筛孔尺寸(mm)	16.0	13.2	9.5	4.75	2.36	1.18	0.6	0.3	0.15	0.075	空隙率(%)
级配 1(%)	100.0	99.5	63.6	32.1	22.0	11.6	7.5	3.6	2.1	0.0	4.8
级配 2(%)	100.0	99.5	63.6	32.0	19.0	10.0	6.5	3.1	1.8	0.0	5.4
级配 3(%)	100.0	99.5	63.6	31.9	16.0	8.4	5.5	2.6	1.5	0.0	7.0

注：级配组成中不包括外掺剂水泥，水泥为外掺，掺量为集料总质量的 2.0%。

根据上表结果，级配 2(2.36mm 的通过百分率为 19%)在油石比 8.3%时的空隙率为 5.4%，由此确定级配 2 为理想级配。根据各矿料的筛分结果，结合混合料级配要求，最终确定的合成级配见表 10-24，级配曲线见图 10-3。

AR-AC-13 型沥青混合料设计级配组成计算 表 10-24

筛孔尺寸(mm) 矿料	各筛孔的通过百分率(%)									
	16.0	13.2	9.5	4.75	2.36	1.18	0.6	0.3	0.15	0.075
1 号(40)	100	98.7	10.4	0	0	0	0	0	0	100
2 号(29)	100	100	97.9	4.5	0	0	0	0	0	100
3 号(12)	100	100	100	97.4	0	0	0	0	0	100
4 号(19)	100	100	100	100	100	52.59	34.16	16.28	9.62	100
合成级配	100.0	99.5	63.6	32.0	19.0	10.0	6.5	3.1	1.8	0.0

注：级配组成中不包括外掺剂水泥，水泥为外掺，掺量为集料总质量的 2.0%。

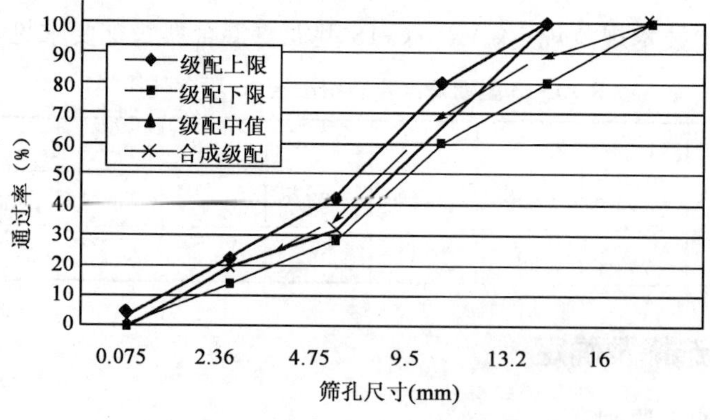

图 10-3 AR-AC-13 型设计级配曲线图

四、马歇尔稳定度试验

按设计的 AR-AC-13 型矿料级配进行配料，分别采用油石比为 7.8%、8.3%、8.8%进行马歇尔试验。试验结果见表 10-25。

AR-AC-13 型设计配合比马歇尔试验 表 10-25

油石比(%)	稳定度(kN)	流值(0.1mm)	空隙率(%)	VMA(%)
7.8	4.6	28.5	6.7	22.9
8.3	4.9	32.9	5.6	23.0
8.8	4.7	36.8	4.3	22.4
要求	>4.5	—	4.5～6.5	>19

五、最佳油石比的确定

根据上表各性能指标曲线可见，当油石比为 8.3%时，在该点各性能指标全部满足技术要求。因此本次配合比设计取 8.3%为最佳油石比，即最佳沥青用量为 7.66%。

六、最佳沥青用量下沥青混合料的性能检验

1. 水稳定性检验

进行最佳沥青用量下的浸水马歇尔试验，以检验设计沥青混合料的水稳定性能。试验结果见表 10-26。

浸水马歇尔稳定度试验结果 表 10-26

混合料类型	马歇尔稳定度(kN)	浸水马歇尔稳定度(kN)	残留稳定度 S_0(%)	要求(%)
AR-AC-13	5.1	4.7	93	—
	4.7	5.0		
	5.3	4.3		
平均值	5.0	4.7		

2. 高温稳定性检验

在最佳沥青用量下进行高温稳定性检验，动稳定度试验结果汇总于表 10-27。

最佳油石比下的车辙动稳定度结果 表 10-27

混合料类型	油石比(%)	动稳定度(次/mm)				
		1	2	3	平均	要求
AR-AC-13	8.3	1 520	1 410	1 710	1 547	—

七、设计结论

从目前看来，在确定油石比的基础上进行级配设计更贴合工程实际。且通过混合料级配调试和相关验证试验，表明所设计的 AR-AC-13 型沥青混合料的各项性能满足亚利桑那州技

术规范中 AR-AC-13 相关技术规范要求，浸水马歇尔残留稳定度达到 85%以上，车辙动稳定度达到 1 547 次/mm，室内目标配合比设计所得结果可用于生产配合比的调试。此法可在更多的实践中验证其合理性。

第四节　一个 AR-AC-13 作应力吸收层尝试性的应用试验段工程情况总结

室内试验研究已经证明，橡胶沥青本身以及橡胶沥青混合料都具有很好的疲劳抗裂性能。为了在实践中进一步检验橡胶沥青的疲劳抗裂性能，本节依托河北省交通厅"抗裂沥青混合料的技术研究项目"，于 2007 年 7 月～9 月在河北省保定至沧州高速公路 C3 标段修筑了试验路。

本次试验路修筑的主要的研究目的是：

(1)对橡胶沥青混合料在抗裂方面的应用进行研究，将试验室中已经证实疲劳性能较好的橡胶沥青混合料铺筑到试验路上，在交通荷载和自然环境的考验下检验其抗裂性能。

(2)采用"湿拌法"现场生产橡胶沥青，探讨橡胶沥青的生产工艺。

(3)对橡胶沥青混合料的施工技术进行探讨，总结出一套较合理的施工工艺。

(4)研究添加剂在橡胶沥青中的应用，在部分试验段中尝试使用特殊改性剂 SZ，以提高橡胶沥青流动性与黏附性，通过试验路检验改性剂的使用效果。

(5)将橡胶沥青混合料用于罩面层，与原设计 SBS 改性沥青路面对比，检验橡胶沥青路面的高温稳定性、耐久性与水稳定性。

一、工程概况和试验路设计

1. 工程概况

河北省保沧高速公路西起保定东至沧州，是河北省"五纵六横七条线"高速公路网中"线5"，在全省公路网中占重要位置。从国家及河北省路网角度和主交通流向考虑，本项目也是国家重点公路威海至乌海的一部分，是河北省中、西部内陆地区及山西、内蒙等地区联系河北省沿海城市与港口以及整个华北地区联系华东及华南沿海城市的重要运输通道。

本次试验路分为两段，全长约 2.0km，位于 C3 合同段 K95＋840～K96＋240 右幅以及 K98＋120～K99＋703 左幅。

2. 试验路设计

试验路所处的保沧高速公路采用的是半刚性基层，对于半刚性基层沥青路面，反射裂缝是主要的破坏形式之一。由于温缩和干缩作用，半刚性基层出现开裂在所难免，如何有效延缓裂缝向上发展是一个研究多年并且尚待解决的难题。

在美国，橡胶沥青混合料大量应用于旧路罩面翻新，旧路面存在大量的表面裂缝，罩面层需要很好的抗反射裂缝能力。美国多年的使用经验表明，加铺橡胶沥青混合料的路段比一般沥青路面反射裂缝要少的多。根据美国和南非共同推荐的罩面结构等效厚度列表显示，橡胶沥青间断级配的结构能力和抗反射裂缝能力等效于普通密级配的 2 倍，使用橡胶沥青混合料可以明显减薄路面。这些都说明橡胶沥青混合料具有良好的抗拉疲劳和抗剪切疲劳性能。

结合课题组的研究成果，从路面结构设计方面考虑，将沥青含量高、抗裂性能好的橡胶沥青混合料铺在半刚性基层与沥青底面层之间作为应力吸收层，阻止基层裂缝向上发展，延长路面的使用寿命。

将橡胶沥青混合料垫在基质沥青下面层与基层之间，有以下优点：①橡胶沥青混合料的抗裂性能较好，可以有效减少反射裂缝数量；②基质沥青底面层与半刚性基层裂缝之间距离增大，延缓了裂缝开展的时间；③从力学计算上来说，加铺层减小了基质沥青层底的弯拉应力，减小发生弯拉开裂的可能；④高沥青用量下的橡胶沥青混合料具有很好的黏结性能，层与层之间连接紧密，减少了发生层间滑动的可能，避免面层剪切破坏。

保沧高速公路设计车流量较大，并且河北省内车辆超载现象严重，夏季高温炎热，路面各层都需要较高的抗车辙能力。目前河北省的重载路面均采用GTM旋转压实方法进行混合料设计，与传统马歇尔设计方法双面击实75次相比，GTM旋转压实的压实功较大，设计出的路面抗永久变形能力较好。用于应力吸收层的橡胶沥青混合料尽管处于底面层，在设计时也应保持基本的抗车辙能力，避免由于抗剪能力不足而引起破坏。

3.结构设计

保沧高速公路原设计路面结构为4cm SBS改性沥青AC-13混合料＋6cm基质沥青AC-20混合料＋8cm基质沥青AC-25混合料，基层为水泥稳定级配碎石。

考虑到检验橡胶沥青混合料的抗裂性能，以及与原设计SBS改性沥青混合料的对比，共设计了三个方案。路面结构设计如图10-4所示。

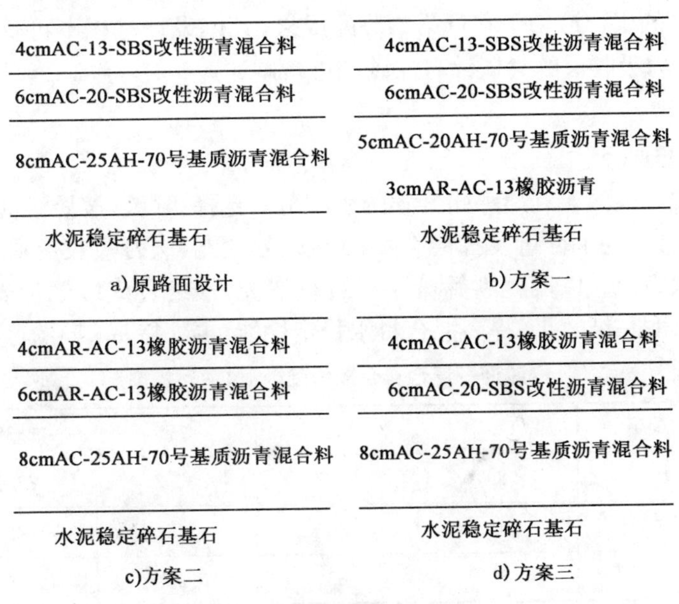

图10-4　试验段路面结构设计图

方案一：将抗裂性能较好的橡胶沥青混合料用于半刚性路面与底面层之间，起到抗反射裂缝的应力吸收层作用；同时高沥青用量、低空隙率的应力吸收层起到了防水层的作用，减少基层进水。

试验段全长400m，位于K95＋840～K96＋240右幅。在底面层采用3cm橡胶沥青AR-AC-13混合料＋5cm基质沥青AC-20混合料替代原设计的8cm基质沥青AC-25混合料。在混合料设计上，根据抗疲劳性能来设计，级配仍采用AR-AC-13间断级配，选择较高的沥青用量，4%左右的空隙率，保证混合料抗疲劳性能优良。

方案二：在中面层和上面层都使用橡胶沥青混合料，与原设计SBS改性沥青路面对比，检验橡胶沥青混合料的高温性能和耐久性能，同时检验橡胶沥青路面的抗滑和降噪性能。

试验段全长430m，位于K98＋120～K98＋548左幅。采用4cm＋6cm橡胶沥青AR-AC-13混合料替代原设计的4cm SBS改性沥青AC-13混合料＋6cm SBS改性沥青AC-20混合料。混合料设计中中面层仍以4.5%作为设计空隙率，保证混合料的抗疲劳性能，防止反射裂缝向上发展，上面层以5.5%作为设计空隙率，充分保证橡胶沥青混合料的高温稳定性。中、上面层级配类似，上面层偏粗。

方案三：在上面层使用橡胶沥青混合料，与原设计SBS改性沥青路面对比，检验橡胶沥青混合料的高温性能和耐久性能。部分路段中在橡胶沥青中添加特殊改性剂SZ，用以提高橡胶沥青的流动性与黏附性，通过试验路检验改性剂的使用效果。

试验段全长1 150m，位于K98＋548～K99＋703左幅。采用4cm橡胶沥青AR-AC-13混合料替代原设计的4cm SBS改性沥青AC-13混合料。以5.5%作为设计空隙率，充分保证橡胶沥青混合料的高温稳定性。

二、橡胶沥青混合料设计

本节橡胶沥青的生产沿用了本章第二节的成果，具体设计过程不再赘述。在此仅就本节AR-AC-13作为应力吸收层的尝试针对性设计进行阐述。

1.配合比设计

(1)混合料级配选择

本次试验路按照美国亚利桑那州推荐的级配范围选择级配。按照级配范围并参考以往工程经验进行级配设计，为了尽量发挥混合料的抗疲劳性能，应力吸收层所用级配2.36mm档筛孔通过率尽量取高值。以四档料筛分结果进行掺配，最终合成级配见表10-28。为了提高橡胶沥青与玄武岩的黏结效果，提高混合料水稳定性能，再外掺1.5%的普通硅酸盐水泥。

橡胶沥青混合料合成级配(不包括外掺剂)　　表10-28

筛孔尺寸(mm)	16.0	13.2	9.5	4.75	2.36	0.075
合成级配(%)	100	98.3	87.3	37.2	22.0	3
级配上限(%)	100	100	80	42	22	3
级配下限(%)	100	80	60	28	14	0

(2)沥青用量确定

根据上一章的研究结果，在正常的范围内(7.5%～9.0%)，橡胶沥青用量越高，空隙率越低，沥青混合料的疲劳性能越好。同时用于应力吸收层的橡胶沥青混合料也需要保证一定的抗车辙能力，沥青用量过高对抗车辙能力不佳，因此以4%空隙率作为设计目标较为合理，能够同时保持良好的抗疲劳性能和抗车辙性能。

试验路采用马歇尔试验方法，以4%作为目标空隙率确定最佳沥青用量，在7.0%、7.5%、8.0%、8.5%、9.0%五个油石比下进行对比分析，试验结果见表10-29。

AR-AC-13型级配马歇尔试验结果

表10-29

油石比(%)	稳定度(kN)	流值(0.1mm)	空隙率(%)	VMA(%)	饱和度(%)	毛体积密度(g/cm^3)	理论密度(g/cm^3)
7.0	8.74	49.1	6.8	20.6	67.0	2.382	2.556
7.5	10.42	44.6	5.7	20.6	72.3	2.394	2.539
8.0	11.56	42.7	4.8	20.7	76.8	2.401	2.522
8.5	11.41	39.6	4.1	21.0	80.5	2.404	2.506
9.0	10.92	38.2	3.5	21.3	83.6	2.403	2.490

从上表中可以看出，对应于4%的空隙率，油石比大约为8.5%。

(3)混合料性能检验

高温性能检测：在保证橡胶沥青应力吸收层疲劳性能的同时也需要保证基本的抗车辙能力。采用设计级配与最佳沥青用量，按照《公路工程沥青及沥青混合料试验规程》(JTJ 052—2000)中T 07110方法进行车辙试验，试验结果见表10-30。

橡胶沥青混合料车辙试验试验结果

表10-30

混合料类型	动稳定度(次/mm)	规范要求(次/mm)
橡胶沥青	3 325	>800

从结果来看，采用高掺量橡胶粉的橡胶沥青混合料在高温稳定性方面表现较好，满足底面层的动稳定度要求。

水稳定性能对比：采用马歇尔残留稳定度试验与冻融劈裂试验检验混合料的水稳定性能，水稳定性能检测结果见表10-31。从结果来看，橡胶沥青混合料的水稳定性能能够满足规范要求。

水稳定性能检测试验结果

表10-31

混合料类型	残留稳定度(%)	规范要求(%)	冻融劈裂强度比(%)	规范要求(%)
橡胶沥青	94.2	>85	85.5	>80

2.质量控制

现场橡胶沥青的生产过程中，每生产一定数量应对橡胶沥青进行质量抽检，最主要的控制指标是黏度，必须符合黏度设计范围要求。在遇到下雨或者拌和楼故障等客观因素，必须存储橡胶沥青时，需要不断搅拌，防止橡胶粉沉底。若存放时间超过8h，再次使用时需检测橡胶沥青的黏度，如果不合格应适量补加胶粉，反应一段时间后再次检测。

生产过程中橡胶沥青混合料的质量检测与一般沥青混合料相同，主要是测定混合料的沥青含量和级配。测定沥青含量时，主要有抽提法和燃烧法两种，如果使用离心式抽提仪，由于部分橡胶粉尺寸较大无法滤出，试验结果误差较大，不适合使用；本章推荐采用燃烧法。在使用燃烧法时，由于橡胶沥青掺量较高，并且含有近20%的橡胶粉，不易完全燃烧，可以适当延长燃烧时间，同时应做好集料燃烧损失的标定工作。

使用燃烧法时，选择合适的燃烧温度以及燃烧时间是关键。从本次试验段检测来看，结果较为稳定，可以作为参考，但仍需结合拌和楼当天橡胶沥青用量与混合料产量进行验算。

3. 路面施工质量检测

施工结束后按照设计要求进行质量检测，表面层主要检测指标有压实度、渗水系数、构造深度、摩擦因数摆值等；方案一中试验段处于下面层，基于抗裂设计，所以橡胶沥青混合料仅进行了压实度和渗水的检测。

由于是试验段，每隔 100m 钻取一个芯样进行压实度检测，结果见表 10-32。同时在取样点位置检测路面测试渗水系数，结果见表 10-33。

试验段压实度检测结果　　表 10-32

编　号	桩　号	实测密度(g/cm³)	标准密度(g/cm³)	压实度(%)
1	K95+830	2.387	2.404	99.3
2	K95+930	2.392	2.404	99.5
3	K96+040	2.383	2.404	99.1
4	K96+140	2.397	2.404	99.7
5	K96+230	2.429	2.404	101.0

路面渗水系数检测结果　　表 10-33

编　号	桩　号	渗水系数(mL/min)
1	K95+830	47
2	K95+930	13
3	K96+040	41
4	K96+140	50
5	K96+230	23

从现场钻取的芯样来看，压实度为 99%～101%时，都能满足大于 98%的施工技术要求。可以看到，在控制合理的情况下，施工现场的压实效果要好于试验室，橡胶沥青混合料的压实性能良好，高胶粉掺量与骨架结构没有造成现场压实困难。从渗水系数检测结果来看，所有检测点的渗水系数都小于 60mL/min，远低于路面规范对下面层的质量要求。橡胶沥青应力吸收层在高沥青用量、低空隙率下达到了防水层的使用效果，可以有效减少基层进水。

第五节　一个 AR-AC-16 橡胶沥青混合料的工程实际应用

橡胶沥青混合料公称粒径 16mm 的级配在国外较少使用，而在国内使用较多。考虑到 AR-AC-16 与 AR-AC-13 有较大不同，课题组依托项目对 AR-AC-16 橡胶沥青混合料路面设计效果进行了一个试探性尝试，因此本文依托工程实践对此进行总结。

山西省大运公路介休至霍州段改建工程项目起点桩号为 K0+000，终点桩号为 K64+132.438，路线全长 64.339km，采用一级公路技术标准建设，设计速度分别采用 80km/h 和 60km/h，路基宽度分别采用 21.5m 和 20m。改建工程第六标段采用 AR-AC-16 橡胶沥青混

合料作上面层材料，本章还总结了该路段的设计及施工控制情况。

一、路面设计

本次设计是在参考AR-AC-13与其他普通混合料路面的设计方法之后进行的：

(1)作交通量调查并预测数据，计算设计年限内设计车道的标准轴载累计作用次数。

(2)根据道路等级和交通繁重程度，确定铺面等级。

(3)按照路基土质和干湿类型，将路基划分为若干路段，分别确定各路段的土基回弹模量。

(4)参考设计和使用经验，拟定铺面结构组合和厚度方案。

(5)进行混合料配合比设计和试验，并测定材料的强度和回弹模量，以确定相应的设计值。

(6)由设计轴次和劈裂强度值，计算确定路表容许弯沉值和容许拉应力值。

(7)应用层状体系结构分析软件及各结构层材料的设计参数，对各铺面结构层组合和厚度方案进行标准轴载作用下各点的表面弯沉和层底拉应力计算。

(8)对比计算值和容许值，确定结构层组合和厚度方案的合理性，并进行相应调整。

由美国推荐的罩面结构等效厚度表明，橡胶沥青间断级配混合料的厚度等效于两倍它的密级配普通沥青混合料厚度，因此橡胶沥青混合料在经济上也有一定竞争力。再考虑其路用性能，特别是在环保等方面的综合效益，在路面工程中逐步增加回收胶粉的用量是一个重要的发展趋势。

橡胶沥青路面配合比设计还是采用《公路沥青路面施工技术规范》(JTG F40—2004)要求的目标配合比设计、生产配合比设计和生产配合比验证三阶段法，确定最佳级配和最佳沥青用量。涉及到的指标还是空隙率、矿料间隙率、沥青饱和度、混合料的高温稳定性、水稳定性和耐久性等。

二、橡胶沥青路面的施工

橡胶沥青混合料与普通沥青混合料在生产、储存、施工上存在一定的要求差异。

(1)用于橡胶沥青混合料的原材料，包括集料、基质沥青必须达到现行规范的要求。

(2)胶粉的质量对橡胶沥青混合料的路用性能影响很大，其质量必须有所保证。胶粉应无铁丝或其他杂质，纤维比例应不超过0.5%，可以含有橡胶粉质量4%的碳酸钙，以防止胶粉颗粒相互黏结。

湿法工艺生产胶粉改性沥青，国际工程界一般不主张集中拌和生产，应以现场改性为主。已制备的橡胶沥青有一定的有效存储期限，超过一定时间后橡胶颗粒脱硫加剧，力学性能下降，弹性工作温度区间变窄，意味着橡胶某些性质将失去，这对橡胶沥青路面的使用性能是不利的。因此，应在现场的混合料拌和楼旁加设一套橡胶改性沥青的生产设备。主要部分为：基质沥青和胶粉的入口、橡胶沥青的出口、基质沥青的快速升温装置、搅拌罐兼反应罐(带底部搅拌)、控制柜。

橡胶沥青黏度较大，是SBS改性沥青的3倍左右，高黏度会给胶结料的输送带来一定的困难。因此橡胶沥青输送管道的长度不易过长，应尽量选择较粗的管道输送，且输送能力必须与拌和楼的生产能力匹配。

相关要求：

(1)橡胶沥青混合料在拌和、运输、摊铺、压实过程中有严格的温度要求，见表10-34。

橡胶沥青混合料的施工温度　　表10-34

胶粉沥青加热温度(℃)	180～200
矿料加热温度(℃)	170～180
胶粉沥青加热温度(℃)	180～200
混合料出厂温度(℃)	170～180，超过195废弃
混合料运输到现场温度(℃)	不低于165
摊铺温度(℃)	不低于160，低于140废弃
初压开始温度(℃)	不低于155
复压最低温度(℃)	不低于130
碾压终了温度(℃)	不低于110

(2)施工要求

①若橡胶沥青混合料温度下降至要求以下将难以被碾压，为了保证压实度和平整度，需要采取措施保证摊铺机连续运作。

②由于胶粉改性沥青黏度非常大，容易出现拖痕，故要求摊铺机的熨平板必须准确调整。

③胶粉改性沥青混合料通常使用大吨位轮胎压路机和高频振动压路机组合碾压。

④摊铺后混合料的温度仍较高，易被压路机带起，且被压路机轮子带起的沥青掉落路面易形成油斑。因此，建议压路机和摊铺机保持一定距离，以使混合料冷却至一定温度，并采用肥皂水湿润压轮以防止黏轮。在碾压完成以后，路面未冷却前，施工人员必须采取严格的交通隔离措施。

三、标段路工程情况总结

1.标段路目标配合比

配合比设计参照《橡胶沥青及混合料设计施工技术指南》。

1)原材料

(1)橡胶沥青

试验所采用的橡胶沥青采用40目胶粉，胶粉掺量为内掺18%，由施工现场橡胶沥青生产设备生产制取。主要技术指标为采用手持黏度仪测定橡胶沥青在180℃时的黏度，结果控制在2～4Pa·s，其他检测指标如表10-35所示。

橡胶沥青性能指标检测结果　　表10-35

项　目	单　位	技术要求	试验结果	试验方法
针入度(100g,5s,25℃)	0.1mm	40～80	54.3	T 0604
软化点 $T_{R\&B}$	℃	≥46	68.5	T 0606
180℃旋转黏度	Pa·S	2～4	3.4	T 0625

(2)集料

本次橡胶沥青混合料AR-AC-16所用的粗细集料均采用山西产石灰岩，洁净、干燥、表面粗糙。对石灰岩进行了主要相关指标测试，结果见表 10-36 和表 10-37。

表 10-36

粗集料性能指标检测结果

项　　目		单位	11～15 mm	5～10 mm	技术要求	试验方法
石料压碎值		%	19.6	≤26	T 0316	
洛杉矶磨耗损失		%	22.3	≤28	T 0317	
表观相对密度		—	2.708	2.696	≥2.60	T 0304
吸水率		%	0.81	0.79	≤2.0	T 0304
坚固性		%	8.9		≤12	T 0314
针片状颗粒含量	>9.5mm	%	7.2	—	≤12	T 0312
	<9.5mm	%	12.3	13.1	≤18	T 0312
软石含量		%	0	0	≤3	T 0320
水洗法<0.075mm 含量		%	0.5	0.5	≤1	T 0310
对沥青的黏附性		级	5	5	≥4	T 0616

表 10-37

细集料性能指标检测结果

项　目	单　　位	机制砂(细)	技术要求	试验方法
表观相对密度	—	2.644	≥2.50	T 0330
坚固性	%	8.1	≤12	T 0340
砂当量	%	72.9	≥60	T 0334
棱角性	s	33.2	≥30	T 0345

由表 10-36 和表 10-37 可见，所选集料各项指标符合《公路沥青路面施工技术规范》(JTG F40—2004)中集料的质量要求，可以使用于道路工程中沥青路面工程。

(3)填料

为了提高石料与橡胶沥青间的黏结及橡胶沥青混合料的水稳定性，本次橡胶沥青混合料 AR-AC-16 所用的填料采用水泥，水泥可选用普通硅酸盐水泥、矿渣硅酸盐水泥和火山灰质硅酸盐水泥，水泥强度等级为 C42.5。

2)确定矿料组成设计及合成级配

本次 AR-AC-16 橡胶沥青混合料试验用级配按照骨架-断级配原则进行设计，公称最大粒径为 16mm，粗集料部分用于增加整体抗变形能力，细集料部分保证混合料的密实性。对各级矿料进行筛分，以确定矿料配合比。集料筛分情况见表 10-38，级配情况见表 10-39。

表 10-38

集料筛分结果

筛孔尺寸(mm)	通　过　率(%)			
	10～20mm	5～10mm	机制砂	水泥
19	100	100	100	100
16	90	100	100	100
13.2	59.4	100	100	100
9.5	14.4	99.2	100	100

续上表

筛孔尺寸(mm)	通过率(%)			
	10～20mm	5～10mm	机制砂	水泥
4.75	0.6	26.7	97.9	100
2.36	0	0.5	72.5	100
1.18	0	0	53.7	100
0.6	0	0	38.9	100
0.3	0	0	28.8	100
0.15	0	0	21	93.7
0.075	0	0	10.4	88

级配情况

表 10-39

筛孔尺寸(mm)	通过下列筛孔(mm)的质量百分率(%)										
	19	16	13.2	9.5	4.75	2.36	1.18	0.6	0.3	0.15	0.075
级配范围	100	90～100	76～92	60～80	22～42	12～32	8～25	6～18	4～12	2～8	0～3
合成级配	100	95.5	81.7	61.3	35.6	21.2	15.6	11.3	8.4	6.1	3.0

3)确定最佳油石比

根据各种矿料配合比例及其毛体积密度,结合以往工程经验,参照《橡胶沥青及混合料设计施工技术指南》,按照空隙率确定混合料油石比(目标空隙率 5%对应的油石比为最佳油石比)。本次 AR-AC-16 目标配合比分别取 6.0%、6.2%、6.5%、6.8%、7.0%五个油石比进行马歇尔试验。试件毛体积密度采用表干法测定,理论最大相对密度采用真空法实测。马歇尔试验数据见表 10-40。

AR-AC-16 沥青混合料目标配比马歇尔试验结果

表 10-40

油石比(%)	毛体积相对密度	理论相对密度	空隙率(%)	VMA(%)	VFA(%)	稳定度(kN)	流值(0.1mm)
6.0	2.297	2.466	6.8	18.3	62.2	9.84	25.8
6.2	2.322	2.460	5.6	17.5	68.1	9.21	28.5
6.5	2.327	2.451	5.1	17.6	71.2	8.54	34.5
6.8	2.320	2.442	5.0	18.1	72.4	7.65	48.4
7.0	2.317	2.436	4.9	18.3	73.4	8.66	37.4

根据各项指标,并遵循较低油石比原则,本次 AR-AC-16 混合料的最佳油石比定为6.5%,相应的空隙率 VV 为 5.1%。

AR-AC-16 混合料最佳油石比对应的毛体积相对密度为 2.420,马歇尔试验数据见表 10-41。

AR-AC-16 最佳油石比下马歇尔试验数据表

表 10-41

指　标	油石比(%)	空隙率(%)	VMA (%)	VFA (%)	稳定度(kN)
试验结果	6.5	5.1	17.6	71.2	8.54
技术标准	—	4～6	≥14	70～85	>7

4)目标配合比设计检验

为了检验沥青混合料的性能,根据规范要求,对最佳油石比下的 AR-AC-16 橡胶沥青混合料进行高温稳定性、水稳定性试验。试验结果见表 10-42。

表 10-42

AR-AC-13 混合料目标配合比检验结果

检验项目	单位	试验值	技术要求	试验方法
动稳定度 DS	次/mm	3671	≥3 000	T 0719
残留马歇尔稳定度	%	88.7	≥85	T 0709
冻融劈裂残留强度比	%	87.2	≥80	T 0729

从表中可见,AR-AC-16 车辙试验的动稳定度、残留马歇尔稳定度、冻融劈裂强度比均符合规范要求。说明所设计的沥青混合料是合理的,可进行混合料的生产配合比设计。

2. 标段路生产配合比

1)原材料

(1)橡胶沥青

橡胶沥青与目标配合比所用沥青相同。

(2)集料及填料

拌和楼所用筛孔尺寸为 22mm、11mm、6mm 和 3mm。集料同为山西产石灰岩,填料为强度 C42.5 的水泥。对各档石灰岩进行密度测定,结果如表 10-43 所示。

表 10-43

生产配合比各档集料密度

石灰岩粒径(mm)	毛体积相对密度	表观相对密度	吸水率(%)
11~22 号	2.646	2.701	0.77
6~11 号	2.630	2.693	0.89
3~6 号	2.629	2.704	1.05
0~3 号	2.686	2.686	—
水泥	3.100		—

2)确定矿料组成设计及合成级配

对各级矿料进行筛分,以确定矿料配合比。集料筛分情况见表 10-44,级配情况见表 10-45,级配图如图 10-5 所示。

表 10-44

集料筛分情况

筛孔尺寸(mm)	通过率(%)				
	11~22mm	6~11mm	3~6mm	0~3mm	水泥
19	96.1	100	100	100	100
16	75.1	100	100	100	100
13.2	46.8	99.7	100	100	100
9.5	12.2	98.5	89.3	100	100
4.75	0.9	2.3	65.1	97.9	100

续上表

筛孔尺寸(mm)	通过率(%)				
	11～22mm	6～11mm	3～6mm	0～3mm	水泥
2.36	0	0	0.5	69.1	100
1.18	0	0	0	47.3	100
0.6	0	0	0	31.6	100
0.3	0	0	0	22	100
0.15	0	0	0	15	93.7
0.075	0	0	0	5.7	88

生产配合比级配情况

表 10-45

筛孔尺寸(mm)	通过下列筛孔(mm)的质量百分率(%)										
	19	16	13.2	9.5	4.75	2.36	1.18	0.6	0.3	0.15	0.075
级配范围	100	90～100	76～92	60～80	22～42	12～32	8～25	6～18	4～12	2～8	0～3
合成级配	98.4	90	78.6	63.7	31.9	18.7	12.8	8.5	5.9	4.1	1.5

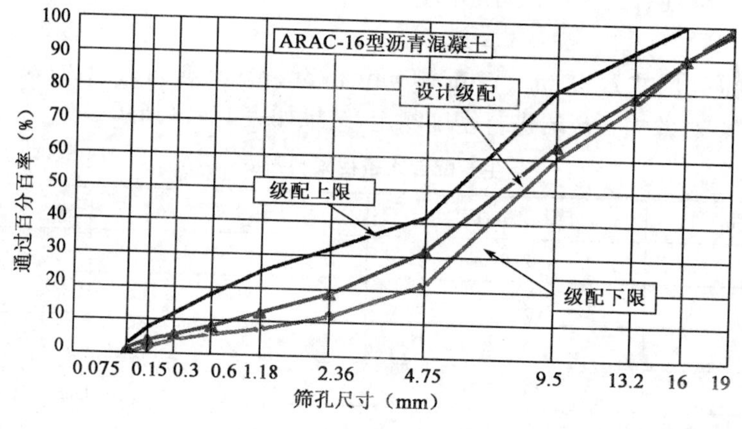

图 10-5　生产配合比级配图

3)确定最佳油石比

根据目标配合比,参照《橡胶沥青及混合料设计施工技术指南》,按照空隙率确定混合料油石比。本次 AR-AC-16 生产配合比设计分别取 6.2%、6.5%和 6.8%三个油石比进行马歇尔试验。试件毛体积密度采用表干法测定,理论最大相对密度采用真空法实测。马歇尔试验数据见表 10-46。

AR-AC-16 沥青混合料生产配比马歇尔试验结果

表 10-46

油石比(%)	毛体积相对密度	理论相对密度	空隙率(%)	VMA(%)	VFA(%)	稳定度(kN)	流值(0.1mm)
6.2	2.323	2.466	5.8	17.7	67.3	8.93	21.8
6.5	2.319	2.458	5.6	18.1	68.8	8.58	21
6.8	2.329	2.448	4.9	18.0	73	8.99	25.5

根据各项指标，并遵循较低油石比原则，AR-AC-16混合料的生产配比最佳油石比定为6.5%，相应的空隙率VV为5.6%。

AR-AC-16混合料最佳油石比对应的毛体积相对密度为2.319，马歇尔试验数据如表10-47所示。

AR-AC-16生产配比最佳油石比下马歇尔试验数据表 表10-47

指　　标	油石比(%)	空隙率(%)	VMA (%)	VFA (%)	稳定度(kN)
试验结果	6.5	5.6	18.1	68.8	8.58
技术标准	—	4~6	≥14	70~85	>7

4)目标配合比设计检验

为了检验生产配比橡胶沥青混合料的性能，根据规范要求，对最佳油石比下AR-AC-16橡胶沥青混合料进行高温稳定性和水稳定性试验，结果见表10-48。

AR-AC-13混合料目标配合比检验结果 表10-48

检验项目	单　　位	试　验　值	技术要求	试验方法
动稳定度DS	次/mm	3 821	≥3 000	T 0719
残留马歇尔稳定度	%	85.9	≥85	T 0709
冻融劈裂残留强度比	%	86.1	≥80	T 0729

从表中可见，AR-AC-16的车辙试验的动稳定度、残留马歇尔稳定度、冻融劈裂强度比均符合规范要求。说明所设计的沥青混合料是合理的，可进行试验路的铺筑。

3.标段路试验路铺筑

试验路总长约550m，路段桩号K34+720~K34+850右幅采用如下生产配合比所用级配进行混合料的生产并摊铺碾压。合成级配情况如表10-49所示，沥青用量为6.1%，根据施工现场情况，对桩号K34+850~K35+050右幅进行级配调整，保持沥青用量不变，调整后级配情况见表10-49，级配图如图10-6所示。对于路段桩号K35+050~K35+270右幅，进行第二次级配调整，保持沥青用量不变，调整后级配情况见表10-50，级配图如图10-7所示。

第一次级配调整后合成级配情况 表10-49

筛孔尺寸(mm)	通过下列筛孔的质量百分率(%)										
	19	16	13.2	9.5	4.75	2.36	1.18	0.6	0.3	0.15	0.075
级配范围	100	90~100	76~92	60~80	22~42	12~32	8~25	6~18	4~12	2~8	0~3
合成级配	98.4	89.9	78.4	63.1	34	19.3	13.7	9.7	7.2	5.3	2.8

第二次级配调整后合成级配情况 表10-50

筛孔尺寸(mm)	通过下列筛孔的质量百分率(%)										
	19	16	13.2	9.5	4.75	2.36	1.18	0.6	0.3	0.15	0.075
级配范围	100	90~100	76~92	60~80	22~42	12~32	8~25	6~18	4~12	2~8	0~3
合成级配	98.4	89.9	78.4	62.9	33.3	17.8	12.7	9.0	6.8	5.0	2.8

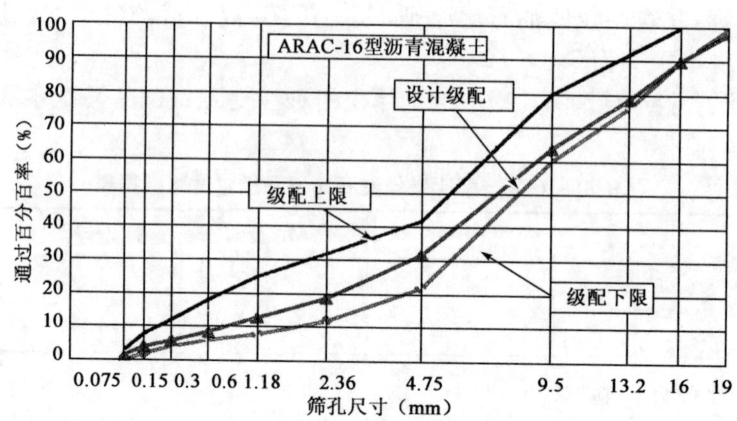

图 10-6　第一次级配调整后合成级配图

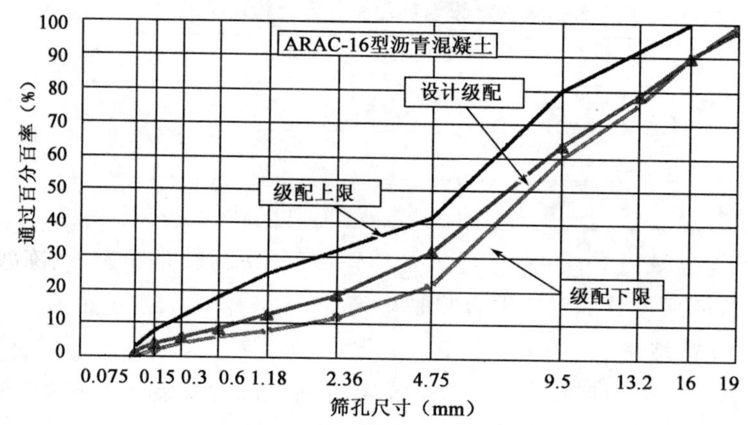

图 10-7　第二次级配调整后合成级配图

4. 试验路质量检测

施工结束后按照设计要求进行了质量检测，对于表面层主要检测指标有压实度、渗水系数、构造深度及抽提结果等。

(1)钻芯抽提及筛分结果

对于三段不同配比的试验段，分别进行钻芯取样。抽提及筛分结果如表 10-51 所示。

抽提及筛分结果　　表 10-51

筛孔尺寸(mm)	通　过　率(%)			级配范围(%)
	1号	2号	3号	
16	95.6	98.7	92.9	90～100
13.2	86.2	87.1	83	76～92
9.5	62.9	62.8	62.6	60～80
4.75	33.8	32.5	30.8	22～42
2.36	19.9	19.3	18.3	12～32

续上表

筛孔尺寸(mm)	通　过　率(%)			级配范围(%)
	1号	2号	3号	
1.18	12.1	12.8	10.9	8～25
0.6	8.7	9.7	7.2	6～18
0.3	6.2	8.1	5.8	4～12
0.15	5.1	7.1	4.3	2～8
0.075	2.7	4	2.4	0～3
抽提结果(%)	5.4×1.2=6.5	5.6×1.2=6.7	5.4×1.2=6.5	—

注:由于现场试验条件所限,无法使用燃烧法进行沥青用量检测。故直接抽提混合料,所得油石比结果乘以系数1.2,与原定油石比进行比较。

(2)压实度

按3种不同级配范围分别进行钻芯取样,压实度结果如表10-52所示。

压实度结果　　表10-52

编　号	桩　号	实测密度(g/cm^3)	标准歇尔密度(g/cm^3)	压实度(%)
1	K34+780	2.268	2.336	97.1
	K34+830	2.275		97.4
2	K34+860	2.254	2.316	97.3
	K35+010	2.247		97.0
3	K35+150	2.304	2.322	99.2
	K35+250	2.298		99.0

(3)渗水系数

按3min通过水量计算,渗水系数结果如表10-53所示。

渗水系数　　表10-53

渗水系数	21mL/min

(4)构造深度

采用手工铺砂法进行构造深度检测,结果如表10-54所示。

构造深度　　表10-54

摊平砂的平均直径(mm)	构造深度(mm)	均值(mm)
165	1.13	1.06
178	1.00	
175	1.04	
170	1.10	
175	1.04	

第十一章　橡胶沥青 SAMI 施工操作规程

内容提要：本章介绍了橡胶沥青应力吸收层 SAMI-R 的施工工艺。

橡胶沥青可用于应力吸收夹层，通常称作 SAMI-R。依据设计目的和下层路面结构，SAMI-R 可用于延缓反射裂缝，此外它还具有增强结构强度的作用，甚至能起到结构方面的作用。

第一节　项目准备及协调工作

一、项目部建设

以一个工程实例为参照进行组建与调整。

项目部根据橡胶沥青的生产和应力吸收层施工建设的需要，已经完成项目部建设，项目部设于该公司的办公楼，相关软硬件建设工作已就绪。橡胶沥青生产设备已经安装在公路工程公司的拌和站厂，并保持在对接状态，随时可以进入生产状态。同时，全部橡胶沥青应力吸收层施工装备停放在总包方沥青拌和厂场地内。按照原设计方案的配合比设计要求，已经完成了前 3km 的原材料备料。

项目部的组织架构如图 11-1 所示。生产组 6 人，施工组 8 人，技术组 3 人，均已全部到场。

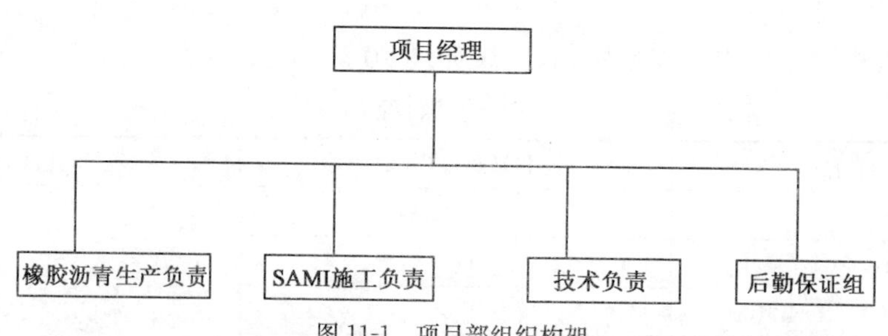

图 11-1　项目部组织构架

确立项目经理部为现场指挥管理机构，全权处理现场施工中一切事宜，对外负责与各有关协作单位进行业务联系，疏通协调施工中的各种关系，对内统一指挥，全面调动各专业施工队伍进行施工，确保以最短的时间、最快的速度解决施工中各种问题，密切与业主、监理工程师及各协作单位沟通，虚心听取意见，积极改进，配合及支持各有关协作单位的工作。

二、设备进场

将在开工前,组织如下全部仪器设备进场。

1. 主要进场设备

(1)橡胶沥青生产设备:1套。

(2)橡胶沥青洒铺车:1台。

(3)碎石撒铺车:2台。

(4)道路清扫车:1台。

(5)施工工程车:2台。

(6)碎石清洗设备:1套。

2. 主要检测仪器

(1)沥青针入度仪。

(2)沥青延度仪。

(3)沥青软化点仪。

(4)手持式黏度计。

(5)集料标准筛(方筛孔)。

(6)胶粉标准筛。

三、总承包方协调会

从总承包方获得正式的设计文件以后,将参加总承包方召集的协调会,落实相关技术和进度实施细则,落实与总承包方质量保证体系的对接,落实施工指令和信息反馈管路。在组织(进度)、通讯和技术细节方面全面协调。

总承包方协调会的协调内容如下:

1. 橡胶沥青产能与拌和楼产能协调工作

考虑到本项目为在用要道,必须保证畅通,工程必须确保连续作业,原材料供应必须在开工前保证足够的成品储备。每日生产量以拌和楼与应力吸收层实际施工用量而定,按照总包方负责人下达的指令编排生产和原材料控制计划。需与总承包方协调好并以其生产指令为准。总协调会需解决的橡胶沥青生产协调问题有:

(1)设备生产橡胶沥青的产能是15t/h,若应力吸收层施工与面层施工所用的橡胶沥青不同,则存在两种橡胶沥青交替生产的编排问题。

(2)原材料备料的问题。橡胶粉到货要经过进货计划编制→订单→生产足额数量→运输→验收收货等过程,必须在开工前1～2周获得生产计划。

(3)指令发布流程问题。需提前获得总承包方的生产计划,生产时间和数量需协调总承包方,并以总承包方的正式开工指令为准。

(4)质量控制流程。原材料、成品的质量控制,要与总承包方质量控制人员充分协调,自检和共同抽检记录要得到总承包方质量负责人的确认。

(5)生产数量的确认。每工程日结束后,必须及时将产量报总承包方,并获得总承包方授权人员的确认。

(6)总包方提供的沥青,有关数量、质量和供应组织等问题,也需定岗定责,对口协调。

2. SAMI 施工与工作面准备和面层施工的协调

橡胶沥青 SAMI 施工设备机械均已在场。需要在协调会解决的问题有:

(1)指令流问题。需要在 2 个工作日获得总承包方的正式开工指令,根据指令抽取沥青计划并及时通知生产单位。

(2)原材料备料问题。主要是干净、干燥撒布石料的准备问题。撒布石料数量要根据总包方的施工计划组织进场和清洗。进场和清洗过程构成了工程进度时间节点,需协调总承包方以获得足够的帮助。

(3)施工工作面的准备和验收问题。总承包方负责在水泥混凝土路面上的高压空气清扫和路缘石的保护工作。同时,工作面必须保证干燥。需协调总承包方安排相关工作,总承包方工作面准备工作完成后还需要进行验收工作。交接工作需要协调。

(4)橡胶沥青 SAMI 质量控制主要在于现场洒布沥青用量和撒布碎石用量的控制。总承包方应根据设计文件确定质量控制的目标值和允许误差,同时,由于不存在事后质检的可能性,所有质量控制工作需协调总承包方质检部门共同进行,共同进行的检测工作需共同确认。

(5)工程完成后,与总承包方授权人员确认工程数量。

3. 施工机械准备及协调工作

(1)总承包方必须提供 25t 胶轮压路机 2 台。

(2)总承包方必须提供 50 型装载机 1 台(碎石撒布机上石料使用)。

第二节　材料进销存管理和质量控制

一、原材料进销管理及检测

原材料进销管理的目标是每一批次材料都有相关质量文件和检测记录,每一批次材料都有能落实到工程段落的使用记录。

1. 橡胶粉

在每一批次胶粉进货时,要求供货方提供相应的产品数量、检测报告与合格证,并随机抽取三包进行检查(每批次留样 5kg),三包必须处于同样的物理状态。对每批次样品筛分,接收人员必须对颗粒状况和色、嗅等进行基本判断,如发现与前一批次样品有重大区别,应将样品提交公司技术部分析,每一批次的橡胶粉都要有相应的检测记录。橡胶粉颗粒规格应符合相应要求。橡胶粉密度应为$(1.15\pm0.05)g/cm^3$,无铁丝或其他杂质,纤维含量应不超过 0.5%,一般含有占橡胶粉质量 4%的碳酸钙,以防止胶粉颗粒间相互黏结。对于每一批使用的橡胶粉,做好严格的跟踪纪录,以确保可以根据生产和输送纪录追溯到实际工程应用的部位。

橡胶粉入库和使用记录,需得到总承包方计量部门的确认。橡胶粉检测报告,需报备总承包方质检部门。入库时要通知总承包方质检部门并全力配合总包方质检部门提出的抽检。共同检测记录,需得到总承包方质检部门的确认。

2. 基质沥青

对于供应方(如沥青站或拌和楼)提供的基质沥青,在每一批不同批次的基质沥青入货时,试验室与供求方(可分别单独进行,也可联合进行)对沥青原材料的针入度、延度、软化点进行检验,试验室不能完成的试验项目应及时委托具有相应资质的试验室进行。供货方需提交所有自检检测报告和供应商自检报告,抽检频率应满足规范要求。橡胶沥青所用的基质沥青采用优质石油沥青,标号为AH-70,其技术要求见表11-1。

表11-1

重交通道路石油沥青技术要求

检验项目			AH-70
针入度(25℃,100g,5s)(0.1mm)			60～80
延度(5cm/mim,15℃)(cm)		不小于	100
延度(5cm/mim,10℃)(cm)		不小于	20
软化点(环球法)(℃)		不小于	46
溶解度(三氯乙烯)(%)		不小于	99.5
针入度指数PI			−1.3～+1.0
薄膜加热试验(163℃,5h)	质量损失(%)	不大于	0.6
	针入度比(%)	不小于	65
	延度(15℃)(cm)	不小于	100
	延度(10℃)(cm)	不小于	6
闪点(COC)(℃)		不小于	260
含蜡量(蒸馏法)(%)		不大于	2
密度(15℃)(g/cm³)		不小于	1.01
动力黏度(绝对黏度,60℃)(Pa·s)		不小于	180
PG等级			22～64

基质沥青橡胶粉入库和使用记录,需得到总承包方计量部门的确认。基质沥青检测报告,需报备总承包方质检部门。共同检测记录,需得到总承包方质检部门的确认。

3. 集料

应力吸收层应采用石质坚硬、清洁、未风化、近立方体状颗粒的碎石,应选用反击式破碎机轧制的碎石,严格控制细长扁平颗粒含量,以确保集料的质量。表11-2是应力吸收层常用碎石规格,集料采用设计文件所规定的集料。

表11-2

应力吸收层集料规格

筛孔尺寸(mm) \ 类型	A级配(%)	B级配(%)
13.2	100	100
9.5	100	0～15
6.3	0～15	
2.36	0～5	0～5
0.075	0～0.5	0～0.5

在每一批次的碎石入货时，都要先进行筛分检测并做好详细记录。集料抽检频率应满足规范要求，集料的技术要求见表11-3。

应力吸收层集料质量技术要求

表11-3

指标		技术要求
石料压碎值(%)	不大于	24
洛杉矶磨耗损失(%)	不大于	30
视密度(t/m³)	不小于	2.50
吸水率(%)	不大于	2.0
对沥青的黏附性	不小于	4级
坚固性(%)	不大于	12
细长扁平颗粒含量(%)	不大于	15
水洗法(0.075mm颗粒含量,%)	不大于	1
软石含量(%)	不大于	5

对于每一批次的集料，从入货到出货都要有详细的出入记录表，以确保可以根据生产和输送记录追溯到实际工程应用的部位。石料的收货和使用记录，需得到总承包方计量部门的确认。相关检测报告，需报备总包方质检部门。共同检测记录，需得到总承包方质检部门的确认。

二、橡胶沥青成品

根据设计文件确定橡胶粉的掺量。将橡胶粉加入沥青的温度范围控制在177～204℃，拌和时间1h左右，保证拌和均匀，没有橡胶结块，拌和后应及时进行试验。根据试验结果选取合适的橡胶粉掺量，橡胶沥青各项指标见表11-4。

橡胶沥青技术要求

表11-4

类别	要求	类别	要求
黏度(177℃)(Pa·s)	2～5	软化点(℃)最小	54
针入度(4℃,100g,5 s)(0.1mm)最小	15	回弹率(25℃)(%)最小	25

对成品检测所使用的仪器为手持式黏度计(橡胶沥青生产厂家应该配备有此设备)，但主要以试验室的布氏黏度计为准，利用对成品黏度的测定来测定其质量的好坏。对于现场即生产即用的成品的检测，对一个锅次(15t)或每一个满负荷小时进行一次抽检并进行相应记录，发现不正常情况立即查找原因并向技术部门汇报。与此同时，试验室也会根据生产情况进行橡胶沥青各关键参数的详细抽检，并做相应记录。对于存储时间较长的橡胶沥青成品，建立随时监控的制度，一般严格控制其存储温度，对于在2d内用掉的橡胶沥青成品，一般控制在150℃左右，对于在一周内用掉的橡胶沥青成品，将储存温度控制在130℃左右。在储存期间要定期检查其成品黏度，一般正常的橡胶沥青成品在177℃时黏度值要大于1 000cP。如果发现黏度值在500～1 000cP，要适量添加相应的橡胶粉，使其黏度上升；如果发现黏度值小于300cP，则此罐料已完全不符合橡胶沥青的规范要求，则应弃作其他用途。

橡胶沥青供应拌和楼和洒布车的数量，需得到总承包方计量部门的确认。橡胶沥青的检测报告，需报备总承包方质检部门。生产计划要通知总承包方质检部门并全力配合总承包方质检部门提出的抽检。共同检测记录（特别是总承包方质检部门没有条件的检测项目），需得到总承包方质检部门的确认。

三、材料数量核算

为了确保工程质量，在工程开工时期实行工程量“日日清”制度，建立完善的数量确认单制度，每天或每次相关工程完成后，都要求供需方进行当天次数量签名确认，以更好的达到数量结算及质量控制的效果。对于每天实际过磅的工程量结算，应以当天的过磅单双方进行核实。

第三节　质量保证体系（质检流程）

橡胶沥青的加工质量是影响橡胶沥青路面和橡胶沥青 SAMI 工程质量的重要因素，必须建立起有效的质量保证体系。在以往工程经验和教训的基础上，为了从制度上保证生产和工程质量，经过多次会议研究和讨论，逐步完善了橡胶沥青生产和 SAMI 施工的质量控制体系。

一、原材料检测

(1)橡胶粉：每一批次进货要随机抽取 3 包检查（每批次留样 5kg），3 包必须处于同样的物理状态。对每批次样品筛分，接受人员需对颗粒状况和色、嗅等进行基本判断，如发现与前批样品有重大差别，应将样品提交公司技术部分析。每一批次的橡胶粉，都有相应的检测记录，同时，每批橡胶粉都可以根据生产和输送记录追溯到实际工程应用的部位。

(2)基质沥青：按照公路工程检验标准的频率，按照公司抽检普通道路沥青规格，对基质沥青进行抽检，应符合采购的技术要求。

(3)碎石：同一料场的石料，石质一般是稳定的，可以通过外观来判断料源的变化。如初判出现料源变化，需送试验室做压碎值检测。一般变化较大的是石料的形状和级配，需要进行批次检测。

二、橡胶沥青质量控制，要建立生产人员的四个观念

(1)核对配方的观念：研究表明，稳定的配方是橡胶沥青质量稳定的关键，配方失控意味着彻底的失控。生产人员必须高度关注机器计量的准确性问题。建立周期性检定制度、经常性校准制度和生产过程中与拌和楼日常性的核对制度。

(2)质量变量多样的观念：影响质量的变量还有很多，主要有温度和时间。橡胶成品的性质随着时间和温度是不断变化的，要建立产品生产使用时间段全过程质量跟踪制度。

(3)质量控制手段科学化的观念：质量影响因素未可尽知，也就不可能都受到控制。不能用经验来控制质量，而要依托客观的检测结果。建立生产人员自检制度、自检记录和报告制度，对生产人员进行基本试验技能培训。

(4)全盘的质量观念：质量控制不是孤立环节的工作，是一个类似流水线的工作链条。生产人员要与施工环节、总承包试验室以及公司技术部建立密切联系，既有分工又要互动。要充分了解相关环节的动态，同时，也要及时将生产中出现的可能影响质量的问题或变化及时通报相关各方。

三、应力吸收层施工管理和质量控制体系

SAMI 的施工拟通过以下工作的改善来提高施工质量。

完善机械设备的配套以及严格的操作规程。完善各种关于施工、质量控制的表格和记录。

记录 SAMI 施工每车沥青的黏度、洒铺量、洒铺温度以及洒铺桩号，对橡胶沥青的洒铺量控制进行进一步提高。记录每车洒铺的橡胶沥青的黏度、温度，并在开始洒铺时用专门开发的多次使用工具，检测该车的洒铺量，积累经验和控制好洒铺量。

严格培训碎石撒铺机手对碎石撒铺量的撒铺熟练程度，并安排专人跟在车后面密切注意和控制，对碎石的撒铺质量会有进一步提高。

专人指挥压路机碾压，并严格控制好车距，确保碾压的温度和质量。严格控制橡胶沥青和碎石撒铺与压路机碾压的同步宽度，确保 SAMI 的撒铺质量。

橡胶沥青接口或者重叠位置的处理要进一步提高，特别是纵向重叠。不能铺工程纸的地方，不能超过 10cm。碎石撒铺的接缝和接口处理也要进一步提高和控制好，碎石撒铺量不能过多或者过少，以免影响施工质量。另一方面，接口应该尽量安排在非轮迹带的位置。

四、人员岗位职责

1. 项目经理职责

(1)精心组织、科学管理、全面负责本项目的组织实施，全面负责工程进度、质量安全、投资控制等方面工作。

(2)负责对外联系，协调各方关系，解决生产过程中的计划进度安排、交通组织等工作。

(3)负责对内协调项目各小组工作，协调各施工队伍之间的关系，确保工程顺利进行。

(4)主持生产调度会，全面掌握生产情况，采取有力措施解决施工中的有关问题，确保工程按质按期完成。

2. 项目副经理职责

(1)全面负责本项目的技术工作，正确执行有关的技术法规、标准和规范。

(2)主持图纸会审，主持编写施工组织设计，审查施工技术方案及文明措施。

(3)监督指导各有关人员，严格按施工组织设计提出的施工方案、施工规程进行施工，及时处理提出的有关技术问题。

(4)参加生产调度会，对生产中存在的技术问题提出解决方法，对质量安全问题提出改进意见。

3. 工程施工组职责

(1)熟悉图纸和合同文件，掌握相关的工程技术要求和质量标准，认真组织好施工。

(2)认真贯彻施工组织设计的各施工方案和措施。组织好技术交底工作，并在工程施工中按有关规程、规范指导施工，对工序进行全过程的控制。

(3)根据现场及相关条件，编制生产计划，并采取措施确保工程进度。

(4)负责施工过程的现场控制工作，掌握生产统计的详细数据。参加生产调度会，为确保工程的质量和工期出谋献策。

(5)按照质量体系文件的要求,负责施工技术资料及时收集、整理,及时提交竣工资料,确保工程按期验收。

(6)熟悉图纸、合同和造价,及时做好工程预结算工作,协助经济造价分析。

4.质量安全组的职责

(1)负责监督检查施工现场的工程质量。

(2)负责内部工序检查验收工作,组织内部验收。

(3)进行原材料抽检和施工过程中的质量抽检。

(4)对橡胶沥青和应力层施工的产品质量实行监控。

(5)协助综合施工组做好质量保证资料的审查。

(6)负责与总承包方技术部门的联系与协调。

(7)巡检监督施工队伍维护现场安全生产、文明施工设备的完成情况。

(8)对违章指挥、违规作业的人员进行批评教育及处罚。

5.生产、设备组的职责

(1)根据项目进度计划,编制各种材料供应计划,橡胶沥青的生产计划。

(2)组织原材料的采购和供应,并监督、指导和协调原材料的采购和供应。

(3)维护生产和施工机具,保证满足工程需要。

(4)掌握生产和施工机具的运行情况,并对其维修、使用进行统一管理。

(5)负责橡胶沥青生产、储运以及数量的确认。

6.行政后勤组的职责

(1)积极、主动做好项目部日常情况的收集和协调工作。

(2)搞好经理部内务工作,建立和完善经理部成员的考勤、着装、办公用品的领用制度,并监督执行情况。安排好项目人员的食宿。

(3)做好文书工作,合理使用车辆。

(4)协助做好施工过程的声像制作工作。

(5)做好日常接待工作。

第四节 橡胶沥青生产

采用全套美国引进的橡胶沥青生产设备和国内采购的轮胎橡胶粉,现场生产客户指定配方或指定指标的橡胶沥青。

一、橡胶沥青生产工艺流程

橡胶沥青是通过橡胶沥青生产专用设备,先把基质沥青(AH-70号或AH-90号)加温到160℃后输送至生产设备,然后根据设计要求把选定的橡胶粉按比例输送到生产设备,再与基质沥青一起送到高速剪切搅拌器,约190℃时经专用设备搅拌后输送到设备反应罐内,再进行搅拌并在罐内反应,约1h生产过程即可完成。升温至施工使用温度即可使用,若由于特殊原因停止施工,用不完的橡胶沥青可输送回反应罐内保温储存。生产流程如图11-2所示。

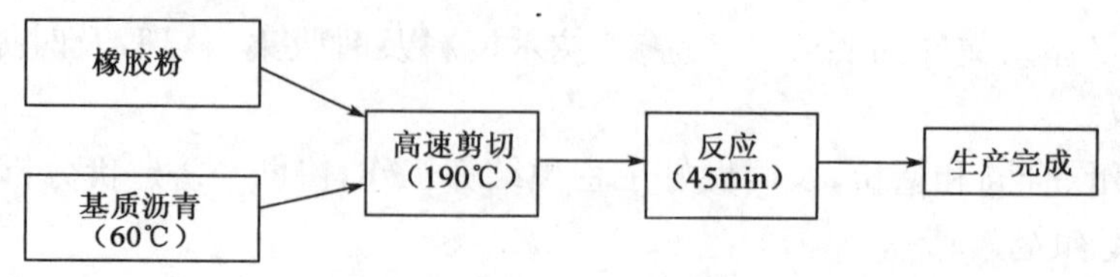

图 11-2　橡胶沥青生产流程图

二、橡胶沥青生产流程

(1)项目开工前根据工程量进行工程原料备料。

(2)没有生产任务单和项目经理的指令均不准开机生产。

(3)在橡胶沥青生产的过程中,要保持各配合比的稳定性,严格按照生产配合比进行生产,确保成品的质量、拌和温度及反应温度。生产操作人员不能随意改变生产配合比,发现异常应及时通知生产部负责人、技术部人员和项目经理等有关人员进行处理。如要更改配合比,必须经过技术部和项目经理的书面批准。

(4)每次正式生产前需要提前制定生产计划,并根据生产计划进行生产,一般可提前一段时间进行生产备料,以防正式开工时由于设备或其他原因耽误工期。

(5)在生产过程中要经常检查胶粉及其他添加剂料斗中的储料情况,要经常检查高速搅拌罐内沥青拌和情况,防止胶粉飘浮在沥青表面;检查胶粉料斗中胶粉的落料情况,防止胶粉由于结块而无法正常进料;检查反应罐中储料的情况,防止沥青满罐溢出。

(6)在向沥青洒布车供料时,为了保证洒布车的正常运行,要在供料的同时提供当次橡胶沥青的黏度参数。对于技术部门的特殊需要,还要提供 SAMI 黏度记录表,以提供更详细的技术参数资料。

(7)对于其他部门的特殊取样需要,为了保证产品的保密性,需要填写橡胶沥青取样登记表,并取得有关负责人同意后方可进行。

(8)每天生产结束时,应根据当天生产的实际情况保养好设备,并完成当天的生产记录日志,对于有维修工作的要认真填写设备维修日志。

三、橡胶沥青质量控制流程

橡胶沥青质量控制是一个流水线的控制,同时也是一个多方参与的工作。质量检测组必须与总承包方质检部门建立密切、协调的合作关系,共同确保项目的高质量完成。

细节问题在第二章已有详细叙述。

第五节　SAMI　施　工

一、SAMI 施工工艺流程

(1)在洒布橡胶沥青前,应注意检查:

①空气温度和地面温度都不得低于 16℃。

②下承层必须干燥，路缘石防护良好。

③风速不影响橡胶沥青洒布效果。

④需用的设备进入待命状态，包括橡胶沥青洒布车、碎石撒布机、胶轮压路机。

(2)橡胶沥青洒布：

①橡胶沥青洒布量采用 2.5～3.0kg/m^2。

②起步和终止位置应铺工程纸，以准确进行横向衔接，洒布车经过后应及时取走工程纸。

③纵向衔接应与已洒布部分稍微重叠。

④撒铺碎石前禁止任何车辆、行人通过橡胶沥青层。

(3)撒铺碎石。喷洒橡胶沥青后应立即撒铺碎石，碎石撒铺量一般为 12～22kg/m^2，根据试铺情况确定，以满铺、不散失为度。

(4)碾压。碎石撒铺后应立即进行碾压作业，两台胶轮压路机应同时进行碾压，尽可能紧跟碎石撒铺车。

(5)橡胶沥青应力吸收层施工完成后 3h 内应限制车辆通行，之后可以通行车辆。

(6)在铺筑上层沥青混合料前，应对橡胶沥青应力吸收层进行检查，若发现有松散碎石集结现象应清扫除掉，以确保面层施工的黏结性。

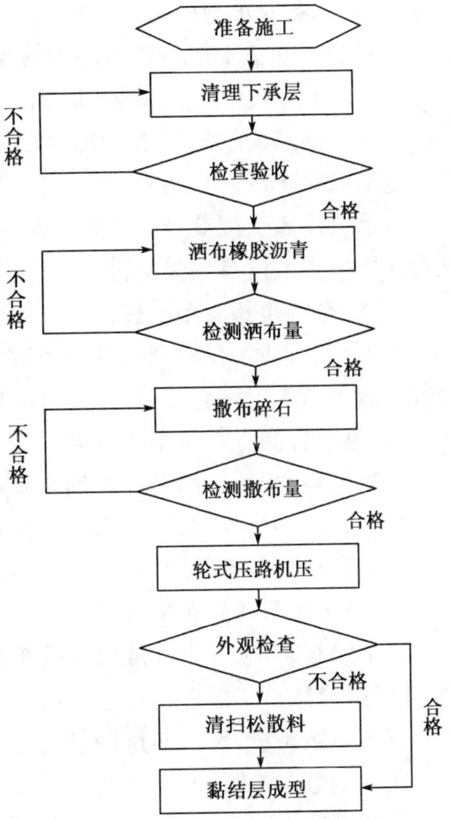

图 11-3 展示了整个 SAMI 的施工流程。

准备施工
清理下承层
检查验收（不合格→清理下承层；合格↓）
洒布橡胶沥青
检测洒布量（不合格→洒布橡胶沥青；合格↓）
撒布碎石
检测撒布量（不合格→撒布碎石；合格↓）
轮式压路机压
外观检查（不合格↓；合格→黏结层成型）
清扫松散料
黏结层成型

图 11-3 SAMI 施工流程图

二、SAMI 施工各工序要求及质量控制

1)施工阶段的检测项目包括：橡胶沥青性质、橡胶沥青洒布量、集料撒布量、制动试验、外观检查等。

2)检验方法及检验标准见表 11-5。

沥青路面下封层施工阶段的质量检查标准 表 11-5

项 目	检 查 频 率	质量要求或允许误差	试 验 方 法
橡胶沥青性质	每罐	符合表 6-4 要求	取样室内试验
橡胶沥青洒布量	每车 1 次	设计量±0.2 kg/m^2	称定面积收取橡胶沥青量
集料撒布量	每车 1 次	在规定范围内	用集料总量与撒布面积算得
制动试验	1 处/2 000m^2 (仅试铺段做制动试验)	沥青层不破裂	7d 后用 BZZ—60 标准汽车以 50km/h 车速紧急制动
外观检查	随时全面	外观均匀一致，用硬物刮开观察，与基层表面牢固黏结，不起皮，无油包和基层外露等现象	

3)每日完工后填写项目工程施工进度日志。

(1)下承层要求与检验

施工前的准备工作与普通沥青封层施工相似,首先把需要进行应力吸收层施工的路面清扫干净,多用空气压缩机、鼓风机吹干净,要求路面无灰尘、石屑、杂物等,若用水冲洗需要提前进行。施工前路面切忌有水,需要施工的路面以干燥为佳。并要把两旁的路缘石、排水口等附属设施加以保护以防止污染。

下承层检验交接要与总承包方承担该工作的人员共同进行,并在开工之前由双方工地授权的现场负责人进行相关文件确认。

(2)沥青洒布和洒布量控制

要洒布沥青时,在标准尺寸矩形容器内置沥青油毡,称其质量并置于洒布车前5～10m,待洒布车洒布沥青超过容器后立即取出再称其重并减去前原重,后与容器面积之比可知其实际洒布量,再结合沥青洒布车电脑调节装置直到设计洒布量为止。

在测试洒油量时,洒布量的确认要与施工方指定现场人员共同进行,双方共同确认检测结果。测试时从小往大调试,允许起始段落适当偏小。施工过程中,要配合总包方的抽检工作。就抽检工作中发现的问题,现场人员需与总包方指定的质量控制人员协商并认真解决。

(3)碎石撒布和撒布量控制

撒布碎石时,取一个标准尺寸的矩形容器称其质量,并置于撒布车前已洒布沥青路面的路段最尾处,待撒布车撒布碎石超过容器后立即取出再称其重,并减去前原重后与容器面积之比可知其实际撒布量,然后通过调节装置直至调到设计撒布量为止。

在测试撒布量时,撒布量的确认要与施工方指定现场人员共同进行,双方共同确认检测结果。测试时从小往大调试,允许起始段落适当偏小。施工过程中,要配合总承包方的抽检工作。就抽检工作中发现的问题,现场人员需与总承包方指定的质量控制人员协商并认真解决。

(4)碾压控制

由于橡胶沥青黏度大,不宜用钢轮压路机进行压实,应用25t以上的轮胶压路机进行压实。碎石撒铺后应立即进行碾压作业,两台胶轮压路机应同时进行碾压,尽可能紧跟碎石撒铺车。碾压遍数为3遍,从洒布橡胶沥青到碾压完成应在表11-6规定的时间内完成。

施工时间要求 表11-6

下承层温度	完成碾压时间	下承层温度	完成碾压时间
40℃以上	20min	18～40℃	10min

三、SAMI施工时间关键节点

节点1:13t橡胶沥青每升1℃的时间为2min,185℃升到200℃需要30min。

节点2:正常的工作时间,洒布完13t橡胶沥青的时间为2～3h。

节点3:沥青洒布车泵满13t沥青的时间为30min。

节点4:从拌和楼到施工现场的时间为40min。

节点5:沥青车预热准备时间为2h。

四、SAMI 施工要点

先将在 190～200℃温度状态下的橡胶沥青均匀洒铺于水泥混凝土路面上，并立即进行碎石撒铺，随时检测洒油量。橡胶沥青洒铺车、碎石撒铺车和轮式压路机尽量在高温状态下快速碾压，并随时检测和控制好碎石撒铺量及碾压温度。初次碾压的橡胶沥青温度不低于 100°C。碎石撒铺车需洒少量水，使橡胶沥青不黏轮，并需在橡胶沥青急剧降温前完成碾压工序。

第六节　安全保证工作

一、安全生产施工保护措施

橡胶沥青生产和应力吸收层施工是一种新产品和新工艺，应对各岗位的操作人员进行安全教育、考核、复核，增强职工安全意识，树立"安全第一，预防为主"的思想，并提高职工遵守施工安全纪律的自觉性，认真执行安全操作、规程，做到：不违章指挥、不违章操作、不伤害自己、不伤害他人、不被他人伤害，提高职工整体安全防护意识和自我防护能力。

本工程为道路改建工程，交通十分繁忙、拥挤。为此，组织好施工范围里的车辆和行人交通特别重要。按照以往的施工经验，采取足够的措施组织好交通疏导，在工程周边各主要出入口设专人负责协助维持交通。

施工过程中做好工程范围内道路绿化、路灯管线、交通安全设施的保护和维修，特别是沥青施工时应进行遮盖和保护，以保证沥青油料不污染、不破坏道路绿化、路灯管线、交通安全设施。

二、环保与文明施工措施

(1)加强环境保护，控制空气污染，加强拌和厂的生产控制和废料管理。保护好已完成的结构，如侧平石、各类管线、井、绿化带，路灯杆也注意进行保护，以免撞坏、污染。

(2)工地的原材料和半成品不得堆放于围闭以外，材料及半成品严格按要求堆放，并用标识牌标识清楚。

(3)爱护环境，保护绿化。凡在施工场地内不影响工程位置、对施工影响较少的树木应尽量保护。

(4)每天安排专门的人员清扫施工范围内的路面和附近路面的卫生。

(5)工程完工后，按要求及时拆除所有工地围闭、安全防护设施和其他临时设施，并将工地及周围环境清理整洁，做到"工完料清场地净"。

三、橡胶沥青生产安全规程

在进入拌和站进行生产或维护设备时，必须穿着工作服及戴安全帽、高温手套等必备的安全措施。

(1)在每班生产前，要仔细巡视设备周围情况

①检查柴油油位，是否满足当日生产必需。

②检查各阀门的位置，以便配合正常运行。

③检查导热油管及导热油炉的传输装置上有无异物黏贴和覆盖，如有需及时清除。

(2)在开启导热炉前检查各阀门是否开闭、正确。开启后，仔细观察油炉点头是否正常，初始油温不可设置过高等，导热炉到设定的温度后实现大火转小火或停火，再将热油温度设置到生产需要温度。导热油的温度设置不得超过高限。

(3)原油泵、排出泵和计量泵需达到一定温度时才能启动。

(4)在启动反应罐后的上下两个火炬燃烧器时，需到达观察口。观察沥青液位，以确定开启哪个燃烧器。当火炬开启时，要留意观察火炬是否启动。柴油压力表和排烟口可确定。一般来说，应先启动搅拌器再启动火炬。

(5)在生产中观察高速搅拌罐的搅拌情况时，需戴防护面罩及口罩，以免溅伤。

(6)向拌和站或洒布车加注沥青时，一定要先检查后面各三通阀的位置。

(7)在维修设备时，尽可能断电。

(8)每个工作日以后要遮盖橡胶粉仓，以防雨淋或杂物混入。

(9)工作结束后需清洗排出泵，反抽原油泵和计量泵。导热炉停火后，需等降到一定温度再将导循泵停转。

(10)操作人员离开设备时，需拉总电源(断电)锁控制室门和工具箱。

附表　美国四个州橡胶沥青使用情况调查

		材料调查问卷	加利福尼亚州		亚利桑那州		佛罗里达州		得克萨斯州	
			沥青混合料	洒布	沥青混合料	洒布	沥青混合料	洒布	沥青混合料	洒布
橡胶粉用作沥青改性剂(湿法工艺)材料	应用	沥青等级	AR4000		PG64-16,PG58-22,PG52-28(极少)		AC-10 或 AC-20		PG64-22	PG64-22
		橡胶粉含量范围(%)	最少占总沥青 18%,25% HN 或 75%ST		最少占沥青质量 20%		15%～20%		5%,12%	20%
		标明占沥青或是总沥青的质量百分比							占沥青质量	
		是否需要其他种类橡胶？是/否					是			
		标出类型和含量(%)					5%轮胎橡胶	AC-20-5TR		
		是否需要填充油？是/否,含量范围	占基质沥青的 2.5%～6%		不允许使用		不需要		不需要	允许
		是否需要稀释剂？是/否,含量范围			不允许使用		不需要		不需要	允许
		是否需要其他添加剂？是/否,名称和含量范围			不需要		不需要		液体抗剥落剂,0.5%	不需要

续上表

材料调查问卷			加利福尼亚州		亚利桑那州		佛罗里达州		得克萨斯州	
			沥青混合料	洒布	沥青混合料	洒布	沥青混合	洒布	沥青混合	洒布
橡胶粉用作沥青改性剂(湿法工艺)材料	沥青规范	标准规范还是专门补充规范?	专门规范		对原有沥青规范进行部分改进		第 300 条款		标准	
		是否有配方式(像配方一样的)要求?是/否	是		是		否		是	
		有无物理性质要求?是/否	是		是		是	否	是	
		运动黏度是否作为现场拌或洒布(spray)的标准?是/否	手控黏度计		是		是		是	
		若是,规定的最小黏度是多少?温度是多少?	1.5～4.0Pa·s,190℃		1.5Pa·s		1.5～5.0Pa·s 347°F		1.0Pa·s, 300F, 10 P, 300°F	15Pa·s, 35°F
混合料设计			湿法	干法	湿法	干法	湿法	干法	湿法	干法
	标准规范还是专门补充规范?		专门补充规范	试验项目	对标准规范加以更新		342,346 条 342.346 条	无	标准规范	N/A
	压实方法	马歇尔方法(写出每面击实次数)			75		N/A		N/A	
		维姆法	维姆法		N/A		N/A		N/A	
		得州旋转压实法			N/A		N/A		N/A	
		Superpave 旋转压实法(指出旋转次数)			N/A		对于湿法工艺 342 条款规定 50 次 346 规定 75 或 100 次		75	N/A
		其他方法			N/A		N/A			

续上表

		材料调查问卷	加利福尼亚州		亚利桑那州		佛罗里达州		得克萨斯州	
			湿法	干法	湿法	干法	湿法	干法	湿法	干法
混合料设计	检测指标	空隙率(%)	3%~6%,视不同地区		有		有		4%	
		VMA(%)	一律18%,(MB-D型除外)		有		可有可无		最低15或14	
		VFA(%)	无		有		无		65到75	
		最小稳定度要求(有/无)			无		无		无	
		写出维姆或马歇尔稳定度值	最小23 对于RUMAC最小为28				N/A		N/A	
		其他强度检测	无		无	(湿法)342条—飞散损失最大20%;346条—汉堡车辙试验1.27cm/20 000次			N/A	
		有无抗水损检验?有/无	无		无		有		T-283	N/A
		写出检验方法和指标					(湿法)342条—煮沸试验;346条—煮沸试验和汉堡车辙试验		TSR最低0.8;dry 100	N/A
	混合料类型,沥青用量范围(%)	密级配	集料干重的6%~8.5%		N/A					
		间断级配	集料干重的7%~9%		7月8日					
		开级配	暂不规定		9~9.7					
		指出占集料干重还是混合料总重								
		对于干法工艺,有无最低橡胶粉比例?有/无	有	试用18±2%(占沥青总重)	N/A					

续上表

混合料设计

材料调查问卷	加利福尼亚州 湿法	加利福尼亚州 干法	亚利桑那州 湿法	亚利桑那州 干法	佛罗里达州 湿法	佛罗里达州 干法	得克萨斯州 湿法	得克萨斯州 干法
集料指标与传统密级配沥青混合料有无区别？若有，指出以下哪些	橡胶沥青混合料	传统密级配沥青混合料	橡胶沥青混合料	传统密级配沥青混合料	橡胶沥青混合料	传统密级配沥青混合料	橡胶沥青混合料	传统密级配沥青混合料
压碎值(%)	双面或高于90	单面或高于90			有	N/A	N/A	
洛杉矶式磨耗值(%)最大值	500转 最大40%	500转 最大45%			有	N/A	N/A	45
砂当量(%)最低值	无				无	N/A	N/A	
施工								

施工及温度

铺设厚度(标明英寸或厘米)	加利福尼亚州 应用 维护	翻新	新建	亚利桑那州 应用 维护	翻新	新建	佛罗里达州 应用 维护	翻新	新建	得克萨斯州 应用 维护	翻新	新建
写出范围和规范极限值												
密级配	30mm	35～60mm		不采用密级配					N/A	1或1.5in		
间断级配	30mm	35～60mm			25.4mm				细级配38～76.2mm 粗级配50.8～101.6mm	N/A		
开级配	30mm				12.75～25.4mm				25.4～50.8mm	0.75in		
压实指标(%of Rice)												
密级配	暂未使用				N/A				N/A			93±2.1

续上表

		材料调查问卷	加利福尼亚州			亚利桑那州			佛罗里达州			得克萨斯州		
			应用			应用			应用			应用		
混合料设计	施工及温度	间断级配	试验室 96%				旋转压实				94.0%～96.5%			N/A
		开级配	规范方法				旋转压实				低于 82%			N/A
		压实设备												
		振动式，静力式，胶轮压路机，组合式												
		密级配—终止	暂未采用			无密级配橡胶沥青					N/A			任意组合式
		间断级配—终止		钢轮压路机			振动式				N/A			N/A
		开级配—终止		钢轮压路机			静力式				N/A			静力式
		密级配—在建或完成	暂未采用			无密级配橡胶沥青					N/A			任意组合式
		间断级配—在建或完成	钢轮	不采用组合式			振动式或静力式				N/A			N/A
		开级配—在建或完成	组合式（建成路面未采用）	钢轮			静力式				N/A			静力式
		混合料卸下时温度，范围(℃)					350°F				低于 177℃（350°F）	149～154℃（密级配磨耗层）	160（开级配磨耗层）	
		铺设地点环境温度，最低(℃)	13℃(以下温度适用于密级配沥青混合料)			对于翻修工程：间断级配要求 65F 时升温，70F 时降温，开级配未规定					N/A	7	18	

续上表

		材料调查问卷	加利福尼亚州			亚利桑那州			佛罗里达州			得克萨斯州		
			应用			应用			应用			应用		
混合料设计	施工及温度	路表面温度，最低值(℃)	13℃			对于翻修工程：间断级配要求 65F，开级配要求 85F					高于 21℃(70°F)	N/A		
		摊铺温度(℃)	138～163℃，视环境温度和路面温度而定				275°F				138℃(280°F)	138～149	150～155	
		压实温度(℃)	中止时为 135℃；完成时为 121℃(视空气温度和路表温度而定)				220°F				N/A	70	100(猜测值)	
		接受的检测												
		类型，频率	沥青进行各项指标检测，沥青用量，集料级配，密度(若适用)			对于翻修项目：集料级配，1 次/500t，沥青 4 次/d，集料性质 1 次/d			对于新建工程：试验室试件密度 1～4 次/段，现场孔隙率 4 次/段			Va，Pb，P200，P8，密度；1 批/4 000t(密级配沥青混合料)	Pb，P3/8，P4，P8，1 批/2 000t(开级配磨耗层)	
浇筑的应用			应用频率范围			应用频率范围			应用频率范围			应用频率范围		
	碎石封层	最大粒径(mm)	沥青(usgal/yd²)	石料(b/yd²)		沥青(usgal/yd²)	石料(b/yd²)		沥青(usgal/yd²)	石料(b/yd²)		沥青(usgal/yd²)	石料(b/yd²)	
		12.5	0.55～0,65	2.5～4					0.50～0.55	90～95		N/A		
		9.5	0.55～0,65	2.5～4					N/A	N/A		0.6～0.8 usgal/yd²	0.26～0.33 ft³/yd²	
		其他												

续上表

		材料调查问卷	加利福尼亚州			亚利桑那州			佛罗里达州			得克萨斯州		
			应用频率范围			应用频率范围			应用频率范围			应用频率范围		
浇筑的应用	应力吸收层	最大粒径(mm)							0.50～0.55	90～95		N/A		
		12.5	0.55～0,65	2.5～4					0.50～0.55	90～95		N/A		
		9.5	0.55～0,65	2.5～4					N/A	N/A		0.6～0.8 usgal/yd^2	0.26～0.33 ft^3/yd^2	
		其他												
		浇筑应用方式是否限于维护和翻修？若不是，描述其他应用	是						是			是		
	回收	所在机构是否回收含有橡胶的沥青混合料，将其应用于中间层或封层？若是，请加以描述	没有			对于现场回收的开级配(未加入新集料)进行了论证，非常成功；已经计划回收14年之久的开级配混合料，将其用作新型的有回收沥青生产的混合料			有，在圣安东尼奥Ⅰ—10项目上采用了30%(1994年)			有，向磨碎的回收材料中加入橡胶沥青		
		将回收材料应用于混合料设计方法							得州维姆热拌沥青混合料设计方法			Superpave方法		
		混合料生产方法												
		回收橡胶沥青材料和传统沥青材料加入方式是否一致？												
		是否遇到蓝色烟雾或粉尘												

续上表

		材料调查问卷	加利福尼亚州		亚利桑那州		佛罗里达州		得克萨斯州	
			应用频率范围		应用频率范围		应用频率范围		应用频率范围	
浇筑的应用	回收	施工方法								
		固定一热拌厂,移动热拌厂,移动冷拌厂,其他					固定热拌场站		固定热拌场站	
		遇到的问题和采用的解决办法					无		解决污染的办法是稀释,没有回收橡胶沥青应力吸收层,而是将其磨碎送给佛罗里达州运输部用于路面养护	
		解决方法是否有效					N/A		有	
		路面质量					与传统路面相似		很好	
	施工设计	对于以下各性质工程,橡胶沥青混合料结构设计方法和思路以及洒布方法			不论何种应用,橡胶沥青混合料设计与传统密级配沥青混合料设计一致					
		新建工程	有				与传统路面设计无区别		降低结构层系数	
		翻修工程	有				与传统路面设计无区别		OGFC-0	
		维护	有				与传统路面设计无区别		OGFC-0.44	
		是否对开级配混合料结构设计有改进	有		无		无		无	
		是否对应力吸收层结构有所改进	有		N/A		无		无	
		是否对间断级配结构有所改进			未采用密级配橡胶沥青混合料		无区别		N/A	

续上表

材料调查问卷			加利福尼亚州	亚利桑那州	佛罗里达州	得克萨斯州
			应用频率范围	应用频率范围	应用频率范围	应用频率范围
浇筑的应用	成本因素	初始成本				
		有无代理机构成本	有		有	有
		有无公路使用成本	有		无	无
		橡胶沥青混合料与密级配沥青混合料或SMA相比如何	不采用SMA，在养护和翻修工程中橡胶沥青混合料的厚度为密级配的一半			
		通常橡胶沥青混合料成本范围	开级配：＄59～＄133，平均＄74；间断级配：＄58～＄125，平均60.02	间断级配＄48/t，开级配＄55/t	＄40～80/t	OGFC　＄77/t，DGFC＄65/t
		传统密级配沥青混合料成本范围	A型：＄53～＄200，平均＄56.79；B型：＄48.8～＄220；平均＄58.69	＄34/t	＄30～50/t	￥56/t
		SMA成本范围		N/A	＄45～55/t	N/A
		可否提供三种混合料的成本数据复印件	可以	可以	不可以	可以
		寿命周期费用				
		是否进行寿命周期分析	是		否	否
		橡胶沥青混合料与密级配沥青混合料或SMA相比如何	不采用SMA，在养护和翻修工程中橡胶沥青混合料的厚度为密级配的一半		对橡胶沥青混合料的客观评价持续了30%～50%的使用寿命，没有数据记录，没有与SMA进行比较